Essays I – Über Deutschland

Heinrich Heine

copyright © 2022 Culturea éditions
Herausgeber: Culturea (34, Hérault)
Druck: BOD - In de Tarpen 42, Norderstedt (Deutschland)
Website: http://culturea.fr
Kontakt: infos@culturea.fr
ISBN:9782385085919
Veröffentlichungsdatum: November 2022
Layout und Design: https://reedsy.com/
Dieses Buch wurde mit der Schriftart Bauer Bodoni gesetzt.
ER WIRT MIR GEBEN

Heinrich Heine

Die romantische Schule

Vorreden zur ersten deutschen Ausgabe

Zur Geschichte der neueren schönen Literatur in Deutschland

I

Obgleich diese Blätter, die ich, für die »Europe littéraire«, eine hiesige Zeitschrift, geschrieben habe, erst die Einleitung zu weiteren Artikeln bilden, so muß ich sie doch jetzt schon dem vaterländischen Publikum mitteilen, damit kein Dritter mir die Ehre erzeigt, mich aus dem Französischen ins Deutsche zu übersetzen.

In der »Europe littéraire« fehlen einige Stellen, die ich hier vollständig abdrucke; die Ökonomie der Zeitschrift verlangte einige geringfügige Auslassungen. An Druckfehlern ließ es der deutsche Setzer ebensowenig fehlen wie der französische. Das hier zum Grunde gelegte Buch der Frau v. Staël heißt »De l'Allemagne«. Ich kann zugleich nicht umhin, eine Anmerkung zu berichtigen, womit die Redaktion der »Europe littéraire« diese Blätter begleitet hat. Sie bemerkte nämlich, »daß dem katholischen Frankreich die deutsche Literatur von einem protestantischen Standpunkte aus dargestellt werden müsse«. Vergebens war meine Einwendung, »es gäbe kein katholisches Frankreich; ich schriebe für kein katholisches Frankreich; es sei hinreichend, wenn ich selbst erwähne, daß ich in Deutschland zur protestantischen Kirche gehöre; diese Erwähnung, indem sie bloß das Faktum ausspricht, daß ich das Vergnügen habe, in einem lutherischen Kirchenbuche als ein evangelischer Christ zu paradieren, gestatte sie mir doch, in den Büchern der Wissenschaft jede Meinung, selbst wenn solche dem protestantischen Dogma widerspräche, vorzutragen: wohingegen die Anmerkung, ich schriebe meine Aufsätze vom protestantischen Standpunkte aus, mir eine dogmatische Fessel anlegen würde«. Vergebens, die Redaktion der »Europe« hat solche subtile, tüdeske Distinktionen unbeachtet gelassen. Ich berichte dieses zum Teil, damit man mich nicht einer Inkonsequenz zeihe, zum Teil auch, damit mich nicht gar der läppische Argwohn trifft, als wollte ich auf kirchliche Unterscheidungen einen Wert legen.

Da die Franzosen unsere deutsche Schulsprache nicht verstehen, habe ich, bei einigen das Wesen Gottes betreffenden Erörterungen, diejenigen Ausdrücke gebraucht, mit denen sie, durch den apostolischen Eifer der Saint-Simonisten, vertraut geworden sind; da nun diese Ausdrücke ganz nackt und bestimmt meine Meinung aussprechen, habe ich sie auch in der deutschen Version beibehalten. Junker und Pfaffen, die, in der letzten Zeit mehr als je, die Macht meines Wortes gefürchtet und mich deshalb zu depopularisieren gesucht, mögen immerhin jene Ausdrücke mißbrauchen, um mich, mit einigem Schein, des Materialismus oder gar des Atheismus zu beschuldigen; sie mögen mich immerhin zum Juden machen oder zum Saint-Simonisten; sie mögen mit allen möglichen Verketzerungen mich bei ihrem Pöbel anklagen: keine feigen Rücksichten sollen mich jedoch verleiten, meine Ansicht von den göttlichen Dingen mit den gebräuchlichen, zweideutigen Worten zu verschleiern. Auch die Freunde mögen mir immerhin darob zürnen, daß ich meine Gedanken nicht gehörig verstecke, daß ich die delikatesten Gegenstände schonungslos enthülle, daß ich ein Ärgernis gebe: weder die

Böswilligkeit meiner Feinde noch die pfiffige Torheit meiner Freunde soll mich davon abhalten, über die wichtigste Frage der Menschheit, über das Wesen Gottes, unumwunden und offen, mein Bekenntnis auszusprechen.

Ich gehöre nicht zu den Materialisten, die den Geist verkörpern; ich gebe vielmehr den Körpern ihren Geist zurück, ich durchgeistige sie wieder, ich heilige sie.

Ich gehöre nicht zu den Atheisten, die da verneinen; ich bejahe.

Die Indifferentisten und sogenannten klugen Leute, die sich über Gott nicht aussprechen wollen, sind die eigentlichen Gottesleugner. Solche schweigende Verleugnung wird jetzt sogar zum bürgerlichen Verbrechen, indem dadurch den Mißbegriffen gefrönt wird, die bis jetzt noch immer dem Despotismus als Stütze dienen.

Anfang und Ende aller Dinge ist in Gott.

Geschrieben zu Paris, den 2. April 1833

Heinrich Heine

II

Die Vorrede des ersten Teiles dieses Buches mag auch das Erscheinen des zweiten Teiles rechtfertigen. Jener besprach die Geschichte der romantischen Schule im allgemeinen, dieser bespricht die Häuptlinge derselben insbesondere. In einem dritten und vierten Teile wird nachträglich von den übrigen Helden des Schlegelschen Sagenkreises, dann auch von den Tragödiendichtern aus der letzten Goetheschen Zeit und endlich von den Schriftstellern meiner eigenen Zeit die Rede sein.

Eindringlich bitte ich den geneigten Leser, nicht zu vergessen, daß ich diese Blätter für die »Europe littéraire« geschrieben und mich den Beschränkungen, welche dieses Journal in Hinsicht der Politik vorzeichnet, einigermaßen fügen mußte.

Da ich selber die Korrektur dieses Buches besorgt, so bitte ich, eine etwa zu große Menge Druckfehler zu entschuldigen. Schon ein flüchtiger Anblick meiner Aushängebogen zeigt mir, daß ich es auch an sonstigen Versehen nicht fehlen lassen. Sehr ernsthaft muß ich hier berichten, daß der Kaiser Heinrich kein Enkel des Barbarossa ist und daß Herr August Wilhelm Schlegel ein Jahr jünger ist, als ich hier angegeben. Auch das Geburtsjahr Arnims ist unrichtig verzeichnet. Wenn ich ebenfalls in diesen Blättern mal behauptet, die höhere Kritik in Deutschland habe sich nie mit Hoffmann beschäftigt, so vergaß ich ausnahmsweise zu erwähnen, daß Willibald Alexis, der Dichter des »Cabanis«, eine Charakteristik Hoffmanns geschrieben hat.

Paris, den 30. Juni 1833   *Heinrich Heine*

Vorrede

Den beträchtlichsten Teil dieser Blätter, die ursprünglich in französischer Sprache abgefaßt und an Franzosen gerichtet sind, habe ich bereits vor einiger Zeit in deutscher Version, unter dem Titel »Zur Geschichte der neueren schönen Literatur in Deutschland«, dem vaterländischen Publikum mitgeteilt. In der gegenwärtigen Ergänzung mag das Buch wohl den neuen Titel »Die romantische Schule« verdienen; denn ich glaube, daß es dem Leser die Hauptmomente der literarischen Bewegung, die jene Schule hervorgebracht, aufs getreusamste veranschaulichen kann.

Es war meine Absicht, auch die spätere Periode unserer Literatur in ähnlicher Form zu besprechen; aber dringendere Beschäftigungen und äußere Verhältnisse erlaubten mir nicht, unmittelbar ans Werk zu gehen. Überhaupt ist die Art der Behandlung und die Weise der Herausgabe bei meinen letzten Geisteserzeugnissen immer von zeitlichen Umständen bedingt gewesen. So habe ich meine Mitteilungen »Zur Geschichte der Religion und Philosophie in Deutschland« als einen zweiten Teil des »Salon« publizieren müssen; und doch sollte diese Arbeit eigentlich die allgemeine Einleitung in die deutsche Literatur bilden. Ein besonderes Mißgeschick, das mich bei diesem zweiten Teile des »Salons« betroffen, habe ich bereits, durch die Tagespresse, zur öffentlichen Kunde gebracht. Mein Herr Verleger, den ich anklagte, mein Buch eigenmächtig verstümmelt zu haben, hat dieser Beschuldigung, durch dasselbe Organ, widersprochen; er erklärte jene Verstümmelung für das glorreiche Werk einer Behörde, die über alle Rügen erhaben ist.

Dem Mitleid der ewigen Götter empfehle ich das Heil des Vaterlandes und die schutzlosen Gedanken seiner Schriftsteller.

Geschrieben zu Paris, im Herbst 1835

Heinrich Heine

Erstes Buch

Frau von Staëls Werk »De l'Allemagne« ist die einzige umfassende Kunde, welche die Franzosen über das geistige Leben Deutschlands erhalten haben. Und doch ist, seitdem dieses Buch erschienen, ein großer Zeitraum verflossen, und eine ganz neue Literatur hat sich unterdessen in Deutschland entfaltet. Ist es nur eine Übergangsliteratur? hat sie schon ihre Blüte erreicht? ist sie bereits abgewelkt? Hierüber sind die Meinungen geteilt. Die meisten glauben, mit dem Tode Goethes beginne in Deutschland eine neue literarische Periode, mit ihm sei auch das alte Deutschland zu Grabe gegangen, die aristokratische Zeit der Literatur sei zu Ende, die demokratische beginne oder, wie sich ein französischer Journalist jüngst ausdrückte, »der Geist der einzelnen habe aufgehört, der Geist aller habe angefangen«.

Was mich betrifft, so vermag ich nicht in so bestimmter Weise über die künftigen Evolutionen des deutschen Geistes abzuurteilen. Die Endschaft der »Goetheschen Kunstperiode«, mit welchem Namen ich diese Periode zuerst bezeichnete, habe ich jedoch schon seit vielen Jahren vorausgesagt. Ich hatte gut prophezeien! Ich kannte sehr gut die Mittel und Wege jener Unzufriedenen, die dem Goetheschen Kunstreich ein Ende machen wollten, und in den damaligen Emeuten gegen Goethe will man sogar mich selbst gesehen haben. Nun Goethe tot ist, bemächtigt sich meiner darob ein wunderbarer Schmerz.

Indem ich diese Blätter gleichsam als eine Fortsetzung des Frau v. Staëlschen »De l'Allemagne« ankündige, muß ich, die Belehrung rühmend, die man aus diesem Werke schöpfen kann, dennoch eine gewisse Vorsicht beim Gebrauche desselben anempfehlen und es durchaus als Koteriebuch bezeichnen. Frau v. Staël, glorreichen Andenkens, hat hier, in der Form eines Buches, gleichsam einen Salon eröffnet, worin sie deutsche Schriftsteller empfing und ihnen Gelegenheit gab, sich der französischen zivilisierten Welt bekannt zu machen; aber in dem Getöse der verschiedensten Stimmen, die aus diesem Buche hervorschreien, hört man doch immer am vernehmlichsten den feinen Diskant des Herrn A. W. Schlegel. Wo sie ganz selbst ist, wo die großfühlende Frau sich unmittelbar ausspricht mit ihrem ganzen strahlenden Herzen, mit dem ganzen Feuerwerk ihrer Geistesraketen und brillanten Tollheiten, da ist das Buch gut und vortrefflich. Sobald sie aber fremden Einflüsterungen gehorcht, sobald sie einer Schule huldigt, deren Wesen ihr ganz fremd und unbegreifbar ist, sobald sie durch die Anpreisung dieser Schule gewisse ultramontane Tendenzen befördert, die mit ihrer protestantischen Klarheit in direktem Widerspruche sind, da ist ihr Buch kläglich und ungenießbar. Dazu kömmt noch, daß sie außer den unbewußten auch noch bewußte Parteilichkeiten ausübt, daß sie durch die Lobpreisung des geistigen Lebens, des Idealismus in Deutschland, eigentlich den damaligen Realismus der Franzosen, die materielle Herrlichkeit der Kaiserperiode, frondieren will. Ihr Buch »De l'Allemagne« gleicht in dieser Hinsicht der »Germania« des Tacitus, der vielleicht ebenfalls, durch seine Apologie der Deutschen, eine indirekte Satire gegen seine Landsleute schreiben wollte.

Wenn ich oben einer Schule erwähnte, welcher Frau v. Staël huldigte und deren Tendenzen sie beförderte, so meinte ich die romantische Schule. Daß diese in Deutschland ganz etwas anderes war, als was man in Frankreich mit diesem Namen bezeichnet, daß ihre Tendenzen ganz verschieden waren von denen der französischen Romantiker, das wird in den folgenden Blättern klar werden.

Was war aber die romantische Schule in Deutschland?

Sie war nichts anders als die Wiedererweckung der Poesie des Mittelalters, wie sie sich in dessen Liedern, Bild- und Bauwerken, in Kunst und Leben manifestiert hatte. Diese Poesie aber war aus dem Christentume hervorgegangen, sie war eine Passionsblume, die dem Blute Christi entsprossen. Ich weiß nicht, ob die melancholische Blume, die wir in Deutschland Passionsblume benamsen, auch in Frankreich diese Benennung führt und ob ihr von der Volkssage ebenfalls jener mystische Ursprung zugeschrieben wird. Es ist jene sonderbare mißfarbige Blume, in deren Kelch man die Marterwerkzeuge, die bei der Kreuzigung Christi gebraucht worden, nämlich Hammer, Zange, Nägel usw., abkonterfeit sieht, eine Blume, die durchaus nicht häßlich, sondern nur gespenstisch ist, ja, deren Anblick sogar ein grauenhaftes Vergnügen in unserer Seele erregt, gleich den krampfhaft süßen Empfindungen, die aus dem Schmerze selbst hervorgehen. In solcher Hinsicht wäre diese Blume das geeignetste Symbol für das Christentum selbst, dessen schauerlichster Reiz eben in der Wollust des Schmerzes besteht.

Obgleich man in Frankreich unter dem Namen Christentum nur den römischen Katholizismus versteht, so muß ich doch besonders bevorworten, daß ich nur von letzterem spreche. Ich spreche von jener Religion, in deren ersten Dogmen eine Verdammnis alles Fleisches enthalten ist und die dem Geiste nicht bloß eine Obermacht über das Fleisch zugesteht, sondern auch dieses abtöten will, um den Geist zu verherrlichen; ich spreche von jener Religion, durch deren unnatürliche Aufgabe ganz eigentlich die Sünde und die Hypokrisie in die Welt gekommen, indem eben durch die Verdammnis des Fleisches die unschuldigsten Sinnenfreuden eine Sünde geworden und durch die Unmöglichkeit, ganz Geist zu sein, die Hypokrisie sich ausbilden mußte; ich spreche von jener Religion, die ebenfalls durch die Lehre von der Verwerflichkeit aller irdischen Güter, von der auferlegten Hundedemut und Engelsgeduld die erprobteste Stütze des Despotismus geworden. Die Menschen haben jetzt das Wesen dieser Religion erkannt, sie lassen sich nicht mehr mit Anweisungen auf den Himmel abspeisen, sie wissen, daß auch die Materie ihr Gutes hat und nicht ganz des Teufels ist, und sie vindizieren jetzt die Genüsse der Erde, dieses schönen Gottesgartens, unseres unveräußerlichen Erbteils. Eben weil wir alle Konsequenzen jenes absoluten Spiritualismus jetzt so ganz begreifen, dürfen wir auch glauben, daß die christkatholische Weltansicht ihre Endschaft erreicht. Denn jede Zeit ist eine Sphinx, die sich in den Abgrund stürzt, sobald man ihr Rätsel gelöst hat.

Keineswegs jedoch leugnen wir hier den Nutzen, den die christkatholische Weltansicht in Europa gestiftet. Sie war notwendig als eine heilsame Reaktion gegen den grauenhaft kolossalen Materialismus, der sich im römischen Reiche entfaltet hatte und alle geistige Herrlichkeit des Menschen zu vernichten drohte. Wie die schlüpfrigen Memoiren des vorigen Jahrhunderts gleichsam die pièces justificatives der französischen Revolution bilden; wie uns der Terrorismus eines Comité du salut public als notwendige Arznei erscheint, wenn wir die Selbstbekenntnisse der französischen vornehmen Welt seit der Regentschaft gelesen: so erkennt man auch die Heilsamkeit des asketischen Spiritualismus, wenn man etwa den Petron oder den Apulejus gelesen, Bücher, die man als pièces justificatives des Christentums betrachten kann. Das Fleisch war so frech geworden in dieser Römerwelt, daß es wohl der christlichen Disziplin bedurfte, um es zu züchtigen. Nach dem Gastmahl eines Trimalkion bedurfte man einer Hungerkur gleich dem Christentum.

Oder etwa, wie greise Lüstlinge durch Rutenstreiche das erschlaffte Fleisch zu neuer Genußfähigkeit aufreizen: wollte das alternde Rom sich mönchisch geißeln lassen, um raffinierte Genüsse in der Qual selbst und die Wollust im Schmerze zu finden?

Schlimmer Überreiz! er raubte dem römischen Staatskörper die letzten Kräfte. Nicht durch die Trennung in zwei Reiche ging Rom zugrunde; am Bosphoros wie an der Tiber ward Rom verzehrt von demselben judäischen Spiritualismus, und hier wie dort ward die römische Geschichte ein langsames Dahinsterben, eine Agonie, die Jahrhunderte dauerte. Hat etwa das gemeuchelte Judäa, indem es den Römern seinen Spiritualismus bescherte, sich an dem siegenden Feinde rächen wollen, wie einst der sterbende Zentaur, der dem Sohne Jupiters das verderbliche Gewand, das mit dem eignen Blute vergiftet war, so listig zu überliefern wußte? Wahrlich, Rom, der Herkules unter den Völkern, wurde durch das judäische Gift so wirksam verzehrt, daß Helm und Harnisch seinen welkenden Gliedern entsanken und seine imperatorische Schlachtstimme herabsiechte zu betendem Pfaffengewimmer und Kastratengetriller.

Aber was den Greis entkräftet, das stärkt den Jüngling. Jener Spiritualismus wirkte heilsam auf die übergesunden Völker des Nordens; die allzu vollblütigen barbarischen Leiber wurden christlich vergeistigt; es begann die europäische Zivilisation. Das ist eine preiswürdige, heilige Seite des Christentums. Die katholische Kirche erwarb sich in dieser Hinsicht die größten Ansprüche auf unsere Verehrung und Bewunderung. Sie hat, durch große, geniale Institutionen, die Bestialität der nordischen Barbaren zu zähmen und die brutale Materie zu bewältigen gewußt.

Die Kunstwerke des Mittelalters zeigen nun jene Bewältigung der Materie durch den Geist, und das ist oft sogar ihre ganze Aufgabe. Die epischen Dichtungen jener Zeit könnte man leicht nach dem Grade dieser Bewältigung klassifizieren.

Von lyrischen und dramatischen Gedichten kann hier nicht die Rede sein; denn letztere existierten nicht, und erstere sind sich ziemlich ähnlich in jedem Zeitalter, wie die Nachtigallenlieder in jedem Frühling.

Obgleich die epische Poesie des Mittelalters in heilige und profane geschieden war, so waren doch beide Gattungen ihrem Wesen nach ganz christlich; denn wenn die heilige Poesie auch ausschließlich das jüdische Volk, welches für das allein heilige galt, und dessen Geschichte, welche allein die heilige hieß, die Helden des Alten und Neuen Testamentes, die Legende, kurz, die Kirche besang, so spiegelte sich doch in der profanen Poesie das ganze damalige Leben mit allen seinen christlichen Anschauungen und Bestrebungen. Die Blüte der heiligen Dichtkunst im deutschen Mittelalter ist vielleicht »Barlaam und Josaphat«, ein Gedicht, worin die Lehre von der Abnegation, von der Enthaltsamkeit, von der Entsagung, von der Verschmähung aller weltlichen Herrlichkeit am konsequentesten ausgesprochen worden. Hiernächst möchte ich den »Lobgesang auf den heiligen Anno« für das Beste der heiligen Gattung halten. Aber dieses letztere Gedicht greift schon weit hinaus ins Weltliche. Es unterscheidet sich überhaupt von dem ersteren wie etwa ein byzantinisches Heiligenbild von einem altdeutschen. Wie auf jenen byzantinischen Gemälden, sehen wir ebenfalls in »Barlaam und Josaphat« die höchste Einfachheit, nirgends ist perspektivisches Beiwerk, und die lang mageren, statuenähnlichen Leiber und die idealisch ernsthaften Gesichter treten streng abgezeichnet hervor, wie aus weichem Goldgrund; im »Lobgesang auf den heiligen Anno« wird, wie auf altdeutschen Gemälden, das Beiwerk fast zur Hauptsache, und trotz der grandiosen Anlage ist doch das einzelne aufs kleinlichste ausgeführt, und man weiß nicht, ob man dabei die Konzeption eines Riesen oder die Geduld eines Zwergs bewundern soll. Otfrieds Evangeliengedicht, das man als das Hauptwerk der heiligen Poesie zu rühmen pflegt, ist lange nicht so ausgezeichnet wie die erwähnten beiden Dichtungen.

In der profanen Poesie finden wir, nach obiger Andeutung, zuerst den Sagenkreis der Nibelungen und des »Heldenbuchs«; da herrscht noch die ganze vorchristliche Denk- und Gefühlsweise, da ist die rohe Kraft noch nicht zum Rittertum herabgemildert, da stehen noch, wie Steinbilder, die starren Kämpen des Nordens, und das sanfte Licht und der sittige Atem des Christentums dringt noch nicht durch die eisernen Rüstungen. Aber es dämmert allmählich in den altgermanischen Wäldern, die alten Götzeneichen werden gefällt, und es entsteht ein lichter Kampfplatz, wo der Christ mit dem Heiden kämpft, und dieses sehen wir im Sagenkreis Karls des Großen, worin sich eigentlich die Kreuzzüge mit ihren heiligen Tendenzen abspiegeln. Nun aber, aus der christlich spiritualisierten Kraft, entfaltet sich die eigentümlichste Erscheinung des Mittelalters, das Rittertum, das sich endlich noch sublimiert als ein geistliches Rittertum. Jenes, das weltliche Rittertum, sehen wir am anmutigsten verherrlicht in dem Sagenkreis des Königs Artus, worin die süßeste Galanterie, die ausgebildetste Courtoisie und die abenteuerlichste Kampflust herrscht. Aus den süß närrischen Arabesken und phantastischen Blumengebilden dieser Gedichte grüßen uns der köstliche Iwein, der vortreffliche Lanzelot vom See und der tapfere, galante, honette, aber etwas langweilige Wigalois. Neben diesem Sagenkreis sehen wir den damit verwandten und verwebten Sagenkreis vom »heiligen Gral«, worin das geistliche Rittertum verherrlicht wird, und da treten uns entgegen drei der grandiosesten Gedichte des Mittelalters, der »Titurel«, der »Parzival« und der »Lohengrin«; hier stehen wir der romantischen Poesie gleichsam persönlich gegenüber, wir schauen ihr tief hinein in die großen leidenden Augen, und sie umstrickt uns unversehens mit ihrem scholastischen Netzwerk und zieht uns hinab in die wahnwitzige Tiefe der mittelalterlichen Mystik. Endlich sehen wir aber auch Gedichte in jener Zeit, die dem christlichen Spiritualismus nicht unbedingt huldigen, ja worin dieser sogar frondiert wird, wo der Dichter sich den Ketten der abstrakten christlichen Tugenden entwindet und wohlgefällig sich hinabtaucht in die Genußwelt der verherrlichten Sinnlichkeit; und es ist eben nicht der schlechteste Dichter, der uns das Hauptwerk dieser Richtung, »Tristan und Isolde«, hinterlassen hat. Ja, ich muß gestehen, Gottfried von Straßburg, der Verfasser dieses schönsten Gedichts des Mittelalters, ist vielleicht auch dessen größter Dichter, und er überragt noch alle Herrlichkeit des Wolfram von Eschilbach, den wir im »Parzival« und in den Fragmenten des »Titurel« so sehr bewundern. Es ist vielleicht jetzt erlaubt, den Meister Gottfried unbedingt zu rühmen und zu preisen. Zu seiner Zeit hat man sein Buch gewiß für gottlos und ähnliche Dichtungen, wozu schon der »Lanzelot« gehörte, für gefährlich gehalten. Und es sind wirklich auch bedenkliche Dinge vorgefallen. Francesca da Polenta und ihr schöner Freund mußten teuer dafür büßen, daß sie eines Tages miteinander in einem solchen Buche lasen; die größere Gefahr freilich bestand darin, daß sie plötzlich zu lesen aufhörten!

Die Poesie in allen diesen Gedichten des Mittelalters trägt einen bestimmten Charakter, wodurch sie sich von der Poesie der Griechen und Römer unterscheidet. In betreff dieses Unterschieds nennen wir erstere die romantische und letztere die klassische Poesie. Diese Benennungen aber sind nur unsichere Rubriken und führten bisher zu den unerquicklichsten Verwirrnissen, die noch gesteigert wurden, wenn man die antike Poesie statt klassisch auch plastisch nannte. Hier lag besonders der Grund zu Mißverständnissen. Nämlich die Künstler sollen ihren Stoff immer plastisch bearbeiten, er mag christlich oder heidnisch sein, sie sollen ihn in klaren Umrissen darstellen, kurz: plastische Gestaltung soll in der romantisch modernen Kunst, ebenso wie in der antiken Kunst, die Hauptsache sein. Und in der Tat, sind nicht die Figuren in der »Göttlichen Komödie« des Dante oder auf den Gemälden des Raffael ebenso plastisch wie die im Virgil oder auf den Wänden von Herkulanum? Der Unterschied besteht darin, daß die plastischen Gestalten in der antiken Kunst ganz identisch sind mit dem Darzustellenden, mit der Idee, die der Künstler darstellen wollte, z.B. daß die Irrfahrten des Odysseus gar nichts anders bedeuten als die Irrfahrten des Mannes, der ein Sohn des Laertes und Gemahl der Penelopeia war und Odysseus hieß; daß ferner der Bacchus, den wir im Louvre sehen, nichts anders ist als der anmutige Sohn der Semele mit der kühnen Wehmut in den Augen und der heiligen Wollust in den gewölbt weichen Lippen. Anders ist es in der romantischen Kunst; da haben die Irrfahrten eines Ritters noch eine esoterische Bedeutung, sie deuten vielleicht auf die Irrfahrten des Lebens überhaupt; der Drache, der überwunden wird, ist Sünde; der Mandelbaum, der dem Helden aus der Ferne so tröstlich zuduftet, das ist die Dreieinigkeit, Gott Vater und Gott Sohn und Gott Heiliger Geist, die zugleich eins ausmachen, wie Nuß, Faser und Kern dieselbe Mandel sind. Wenn Homer die Rüstung eines Helden schildert, so ist es eben nichts andres als eine gute Rüstung, die soundso viel Ochsen wert ist; wenn aber ein Mönch des Mittelalters in seinem Gedichte die Röcke der Muttergottes beschreibt, so kann man sich darauf verlassen, daß er sich unter diesen Röcken ebenso viele verschiedene Tugenden denkt, daß ein besonderer Sinn verborgen ist unter diesen heiligen Bedeckungen der unbefleckten Jungfrauschaft Mariä, welche auch, da ihr Sohn der Mandelkern ist, ganz vernünftigerweise als Mandelblüte besungen wird. Das ist nun der Charakter der mittelalterlichen Poesie, die wir die romantische nennen.

Die klassische Kunst hatte nur das Endliche darzustellen, und ihre Gestalten konnten identisch sein mit der Idee des Künstlers. Die romantische Kunst hatte das Unendliche und lauter spiritualistische Beziehungen darzustellen oder vielmehr anzudeuten, und sie nahm ihre Zuflucht zu einem System traditioneller Symbole oder vielmehr zum Parabolischen, wie schon Christus selbst seine spiritualistischen Ideen durch allerlei schöne Parabeln deutlich zu machen suchte. Daher das Mystische, Rätselhafte, Wunderbare und Überschwengliche in den Kunstwerken des Mittelalters; die Phantasie macht ihre entsetzlichsten Anstrengungen, das Reingeistige durch sinnliche Bilder darzustellen, und sie erfindet die kolossalsten Tollheiten, sie stülpt den Pelion auf den Ossa, den »Parzival« auf den »Titurel«, um den Himmel zu erreichen.

Bei den Völkern, wo die Poesie ebenfalls das Unendliche darstellen wollte und ungeheure Ausgeburten der Phantasie zum Vorschein kamen, z.B. bei den Skandinaviern und Indiern, finden wir Gedichte, die wir ebenfalls für romantisch halten und auch romantisch zu nennen pflegen.

Von der Musik des Mittelalters können wir nicht viel sagen. Es fehlen uns die Urkunden. Erst spät, im sechzehnten Jahrhundert, entstanden die Meisterwerke der katholischen Kirchenmusik, die man in ihrer Art nicht genug schätzen kann, da sie den christlichen Spiritualismus am reinsten aussprechen. Die rezitierenden Künste, spiritualistisch ihrer Natur nach, konnten im Christentum ein ziemliches Gedeihen finden. Minder vorteilhaft war diese Religion für die bildenden Künste. Denn da auch diese den Sieg des Geistes über die

Materie darstellen sollten und dennoch ebendiese Materie als Mittel ihrer Darstellung gebrauchen mußten, so hatten sie gleichsam eine unnatürliche Aufgabe zu lösen. Daher in Skulptur und Malerei jene abscheulichen Themata: Martyrbilder, Kreuzigungen, sterbende Heilige, Zerstörung des Fleisches. Die Aufgaben selbst waren ein Martyrtum der Skulptur, und wenn ich jene verzerrten Bildwerke sehe, wo durch schief-fromme Köpfe, lange, dünne Arme, magere Beine und ängstlich unbeholfene Gewänder die christliche Abstinenz und Entsinnlichung dargestellt werden soll, so erfaßt mich unsägliches Mitleid mit den Künstlern jener Zeit. Die Maler waren wohl etwas begünstigter, da das Material ihrer Darstellung, die Farbe, in seiner Unerfaßbarkeit, in seiner bunten Schattenhaftigkeit dem Spiritualismus nicht so derb widerstrebte wie das Material der Skulptoren; dennoch mußten auch sie, die Maler, mit den widerwärtigsten Leidensgestalten die seufzende Leinwand belasten. Wahrlich, wenn man manche Gemäldesammlung betrachtet und nichts als Blutszenen, Stäupen und Hinrichtung dargestellt sieht, so sollte man glauben, die alten Meister hätten diese Bilder für die Galerie eines Scharfrichters gemalt.

Aber der menschliche Genius weiß sogar die Unnatur zu verklären, vielen Malern gelang es, die unnatürliche Aufgabe schön und erhebend zu lösen, und namentlich die Italiener wußten der Schönheit etwas auf Kosten des Spiritualismus zu huldigen und sich zu jener Idealität emporzuschwingen, die in so vielen Darstellungen der Madonna ihre Blüte erreicht hat. Die katholische Klerisei hat überhaupt, wenn es die Madonna galt, dem Sensualismus immer einige Zugeständnisse gemacht. Dieses Bild einer unbefleckten Schönheit, die noch dabei von

Mutterliebe und Schmerz verklärt ist, hatte das Vorrecht, durch Dichter und Maler gefeiert und mit allen sinnlichen Reizen geschmückt zu werden. Denn dieses Bild war ein Magnet, welcher die große Menge in den Schoß des Christentums ziehen konnte. Madonna Maria war gleichsam die schöne dame du comptoir der katholischen Kirche, die deren Kunden, besonders die Barbaren des Nordens, mit ihrem himmlischen Lächeln anzog und festhielt.

Die Baukunst trug im Mittelalter denselben Charakter wie die andern Künste, wie denn überhaupt damals alle Manifestationen des Lebens aufs wunderbarste miteinander harmonierten. Hier, in der Architektur, zeigt sich dieselbe parabolische Tendenz wie in der Dichtkunst. Wenn wir jetzt in einen alten Dom treten, ahnen wir kaum mehr den esoterischen Sinn seiner steinernen Symbolik. Nur der Gesamteindruck dringt uns unmittelbar ins Gemüt. Wir fühlen hier die Erhebung des Geistes und die Zertretung des Fleisches. Das Innere des Doms selbst ist ein hohles Kreuz, und wir wandeln da im Werkzeuge des Martyrtums selbst; die bunten Fenster werfen auf uns ihre roten und grünen Lichter, wie Blutstropfen und Eiter; Sterbelieder umwimmern uns; unter unseren Füßen Leichensteine und Verwesung, und mit den kolossalen Pfeilern strebt der Geist in die Höhe, sich schmerzlich losreißend von dem Leib, der wie ein müdes Gewand zu Boden sinkt. Wenn man sie von außen erblickt, diese gotischen Dome, diese ungeheuren Bauwerke, die so luftig, so fein, so zierlich, so durchsichtig gearbeitet sind, daß man sie für ausgeschnitzelt, daß man sie für Brabanter Spitzen von Marmor halten sollte, dann fühlt man erst recht die Gewalt jener Zeit, die selbst den Stein so zu bewältigen wußte, daß er fast gespenstisch durchgeistet erscheint, daß sogar diese härteste Materie den christlichen Spiritualismus ausspricht.

Aber die Künste sind nur der Spiegel des Lebens, und wie im Leben der Katholizismus erlosch, so verhallte und erblich er auch in der Kunst. Zur Zeit der Reformation schwand allmählich die katholische Poesie in Europa, und an ihrer Stelle sehen wir die längst abgestorbene griechische Poesie wieder aufleben. Es war freilich nur ein künstlicher Frühling, ein Werk des Gärtners und nicht der Sonne, und die Bäume und Blumen steckten in engen Töpfen, und ein Glashimmel schützte sie vor Kälte und Nordwind.

In der Weltgeschichte ist nicht jedes Ereignis die unmittelbare Folge eines anderen, alle Ereignisse bedingen sich vielmehr wechselseitig. Keineswegs bloß durch die griechischen Gelehrten, die nach der Eroberung von Byzanz zu uns herüber emigriert, ist die Liebe für das Griechentum und die Sucht, es nachzuahmen, bei uns allgemein geworden, sondern auch in der Kunst wie im Leben regte sich ein gleichzeitiger Protestantismus; Leo X., der prächtige Mediceer, war ein ebenso eifriger Protestant wie Luther; und wie man zu Wittenberg in lateinischer Prosa protestierte, so protestierte man zu Rom in Stein, Farbe und Ottaverime. Oder bilden die marmornen Kraftgestalten des Michelangelo, die lachenden Nymphengesichter des Giulio Romano und die lebenstrunkene Heiterkeit in den Versen des Meisters Ludovico nicht einen protestierenden Gegensatz zu dem altdüstern, abgehärmten Katholizismus? Die Maler Italiens polemisierten gegen das Pfaffentum vielleicht weit wirksamer als die sächsischen Theologen. Das blühende Fleisch auf den Gemälden des Tizian, das ist alles Protestantismus. Die Lenden seiner Venus sind viel gründlichere Thesen als die, welche der deutsche Mönch an die Kirchentüre von Wittenberg angeklebt. Es war damals, als hätten die Menschen sich plötzlich erlöst gefühlt von tausendjährigem Zwang; besonders die Künstler atmeten wieder frei, als ihnen der Alp des Christentums von der Brust gewälzt schien; enthusiastisch stürzten sie sich in das Meer griechischer Heiterkeit, aus dessen Schaum ihnen wieder die Schönheitsgöttinnen entgegentauchten; die Maler malten wieder die ambrosische Freude des Olymps; die Bildhauer meißelten wieder mit alter Lust die alten Heroen aus dem Marmorblock hervor; die Poeten besangen wieder das Haus des Atreus und des Lajos; es entstand die Periode der neuklassischen Poesie.

Wie sich in Frankreich unter Ludwig XIV. das moderne Leben am vollendetsten ausgebildet, so gewann hier jene neuklassische Poesie ebenfalls eine ausgebildete Vollendung, ja gewissermaßen eine selbständige Originalität. Durch den politischen Einfluß des großen Königs verbreitete sich diese neuklassische Poesie im übrigen Europa; in Italien, wo sie schon einheimisch geworden war, erhielt sie ein französisches Kolorit; mit den Anjous kamen auch die Helden der französischen Tragödie nach Spanien; sie gingen nach England mit Madame Henriette, und wir Deutschen, wie sich von selbst versteht, wir bauten dem gepuderten Olymp von Versailles unsere tölpischen Tempel. Der berühmteste Oberpriester derselben war Gottsched, jene große Allongeperücke, die unser teurer Goethe in seinen Memoiren so trefflich beschrieben hat.

Lessing war der literarische Arminius, der unser Theater von jener Fremdherrschaft befreite. Er zeigte uns die Nichtigkeit, die Lächerlichkeit, die Abgeschmacktheit jener Nachahmungen des französischen Theaters, das selbst wieder dem griechischen nachgeahmt schien. Aber nicht bloß durch seine Kritik, sondern auch durch seine eignen Kunstwerke ward er der Stifter der neuern deutschen Originalliteratur. Alle Richtungen des Geistes, alle Seiten des Lebens verfolgte dieser Mann mit Enthusiasmus und Uneigennützigkeit. Kunst, Theologie, Altertumswissenschaft, Dichtkunst, Theaterkritik, Geschichte, alles trieb er mit demselben Eifer und zu demselben Zwecke. In allen seinen Werken lebt dieselbe große soziale Idee, dieselbe fortschreitende Humanität, dieselbe Vernunftreligion, deren Johannes er war und deren Messias wir noch erwarten. Diese Religion predigte er immer, aber leider oft ganz allein und in der Wüste. Und dann fehlte ihm auch die Kunst, den Stein in Brot zu verwandeln; er verbrachte den größten Teil seines Lebens in Armut und Drangsal; das ist ein Fluch, der fast auf allen großen Geistern der Deutschen lastet und vielleicht erst durch die politische Befreiung getilgt wird. Mehr, als man ahnte, war Lessing auch politisch bewegt, eine Eigenschaft, die wir bei seinen Zeitgenossen gar nicht finden; wir merken jetzt erst, was er mit der Schilderung des Duodezdespotismus in »Emilia Galotti« gemeint hat. Man hielt ihn damals nur für einen Champion der Geistesfreiheit und Bekämpfer der klerikalen Intoleranz; denn seine theologischen Schriften verstand man schon besser. Die Fragmente »Über Erziehung des Menschengeschlechts«, welche Eugène Rodrigues ins Französische übersetzt hat, können vielleicht den Franzosen von der umfassenden

Weite des Lessingschen Geistes einen Begriff geben. Die beiden kritischen Schriften, welche den meisten Einfluß auf die Kunst ausgeübt, sind seine »Hamburgische Dramaturgie« und sein »Laokoon oder über die Grenzen der Malerei und Poesie«. Seine ausgezeichneten Theaterstücke sind: »Emilia Galotti«, »Minna von Barnhelm« und »Nathan der Weise«.

Gotthold Ephraim Lessing ward geboren zu Kamenz in der Lausitz den 22. Januar 1729 und starb zu Braunschweig den 15. Februar 1781. Er war ein ganzer Mann, der, wenn er mit seiner Polemik das Alte zerstörend bekämpfte, auch zu gleicher Zeit selber etwas Neues und Besseres schuf; »er glich«, sagt ein deutscher Autor, »jenen frommen Juden, die beim zweiten Tempelbau von den Angriffen der Feinde oft gestört wurden und dann mit der einen Hand gegen diese kämpften und mit der anderen Hand am Gotteshause weiterbauten.« Es ist hier nicht die Stelle, wo ich mehr von Lessing sagen dürfte; aber ich kann nicht umhin, zu bemerken, daß er in der ganzen Literaturgeschichte derjenige Schriftsteller ist, den ich am meisten liebe. Noch eines anderen Schriftstellers, der in demselben Geiste und zu demselben Zwecke wirkte und Lessings nächster Nachfolger genannt werden kann, will ich hier erwähnen; seine Würdigung gehört freilich ebenfalls nicht hierher, wie er denn überhaupt in der Literaturgeschichte einen ganz einsamen Platz einnimmt und sein Verhältnis zu Zeit und Zeitgenossen noch immer nicht bestimmt ausgesprochen werden kann. Es ist Johann Gottfried Herder, geboren 1744 zu Mohrungen in Ostpreußen und gestorben zu Weimar in Sachsen im Jahr 1803.

Die Literaturgeschichte ist die große Morgue, wo jeder seine Toten aufsucht, die er liebt oder womit er verwandt ist. Wenn ich da unter so vielen unbedeutenden Leichen den Lessing oder den Herder sehe mit ihren erhabenen Menschengesichtern, dann pocht mir das Herz. Wie dürfte ich vorübergehen, ohne euch flüchtig die blassen Lippen zu küssen!

Wenn aber Lessing die Nachahmerei des französischen Aftergriechentums gar mächtig zerstörte, so hat er doch selbst, eben durch seine Hinweisung auf die wirklichen Kunstwerke des griechischen Altertums, gewissermaßen einer neuen Art törichter Nachahmungen Vorschub geleistet. Durch seine Bekämpfung des religiösen Aberglaubens beförderte er sogar die nüchterne Aufklärungssucht, die sich zu Berlin breitmachte und im seligen Nicolai ihr Hauptorgan und in der »Allgemeinen deutschen Bibliothek« ihr Arsenal besaß. Die kläglichste Mittelmäßigkeit begann damals, widerwärtiger als je, ihr Wesen zu treiben, und das Läppische und Leere blies sich auf wie der Frosch in der Fabel.

Man irrt sehr, wenn man etwa glaubt, daß Goethe, der damals schon aufgetaucht, bereits allgemein anerkannt gewesen sei. Sein »Götz von Berlichingen« und sein »Werther« waren mit Begeisterung aufgenommen worden, aber die Werke der gewöhnlichsten Stümper waren es nicht minder, und man gab Goethen nur eine kleine Nische in dem Tempel der Literatur. Nur den »Götz« und den »Werther« hatte das Publikum, wie gesagt, mit Begeisterung aufgenommen, aber mehr wegen des Stoffes als wegen ihrer artistischen Vorzüge, die fast niemand in diesen Meisterwerken zu schätzen verstand. Der »Götz«

war ein dramatisierter Ritterroman, und diese Gattung liebte man damals. In dem »Werther« sah man nur die Bearbeitung einer wahren Geschichte, die des jungen Jerusalem, eines Jünglings, der sich aus Liebe totgeschossen und dadurch in jener windstillen Zeit einen sehr starken Lärm gemacht; man las mit Tränen seine rührenden Briefe; man bemerkte scharfsinnig, daß die Art, wie Werther aus einer adeligen Gesellschaft entfernt worden, seinen Lebensüberdruß gesteigert habe; die Frage über den Selbstmord gab dem Buche noch mehr Besprechung; einige Narren verfielen auf die Idee, sich bei dieser Gelegenheit ebenfalls totzuschießen; das Buch machte, durch seinen Stoff, einen bedeutenden Knalleffekt. Die Romane von August Lafontaine wurden jedoch ebenso gern gelesen, und da dieser unaufhörlich schrieb, so war er berühmter als Wolfgang Goethe. Wieland war der damalige große Dichter, mit dem es etwa nur der Herr Odendichter Ramler zu Berlin in der Poesie aufnehmen konnte. Abgöttisch wurde Wieland verehrt, mehr als jemals Goethe. Das Theater beherrschte Iffland mit seinen bürgerlich larmoyanten Dramen und Kotzebue mit seinen banal witzigen Possen.

Diese Literatur war es, wogegen sich, während den letzten Jahren des vorigen Jahrhunderts, eine Schule in Deutschland erhob, die wir die romantische genannt und als deren Gérants sich uns die Herren August Wilhelm und Friedrich Schlegel präsentiert haben. Jena, wo sich diese beiden Brüder nebst vielen gleichgestimmten Geistern auf und zu befanden, war der Mittelpunkt, von wo aus die neue ästhetische Doktrin sich verbreitete. Ich sage Doktrin, denn diese Schule begann mit Beurteilung der Kunstwerke der Vergangenheit und mit dem Rezept zu den Kunstwerken der Zukunft. In diesen beiden Richtungen hat die Schlegelsche Schule große Verdienste um die ästhetische Kritik. Bei der Beurteilung der schon vorhandenen Kunstwerke wurden entweder ihre Mängel und Gebrechen nachgewiesen oder ihre Vorzüge und Schönheiten beleuchtet. In der Polemik, in jenem Aufdecken der artistischen Mängel und Gebrechen, waren die Herren Schlegel durchaus die Nachahmer des alten Lessings, sie bemächtigten sich seines großen Schlachtschwerts; nur war der Arm des Herren August Wilhelm Schlegel viel zu zart-schwächlich und das Auge seines Bruders Friedrich viel zu mystisch umwölkt, als daß jener so stark und dieser so scharftreffend zuschlagen konnte wie Lessing. In der reproduzierenden Kritik aber, wo die Schönheiten eines Kunstwerks veranschaulicht werden, wo es auf ein feines Herausfühlen der Eigentümlichkeiten ankam, wo diese zum Verständnis gebracht werden mußten, da sind die Herren Schlegel dem alten Lessing ganz überlegen. Was soll ich aber von ihren Rezepten für anzufertigende Meisterwerke sagen! Da offenbarte sich bei den Herren Schlegel eine Ohnmacht, die wir ebenfalls bei Lessing zu finden glauben. Auch dieser, so stark er im Verneinen ist, so schwach ist er im Bejahen, selten kann er ein Grundprinzip aufstellen, noch seltener ein richtiges. Es fehlt ihm der feste Boden einer Philosophie, eines philosophischen Systems. Dieses ist nun bei den Herren Schlegel in noch viel trostloserem Grade der Fall. Man fabelt mancherlei von dem Einfluß des Fichteschen Idealismus und der Schellingschen Naturphilosophie auf die romantische Schule, die man sogar ganz daraus hervorgehen läßt. Aber ich sehe hier höchstens nur den Einfluß einiger Fichteschen und Schellingschen Gedankenfragmente, keineswegs den Einfluß einer Philosophie. Herr Schelling, der damals in Jena dozierte, hat aber jedenfalls persönlich großen Einfluß auf die romantische Schule ausgeübt; er ist, was man in Frankreich nicht weiß, auch ein Stück Poet, und es heißt, er sei noch zweifelhaft, ob er nicht seine sämtlichen philosophischen Lehren in einem poetischen, ja metrischen Gewande herausgeben solle. Dieser Zweifel charakterisiert den Mann.

Wenn aber die Herren Schlegel für die Meisterwerke, die sie sich bei den Poeten ihrer Schule bestellten, keine feste Theorie angeben konnten, so ersetzten sie diesen Mangel dadurch, daß sie die besten Kunstwerke der Vergangenheit als Muster anpriesen und ihren Schülern zugänglich machten. Dieses waren nun hauptsächlich die Werke der christlich-katholischen Kunst des Mittelalters. Die Übersetzung des Shakespeares, der an der Grenze dieser Kunst steht und schon protestantisch klar in unsere moderne Zeit hereinlächelt, war nur zu polemischen Zwecken bestimmt, deren Besprechung hier zu weitläufig wäre. Auch wurde diese Übersetzung von Herrn A. W. Schlegel unternommen zu einer Zeit, als man sich noch nicht ganz ins Mittelalter zurück enthusiasmiert hatte. Später, als dieses geschah, ward der Calderon übersetzt und weit über den Shakespeare angepriesen; denn bei jenem fand man die Poesie des Mittelalters am reinsten ausgeprägt, und zwar in ihren beiden Hauptmomenten, Rittertum und Mönchtum. Die frommen Komödien des kastilianischen Priesterdichters, dessen poetischen Blumen mit Weihwasser besprengt und kirchlich geräuchert sind, wurden jetzt nachgebildet, mit all ihrer heiligen Grandezza, mit all ihrem sazerdotalen Luxus, mit all ihrer gebenedeiten Tollheit; und in Deutschland erblühten nun jene buntgläubigen, närrisch tiefsinnigen Dichtungen, in welchen man sich mystisch verliebte, wie in der »Andacht zum Kreuz«, oder zur Ehre der

Muttergottes schlug, wie im »Standhaften Prinzen«; und Zacharias Werner trieb das Ding so weit, wie man es nur treiben konnte, ohne von Obrigkeits wegen in ein Narrenhaus eingesperrt zu werden.

Unsere Poesie, sagten die Herren Schlegel, ist alt, unsere Muse ist ein altes Weib mit einem Spinnrocken, unser Amor ist kein blonder Knabe, sondern ein verschrumpfter Zwerg mit grauen Haaren, unsere Gefühle sind abgewelkt, unsere Phantasie ist verdorrt: wir müssen uns erfrischen, wir müssen die verschütteten Quellen der naiven, einfältiglichen Poesie des Mittelalters wieder aufsuchen, da sprudelt uns entgegen der Trank der Verjüngung. Das ließ sich das trockne, dürre Volk nicht zweimal sagen; besonders die armen Dursthälse, die im märkischen Sande saßen, wollten wieder blühend und jugendlich werden, und sie stürzten nach jenen Wunderquellen, und das soff und schlürfte und schlückerte mit übermäßiger Gier. Aber es erging ihnen wie der alten Kammerjungfer, von welcher man folgendes erzählt: Sie hatte bemerkt, daß ihre Dame ein Wunderelixier besaß, das die Jugend wiederherstellt; in Abwesenheit der Dame nahm sie nun aus deren Toilette das Fläschchen, welches jenes Elixier enthielt, statt aber nur einige Tropfen zu trinken, tat sie einen so großen, langen Schluck, daß sie durch die höchstgesteigerte Wunderkraft des verjüngenden Tranks nicht bloß wieder jung, sondern gar zu einem ganz kleinen Kinde wurde. Wahrlich, so ging es namentlich unserem vortrefflichen Herrn Tieck, einem der besten Dichter der Schule; er hatte von den Volksbüchern und Gedichten des Mittelalters so viel eingeschluckt, daß er fast wieder ein Kind wurde und zu jener lallenden Einfalt herabblühte, die Frau v. Staël so sehr viele Mühe hatte zu bewundern. Sie gesteht selber, daß es ihr kurios vorkomme, wenn eine Person in einem Drama mit einem Monolog debütiert, welcher mit den Worten anfängt: »Ich bin der wackere Bonifazius, und ich komme, euch zu sagen« usw.

Herr Ludwig Tieck hat durch seinen Roman »Sternbalds Wanderungen« und durch die von ihm herausgegebenen und von einem gewissen Wackenroder geschriebene »Herzensergießungen eines kunstliebenden Klosterbruders« auch den bildenden Künstlern die naiven, rohen Anfänge der Kunst als Muster dargestellt. Die Frömmigkeit und Kindlichkeit dieser Werke, die sich eben in ihrer technischen Unbeholfenheit kundgibt, wurde zur Nachahmung empfohlen. Von Raffael wollte man nichts mehr wissen, kaum einmal von seinem Lehrer Perugino, den man freilich schon höher schätzte und in welchem man noch Reste jener Vortrefflichkeiten entdeckte, deren ganze Fülle man in den unsterblichen Meisterwerken des Fra Giovanni Angelico da Fiesole so andachtsvoll bewunderte. Will man sich hier einen Begriff von dem Geschmacke der damaligen Kunstenthusiasten machen, so muß man nach dem Louvre gehen, wo noch die besten Gemälde jener Meister hängen, die man damals unbedingt verehrte; und will man sich einen Begriff von dem großen Haufen der Poeten machen, die damals in allen möglichen Versarten die Dichtungen des Mittelalters nachahmten, so muß man nach dem Narrenhaus zu Charenton gehn.

Aber ich glaube, jene Bilder im ersten Saale des Louvre sind noch immer viel zu graziöse, als daß man sich dadurch einen Begriff von dem damaligen Kunstgeschmack machen könnte. Man muß sich diese altitalienischen Bilder noch obendrein ins Altdeutsche übersetzt denken. Denn man erachtete die Werke der altdeutschen Maler für noch weit einfältiglicher und kindlicher und also nachahmungswürdiger als die altitalienischen. Denn die Deutschen vermögen ja, hieß es, mit ihrem Gemüt (ein Wort, wofür die französische Sprache keinen Ausdruck hat) das Christentum tiefer aufzufassen als andere Nationen, und Friedrich Schlegel und sein Freund Herr Joseph Görres wühlten in den alten Städten am Rhein nach den Resten altdeutscher Gemälde und Bildwerke, die man, gleich heiligen Reliquien, blindgläubig verehrte.

Ich habe eben den deutschen Parnaß jener Zeit mit Charenton verglichen. Ich glaube aber, auch hier habe ich viel zu wenig gesagt. Ein französischer Wahnsinn ist noch lange nicht so wahnsinnig wie ein deutscher; denn in diesem, wie Polonius sagen würde, ist Methode. Mit einer Pedanterie ohnegleichen, mit einer entsetzlichen Gewissenhaftigkeit, mit einer Gründlichkeit, wovon sich ein oberflächlicher französischer Narr nicht einmal einen Begriff machen kann, trieb man jene deutsche Tollheit.

Der politische Zustand Deutschlands war der christlich-altdeutschen Richtung noch besonders günstig. »Not lehrt beten«, sagt das Sprüchwort, und wahrlich, nie war die Not in Deutschland größer und daher das Volk dem Beten, der Religion, dem Christentum zugänglicher als damals. Kein Volk hegt mehr Anhänglichkeit für seine Fürsten wie das deutsche, und mehr noch als der traurige Zustand, worin das Land durch den Krieg und die Fremdherrschaft geraten, war es der jammervolle Anblick ihrer besiegten Fürsten, die sie zu den Füßen Napoleons kriechen sahen, was die Deutschen aufs unleidlichste betrübte; das ganze Volk glich jenen treuherzigen alten Dienern in großen Häusern, die alle Demütigungen, welche ihre gnädige Herrschaft erdulden muß, noch tiefer empfinden als diese selbst und die im verborgenen ihre kummervollsten Tränen weinen, wenn etwa das herrschaftliche Silberzeug verkauft werden soll, und die sogar ihre ärmlichen Ersparnisse heimlich dazu verwenden, daß nicht bürgerliche Talglichter statt adliger Wachskerzen auf die herrschaftliche Tafel gesetzt werden, wie wir solches, mit hinlänglicher Rührung, in den alten Schauspielen sehen. Die allgemeine Betrübnis fand Trost in der Religion, und es entstand ein pietistisches Hingeben in den Willen Gottes, von welchem allein die Hülfe erwartet wurde. Und in der Tat, gegen den Napoleon konnte auch gar kein anderer helfen als der liebe Gott selbst. Auf die weltlichen Heerscharen war nicht mehr zu rechnen, und man mußte vertrauungsvoll den Blick nach dem Himmel wenden.

Wir hätten auch den Napoleon ganz ruhig ertragen. Aber unsere Fürsten, während sie hofften, durch Gott von ihm befreit zu werden, gaben sie auch zugleich dem Gedanken Raum, daß die zusammengefaßten Kräfte ihrer Völker dabei sehr mitwirksam sein möchten: man suchte in dieser Absicht den Gemeinsinn unter den Deutschen zu wecken, und sogar die allerhöchsten Personen sprachen jetzt von deutscher Volkstümlichkeit, vom gemeinsamen deutschen Vaterlande, von der Vereinigung der christlich-germanischen Stämme, von der Einheit Deutschlands. Man befahl uns den Patriotismus, und wir wurden Patrioten; denn wir tun alles, was uns unsere Fürsten befehlen. Man muß sich aber unter diesem Patriotismus nicht dasselbe Gefühl denken, das hier in Frankreich diesen Namen führt. Der Patriotismus des Franzosen besteht darin, daß sein Herz erwärmt wird, durch diese Wärme sich ausdehnt, sich erweitert, daß es nicht mehr bloß die nächsten Angehörigen, sondern ganz Frankreich, das ganze Land der Zivilisation, mit seiner Liebe umfaßt; der Patriotismus des Deutschen hingegen besteht darin, daß sein Herz enger wird, daß es sich zusammenzieht wie Leder in der Kälte, daß er das Fremdländische haßt, daß er nicht mehr Weltbürger, nicht mehr Europäer, sondern nur ein enger Deutscher sein will. Da sahen wir nun das idealische Flegeltum, das Herr Jahn in System gebracht; es begann die schäbige, plumpe, ungewaschene Opposition gegen eine Gesinnung, die eben das Herrlichste und Heiligste ist, was Deutschland hervorgebracht hat, nämlich gegen jene Humanität, gegen jene allgemeine Menschenverbrüderung, gegen jenen Kosmopolitismus, dem unsere großen Geister, Lessing, Herder, Schiller, Goethe, Jean Paul, dem alle Gebildeten in Deutschland immer gehuldigt haben.

Was sich bald darauf in Deutschland ereignete, ist euch allzuwohl bekannt. Als Gott, der Schnee und die Kosaken die besten Kräfte des Napoleon zerstört hatten, erhielten wir Deutsche den allerhöchsten Befehl, uns vom fremden Joche zu befreien, und wir loderten auf in männlichem Zorn ob der allzulang ertragenen Knechtschaft, und wir begeisterten uns durch die guten Melodien und schlechten Verse der Körnerschen Lieder, und wir erkämpften die Freiheit; denn wir tun alles, was uns von unseren Fürsten befohlen wird.

In der Periode, wo dieser Kampf vorbereitet wurde, mußte eine Schule, die dem französischen Wesen feindlich gesinnt war und alles deutsch Volkstümliche in Kunst und Leben hervorrühmte, ihr trefflichstes Gedeihen finden. Die romantische Schule ging damals Hand in Hand mit dem Streben der Regierungen und der geheimen Gesellschaften, und Herr A. W. Schlegel konspirierte gegen Racine zu demselben Ziel, wie der Minister Stein gegen Napoleon konspirierte. Die Schule schwamm mit dem Strom der Zeit, nämlich mit dem Strom, der nach seiner Quelle zurückströmte. Als endlich der deutsche Patriotismus und die deutsche Nationalität vollständig siegte, triumphierte auch definitiv die volkstümlich-germanisch-christlich-romantische Schule, die »neudeutsch-religiös-patriotische Kunst«. Napoleon, der große Klassiker, der so klassisch wie Alexander und Cäsar, stürzte zu Boden, und die Herren August Wilhelm und Friedrich Schlegel, die kleinen Romantiker, die ebenso romantisch wie das »Däumchen« und der »Gestiefelte Kater«, erhoben sich als Sieger.

Aber auch hier blieb jene Reaktion nicht aus, welche jeder Übertreibung auf dem Fuße folgt. Wie das spiritualistische Christentum eine Reaktion gegen die brutale Herrschaft des imperial römischen Materialismus war; wie die erneuerte Liebe zur heiter griechischen Kunst und Wissenschaft als eine Reaktion gegen den bis zur blödsinnigsten Abtötung ausgearteten christlichen Spiritualismus zu betrachten ist; wie die Wiedererweckung der mittelalterlichen Romantik ebenfalls für eine Reaktion gegen die nüchterne Nachahmerei der antiken, klassischen Kunst gelten kann: so sehen wir jetzt auch eine Reaktion gegen die Wiedereinführung jener katholisch-feudalistischen Denkweise, jenes Rittertums und Pfaffentums, das in Bild und Wort gepredigt worden, und unter höchst befremdlichen Umständen. Als nämlich die alten Künstler des Mittelalters, die empfohlenen Muster, so hoch gepriesen und bewundert standen, hatte man ihre Vortrefflichkeit nur dadurch zu erklären gewußt, daß diese Männer an das Thema glaubten, welches sie darstellten, daß sie in ihrer kunstlosen Einfalt mehr leisten konnten als die späteren glaubenlosen Meister, die es im Technischen viel weiter gebracht, daß der Glauben in ihnen Wunder getan; und in der Tat, wie konnte man die Herrlichkeiten eines Fra Angelico da Fiesole oder das Gedicht des Bruder Otfried anders erklären! Die Künstler allnun, die es mit der Kunst ernsthaft meinten und die gottvolle Schiefheit jener Wundergemälde und die heilige Unbeholfenheit jener Wundergedichte, kurz, das unerklärbar Mystische der alten Werke nachahmen wollten: diese entschlossen sich, zu derselben Hippokrene zu wandern, wo auch die alten Meister ihre mirakulöse Begeisterung geschöpft; sie pilgerten nach Rom, wo der Statthalter Christi, mit der Milch seiner Eselin, die schwindsüchtige deutsche Kunst wieder stärken sollte; mit einem Worte, sie begaben sich in den Schoß der alleinseligmachenden römisch-katholisch-apostolischen Kirche. Bei mehreren Anhängern der romantischen Schule bedurfte es keines formellen Übergangs, sie waren Katholiken von Geburt, z.B. Herr Görres und Herr Clemens Brentano, und sie entsagten nur ihren bisherigen freigeistigen Ansichten. Andere aber waren im Schoße der protestantischen Kirche geboren und erzogen, z.B. Friedrich Schlegel, Herr Ludwig Tieck, Novalis, Werner, Schütz, Carové, Adam Müller usw., und ihr Übertritt zum Katholizismus bedurfte eines öffentlichen Akts. Ich habe hier nur

Schriftsteller erwähnt; die Zahl der Maler, die scharenweis das evangelische Glaubensbekenntuis und die Vernunft abschworen, war weit größer.

Wenn man nun sah, wie diese jungen Leute vor der römisch-katholischen Kirche gleichsam Queue machten und sich in den alten Geisteskerker wieder hineindrängten, aus welchem ihre Väter sich mit so vieler Kraft befreit hatten, da schüttelte man in Deutschland sehr bedenklich den Kopf. Als man aber entdeckte, daß eine Propaganda von Pfaffen und Junkern, die sich gegen die religiöse und politische Freiheit Europas verschworen, die Hand im Spiele hatte, daß es eigentlich der Jesuitismus war, welcher, mit den süßen Tönen der Romantik, die deutsche Jugend so verderblich zu verlocken wußte wie einst der fabelhafte Rattenfänger die Kinder von Hameln, da entstand großer Unmut und auflodernder Zorn unter den Freunden der Geistesfreiheit und des Protestantismus in Deutschland.

Ich habe Geistesfreiheit und Protestantismus zusammen genannt; ich hoffe aber, daß man mich, obgleich ich mich in Deutschland zur protestantischen Kirche bekenne, keiner Parteilichkeit für letztere beschuldigen wird. Wahrlich, ohne alle Parteilichkeit habe ich Geistesfreiheit und Protestantismus zusammen genannt; und in der Tat, es besteht in Deutschland ein freundschaftliches Verhältnis zwischen beiden. Auf jeden Fall sind sie beide verwandt, und zwar wie Mutter und Tochter. Wenn man auch der protestantischen Kirche manche fatale Engsinnigkeit vorwirft, so muß man doch zu ihrem unsterblichen Ruhme bekennen: indem durch sie die freie Forschung in der christlichen Religion erlaubt und die Geister vom Joche der

Autorität befreit wurden, hat die freie Forschung überhaupt in Deutschland Wurzel schlagen und die Wissenschaft sich selbständig entwickeln können. Die deutsche Philosophie, obgleich sie sich jetzt neben die protestantische Kirche stellt, ja sich über sie heben will, ist doch immer nur ihre Tochter; als solche ist sie immer in betreff der Mutter zu einer schonenden Pietät verpflichtet, und die Verwandtschaftsinteressen verlangten es, daß sie sich verbündeten, als sie beide von der gemeinschaftlichen Feindin, von dem Jesuitismus, bedroht waren. Alle Freunde der Gedankenfreiheit und der protestantischen Kirche, Skeptiker wie Orthodoxe, erhoben sich zu gleicher Zeit gegen die Restauratoren des Katholizismus; und wie sich von selbst versteht, die Liberalen, welche nicht eigentlich für die Interessen der Philosophie oder der protestantischen Kirche, sondern für die Interessen der bürgerlichen Freiheit besorgt waren, traten ebenfalls zu dieser Opposition. Aber in Deutschland waren die Liberalen bis jetzt auch immer zugleich Schulphilosophen und Theologen, und es ist immer dieselbe Idee der Freiheit, wofür sie kämpfen, sie mögen nun ein rein politisches oder ein philosophisches oder ein theologisches Thema behandeln. Dieses zeigt sich am offenbarsten in dem Leben des Mannes, der die romantische Schule in Deutschland schon bei ihrer Entstehung untergraben und jetzt am meisten dazu beigetragen hat, sie zu stürzen. Es ist Johann Heinrich Voß.

Dieser Mann ist in Frankreich gar nicht bekannt, und doch gibt es wenige, denen das deutsche Volk, in Hinsicht seiner geistigen Ausbildung, mehr verdankt als eben ihm. Er ist vielleicht, nach Lessing, der größte Bürger in der deutschen Literatur. Jedenfalls war er ein großer Mann, und er verdient, daß ich nicht allzu kärglichen Wortes ihn bespreche.

Die Biographie des Mannes ist fast die aller deutschen Schriftsteller der alten Schule. Er wurde geboren im Jahr 1751, im Mecklenburgischen, von armen Eltern, studierte Theologie, vernachlässigte sie, als er die Poesie und die Griechen kennenlernte, beschäftigte sich ernsthaft mit diesen beiden, gab Unterricht, um nicht zu verhungern, wurde Schulmeister zu Otterndorf im Lande Hadeln, übersetzte die Alten und lebte arm, frugal und arbeitsam bis in sein fünfundsiebzigstes Jahr. Er hatte einen ausgezeichneten Namen unter den Dichtern der alten Schule; aber die neuen romantischen Poeten zupften beständig an seinem Lorbeer und spöttelten viel über den altmodischen, ehrlichen Voß, der in treuherziger, manchmal sogar plattdeutscher Sprache das kleinbürgerliche Leben an der Niederelbe besungen, der keine mittelalterlichen Ritter und Madonnen, sondern einen schlichten protestantischen Pfarrer und seine tugendhafte Familie zu Helden seiner Dichtungen wählte und der so kerngesund und bürgerlich und natürlich war, während sie, die neuen Troubadouren, so somnambülisch kränklich, so ritterlich vornehm und so genial unnatürlich waren. Dem Friedrich Schlegel, dem berauschten Sänger der liederlich-romantischen »Lucinde«, wie fatal mußte er ihm sein, dieser nüchterne Voß mit seiner keuschen Luise und seinem alten, ehrwürdigen Pfarrer von Grünau! Herr August Wilhelm Schlegel, der es mit der Liederlichkeit und dem Katholizismus nie so ehrlich gemeint hat wie sein Bruder, der konnte schon mit dem alten Voß viel besser harmonieren, und es bestand zwischen beiden eigentlich nur eine Übersetzerrivalität, die übrigens für die deutsche Sprache von großem

Nutzen war. Voß hatte schon vor Entstehung der neuen Schule den Homer übersetzt, jetzt übersetzte er, mit unerhörtem Fleiß, auch die übrigen heidnischen Dichter des Altertums, während Herr A. W. Schlegel die christlichen Dichter der romantisch-katholischen Zeit übersetzte. Beider Arbeiten wurden bestimmt durch die versteckt polemische Absicht: Voß wollte die klassische Poesie und Denkweise durch seine Übersetzungen befördern, während Herr A. W. Schlegel die christlich-romantischen Dichter in guten Übersetzungen dem Publikum, zur Nachahmung und Bildung, zugänglich machen wollte. Ja, der Antagonismus zeigte sich sogar in den Sprachformen beider Übersetzer. Während Herr Schlegel immer süßlicher und zimperlicher seine Worte glättete, wurde Voß in seinen Übersetzungen immer herber und derber, die späteren sind durch die hineingefeilten Rauheiten fast unaussprechbar, so daß, wenn man auf dem blankpolierten, schlüpfrigen Mahagoniparkett der Schlegelschen Verse leicht ausglitschte, so stolperte man ebenso leicht über die versifizierten Marmorblöcke des alten Voß. Endlich, aus Rivalität, wollte letzterer auch den Shakespeare übersetzen, welchen Herr Schlegel in seiner ersten Periode so vortrefflich ins Deutsche übertragen; aber das bekam dem alten Voß sehr schlecht und seinem Verleger noch schlimmer; die Übersetzung mißlang ganz und gar. Wo Herr Schlegel vielleicht zu weich übersetzt, wo seine Verse manchmal wie geschlagene Sahne sind, wobei man nicht weiß, wenn man sie zu Munde führt, ob man sie essen oder trinken soll, da ist Voß hart wie Stein, und man muß fürchten, sich die Kinnlade zu zerbrechen, wenn man seine Verse ausspricht. Aber was eben den Voß so gewaltig auszeichnete, das ist die Kraft, womit er gegen alle Schwierigkeiten kämpfte; und er kämpfte nicht bloß mit der deutschen Sprache, sondern auch mit jenem jesuitisch-aristokratischen Ungetüm, das damals aus dem Walddunkel der deutschen Literatur sein mißgestaltetes Haupt hervorreckte, und Voß schlug ihm eine tüchtige Wunde.

Herr Wolfgang Menzel, ein deutscher Schriftsteller, welcher als einer der bittersten Gegner von Voß bekannt ist, nennt ihn einen niedersächsischen Bauern. Trotz der schmähenden Absicht ist doch diese Benennung sehr treffend. In der Tat, Voß ist ein niedersächsischer Bauer, so wie Luther es war; es fehlte ihm alles Chevalereske, alle Courtoisie, alle Graziösität; er gehörte ganz zu jenem derbkräftigen, starkmännlichen Volksstamme, dem das Christentum mit Feuer und Schwert gepredigt werden mußte, der sich erst nach drei verlorenen Schlachten dieser Religion unterwarf, der aber immer noch, in seinen Sitten und Weisen, viel nordisch-heidnische Starrheit behalten und in seinen materiellen und geistigen Kämpfen so tapfer und hartnäckig sich zeigt wie seine alten Götter. Ja, wenn ich mir den Johann Heinrich Voß in seiner Polemik und in seinem ganzen Wesen betrachte, so ist mir, als sähe ich den alten einäugigen Odin selbst, der seine Asenburg verlassen, um Schulmeister zu werden zu Otterndorf im Lande Hadeln, und der da den blonden Holsteinern die lateinischen Deklinationen und den christlichen Katechismus einstudiert und der in seinen Nebenstunden die griechischen Dichter ins Deutsche übersetzt und von Thor den Hammer borgt, um die Verse damit zurechtzuklopfen, und der endlich, des mühsamen Geschäftes überdrüssig, den armen Fritz Stolberg mit dem Hammer auf den Kopf schlägt.

Das war eine famose Geschichte. Friedrich, Graf von Stolberg, war ein Dichter der alten Schule und außerordentlich berühmt in Deutschland, vielleicht minder durch seine poetische Talente als durch den Grafentitel, der damals in der deutschen Literatur viel mehr galt als jetzt. Aber Fritz Stolberg war ein liberaler Mann, von edlem Herzen, und er war ein Freund jener bürgerlichen Jünglinge, die in Göttingen eine poetische Schule stifteten. Ich empfehle den französischen Literaten, die Vorrede zu den Gedichten von Hölty zu lesen, worin Johann Heinrich Voß das idyllische Zusammenleben des Dichterbundes geschildert, wozu er und Fritz Stolberg gehörten. Diese beiden waren endlich allein übriggeblieben von jener jugendlichen Dichterschar. Als nun Fritz Stolberg mit Eklat zur katholischen Kirche überging und Vernunft und Freiheitsliebe abschwor und ein Beförderer des Obskurantismus wurde und durch sein vornehmes Beispiel gar viele Schwächlinge nachlockte, da trat Johann Heinrich Voß, der alte, siebzigjährige Mann, dem ebenso alten Jugendfreunde öffentlich entgegen und schrieb das Büchlein »Wie ward Fritz Stolberg ein Unfreier?« Er analysierte darin dessen ganzes Leben und zeigte, wie die aristokratische Natur in dem verbrüderten Grafen immer lauernd verborgen lag; wie sie nach den Ereignissen der französischen Revolution immer sichtbarer hervortrat; wie Stolberg sich der sogenannten Adelskette, die den französischen Freiheitsprinzipien entgegenwirken wollte, heimlich anschloß; wie diese Adligen sich mit den Jesuiten verbanden; wie man durch die Wiederherstellung des Katholizismus auch die Adelsinteressen zu fördern glaubte; wie überhaupt die Restauration des christkatholischen feudalistischen Mittelalters und der Untergang der protestantischen Denkfreiheit und des politischen Bürgertums betrieben wurden. Die deutsche Demokratie und die deutsche Aristokratie, die sich vor den Revolutionszeiten, als jene noch nichts hoffte und diese nichts befürchtete, so unbefangen jugendlich verbrüdert hatten, diese standen sich jetzt als Greise gegenüber und kämpften den Todeskampf.

Der Teil des deutschen Publikums, der die Bedeutung und die entsetzliche Notwendigkeit dieses Kampfes nicht begriffen, tadelte den armen Voß über die unbarmherzige Enthüllung von häuslichen Verhältnissen, von kleinen Lebensereignissen, die aber in ihrer Zusammenstellung ein beweisendes Ganze bildeten. Da gab es nun auch sogenannte vornehme Seelen, die, mit aller Erhabenheit, über engherzige Kleinigkeitskrämerei schrien und den armen Voß der Klatschsucht bezüchtigten. Andere, Spießbürger, die besorgt waren, man möchte von ihrer eigenen Misere auch einmal die Gardine fortziehen, diese eiferten über die Verletzung des literarischen Herkommens, wonach alle Persönlichkeiten, alle Enthüllungen des Privatlebens, streng verboten seien. Als nun Fritz Stolberg in derselben Zeit starb und man diesen Sterbefall dem Kummer zuschrieb und gar nach seinem Tode da »Liebesbüchlein« herauskam, worin er, mit frömmelnd christlichem, verzeihendem, echt jesuitischem Tone, über den armen verblendeten Freund sich aussprach, da flossen die Tränen des deutschen Mitleids, da weinte der deutsche Michel seine dicksten Tropfen, und es sammelte sich viel weichherzige Wut gegen den armen Voß, und die meisten Scheltworte erhielt er von ebendenselben Menschen, für deren geistiges und weltliches Heil er gestritten.

Überhaupt kann man in Deutschland auf das Mitleid und die Tränendrüsen der großen Menge rechnen, wenn man in einer Polemik tüchtig mißhandelt wird. Die Deutschen gleichen dann jenen alten Weibern, die nie versäumen, einer Exekution zuzusehen, die sich da als die neugierigsten Zuschauer vorandrängen, beim Anblick des armen Sünders und seiner Leiden aufs bitterste jammern und ihn sogar verteidigen. Diese Klageweiber, die bei literarischen Exekutionen so jammervoll sich gebärden, würden aber sehr verdrießlich sein, wenn der arme Sünder, dessen Auspeitschung sie eben erwarteten, plötzlich begnadigt würde und sie sich, ohne etwas gesehen zu haben, wieder nach Hause trollen müßten. Ihr vergrößerter Zorn trifft dann denjenigen, der sie in ihren Erwartungen getäuscht hat.

Indessen die Vossische Polemik wirkte mächtig auf das Publikum, und sie zerstörte in der öffentlichen Meinung die grassierende Vorliebe für das Mittelalter. Jene Polemik hatte Deutschland aufgeregt, ein großer Teil des Publikums erklärte sich unbedingt für Voß, ein größerer Teil erklärte sich nur für dessen Sache. Es erfolgten Schriften und Gegenschriften, und die letzten Lebenstage des alten Mannes wurden durch diese Händel nicht wenig verbittert. Er hatte es mit den schlimmsten Gegnern zu tun, mit den Pfaffen, die ihn unter allen Vermummungen angriffen. Nicht bloß die Kryptokatholiken, sondern auch die Pietisten, die Quietisten, die lutherischen Mystiker, kurz, alle jene supernaturalistischen Sekten der protestantischen Kirche, die untereinander so sehr verschiedene Meinungen hegen, vereinigten sich doch mit gleich großem Haß gegen Johann Heinrich Voß, den Rationalisten. Mit diesem Namen bezeichnet man in Deutschland diejenigen Leute, die der Vernunft auch in der Religion ihre Rechte einräumen, im Gegensatz zu den Supernaturalisten, welche sich da, mehr oder minder, jeder Vernunfterkenntnis entäußert haben. Letztere, in ihrem Hasse gegen die armen Rationalisten, sind wie die Narren eines Narrenhauses, die, wenn sie auch von den entgegengesetztesten Narrheiten befangen sind, dennoch sich einigermaßen leidlich untereinander vertragen, aber mit der grimmigsten Erbitterung gegen denjenigen Mann erfüllt sind, den sie als ihren gemeinschaftlichen Feind betrachten und der eben kein anderer ist als der Irrenarzt, der ihnen die Vernunft wiedergeben will.

Wurde nun die romantische Schule, durch die Enthüllung der katholischen Umtriebe, in der öffentlichen Meinung zugrunde gerichtet, so erlitt sie gleichzeitig in ihrem eigenen Tempel einen vernichtenden Einspruch, und zwar aus dem Munde eines jener Götter, die sie selbst dort aufgestellt. Nämlich Wolfgang Goethe trat von seinem Postamente herab und sprach das Verdammnisurteil über die Herren Schlegel, über dieselben Oberpriester, die ihn mit soviel Weihrauch umduftet. Diese Stimme vernichtete den ganzen Spuk; die Gespenster des Mittelalters entflohen; die Eulen verkrochen sich wieder in die obskuren Burgtrümmer; die Raben flatterten wieder nach ihren alten Kirchtürmen; Friedrich Schlegel ging nach Wien, wo er täglich Messe hörte und gebratene Hähndel aß; Herr August Wilhelm Schlegel zog sich zurück in die Pagode des Brahma.

Offen gestanden, Goethe hat damals eine sehr zweideutige Rolle gespielt, und man kann ihn nicht unbedingt loben. Es ist wahr, die Herren Schlegel haben es nie ehrlich mit ihm gemeint; vielleicht nur, weil sie in ihrer Polemik gegen die alte Schule auch einen lebenden

Dichter als Vorbild aufstellen mußten und keinen geeigneteren fanden als Goethe, auch von diesem einigen literarischen Vorschub erwarteten, bauten sie ihm einen Altar und räucherten ihm und ließen das Volk vor ihm knien. Sie hatten ihn auch so ganz in der Nähe. Von Jena nach Weimar führt eine Allee hübscher Bäume, worauf Pflaumen wachsen, die sehr gut schmecken, wenn man durstig ist von der Sommerhitze; und diesen Weg wanderten die Schlegel sehr oft, und in Weimar hatten sie manche Unterredung mit dem Herren Geheimerat von Goethe, der immer ein sehr großer Diplomat war und die Schlegel ruhig anhörte, beifällig lächelte, ihnen manchmal zu essen gab, auch sonst einen Gefallen tat usw. Sie hatten sich auch an Schiller gemacht; aber dieser war ein ehrlicher Mann und wollte nichts von ihnen wissen. Der Briefwechsel zwischen ihm und Goethe, der vor drei Jahren gedruckt worden, wirft manches Licht auf das Verhältnis dieser beiden Dichter zu den Schlegeln. Goethe lächelt vornehm über sie hinweg; Schiller ist ärgerlich über ihre impertinente Skandalsucht, über ihre Manier, durch Skandal Aufsehen zu machen, und er nennt sie »Laffen«.

Mochte jedoch Goethe immerhin vornehm tun, so hatte er nichtsdestoweniger den größten Teil seiner Renommee den Schlegeln zu verdanken. Diese haben das Studium seiner Werke eingeleitet und befördert. Die schnöde, beleidigende Art, womit er diese beiden Männer am Ende ablehnte, riecht sehr nach Undank. Vielleicht verdroß es aber den tiefschauenden Goethe, daß die Schlegel ihn nur als Mittel zu ihren Zwecken gebrauchen wollten; vielleicht haben ihn, den Minister eines protestantischen Staates, diese Zwecke zu kompromittieren gedroht; vielleicht war es gar der altheidnische Götterzorn, der in ihm erwachte, als er das dumpfig katholische

Treiben sah: denn wie Voß dem starren einäugigen Odin glich, so glich Goethe dem großen Jupiter, in Denkweise und Gestalt. Jener freilich mußte mit Thors Hammer tüchtig zuschlagen; dieser brauchte nur das Haupt mit den ambrosischen Locken unwillig zu schütteln, und die Schlegel zitterten und krochen davon. Ein öffentliches Dokument jenes Einspruchs von seiten Goethes erschien im zweiten Hefte der Goetheschen Zeitschrift »Kunst und Altertum«, und es führt den Titel »Über die christlich-patriotisch-neudeutsche Kunst«. Mit diesem Artikel machte Goethe gleichsam seinen achtzehnten Brumaire in der deutschen Literatur; denn indem er so barsch die Schlegel aus dem Tempel jagte und viele ihrer eifrigsten Jünger an seine eigne Person heranzog und von dem Publikum, dem das Schlegelsche Direktorium schon lange ein Greuel war, akklamiert wurde, begründete er seine Alleinherrschaft in der deutschen Literatur. Von jener Stunde an war von den Herren Schlegel nicht mehr die Rede; nur dann und wann sprach man noch von ihnen, wie man jetzt noch manchmal von Barras oder Gohier spricht; man sprach nicht mehr von Romantik und klassischer Poesie, sondern von Goethe und wieder von Goethe. Freilich, es traten unterdessen einige Dichter auf den Schauplatz, die an Kraft und Phantasie diesem nicht viel nachgaben; aber sie erkannten ihn aus Courtoisie als ihr Oberhaupt, sie umgaben ihn huldigend, sie küßten ihm die Hand, sie knieten vor ihm; diese Granden des Parnassus unterschieden sich jedoch von der großen Menge dadurch, daß sie auch in Goethes Gegenwart ihren Lorbeerkranz auf dem Haupte behalten durften. Manchmal auch frondierten sie ihn; sie ärgerten sich aber dann, wenn irgendein Geringerer sich ebenfalls berechtigt hielt, Goethen zu schelten. Die

Aristokraten, wenn sie auch noch so böse gegen ihren Souverän gestimmt sind, werden doch verdrießlich, wenn sich auch der Plebs gegen diesen erhebt. Und die geistigen Aristokraten in Deutschland hatten, während der beiden letzten Dezennien, sehr gerechte Gründe, auf Goethe ungehalten zu sein. Wie ich selber es damals, mit hinlänglicher Bitterkeit, offen gesagt habe: Goethe glich jenem Ludwig XI., der den hohen Adel unterdrückte und den tiers état emporhob.

Das war widerwärtig, Goethe hatte Angst vor jedem selbständigen Originalschriftsteller und lob und pries alle unbedeutende Kleingeister; ja er trieb dieses so weit, daß es endlich für ein Brevet der Mittelmäßigkeit galt, von Goethe gelobt worden zu sein.

Späterhin spreche ich von den neuen Dichtern, die während der Goetheschen Kaiserzeit hervortraten. Das ist ein junger Wald, dessen Stämme erst jetzt ihre Größe zeigen, seitdem die hundertjährige Eiche gefallen ist, von deren Zweigen sie so weit überragt und überschattet wurden.

Es fehlte, wie schon gesagt, nicht an einer Opposition, die gegen Goethe, diesen großen Baum, mit Erbitterung eiferte. Menschen von den entgegengesetztesten Meinungen vereinigten sich zu solcher Opposition. Die Altgläubigen, die Orthodoxen, ärgerten sich, daß in dem Stamme des großen Baumes keine Nische mit einem Heiligenbildchen befindlich war, ja, daß sogar die nackten Dryaden des Heidentums darin ihr Hexenwesen trieben, und sie hätten gern, mit geweihter Axt, gleich dem heiligen Bonifazius, diese alte Zaubereiche niedergefällt; die Neugläubigen, die Bekenner des Liberalismus, ärgerten sich im Gegenteil, daß man diesen Baum nicht zu einem

Freiheitsbaum und am allerwenigsten zu einer Barrikade benutzen konnte. In der Tat, der Baum war zu hoch, man konnte nicht auf seinen Wipfel eine rote Mütze stecken und darunter die Carmagnole tanzen. Das große Publikum aber verehrte diesen Baum, eben weil er so selbständig herrlich war, weil er so lieblich die ganze Welt mit seinem Wohlduft erfüllte, weil seine Zweige so prachtvoll bis in den Himmel ragten, so daß es aussah, als seien die Sterne nur die goldnen Früchte des großen Wunderbaums.

Die Opposition gegen Goethe beginnt eigentlich mit dem Erscheinen der sogenannten falschen »Wanderjahre«, welche unter dem Titel »Wilhelm Meisters Wanderjahre« im Jahre 1821, also bald nach dem Untergang der Schlegel, bei Gottfried Basse in Quedlinburg herauskamen. Goethe hatte nämlich unter ebendiesem Titel eine Fortsetzung von »Wilhelm Meisters Lehrjahren« angekündigt, und sonderbarerweise erschien diese Fortsetzung gleichzeitig mit jenem literarischen Doppelgänger, worin nicht bloß die Goethesche Schreibart nachgeahmt war, sondern auch der Held des Goetheschen Originalromans sich als handelnde Person darstellte. Diese Nachäffung zeugte nicht sowohl von vielem Geiste als vielmehr von großem Takte, und da der Verfasser einige Zeit seine Anonymität zu bewahren wußte und man ihn vergebens zu erraten suchte, so ward das Interesse des Publikums noch künstlich gesteigert. Es ergab sich jedoch am Ende, daß der Verfasser ein bisher unbekannter Landprediger war, namens Pustkuchen, was auf französisch omelette soufflée heißt, ein Name, welcher auch sein ganzes Wesen bezeichnete. Es war nichts anders als der alte pietistische Sauerteig, der sich ästhetisch aufgeblasen hatte. Es ward dem Goethe in jenem Buche vorgeworfen, daß seine Dichtungen keinen moralischen Zweck hätten; daß er keine edlen Gestalten, sondern nur vulgäre Figuren schaffen könne; daß hingegen Schiller die idealisch edelsten Charaktere aufgestellt und daher ein größerer Dichter sei.

Letzteres, daß nämlich Schiller größer sei als Goethe, war der besondere Streitpunkt, den jenes Buch hervorgerufen. Man verfiel in die Manie, die Produkte beider Dichter zu vergleichen, und die Meinungen teilten sich. Die Schillerianer pochten auf die sittliche Herrlichkeit eines Max Piccolomini, einer Thekla, eines Marquis Posa und sonstiger Schillerschen Theaterhelden, wogegen sie die Goetheschen Personen, eine Philine, ein Käthchen, ein Klärchen und dergleichen hübsche Kreaturen, für unmoralische Weibsbilder erklärten. Die Goetheaner bemerkten lächelnd, daß letztere und auch die Goetheschen Helden schwerlich als moralisch zu vertreten wären, daß aber die Beförderung der Moral, die man von Goethes Dichtungen verlange, keineswegs der Zweck der Kunst sei, denn in der Kunst gäbe es keine Zwecke, wie in dem Weltbau selbst, wo nur der Mensch die Begriffe »Zweck und Mittel« hineingegrübelt; die Kunst, wie die Welt, sei ihrer selbst willen da, und wie die Welt ewig dieselbe bleibt, wenn auch in ihrer Beurteilung die Ansichten der Menschen unaufhörlich wechseln, so müsse auch die Kunst von den zeitlichen Ansichten der Menschen unabhängig bleiben; die Kunst müsse daher besonders unabhängig bleiben von der Moral, welche auf der Erde immer wechselt, sooft eine neue Religion emporsteigt und die alte Religion verdrängt. In der Tat, da jedesmal nach Abfluß einer Reihe Jahrhunderte immer eine neue Religion in der Welt aufkommt und, indem sie in die Sitten übergeht, sich auch als eine neue Moral geltend macht, so würde jede Zeit die Kunstwerke der Vergangenheit als unmoralisch verketzern, wenn solche nach dem Maßstabe der zeitigen Moral beurteilt werden sollen. Wie wir es auch wirklich erlebt, haben gute Christen, welche das Fleisch als teuflisch verdammen, immer ein Ärgernis empfunden beim Anblick der griechischen Götterbilder; keusche Mönche haben der antiken Venus eine Schürze vorgebunden; sogar bis in die neuesten Zeiten hat man den nackten Statuen ein lächerliches Feigenblatt angeklebt; ein frommer Quäker hat sein ganzes Vermögen aufgeopfert, um die schönsten mythologischen Gemälde des Giulio Romano anzukaufen und zu verbrennen wahrlich, er verdiente dafür in den Himmel zu kommen und dort täglich mit Ruten gepeitscht zu werden! Eine Religion, welche etwa Gott nur in die Materie setzte und daher nur das Fleisch für göttlich hielte, müßte, wenn sie in die Sitten überginge, eine Moral hervorbringen, wonach nur diejenigen Kunstwerke preiswert, die das Fleisch verherrlichen, und wonach im Gegenteil die christlichen Kunstwerke, die nur die Nichtigkeit des Fleisches darstellen, als unmoralisch zu verwerfen wären. Ja, die Kunstwerke, die in dem einen Lande moralisch, werden in einem anderen Lande, wo eine andere Religion in die Sitten übergegangen, als unmoralisch betrachtet werden können, z.B. unsere bildenden Künste erregen den Abscheu eines strenggläubigen Moslem, und dagegen manche Künste, die in den Haremen des Morgenlands für höchst unschuldig gelten, sind dem Christen ein Greuel. Da in Indien der Stand einer Bajadere durchaus nicht durch die Sitte fletriert ist, so gilt dort das Drama »Vasantasena«, dessen Heldin ein feiles Freudenmädchen, durchaus nicht für unmoralisch; wagte man es aber einmal, dieses Stück im Théâtre Français aufzuführen, so würde das ganze Parterre über Immoralität schreien, dasselbe Parterre, welches täglich mit Vergnügen die Intrigenstücke betrachtet, deren Heldinnen junge Witwen sind, die am Ende lustig heuraten, statt sich, wie die indische Moral es verlangt, mit ihren verstorbenen Gatten zu verbrennen.

Indem die Goetheaner von solcher Ansicht ausgehen, betrachten sie die Kunst als eine unabhängige zweite Welt, die sie so hoch stellen, daß alles Treiben der Menschen, ihre Religion und ihre Moral, wechselnd und wandelbar unter ihr hin sich bewegt. Ich kann aber dieser Ansicht nicht unbedingt huldigen; die Goetheaner ließen sich dadurch verleiten, die Kunst selbst als das Höchste zu proklamieren und von den Ansprüchen jener ersten wirklichen Welt, welcher doch der Vorrang gebührt, sich abzuwenden.

Schiller hat sich jener ersten Welt viel bestimmter angeschlossen als Goethe, und wir müssen ihn in dieser Hinsicht loben. Ihn, den Friedrich Schiller, erfaßte lebendig der Geist seiner Zeit, er rang mit ihm, er ward von ihm bezwungen, er folgte ihm zum Kampfe, er trug sein Banner, und es war dasselbe Banner, worunter man auch jenseits des Rheines so enthusiastisch stritt und wofür wir noch immer bereit sind, unser bestes Blut zu vergießen. Schiller schrieb für die großen Ideen der Revolution, er zerstörte die geistigen Bastillen, er baute an dem Tempel der Freiheit, und zwar an jenem ganz großen Tempel, der alle Nationen, gleich einer einzigen Brüdergemeinde, umschließen soll; er war Kosmopolit. Er begann mit jenem Haß gegen die Vergangenheit, welchen wir in den »Räubern« sehen, wo er einem kleinen Titanen gleicht, der aus der Schule gelaufen ist und Schnaps getrunken hat und dem Jupiter die Fenster einwirft; er endigte mit jener Liebe für die Zukunft, die schon im »Don Carlos« wie ein Blumenwald hervorblüht, und er selber ist jener Marquis Posa, der zugleich Prophet und Soldat ist, der auch für das kämpft, was er prophezeit, und unter dem spanischen Mantel das schönste Herz trägt, das jemals in Deutschland geliebt und gelitten hat.

Der Poet, der kleine Nachschöpfer, gleicht dem lieben Gott auch darin, daß er seine Menschen nach dem eigenen Bilde erschafft. Wenn daher Karl Moor und der Marquis Posa ganz Schiller selbst sind, so gleicht Goethe seinem Werther, seinem Wilhelm Meister und seinem Faust, worin man die Phasen seines Geistes studieren kann. Wenn Schiller sich ganz in die Geschichte stürzt, sich für die gesellschaftlichen Fortschritte der Menschheit enthusiasmiert und die Weltgeschichte besingt, so versenkt sich Goethe mehr in die individuellen Gefühle oder in die Kunst oder in die Natur. Goethe, den Pantheisten, mußte die Naturgeschichte endlich als ein Hauptstudium beschäftigen, und nicht bloß in Dichtungen, sondern auch in wissenschaftlichen Werken gab er uns die Resultate seiner Forschungen. Sein Indifferentismus war ebenfalls ein Resultat seiner pantheistischen Weltansicht.

Es ist leider wahr, wir müssen es eingestehn, nicht selten hat der Pantheismus die Menschen zu Indifferentisten gemacht. Sie dachten: Wenn alles Gott ist, so mag es gleichgültig sein, womit man sich beschäftigt, ob mit Wolken oder mit antiken Gemmen, ob mit Volksliedern oder mit Affenknochen, ob mit Menschen oder mit Komödianten. Aber da ist eben der Irrtum: Alles ist nicht Gott, sondern

Gott ist alles; Gott manifestiert sich nicht in gleichem Maße in allen Dingen, er manifestiert sich vielmehr nach verschiedenen Graden in den verschiedenen Dingen, und jedes trägt in sich den Drang, einen höheren Grad der Göttlichkeit zu erlangen; und das ist das große Gesetz des Fortschrittes in der Natur. Die Erkenntnis dieses Gesetzes, das am tiefsinnigsten von den Saint-Simonisten offenbart worden, macht jetzt den Pantheismus zu einer Weltansicht, die durchaus nicht zum Indifferentismus führt, sondern zum aufopferungsüchtigsten Fortstreben. Nein, Gott manifestiert sich nicht gleichmäßig in allen Dingen, wie Wolfgang Goethe glaubte, der dadurch ein Indifferentist wurde und, statt mit den höchsten Menschheitsinteressen, sich nur mit Kunstspielsachen, Anatomie, Farbenlehre, Pflanzenkunde und Wolkenbeobachtungen beschäftigte: Gott manifestiert sich in den Dingen mehr oder minder, er lebt in dieser beständigen Manifestation, Gott ist in der Bewegung, in der Handlung, in der Zeit, sein heiliger Odem weht durch die Blätter der Geschichte, letztere ist das eigentliche Buch Gottes; und das fühlte und ahnte Friedrich Schiller, und er ward ein »rückwärtsgekehrter Prophet«, und er schrieb den »Abfall der Niederlande«, den »Dreißigjährigen Krieg« und die »Jungfrau von Orleans« und den »Tell«.

Freilich, auch Goethe besang einige große Emanzipationsgeschichten, aber er besang sie als Artist. Da er nämlich den christlichen Enthusiasmus, der ihm fatal war, verdrießlich ablehnte und den philosophischen Enthusiasmus unserer Zeit nicht begriff oder nicht begreifen wollte, weil er dadurch aus seiner Gemütsruhe herausgerissen zu werden fürchtete, so behandelte er den Enthusiasmus überhaupt ganz historisch, als etwas Gegebenes, als einen Stoff, der behandelt werden soll, der Geist wurde Materie unter seinen Händen, und er gab ihm die schöne, gefällige Form. So wurde er der größte Künstler in unserer Literatur, und alles, was er schrieb, wurde ein abgerundetes Kunstwerk.

Das Beispiel des Meisters leitete die Jünger, und in Deutschland entstand dadurch jene literarische Periode, die ich einst als »die Kunstperiode« bezeichnet und wobei ich den nachteiligen Einfluß auf die politische Entwickelung des deutschen Volkes nachgewiesen habe. Keineswegs jedoch leugnete ich bei dieser Gelegenheit den selbständigen Wert der Goetheschen Meisterwerke. Sie zieren unser teueres Vaterland, wie schöne Statuen einen Garten zieren, aber es sind Statuen. Man kann sich darin verlieben, aber sie sind unfruchtbar: die Goetheschen Dichtungen bringen nicht die Tat hervor wie die Schillerschen. Die Tat ist das Kind des Wortes, und die Goetheschen schönen Worte sind kinderlos. Das ist der Fluch alles dessen, was bloß durch die Kunst entstanden ist. Die Statue, die der Pygmalion verfertigt, war ein schönes Weib, sogar der Meister verliebte sich darin, sie wurde lebendig unter seinen Küssen, aber soviel wir wissen, hat sie nie Kinder bekommen. Ich glaube, Herr Charles Nodier hat mal in solcher Beziehung etwas Ähnliches gesagt, und das kam mir gestern in den Sinn, als ich, die unteren Säle des Louvre durchwandernd, die alten Götterstatuen betrachtete. Da standen sie, mit den stummen weißen Augen, in dem marmornen Lächeln eine geheime Melancholie, eine trübe Erinnerung vielleicht an Ägypten, das Totenland, dem sie entsprossen, oder leidende Sehnsucht nach dem Leben, woraus sie jetzt durch andere Gottheiten fortgedrängt sind, oder auch Schmerz über ihre tote Unsterblichkeit: sie schienen des Wortes zu harren, das sie wieder dem Leben zurückgäbe, das sie aus ihrer kalten, starren Regungslosigkeit erlöse. Sonderbar! diese Antiken mahnten mich an die Goetheschen Dichtungen, die ebenso vollendet, ebenso herrlich, ebenso ruhig sind und ebenfalls mit Wehmut zu fühlen scheinen, daß ihre Starrheit und Kälte sie von unserem jetzigen bewegt warmen Leben abscheidet, daß sie nicht mit uns leiden und jauchzen können, daß sie keine Menschen sind, sondern unglückliche Mischlinge von Gottheit und Stein.

Diese wenigen Andeutungen erklären nun den Groll der verschiedenen Parteien, die in Deutschland gegen Goethe laut geworden. Die Orthodoxen waren ungehalten gegen den großen Heiden, wie man Goethe allgemein in Deutschland nennt; sie fürchteten seinen Einfluß auf das Volk, dem er durch lächelnde Dichtungen, ja durch die unscheinbarsten Liederchen seine Weltansicht einflößte; sie sahen in ihm den gefährlichsten Feind des Kreuzes, das ihm, wie er sagte, so fatal war wie Wanzen, Knoblauch und Tabak; nämlich so ungefähr lautet die Xenie, die Goethe auszusprechen wagte, mitten in Deutschland, im Lande, wo jenes Ungeziefer, der Knoblauch, der Tabak und das Kreuz, in heiliger Allianz überall herrschend sind. Just dieses war es jedoch keineswegs, was uns, den Männern der Bewegung, an Goethe mißfiel. Wie schon erwähnt, wir tadelten die Unfruchtbarkeit seines Wortes, das Kunstwesen, das durch ihn in Deutschland verbreitet wurde, das einen quietisierenden Einfluß auf die deutsche Jugend ausübte, das einer politischen Regeneration unseres Vaterlandes entgegenwirkte. Der indifferente Pantheist wurde daher von den entgegengesetztesten Seiten angegriffen; um französisch zu sprechen, die äußerste Rechte und die äußerste Linke verbanden sich gegen ihn; und während der schwarze Pfaffe mit dem Kruzifixe gegen ihn losschlug, rannte gegen ihn zu gleicher Zeit der wütende Sansculotte mit der Pike. Herr Wolfgang Menzel, der den Kampf gegen Goethe mit einem Aufwand von Esprit geführt hat, der eines besseren Zweckes wert war, zeigte in seiner Polemik nicht so einseitig den spiritualistischen Christen oder den unzufriedenen Patrioten: er basierte vielmehr einen Teil seiner Angriffe auf die letzten Aussprüche Friedrich Schlegels, der nach seinem Fall, aus der Tiefe seines katholischen Doms, sein Wehe über Goethe ausgerufen, über den Goethe, »dessen Poesie keinen Mittelpunkt habe«. Herr Menzel ging noch weiter und zeigte, daß Goethe kein Genie sei, sondern nur ein Talent, er rühmte Schiller als Gegensatz usw. Das geschah einige Zeit vor der Juliusrevolution, Herr Menzel war damals der größte Verehrer des Mittelalters, sowohl in Hinsicht der Kunstwerke als der Institutionen desselben, er schmähte mit unaufhörlichem Ingrimm den Johann Heinrich Voß, pries mit unerhörter Begeisterung den Herrn Joseph Görres: sein Haß gegen Goethe war daher echt, und er schrieb gegen ihn aus Überzeugung, also nicht, wie viele meinten, um sich dadurch bekannt zu machen. Obgleich ich selber damals ein Gegner Goethes war, so war ich doch unzufrieden über die Herbheit, womit Herr Menzel ihn kritisierte, und ich beklagte diesen Mangel an Pietät. Ich bemerkte, Goethe sei doch immer der König unserer Literatur; wenn man an einen solchen das kritische Messer lege, müsse man es nie an der gebührenden Courtoisie fehlen lassen, gleich dem Scharfrichter, welcher Karl I. zu köpfen hatte und, ehe er sein Amt verrichtete, vor dem Könige niederkniete und seine allerhöchste Verzeihung erbat.

Unter den Gegnern Goethes gehörte auch der famose Hofrat Müllner und sein einzig treugebliebener Freund, der Herr Professor Schütz, Sohn des alten Schütz. Noch einige andere, die minder famose Namen führten, z.B. ein Herr Spaun, der lange Zeit, wegen politischer Vergehen, im Zuchthause gesessen hat, gehörten zu den öffentlichen Gegnern Goethes. Unter uns gesagt, es war eine sehr gemischte Gesellschaft. Was vorgebracht wurde, habe ich hinlänglich angedeutet; schwerer ist es, das besondere Motiv zu erraten, das jeden einzelnen bewogen haben mag, seine antigoetheanischen Überzeugungen öffentlich auszusprechen. Nur von einer Person kenne ich dieses Motiv ganz genau, und da ich dieses selber bin, so will ich jetzt ehrlich gestehen: es war der Neid. Zu meinem Lobe muß ich jedoch nochmals erwähnen, daß ich in Goethe nie den Dichter angegriffen, sondern nur den Menschen. Ich habe nie seine Werke getadelt. Ich habe nie Mängel darin sehen können wie jene Kritiker, die mit ihren feingeschliffenen Augengläsern auch die Flecken im Monde bemerkt haben; die scharfsichtigen Leute! was sie für Flecken ansehen, das sind blühende Wälder, silberne Ströme, erhabene Berge, lachende Täler.

Nichts ist törichter als die Geringschätzung Goethes zugunsten des Schiller, mit welchem man es keineswegs ehrlich meinte und den man von jeher pries, um Goethe herabzusetzen. Oder wußte man wirklich nicht, daß jene hochgerühmten hochidealischen Gestalten, jene Altarbilder der Tugend und Sittlichkeit, die Schiller aufgestellt, weit leichter zu verfertigen waren als jene sündhaften, kleinweltlichen, befleckten Wesen, die uns Goethe in seinen Werken erblicken läßt? Wissen sie denn nicht, daß mittelmäßige Maler meistens lebensgroße Heiligenbilder auf die Leinwand pinseln, daß aber schon ein großer

Meister dazu gehört, um etwa einen spanischen Betteljungen, der sich laust, einen niederländischen Bauern, welcher kotzt oder dem ein Zahn ausgezogen wird, und häßliche alte Weiber, wie wir sie auf kleinen holländischen Kabinettbildchen sehen, lebenswahr und technisch vollendet zu malen? Das Große und Furchtbare läßt sich in der Kunst weit leichter darstellen als das Kleine und Putzige. Die ägyptischen Zauberer haben dem Moses viele Kunststücke nachmachen können, z.B. die Schlangen, das Blut, sogar die Frösche; aber als er scheinbar weit leichtere Zauberdinge, nämlich Ungeziefer, hervorbrachte, da gestanden sie ihre Ohnmacht, und sie konnten das kleine Ungeziefer nicht nachmachen, und sie sagten: »Da ist der Finger Gottes.« Scheltet immerhin über die Gemeinheiten im »Faust«, über die Szenen auf dem Brocken, im Auerbachskeller, scheltet auf die Liederlichkeiten im »Meister« das könnt ihr dennoch alles nicht nachmachen; da ist der Finger Goethes! Aber ihr wollt das auch nicht nachmachen, und ich höre, wie ihr mit Abscheu behauptet: »Wir sind keine Hexenmeister, wir sind gute Christen.« Daß ihr keine Hexenmeister seid, das weiß ich.

Goethes größtes Verdienst ist eben die Vollendung alles dessen, was er darstellt; da gibt es keine Partien, die stark sind, während andere schwach, da ist kein Teil ausgemalt, während der andere nur skizziert worden, da gibt es keine Verlegenheiten, kein herkömmliches Füllwerk, keine Vorliebe für Einzelheiten. Jede Person in seinen Romanen und Dramen behandelt er, wo sie vorkömmt, als wäre sie die Hauptperson. So ist es auch bei Homer, so bei Shakespeare. In den Werken aller großen Dichter gibt es eigentlich gar keine Nebenpersonen, jede Figur ist Hauptperson an ihrer Stelle. Solche Dichter gleichen den absoluten Fürsten, die den Menschen keinen selbständigen Wert beimessen, sondern ihnen selber, nach eigenem Gutdünken, ihre höchste Geltung zuerkennen. Als ein französischer Gesandter einst gegen den Kaiser Paul von Rußland erwähnte, daß ein wichtiger Mann seines Reiches sich für irgendeine Sache interessiere, da fiel ihm der Kaiser streng in die Rede, mit den merkwürdigen Worten: »Es gibt in diesem Reiche keinen wichtigen Mann außer denjenigen, mit welchem Ich eben spreche, und nur solange Ich mit ihm spreche, ist er wichtig.« Ein absoluter Dichter, der ebenfalls seine Macht von Gottes Gnade erhalten hat, betrachtet in gleicher Weise diejenige Person seines Geisterreichs als die wichtigste, die er eben sprechen läßt, die eben unter seine Feder geraten, und aus solchem Kunstdespotismus entsteht jene wunderbare Vollendung der kleinsten Figuren in den Werken Homers, Shakespeares und Goethes.

Wenn ich etwas herbe von den Gegnern Goethes gesprochen habe, so dürfte ich noch viel Herberes von seinen Apologisten sagen. Die meisten derselben haben in ihrem Eifer noch größere Torheiten vorgebracht. Auf der Grenze des Lächerlichen steht in dieser Hinsicht einer, namens Herr Eckermann, dem es übrigens nicht an Geist fehlt. In dem Kampfe gegen Herrn Pustkuchen hat Karl Immermann, der jetzt unser größter dramatischer Dichter ist, seine kritischen Sporen erworben; er hat da ein vortreffliches Schriftchen zutage gefördert. Zumeist haben sich die Berliner bei dieser Gelegenheit ausgezeichnet. Der bedeutendste Kämpe für Goethe war zu jeder Zeit Varnhagen von Ense, ein Mann, der Gedanken im Herzen trägt, die so groß sind wie die Welt, und sie in Worten ausspricht, die so kostbar und zierlich sind wie geschnittene Gemmen. Es ist jener vornehme Geist, auf dessen Urteil Goethe immer das meiste Gewicht gelegt hat. Vielleicht ist es nützlich, hier zu erwähnen, daß Herr Wilhelm von Humboldt bereits früher ein ausgezeichnetes Buch über Goethe geschrieben hat. Seit den letzten zehn Jahren brachte jede Leipziger Messe mehrere Schriften über Goethe hervor. Die Untersuchungen des Herrn Schubarth über Goethe gehören zu den Merkwürdigkeiten der hohen Kritik. Was Herr Häring, der unter dem Namen Willibald Alexis schreibt, in verschiedenen Zeitschriften über Goethe gesagt hat, war ebenso bedeutend wie geistreich. Herr Zimmermann, Professor zu Hamburg, hat in seinen mündlichen Vorträgen die vortrefflichsten Urteile über Goethe ausgesprochen, die man zwar spärlich, aber desto tiefsinniger in seinen »Dramaturgischen Blättern« angedeutet findet. Auf verschiedenen deutschen Universitäten wurde ein Kollegium über Goethe gelesen, und von allen seinen Werken war es vorzüglich der »Faust«, womit sich das Publikum beschäftigte. Er wurde vielfach fortgesetzt und kommentiert, er ward die weltliche Bibel der Deutschen.

Ich wäre kein Deutscher, wenn ich bei Erwähnung des »Faustes« nicht einige erklärende Gedanken darüber aussprächre. Denn vom größten Denker bis zum kleinsten Markeur, vom Philosophen bis herab zum Doktor der Philosophie übt jeder seinen Scharfsinn an diesem Buche. Aber es ist wirklich ebenso weit wie die Bibel, und wie diese umfaßt es Himmel und Erde, mitsamt dem Menschen und seiner Exegese. Der Stoff ist hier wieder der Hauptgrund, weshalb der »Faust« so populär ist; daß er jedoch diesen Stoff herausgesucht aus den Volkssagen, das zeugt eben von Goethes unbewußtem Tiefsinn, von seinem Genie, das immer das Nächste und Rechte zu ergreifen wußte. Ich darf den Inhalt des »Faust« als bekannt voraussetzen; denn das Buch ist in der letzten Zeit auch in Frankreich berühmt geworden. Aber ich weiß nicht, ob hier die alte Volkssage selbst bekannt ist, ob auch hierzuland, auf den Jahrmärkten, ein graues, fließpapiernes, schlechtgedrucktes und mit derben Holzschnitten verziertes Buch verkauft wird, worin umständlich zu lesen ist, wie der Erzzauberer Johannes Faustus, ein gelehrter Doktor, der alle Wissenschaften studiert hatte, am Ende seine Bücher wegwarf und ein Bündnis mit dem Teufel schloß, wodurch er alle sinnlichen Freuden der Erde genießen konnte, aber auch seine Seele dem höllischen Verderben hingeben mußte. Das Volk im Mittelalter hat immer, wenn es irgendwo große Geistesmacht sah, dergleichen einem Teufelsbündnis zugeschrieben, und der Albertus Magnus, Raimund Lullus, Theophrastus Paracelsus, Agrippa von Nettesheim, auch in England der Roger Baco, galten für Zauberer, Schwarzkünstler, Teufelsbanner. Aber weit eigentümlichere Dinge singt und sagt man von dem Doktor Faustus, welcher nicht bloß die Erkenntnis der Dinge, sondern auch die reellsten Genüsse vom Teufel verlangt hat, und das ist eben der Faust, der die Buchdruckerei erfunden und zur Zeit lebte, wo man anfing, gegen die strenge Kirchenautorität zu predigen und selbständig zu forschen: so daß mit Faust die mittelalterliche Glaubensperiode aufhört und die moderne kritische Wissenschaftsperiode anfängt. Es ist, in der Tat, sehr bedeutsam, daß zur Zeit, wo, nach der Volksmeinung, der Faust gelebt hat, eben die Reformation beginnt und daß er selber die Kunst erfunden haben soll, die dem Wissen einen Sieg über den Glauben verschafft, nämlich die Buchdruckerei, eine Kunst, die uns aber auch die katholische Gemütsruhe geraubt und uns in Zweifel und Revolutionen gestürzt ein anderer als ich würde sagen, endlich in die

Gewalt des Teufels geliefert hat. Aber nein, das Wissen, die Erkenntnis der Dinge durch die Vernunft, die Wissenschaft, gibt uns endlich die Genüsse, um die uns der Glaube, das katholische Christentum, so lange geprellt hat; wir erkennen, daß die Menschen nicht bloß zu einer himmlischen, sondern auch zu einer irdischen Gleichheit berufen sind; die politische Brüderschaft, die uns von der Philosophie gepredigt wird, ist uns wohltätiger als die rein geistige Brüderschaft, wozu uns das Christentum verholfen; und das Wissen wird Wort, und das Wort wird Tat, und wir können noch bei Lebzeiten auf dieser Erde selig werden; wenn wir dann noch obendrein der himmlischen Seligkeit, die uns das Christentum so bestimmt verspricht, nach dem Tode teilhaftig werden, so soll uns das sehr lieb sein.

Das hat nun längst schon das deutsche Volk tiefsinnig geahnt: denn das deutsche Volk ist selber jener gelehrte Doktor Faust, es ist selber jener Spiritualist, der mit dem Geiste endlich die Ungenügbarkeit des Geistes begriffen und nach materiellen Genüssen verlangt und dem Fleische seine Rechte wiedergibt; doch noch befangen in der Symbolik der katholischen Poesie, wo Gott als der Repräsentant des Geistes und der Teufel als der Repräsentant des Fleisches gilt, bezeichnete man jene Rehabilitation des Fleisches als einen Abfall von Gott, als ein Bündnis mit dem Teufel.

Es wird aber noch einige Zeit dauern, ehe beim deutschen Volke in Erfüllung geht, was es so tiefsinnig in jenem Gedichte prophezeit hat, ehe es eben durch den Geist die Usurpationen des Geistes einsieht und die Rechte des Fleisches vindiziert. Das ist dann die Revolution, die große Tochter der Reformation.

Minder bekannt als der »Faust« ist hier, in Frankreich, Goethes »West-östlicher Divan«, ein späteres Buch, von welchem Frau v. Staël noch nicht Kenntnis hatte und dessen wir hier besonders erwähnen müssen. Es enthält die Denk- und Gefühlsweise des Orients, in blühenden Liedern und kernigen Sprüchen; und das duftet und glüht darin wie ein Harem voll verliebter Odalisken mit schwarzen geschminkten Gazellenaugen und sehnsüchtig weißen Armen. Es ist dem Leser dabei so schauerlich lüstern zumute wie dem glücklichen Gaspard Deburau, als er in Konstantinopel oben auf der Leiter stand und de haut en bas dasjenige sah, was der Beherrscher der Gläubigen nur de bas en haut zu sehen pflegt. Manchmal ist dem Leser auch zumute, als läge er behaglich ausgestreckt auf einem persischen Teppich und rauche aus einer langröhrigen Wasserpfeife den gelben Tabak von Turkistan, während eine schwarze Sklavin ihm mit einem bunten Pfauenwedel Kühlung zuweht und ein schöner Knabe ihm eine Schale mit echtem Mokkakaffee darreicht: den berauschendsten Lebensgenuß hat hier Goethe in Verse gebracht, und diese sind so leicht, so glücklich, so hingehaucht, so ätherisch, daß man sich wundert, wie dergleichen in deutscher Sprache möglich war. Dabei gibt er auch in Prosa die allerschönsten Erklärungen über Sitten und Treiben im Morgenlande, über das patriarchalische Leben der Araber; und da ist Goethe immer ruhig lächelnd und harmlos wie ein Kind und weisheitvoll wie ein Greis. Diese Prosa ist so durchsichtig wie das grüne Meer, wenn heller Sommernachmittag und Windstille und man ganz klar hinabschauen kann in die Tiefe, wo die versunkenen Städte mit ihren verschollenen Herrlichkeiten sichtbar werden; manchmal ist aber auch jene Prosa so magisch, so ahnungsvoll wie der Himmel, wenn die

Abenddämmerung heraufgezogen, und die großen Goetheschen Gedanken treten dann hervor, rein und golden, wie die Sterne. Unbeschreiblich ist der Zauber dieses Buches: es ist ein Selam, den der Okzident dem Oriente geschickt hat, und es sind gar närrische Blumen darunter: sinnlich rote Rosen, Hortensien wie weiße nackte Mädchenbusen, spaßhaftes Löwenmaul, Purpurdigitalis wie lange Menschenfinger, verdrehte Krokosnasen und in der Mitte, lauschend verborgen, stille deutsche Veilchen. Dieser Selam aber bedeutet, daß der Okzident seines frierend mageren Spiritualismus überdrüssig geworden und an der gesunden Körperwelt des Orients sich wieder erlaben möchte. Goethe, nachdem er im »Faust« sein Mißbehagen an dem abstrakt Geistigen und sein Verlangen nach reellen Genüssen ausgesprochen, warf sich gleichsam mit dem Geiste selbst in die Arme des Sensualismus, indem er den »West-östlichen Divan« schrieb.

Es ist daher höchst bedeutsam, daß dieses Buch bald nach dem »Faust« erschien. Es war die letzte Phase Goethes, und sein Beispiel war von großem Einfluß auf die Literatur. Unsere Lyriker besangen jetzt den Orient. Erwähnenswert mag es auch sein, daß Goethe, indem er Persien und Arabien so freudig besang, gegen Indien den bestimmtesten Widerwillen aussprach. Ihm mißfiel an diesem Lande das Bizarre, Verworrene, Unklare, und vielleicht entstand diese Abneigung dadurch, daß er bei den sanskritischen Studien der Schlegel und ihrer Herren Freunde eine katholische Hinterlist witterte. Diese Herren betrachteten nämlich Hindostan als die Wiege der katholischen Weltordnung, sie sahen dort das Musterbild ihrer Hierarchie, sie fanden dort ihre Dreieinigkeit, ihre Menschwerdung, ihre Buße, ihre Sühne, ihre Kasteiungen und alle ihre sonstigen geliebten

Steckenpferde. Goethes Widerwillen gegen Indien reizte nicht wenig diese Leute, und Herr August Wilhelm Schlegel nannte ihn deshalb mit gläsernem Ärger »einen zum Islam bekehrten Heiden«.

Unter den Schriften, welche dieses Jahr über Goethe erschienen sind, verdient ein hinterlassenes Werk von Johannes Falk, »Goethe aus näherem persönlichen Umgange dargestellt«, die rühmlichste Erwähnung. Der Verfasser hat uns in diesem Buche außer einer detaillierten Abhandlung über den »Faust« (die nicht fehlen durfte!) die vortrefflichsten Notizen über Goethe mitgeteilt, und er zeigte uns denselben in allen Beziehungen des Lebens, ganz naturgetreu, ganz unparteiisch, mit allen seinen Tugenden und Fehlern. Hier sehen wir Goethe im Verhältnis zu seiner Mutter, deren Naturell sich so wunderbar im Sohne wieder abspiegelt; hier sehen wir ihn als Naturforscher, wie er eine Raupe beobachtet, die sich eingesponnen und als Schmetterling entpuppen wird; hier sehen wir ihn dem großen Herder gegenüber, der ernsthaft zürnt ob dem Indifferentismus, womit Goethe die Entpuppung der Menschheit selbst unbeachtet läßt; wir sehen ihn, wie er, am Hofe des Großherzogs von Weimar, lustig improvisierend unter blonden Hofdamen sitzt, gleich dem Apoll unter den Schafen des König Admetos; wir sehen ihn dann wieder, wie er, mit dem Stolze eines Dalai-Lama, den Kotzebue nicht anerkennen will; wie dieser, um ihn herabzusetzen, eine öffentliche Feier zu Ehren Schillers veranstaltet; überall aber sehen wir ihn klug, schön, liebenswürdig, eine holdselig erquickende Gestalt, ähnlich den ewigen Göttern.

In der Tat, die Übereinstimmung der Persönlichkeit mit dem Genius, wie man sie bei außerordentlichen Menschen verlangt, fand man ganz bei Goethe. Seine äußere Erscheinung war ebenso bedeutsam wie das Wort, das in seinen Schriften lebte; auch seine Gestalt war harmonisch, klar, freudig, edel gemessen, und man konnte griechische Kunst an ihm studieren, wie an einer Antike. Dieser würdevolle Leib war nie gekrümmt von christlicher Wurmdemut; die Züge dieses Antlitzes waren nicht verzerrt von christlicher Zerknirschung; diese Augen waren nicht christlich sünderhaft scheu, nicht andächtelnd und himmelnd, nicht flimmernd bewegt: nein, seine Augen waren ruhig wie die eines Gottes. Es ist nämlich überhaupt das Kennzeichen der Götter, daß ihr Blick fest ist und ihre Augen nicht unsicher hin und her zucken. Daher, wenn Agni, Varuna, Yama und Indra die Gestalt des Nala annehmen, bei Damajantis Hochzeit, da erkennt diese ihren Geliebten an dem Zwinken seiner Augen, da, wie gesagt, die Augen der Götter immer unbewegt sind. Letztere Eigenschaft hatten auch die Augen des Napoleon. Daher bin ich überzeugt, daß er ein Gott war. Goethes Auge blieb in seinem hohen Alter ebenso göttlich wie in seiner Jugend. Die Zeit hat auch sein Haupt zwar mit Schnee bedecken, aber nicht beugen können. Er trug es ebenfalls immer stolz und hoch, und wenn er sprach, wurde er immer größer, und wenn er die Hand ausstreckte, so war es, als ob er, mit dem Finger, den Sternen am Himmel den Weg vorschreiben könne, den sie wandeln sollten. Um seinen Mund will man einen kalten Zug von Egoismus bemerkt haben; aber auch dieser Zug ist den ewigen Göttern eigen, und gar dem Vater der Götter, dem großen Jupiter, mit welchem ich Goethe schon oben verglichen. Wahrlich, als ich ihn in Weimar besuchte und ihm gegenüberstand, blickte ich unwillkürlich zur Seite, ob ich nicht auch neben ihm den Adler sähe mit den Blitzen im Schnabel. Ich war nahe daran, ihn griechisch anzureden; da ich aber merkte, daß er Deutsch verstand, so erzählte ich ihm auf deutsch, daß die Pflaumen auf dem Wege zwischen Jena und Weimar sehr gut schmeckten. Ich hatte in so manchen langen Winternächten darüber nachgedacht, wieviel Erhabenes und Tiefsinniges ich dem Goethe sagen würde, wenn ich ihn mal sähe. Und als ich ihn endlich sah, sagte ich ihm, daß die sächsischen Pflaumen sehr gut schmeckten. Und Goethe lächelte. Er lächelte mit denselben Lippen, womit er einst die schöne Leda, die Europa, die Danae, die Semele und so manche andere Prinzessinnen oder auch gewöhnliche Nymphen geküßt hatte

Les dieux s'en vont. Goethe ist tot. Er starb den 22. März des verflossenen Jahrs, des bedeutungsvollen Jahrs, wo unsere Erde ihre größten Renommeen verloren hat. Es ist, als sei der Tod in diesem Jahre plötzlich aristokratisch geworden, als habe er die Notabilitäten dieser Erde besonders auszeichnen wollen, indem er sie gleichzeitig ins Grab schickte. Vielleicht gar hat er jenseits, im Schattenreich, eine Pairie stiften wollen, und in diesem Falle wäre seine fournée sehr gut gewählt. Oder hat der Tod, im Gegenteil, im verflossenen Jahr die Demokratie zu begünstigen gesucht, indem er mit den großen Renommeen auch ihre Autoritäten vernichtete und die geistige Gleichheit beförderte? War es Respekt oder Insolenz, weshalb der Tod im vorigen Jahre die Könige verschont hat? Aus Zerstreuung hatte er nach dem König von Spanien schon die Sense erhoben, aber er besann sich zur rechten Zeit, und er ließ ihn leben. In dem verflossenen Jahr ist kein einziger König gestorben. Les dieux s'en vont; aber die Könige behalten wir.

Zweites Buch

I

Mit der Gewissenhaftigkeit, die ich mir streng vorgeschrieben, muß ich hier erwähnen, daß mehrere Franzosen sich bei mir beklagt, ich behandelte die Schlegel, namentlich Herrn August Wilhelm, mit allzu herben Worten. Ich glaube aber, solche Beklagnis würde nicht stattfinden, wenn man hier mit der deutschen Literaturgeschichte genauer bekannt wäre. Viele Franzosen kennen Herrn A. W. Schlegel nur aus dem Werke der Frau v. Staël, seiner edlen Beschützerin. Die meisten kennen ihn nur dem Namen nach; dieser Name klingt ihnen nun im Gedächtnis als etwas verehrlich Berühmtes, wie etwa der Name Osiris, wovon sie auch nur wissen, daß es ein wunderlicher Kauz von Gott ist, der in Ägypten verehrt wurde. Welche sonstige Ähnlichkeit zwischen Herrn A. W. Schlegel und dem Osiris stattfindet, ist ihnen am allerwenigsten bekannt.

Da ich einst zu den akademischen Schülern des ältern Schlegel gehört habe, so dürfte man mich vielleicht in betreff desselben zu einiger Schonung verpflichtet glauben. Aber hat Herr A. W. Schlegel den alten Bürger geschont, seinen literärischen Vater? Nein, und er handelte nach Brauch und Herkommen. Denn in der Literatur wie in den Wäldern der nordamerikanischen Wilden werden die Väter von den Söhnen totgeschlagen, sobald sie alt und schwach geworden.

Ich habe schon in dem vorigen Abschnitt bemerkt, daß Friedrich Schlegel bedeutender war als Herr August Wilhelm; und in der Tat, letzterer zehrte nur von den Ideen seines Bruders und verstand nur die Kunst, sie auszuarbeiten. Fr. Schlegel war ein tiefsinniger Mann. Er erkannte alle Herrlichkeiten der Vergangenheit, und er fühlte alle Schmerzen der Gegenwart. Aber er begriff nicht die Heiligkeit dieser Schmerzen und ihre Notwendigkeit für das künftige Heil der Welt. Er sah die Sonne untergehn und blickte wehmütig nach der Stelle dieses Untergangs und klagte über das nächtliche Dunkel, das er heranziehen sah; und er merkte nicht, daß schon ein neues Morgenrot an der entgegengesetzten Seite leuchtete. Fr. Schlegel nannte einst den Geschichtsforscher »einen umgekehrten Propheten«. Dieses Wort ist die beste Bezeichnung für ihn selbst. Die Gegenwart war ihm verhaßt, die Zukunft erschreckte ihn, und nur in die Vergangenheit, die er liebte, drangen seine offenbarenden Seherblicke.

Der arme Fr. Schlegel, in den Schmerzen unserer Zeit sah er nicht die Schmerzen der Wiedergeburt, sondern die Agonie des Sterbens, und aus Todesangst flüchtete er sich in die zitternden Ruinen der katholischen Kirche. Diese war jedenfalls der geeignetste Zufluchtsort für seine Gemütsstimmung. Er hatte viel heiteren Übermut im Leben ausgeübt; aber er betrachtete solches als sündhaft, als Sünde, die späterer Abbuße bedurfte, und der Verfasser der »Lucinde« mußte notwendigerweise katholisch werden.

Die »Lucinde« ist ein Roman, und außer seinen Gedichten und einem dem Spanischen nachgebildeten Drama, »Alarkos« geheißen, ist jener Roman die einzige Originalschöpfung, die Fr. Schlegel hinterlassen. Es hat seinerzeit nicht an Lobpreisern dieses Romans gefehlt. Der jetzige hochehrwürdige Herr Schleiermacher hat damals enthusiastische Briefe über die »Lucinde« herausgegeben. Es fehlte sogar nicht an Kritikern, die dieses Produkt als ein Meisterstück priesen und die bestimmt prophezeiten, daß es einst für das beste Buch in der deutschen Literatur gelten werde. Man hätte diese Leute von Obrigkeits wegen festsetzen sollen, wie man in Rußland die Propheten, die ein öffentliches Unglück prophezeien, vorläufig so lange einsperrt, bis ihre Weissagung in Erfüllung gegangen. Nein, die Götter haben unsere Literatur vor jenem Unglück bewahrt; der Schlegelsche Roman wurde bald, wegen seiner unzüchtigen Nichtigkeit, allgemein verworfen und ist jetzt verschollen. Lucinde ist der Name der Heldin dieses Romans, und sie ist ein sinnlich witziges Weib oder vielmehr eine Mischung von Sinnlichkeit und Witz. Ihr Gebrechen ist eben, daß sie kein Weib ist, sondern eine unerquickliche Zusammensetzung von zwei Abstraktionen, Witz und Sinnlichkeit. Die Muttergottes mag es dem Verfasser verzeihen, daß er dieses Buch geschrieben; nimmermehr verzeihen es ihm die Musen.

Ein ähnlicher Roman, »Florentin« geheißen, wird dem seligen Schlegel irrtümlich zugeschrieben. Dieses Buch ist, wie man sagt, von seiner Gattin, einer Tochter des berühmten Moses Mendelssohn, die er ihrem ersten Gemahl entführt und welche mit ihm zur römisch-katholischen Kirche übertrat.

Ich glaube, daß es Fr. Schlegeln mit dem Katholizismus Ernst war. Von vielen seiner Freunde glaube ich es nicht. Es ist hier sehr schwer, die Wahrheit zu ermitteln. Religion und Heuchelei sind

Zwillingsschwestern, und beide sehen sich so ähnlich, daß sie zuweilen nicht voneinander zu unterscheiden sind. Dieselbe Gestalt, Kleidung und Sprache. Nur dehnt die letztere von beiden Schwestern etwas weicher die Worte und wiederholt öfter das Wörtchen »Liebe«. Ich rede von Deutschland; in Frankreich ist die eine Schwester gestorben, und wir sehen die andere noch in tiefster Trauer.

Seit dem Erscheinen der Frau v. Staëlschen »De l'Allemagne« hat Fr. Schlegel das Publikum noch mit zwei großen Werken beschenkt, die vielleicht seine besten sind und jedenfalls die rühmlichste Erwähnung verdienen. Es sind seine »Weisheit und Sprache der Indier« und seine »Vorlesungen über die Geschichte der Literatur«. Durch das erstgenannte Buch hat er bei uns das Studium des Sanskrit nicht bloß eingeleitet, sondern auch begründet. Er wurde für Deutschland, was William Jones für England war. In der genialsten Weise hatte er das Sanskrit erlernt, und die wenigen Bruchstücke, die er in jenem Buche mitteilt, sind meisterhaft übersetzt. Durch sein tiefes Anschauungsvermögen erkannte er ganz die Bedeutung der epischen Versart der Indier, der Sloka, die so breit dahinflutet wie der Ganges, der heilig klare Fluß. Wie kleinlich zeigte sich dagegen Herr A. W. Schlegel, welcher einige Fragmente aus dem Sanskrit in Hexametern übersetzte und sich dabei nicht genug zu rühmen wußte, daß er in seiner Übersetzung keine Trochäen einschlüpfen lassen und so manches metrische Kunststückchen der Alexandriner nachgeschnitzelt hat. Fr. Schlegels Werk über Indien ist gewiß ins Französische übersetzt, und ich kann mir das weitere Lob ersparen. Zu tadeln habe ich nur den Hintergedanken des Buches. Es ist im Interesse des Katholizismus geschrieben. Nicht bloß die Mysterien desselben, sondern auch die ganze katholische Hierarchie und ihre Kämpfe mit der weltlichen Macht hatten diese Leute in den indischen Gedichten wiedergefunden. Im »Mahabharata« und im »Ramayana« sahen sie gleichsam ein Elefantenmittelalter. In der Tat, wenn, in letzterwähntem Epos, der König Wiswamitra mit dem Priester Wasischta hadert, so betrifft solcher Hader dieselben Interessen, um die bei uns der Kaiser mit dem Papste stritt, obgleich der Streitpunkt hier in Europa die Investitur und dort in Indien die Kuh Sabala genannt ward.

In betreff der Schlegelschen Vorlesungen über Literatur läßt sich Ähnliches rügen. Friedrich Schlegel übersieht hier die ganze Literatur von einem hohen Standpunkte aus, aber dieser hohe Standpunkt ist doch immer der Glockenturm einer katholischen Kirche. Und bei allem, was Schlegel sagt, hört man diese Glocken läuten; manchmal hört man sogar die Turmraben krächzen, die ihn umflattern. Mir ist, als dufte der Weihrauch des Hochamts aus diesem Buche und als sähe ich aus den schönsten Stellen desselben lauter tonsurierte Gedanken hervorlauschen. Indessen, trotz dieser Gebrechen, wüßte ich kein besseres Buch dieses Fachs. Nur durch Zusammenstellung der Herderschen Arbeiten solcher Art könnte man sich eine bessere Übersicht der Literatur aller Völker verschaffen. Denn Herder saß nicht wie ein literarischer Großinquisitor zu Gericht über die verschiedenen Nationen und verdammte oder absolvierte sie nach dem Grade ihres Glaubens. Nein, Herder betrachtete die ganze Menschheit als eine große Harfe in der Hand des großen Meisters, jedes Volk dünkte ihm eine besonders gestimmte Saite dieser Riesenharfe, und er begriff die Universalharmonie ihrer verschiedenen Klänge.

Fr. Schlegel starb im Sommer 1829, wie man sagte, infolge einer gastronomischen Unmäßigkeit. Er wurde siebenundfünfzig Jahr alt. Sein Tod veranlaßte einen der widerwärtigsten literarischen Skandale. Seine Freunde, die Pfaffenpartei, deren Hauptquartier in München, waren ungehalten über die inoffiziose Weise, womit die liberale Presse diesen Todesfall besprochen; sie verlästerten und schimpften und schmähten daher die deutschen Liberalen. Jedoch von keinem derselben konnten sie sagen, »daß er das Weib seines Gastfreundes verführt und noch lange Zeit nachher von den Almosen des beleidigten Gatten gelebt habe«.

Ich muß jetzt, weil man es doch verlangt, von dem älteren Bruder, Herrn A. W. Schlegel, sprechen. Wollte ich in Deutschland noch von ihm reden, so würde man mich dort mit Verwunderung ansehen.

Wer spricht jetzt noch in Paris von der Giraffe?

Herr A. W. Schlegel ist geboren zu Hannover, den 5. September 1767. Ich weiß das nicht von ihm selber. Ich war nie so ungalant, ihn über sein Alter zu befragen. Jenes Datum fand ich, wenn ich nicht irre, in Spindlers Lexikon der deutschen Schriftstellerinnen. Herr A. W. Schlegel ist daher jetzt vierundsechzig Jahr alt. Herr Alexander v. Humboldt und andere Naturforscher behaupten, er sei älter. Auch Champollion war dieser Meinung. Wenn ich von seinen literarischen Verdiensten reden soll, so muß ich ihn wieder zunächst als Übersetzer rühmen. Hier hat er unbestreitbar das Außerordentliche geleistet. Namentlich seine Übertragung des Shakespeare in die deutsche Sprache ist meisterhaft, unübertreffbar. Vielleicht mit Ausnahme des Herren Gries und des Herren Grafen Platen ist Herr A. W. Schlegel überhaupt der größte Metriker Deutschlands. In allen übrigen Tätigkeiten gebührt ihm nur der zweite, wo nicht gar der dritte Rang. In der ästhetischen Kritik fehlt ihm, wie ich schon gesagt, der Boden einer Philosophie, und weit überragen ihn andere Zeitgenossen, namentlich Solger. Im Studium des Altdeutschen steht turmhoch über ihn erhaben Herr Jakob Grimm, der uns durch seine »Deutsche Grammatik« von jener Oberflächlichkeit befreite, womit man, nach dem Beispiel der Schlegel, die altdeutschen Sprachdenkmale erklärt hatte. Herr Schlegel konnte es vielleicht im Studium des Altdeutschen weit bringen, wenn er nicht ins Sanskrit hinübergesprungen wäre. Aber das Altdeutsche war außer Mode gekommen, und mit dem Sanskrit konnte man frisches Aufsehen erregen. Auch hier blieb er gewissermaßen Dilettant, die Initiative seiner Gedanken gehört noch seinem Bruder Friedrich, und das Wissenschaftliche, das Reelle in seinen sanskritischen Leistungen gehört, wie jeder weiß, dem Herren Lassen, seinem gelehrten Kollaborator. Herr Franz Bopp zu Berlin ist in Deutschland der eigentliche Sanskritgelehrte, er ist der Erste in seinem Fache. In der Geschichtskunde hat sich Herr Schlegel einmal an dem Ruhme Niebuhrs, den er angriff, festkrämpen wollen; aber vergleicht man ihn mit diesem großen Forscher oder vergleicht man ihn mit einem Johannes v. Müller, einem Heeren, einem Schlosser und ähnlichen Historikern, so muß man über ihn die Achsel zucken. Wie weit hat er es aber als Dichter gebracht? Dies ist schwer zu bestimmen.

Der Violinspieler Solomons, welcher dem König von England, Georg III., Unterricht gab, sagte einst zu seinem erhabenen Schüler: »Die Violinspieler werden eingeteilt in drei Klassen; zur ersten Klasse gehören die, welche gar nicht spielen können, zur zweiten Klasse gehören die, welche sehr schlecht spielen, und zur dritten Klasse gehören endlich die, welche gut spielen; Ew. Majestät hat sich schon bis zur zweiten Klasse emporgeschwungen.«

Gehört nun Herr A. W. Schlegel zur ersten Klasse oder zur zweiten Klasse? Die einen sagen, er sei gar kein Dichter; die anderen sagen, er sei ein sehr schlechter Dichter. Soviel weiß ich, er ist kein Paganini.

Seine Berühmtheit erlangte Herr A. W. Schlegel eigentlich nur durch die unerhörte Keckheit, womit er die vorhandenen literarischen Autoritäten angriff. Er riß die Lorbeerkränze von den alten Perücken und erregte bei dieser Gelegenheit viel Puderstaub. Sein Ruhm ist eine natürliche Tochter des Skandals.

Wie ich schon mehrmals erwähnt, die Kritik, womit Herr Schlegel die vorhandenen Autoritäten angriff, beruhte durchaus auf keiner Philosophie. Nachdem wir von jenem Erstaunen, worin jede Vermessenheit uns versetzt, zurückgekommen, erkennen wir ganz und gar die innere Leerheit der sogenannten Schlegelschen Kritik. Zum Beispiel wenn er den Dichter Bürger herabsetzen will, so vergleicht er dessen Balladen mit den altenglischen Balladen, die Percy gesammelt, und er zeigt, wie diese viel einfacher, naiver, altertümlicher und folglich poetischer gedichtet seien. Hinlänglich begriffen hat Herr Schlegel den Geist der Vergangenheit, besonders des Mittelalters, und es gelingt ihm daher, diesen Geist auch in den Kunstdenkmälern der Vergangenheit nachzuweisen und ihre Schönheiten aus diesem Gesichtspunkte zu demonstrieren. Aber alles, was Gegenwart ist, begreift er nicht; höchstens erlauscht er nur etwas von der Physiognomie, einige äußerliche Züge der Gegenwart, und das sind gewöhnlich die minder schönen Züge; indem er nicht den Geist begreift, der sie belebt, so sieht er in unserm ganzen modernen Leben nur eine prosaische Fratze. Überhaupt, nur ein großer Dichter vermag die Poesie seiner eignen Zeit zu erkennen; die Poesie einer Vergangenheit offenbart sich uns weit leichter, und ihre Erkenntnis ist leichter mitzuteilen. Daher gelang es Herrn Schlegel, beim großen Haufen die Dichtungen, worin die Vergangenheit eingesargt liegt, auf Kosten der Dichtungen, worin unsere moderne Gegenwart atmet und lebt, emporzupreisen. Aber der Tod ist nicht poetischer als das Leben. Die altenglischen Gedichte, die Percy gesammelt, geben den Geist ihrer Zeit, und Bürgers Gedichte geben den Geist der unsrigen. Diesen Geist begriff Herr Schlegel nicht; sonst würde er in dem Ungestüm, womit dieser Geist zuweilen aus den Bürgerschen Gedichten hervorbricht, keineswegs den rohen Schrei eines ungebildeten Magisters gehört haben, sondern vielmehr die gewaltigen Schmerzlaute eines Titanen, welchen eine Aristokratie von hannövrischen Junkern und Schulpedanten zu Tode quälten. Dieses war nämlich die Lage des Verfassers der »Leonore« und die Lage so mancher anderen genialen Menschen, die als arme Dozenten in Göttingen darbten, verkümmerten und in Elend starben. Wie konnte der vornehme, von vornehmen Gönnern beschützte, renovierte, baronisierte, bebänderte Ritter August Wilhelm von Schlegel jene Verse begreifen, worin Bürger laut ausruft, daß ein Ehrenmann, ehe er die Gnade der Großen erbettle, sich lieber aus der Welt heraushungern solle!

Der Name »Bürger« ist im Deutschen gleichbedeutend mit dem Worte citoyen.

Was den Ruhm des Herrn Schlegel noch gesteigert, war das Aufsehen, welches er später hier in Frankreich erregte, als er auch die literärischen Autoritäten der Franzosen angriff. Wir sahen mit stolzer Freude, wie unser kampflustiger Landsmann den Franzosen zeigte, daß ihre ganze klassische Literatur nichts wert sei, daß Molière ein Possenreißer und kein Dichter sei, daß Racine ebenfalls nichts tauge, daß man uns Deutschen hingegen als die Könige des Parnassus betrachten müsse. Sein Refrain war immer, daß die Franzosen das prosaischste Volk der Welt seien und daß es in Frankreich gar keine Poesie gäbe. Dieses sagte der Mann zu einer Zeit, als vor seinen Augen noch so mancher Chorführer der Konvention, der großen Titanentragödie, leibhaftig umherwandelte; zu einer Zeit, als Napoleon jeden Tag ein gutes Epos improvisierte, als Paris wimmelte von Helden, Königen und Göttern... Herr Schlegel hat jedoch von dem allem nichts gesehen; wenn er hier war, sah er sich selber beständig im Spiegel, und da ist es wohl erklärlich, daß er in Frankreich gar keine Poesie sah.

Aber Herr Schlegel, wie ich schon oben gesagt, vermochte immer nur die Poesie der Vergangenheit und nicht der Gegenwart zu begreifen. Alles, was modernes Leben ist, mußte ihm prosaisch erscheinen, und unzugänglich blieb ihm die Poesie Frankreichs, des Mutterbodens der modernen Gesellschaft. Racine mußte gleich der erste sein, den er nicht begreifen konnte. Denn dieser große Dichter steht schon als Herold der modernen Zeit neben dem großen Könige, mit welchem die moderne Zeit beginnt. Racine war der erste moderne Dichter, wie Ludwig XIV. der erste moderne König war. In Corneille atmet noch das Mittelalter. In ihm und in der Fronde röchelt noch das alte Rittertum. Man nennt ihn auch deshalb manchmal romantisch. In Racine ist aber die Denkweise des Mittelalters ganz erloschen; in ihm erwachen lauter neue Gefühle; er ist das Organ einer neuen Gesellschaft; in seiner Brust dufteten die ersten Veilchen unseres modernen Lebens; ja wir könnten sogar schon die Lorbeeren darin knospen sehen, die erst später, in der jüngsten Zeit, so gewaltig emporgeschossen. Wer weiß, wieviel Taten aus Racines zärtlichen Versen erblüht sind! Die französischen Helden, die bei den Pyramiden, bei Marengo, bei Austerlitz, bei Moskau und bei Waterloo begraben liegen, sie hatten alle einst Racines Verse gehört, und ihr Kaiser hatte sie gehört aus dem Munde Talmas. Wer weiß, wieviel Zentner Ruhm von der Vendômesäule eigentlich dem Racine gebührt. Ob Euripides ein größerer Dichter ist als Racine, das weiß ich nicht. Aber ich weiß, daß letzterer eine lebendige Quelle von Liebe und Ehrgefühl war und mit seinem Tranke ein ganzes Volk berauscht und entzückt und begeistert hat. Was verlangt ihr mehr von einem Dichter? Wir sind alle Menschen, wir steigen ins Grab und lassen zurück unser Wort, und wenn dieses seine Mission erfüllt hat, dann kehrt es zurück in die Brust Gottes, den Sammelplatz der Dichterworte, die Heimat aller Harmonie.

Hätte sich nun Herr Schlegel darauf beschränkt, zu behaupten, daß die Mission des Racinischen Wortes vollendet sei und daß die fortgerückte Zeit ganz anderer Dichter bedürfe, so hätten seine Angriffe einigen Grund. Aber grundlos waren sie, wenn er Racines Schwäche durch eine Vergleichung mit älteren Dichtern erweisen wollte. Nicht bloß ahnte er nichts von der unendlichen Anmut, dem süßen Scherz, dem tiefen Reiz, welcher darin lag, daß Racine seine neuen französischen Helden mit antiken Gewändern kostümierte und zu dem

Interesse einer modernen Leidenschaft noch das Interessante einer geistreichen Maskerade mischte: Herr Schlegel war sogar tölpelhaft genug, jene Vermummung für bare Münze zu nehmen, die Griechen von Versailles nach den Griechen von Athen zu beurteilen und die »Phädra« des Racine mit der »Phädra« des Euripides zu vergleichen! Diese Manier, die Gegenwart mit dem Maßstabe der Vergangenheit zu messen, war bei Herrn Schlegel so eingewurzelt, daß er immer mit dem Lorbeerzweig eines älteren Dichters den Rücken der jüngeren Dichter zu geißeln pflegte und daß er, um wieder den Euripides selber herabzusetzen, nichts Besseres wußte, als daß er ihn mit dem älteren Sophokles oder gar mit dem Äschylus verglich.

Es würde zu weit führen, wollte ich hier entwickeln, wie Herr Schlegel gegen den Euripides, den er in jener Manier herabzuwürdigen gesucht, ebenso wie einst Aristophanes, das größte Unrecht verübt. Letzterer, der Aristophanes, befand sich, in dieser Hinsicht, auf einem Standpunkte, welcher mit dem Standpunkte der romantischen Schule die größte Ähnlichkeit darbietet; seiner Polemik liegen ähnliche Gefühle und Tendenzen zum Grunde, und wenn man Herrn Tieck einen romantischen Aristophanes nannte, so könnte man mit Fug den Parodisten des Euripides und des Sokrates einen klassischen Tieck nennen. Wie Herr Tieck und die Schlegel trotz der eignen Ungläubigkeit dennoch den Untergang des Katholizismus bedauerten; wie sie diesen Glauben bei der Menge zu restaurieren wünschten; wie sie in dieser Absicht die protestantischen Rationalisten, die Aufklärer, die echten noch mehr als die falschen, mit Spott und Verlästerung befehdeten; wie sie gegen Männer, die im Leben und in der Literatur eine ehrsame Bürgerlichkeit beförderten, die grimmigste Abneigung hegten; wie sie diese Bürgerlichkeit als philisterhafte Kleinmisere persiflierten und dagegen beständig das große Heldenleben des feudalistischen Mittelalters gerühmt und gefeiert: so hat auch Aristophanes, welcher selber die Götter verspöttelte, dennoch die Philosophen gehaßt, die dem ganzen Olymp den Untergang bereiteten; er haßte den rationalistischen Sokrates, welcher eine bessere Moral predigte; er haßte die Dichter, die gleichsam schon ein modernes Leben aussprachen, welches sich von der früheren griechischen Götter-, Helden- und Königsperiode ebenso unterschied wie unsere jetzige Zeit von den mittelalterlichen Feudalzeiten; er haßte den Euripides, welcher nicht mehr wie Äschylus und Sophokles von dem griechischen Mittelalter trunken war, sondern sich schon der bürgerlichen Tragödie näherte. Ich zweifle, ob sich Herr Schlegel der wahren Beweggründe bewußt war, warum er den Euripides so sehr herabsetzte, in Vergleichung mit Äschylus und Sophokles: ich glaube, ein unbewußtes Gefühl leitete ihn, in dem alten Tragiker roch er das modern demokratische und protestantische Element, welches schon dem ritterschaftlichen und olympisch-katholischen Aristophanes so sehr verhaßt war.

Vielleicht aber erzeige ich Herren A. W. Schlegel eine unverdiente Ehre, indem ich ihm bestimmte Sympathien und Antipathien beimesse. Es ist möglich, daß er gar keine hatte. Er war in seiner Jugend ein Hellenist und wurde erst später ein Romantiker. Er wurde Chorführer der neuen Schule, diese wurde nach ihm und seinem Bruder benamset, und er selber war vielleicht derjenige, dem es mit der Schlegelschen Schule am wenigsten Ernst war. Er unterstützte sie mit seinen Talenten, er studierte sich in sie hinein, er freute sich damit, solang es gut ging, und als es mit der Schule ein schlechtes Ende nahm, hat er sich wieder in ein neues Fach hineinstudiert.

Obgleich nun die Schule zugrunde ging, so haben doch die Anstrengungen des Herren Schlegel gute Früchte getragen für unsere Literatur. Namentlich hatte er gezeigt, wie man wissenschaftliche Gegenstände in eleganter Sprache behandeln kann. Früherhin wagten wenige deutsche Gelehrte, ein wissenschaftliches Buch in einem klaren und anziehenden Stile zu schreiben. Man schrieb ein verworrenes, trockenes Deutsch, welches nach Talglichtern und Tabak roch. Herr Schlegel gehörte zu den wenigen Deutschen, die keinen Tabak rauchen, eine Tugend, welche er der Gesellschaft der Frau von Staël verdankte. Überhaupt verdankt er jener Dame die äußere Politur, welche er in Deutschland mit so vielem Vorteil geltend machen konnte. In dieser Hinsicht war der Tod der vortrefflichen Frau v. Staël ein großer Verlust für diesen deutschen Gelehrten, der in ihrem Salon so viele Gelegenheit fand, die neuesten Moden kennenzulernen, und als ihr Begleiter in allen Hauptstädten Europas die schöne Welt sehen und sich die schönsten Weltsitten aneignen konnte. Solche bildende Verhältnisse waren ihm so sehr zum heiteren Lebensbedürfnis geworden, daß er, nach dem Tode seiner edlen Beschützerin, nicht abgeneigt war, der berühmten Catalani seine Begleitung auf ihren Reisen anzubieten.

Wie gesagt, die Beförderung der Eleganz ist ein Hauptverdienst des Herren Schlegel, und durch ihn kam auch in das Leben der deutschen Dichter mehr Zivilisation. Schon Goethe hatte das einflußreichste Beispiel gegeben, wie man ein deutscher Dichter sein kann und dennoch den äußerlichen Anstand zu bewahren vermag. In früheren

Zeiten verachteten die deutschen Dichter alle konventionellen Formen, und der Name »deutscher Dichter« oder gar der Name »poetisches Genie« erlangte die unerfreulichste Bedeutung. Ein deutscher Dichter war ehemals ein Mensch, der einen abgeschabten, zerrissenen Rock trug, Kindtauf- und Hochzeitgedichte für einen Taler das Stück verfertigte, statt der guten Gesellschaft, die ihn abwies, desto bessere Getränke genoß, auch wohl des Abends betrunken in der Gosse lag, zärtlich geküßt von Lunas gefühlvollen Strahlen. Wenn sie alt geworden, pflegten diese Menschen noch tiefer in ihr Elend zu versinken, und es war freilich ein Elend ohne Sorge, oder dessen einzige Sorge darin besteht, wo man den meisten Schnaps für das wenigste Geld haben kann.

So hatte auch ich mir einen deutschen Dichter vorgestellt. Wie angenehm verwundert war ich daher Anno 1819, als ich, ein ganz junger Mensch, die Universität Bonn besuchte und dort die Ehre hatte, den Herrn Dichter A. W. Schlegel, das poetische Genie, von Angesicht zu Angesicht zu sehen. Es war, mit Ausnahme des Napoleon, der erste große Mann, den ich damals gesehen, und ich werde nie diesen erhabenen Anblick vergessen. Noch heute fühle ich den heiligen Schauer, der durch meine Seele zog, wenn ich vor seinem Katheder stand und ihn sprechen hörte. Ich trug damals einen weißen Flauschrock, eine rote Mütze, lange blonde Haare und keine Handschuhe. Herr A. W. Schlegel trug aber Glacéhandschuh' und war noch ganz nach der neuesten Pariser Mode gekleidet; er war noch ganz parfümiert von guter Gesellschaft und eau de mille fleurs; er war die Zierlichkeit und die Eleganz selbst, und wenn er vom Großkanzler von England sprach, setzte er hinzu »mein Freund«, und neben ihm stand sein Bedienter in der freiherrlichst Schlegelschen Hauslivree und putzte die Wachslichter, die auf silbernen Armleuchtern brannten und nebst einem Glase Zuckerwasser vor dem Wundermanne auf dem Katheder standen. Livreebedienter! Wachslichter! Silberne Armleuchter! mein Freund, der Großkanzler von England! Glacéhandschuh'! Zuckerwasser! welche unerhörte Dinge im Kollegium eines deutschen Professors! Dieser Glanz blendete uns junge Leute nicht wenig und mich besonders, und ich machte auf Herrn Schlegel damals drei Oden, wovon jede anfing mit den Worten: »O du, der du« usw. Aber nur in der Poesie hätte ich es gewagt, einen so vornehmen Mann zu duzen. Sein Äußeres gab ihm wirklich eine gewisse Vornehmheit. Auf seinem dünnen Köpfchen glänzten nur noch wenige silberne Härchen, und sein Leib war so dünn, so abgezehrt, so durchsichtig, daß er ganz Geist zu sein schien, daß er fast aussah wie ein Sinnbild des Spiritualismus.

Trotzdem hatte er damals geheuratet, und er, der Chef der Romantiker, heuratete die Tochter des Kirchenrat Paulus zu Heidelberg, des Chefs der deutschen Rationalisten. Es war eine symbolische Ehe, die Romantik vermählte sich gleichsam mit dem Rationalismus; sie blieb aber ohne Früchte. Im Gegenteil, die Trennung zwischen der Romantik und dem Rationalismus wurde dadurch noch größer, und schon gleich am andern Morgen nach der Hochzeitnacht lief der Rationalismus wieder nach Hause und wollte nichts mehr mit der Romantik zu schaffen haben. Denn der Rationalismus, wie er denn immer vernünftig ist, wollte nicht bloß symbolisch vermählt sein, und sobald er die hölzerne Nichtigkeit der romantischen Kunst erkannt, lief er davon. Ich weiß, ich rede hier dunkel und will mich daher so klar als möglich ausdrücken:

Typhon, der böse Typhon, haßte den Osiris (welcher, wie ihr wißt, ein ägyptischer Gott ist), und als er ihn in seine Gewalt bekam, riß er ihn in Stücken. Isis, die arme Isis, die Gattin des Osiris, suchte diese Stücke mühsam zusammen, flickte sie aneinander, und es gelang ihr, den zerrissenen Gatten wieder ganz herzustellen; ganz? ach nein, es fehlte ein Hauptstück, welches die arme Göttin nicht wiederfinden konnte, arme Isis! Sie mußte sich daher begnügen mit einer Ergänzung von Holz, aber Holz ist nur Holz, arme Isis! Hierdurch entstand nun in Ägypten ein skandalöser Mythos und in Heidelberg ein mystischer Skandal.

Herrn A. W. Schlegel verlor man seitdem ganz außer Augen. Er war verschollen. Mißmut über solches Vergessenwerden trieb ihn endlich, nach langjähriger Abwesenheit, wieder einmal nach Berlin, der ehemaligen Hauptstadt seines literarischen Glanzes, und er hielt dort wieder einige Vorlesungen über Ästhetik. Aber er hatte unterdessen nichts Neues gelernt, und er sprach jetzt zu einem Publikum, welches von Hegel eine Philosophie der Kunst, eine Wissenschaft der Ästhetik, erhalten hatte. Man spottete und zuckte die Achsel. Es ging ihm wie einer alten Komödiantin, die nach zwanzigjähriger Abwesenheit den Schauplatz ihres ehemaligen Sukzeß wieder betritt und nicht begreift, warum die Leute lachen, statt zu applaudieren. Der Mann hatte sich entsetzlich verändert, und er ergötzte Berlin vier Wochen lang durch die Etalage seiner Lächerlichkeiten. Er war ein alter eitler Geck geworden, der sich überall zum Narren halten ließ. Man erzählt darüber die unglaublichsten Dinge.

Hier in Paris hatte ich die Betrübnis, Herrn A. W. Schlegel persönlich wiederzusehen. Wahrlich, von dieser Veränderung hatte ich doch keine Vorstellung, bis ich mich mit eigenen Augen davon überzeugte. Es war vor einem Jahre, kurz nach meiner Ankunft in der Hauptstadt. Ich ging eben, das Haus zu sehen, worin Molière gewohnt hat; denn ich ehre große Dichter und suche überall mit religiöser Andacht die Spuren ihres irdischen Wandels. Das ist ein Kultus. Auf meinem Wege, unfern von jenem geheiligten Hause, erblickte ich ein Wesen, in dessen verwebten Zügen sich eine Ähnlichkeit mit dem ehemaligen A. W. Schlegel kundgab. Ich glaubte seinen Geist zu sehen. Aber es war nur sein Leib. Der Geist ist tot, und der Leib spukt noch auf der Erde, und er ist unterdessen ziemlich fett geworden; an den dünnen spiritualistischen Beinen hatte sich wieder Fleisch angesetzt; es war sogar ein Bauch zu sehen, und oben drüber hingen eine Menge Ordensbänder. Das sonst so feine greise Köpfchen trug eine goldgelbe Perücke. Er war gekleidet nach der neuesten Mode jenes Jahrs, in welchem Frau von Staël gestorben. Dabei lächelte er so veraltet süß wie eine bejahrte Dame, die ein Stück Zucker im Munde hat, und bewegte sich so jugendlich wie ein kokettes Kind. Es war wirklich eine sonderbare Verjüngung mit ihm vorgegangen; er hatte gleichsam eine spaßhafte zweite Auflage seiner Jugend erlebt; er schien ganz wieder in die Blüte gekommen zu sein, und die Röte seiner Wangen habe ich sogar in Verdacht, daß sie keine Schminke war, sondern eine gesunde Ironie der Natur.

Mir war in diesem Augenblick, als sähe ich den seligen Molière am Fenster stehen und als lächelte er zu mir herab, hindeutend auf jene melancholisch heitere Erscheinung. Alle Lächerlichkeit derselben ward mir auf einmal so ganz einleuchtend; ich begriff die ganze Tiefe und Fülle des Spaßes, der darin enthalten war; ich begriff ganz den Lustspielcharakter jener fabelhaft ridikülen Personnage, die leider keinen großen Komiker gefunden hat, um sie gehörig für die Bühne zu benutzen. Molière allein wäre der Mann gewesen, der eine solche Figur für das Théâtre Français bearbeiten konnte, er allein hatte das dazu nötige Talent; und das ahnte Herr A. W. Schlegel schon frühzeitig, und er haßte den Moliére aus demselben Grunde, weshalb Napoleon den Tacitus gehaßt hat. Wie Napoleon Bonaparte, der französische Cäsar, wohl fühlte, daß ihn der republikanische Geschichtschreiber ebenfalls nicht mit Rosenfarben geschildert hätte, so hatte auch Herr A. W. Schlegel, der deutsche Osiris, längst geahnt, daß er dem Molière, dem großen Komiker, wenn dieser jetzt lebte, nimmermehr entgangen wäre. Und Napoleon sagte von Tacitus, er sei der Verleumder des Tiberius, und Herr August Wilhelm Schlegel sagte von Molière, daß er gar kein Dichter, sondern nur ein Possenreißer gewesen sei.

Herr A. W. Schlegel verließ bald darauf Paris, nachdem er vorher von Sr. Majestät, Ludwig Philipp I., König der Franzosen, mit dem Orden der Ehrenlegion dekoriert worden. Der »Moniteur« hat bis jetzt noch gezögert, diese Begebenheit gehörig zu berichten; aber Thalia, die Muse der Komödie, hat sie hastig aufgezeichnet in ihr lachendes Notizenbuch.

II

Nach den Schlegeln war Herr Ludwig Tieck einer der tätigsten Schriftsteller der romantischen Schule. Für diese kämpfte und dichtete er. Er war Poet, ein Name, den keiner von den beiden Schlegeln verdient. Er war der wirkliche Sohn des Phöbus Apollo, und wie sein ewig jugendlicher Vater führte er nicht bloß die Leier, sondern auch den Bogen mit dem Köcher voll klingender Pfeile. Er war trunken von lyrischer Lust und kritischer Grausamkeit, wie der delphische Gott. Hatte er, gleich diesem, irgendeinen literarischen Marsyas erbärmlichst geschunden, dann griff er, mit den blutigen Fingern, wieder lustig in die goldenen Saiten seiner Leier und sang ein freudiges Minnelied.

Die poetische Polemik, die Herr Tieck, in dramatischer Form, gegen die Gegner der Schule führte, gehört zu den außerordentlichsten Erscheinungen unserer Literatur. Es sind satirische Dramen, die man gewöhnlich mit den Lustspielen des Aristophanes vergleicht Aber sie unterscheiden sich von diesen fast ebenso, wie eine Sophokleische Tragödie sich von einer Shakespeareschen unterscheidet. Hatte nämlich die antike Komödie ganz den einheitlichen Zuschnitt, den strengen Gang und die zierlichst ausgebildete metrische Sprache der antiken Tragödie, als deren Parodie sie gelten konnte, so sind die dramatischen Satiren des Herrn Tieck ganz so abenteuerlich zugeschnitten, ganz so englisch unregelmäßig und so metrisch willkürlich wie die Tragödien des Shakespeare. War diese Form eine neue Erfindung des Herrn Tieck? Nein, sie existierte bereits unter dem Volke, namentlich unter dem Volke in Italien. Wer Italienisch versteht, kann sich einen ziemlich richtigen Begriff jener Tieckschen Dramen verschaffen, wenn er sich in die buntscheckig bizarren, venezianisch phantastischen Märchenkomödien des Gozzi noch etwas deutschen Mondschein hineinträumt. Sogar die meisten seiner Masken hat Herr Tieck diesem heiteren Kinde der Lagunen entlehnt. Nach seinem Beispiel haben viele deutsche Dichter sich ebenfalls dieser Form bemächtigt, und wir erhielten Lustspiele, deren komische Wirkung nicht durch einen launigen Charakter oder durch eine spaßhafte Intrige herbeigeführt wird, sondern die uns gleich unmittelbar in eine komische Welt versetzen, in eine Welt, wo die Tiere wie Menschen sprechen und handeln und wo Zufall und Willkür an die Stelle der natürlichen Ordnung der Dinge getreten ist. Dieses finden wir auch bei Aristophanes. Nur daß letzterer diese Form gewählt, um uns seine tiefsinnigsten Weltanschauungen zu offenbaren, wie z.B. in den »Vögeln«, wo das wahnwitzigste Treiben der Menschen, ihre Sucht, in der leeren Luft die herrlichsten Schlösser zu bauen, ihr Trotz gegen die ewigen Götter und ihre eingebildete Siegesfreude in den possierlichsten Fratzen dargestellt ist. Darum eben ist Aristophanes so groß, weil seine Weltansicht so groß war, weil sie größer, ja tragischer war als die der Tragiker selbst, weil seine Komödien wirklich »scherzende Tragödien« waren; denn z.B. Paisteteros wird nicht am Ende des Stückes, wie etwa ein moderner Dichter tun würde, in seiner lächerlichen Nichtigkeit dargestellt, sondern vielmehr er gewinnt die Basilea, die schöne, wundermächtige Basilea, er steigt mit dieser himmlischen Gemahlin empor in seine Luftstadt, die Götter sind gezwungen, sich seinem Willen zu fügen, die Narrheit feiert ihre Vermählung mit der Macht, und das Stück schließt mit jubelnden Hymenäen. Gibt es für einen vernünftigen Menschen etwas grauenhaft Tragischeres als dieser Narrensieg und Narrentriumph! So hoch aber verstiegen sich nicht unsere deutschen Aristophanesse; sie enthielten sich jeder höheren Weltanschauung; über die zwei wichtigsten Verhältnisse des Menschen, das politische und das religiöse, schwiegen sie mit großer Bescheidenheit; nur das Thema, das Aristophanes in den »Fröschen« besprochen, wagten sie zu behandeln: zum Hauptgegenstand ihrer dramatischen Satire wählten sie das Theater selbst, und sie satirisierten, mit mehr oder minderer Laune, die Mängel unserer Bühne.

Aber man muß auch den politisch unfreien Zustand Deutschlands berücksichtigen. Unsere Witzlinge müssen sich, in betreff wirklicher Fürsten, aller Anzüglichkeiten enthalten, und für diese Beschränkung wollen sie daher an den Theaterkönigen und Kulissenprinzen sich entschädigen. Wir, die wir fast gar keine räsonierende politische Journale besaßen, waren immer desto gesegneter mit einer Unzahl ästhetischer Blätter, die nichts als müßige Märchen und Theaterkritiken enthielten, so daß, wer unsere Blätter sah, beinahe glauben mußte, das ganze deutsche Volk bestände aus lauter schwatzenden Ammen und Theaterrezensenten. Aber man hätte uns doch unrecht getan. Wie wenig solches klägliche Geschreibsel uns genügte, zeigte sich nach der Juliusrevolution, als es den Anschein gewann, daß ein freies Wort auch in unserem teuren Vaterland gesprochen werden dürfte. Es entstanden plötzlich Blätter, welche das gute oder schlechte Spiel der wirklichen Könige rezensierten, und mancher derselben, der seine Rolle vergessen, wurde in der eigenen Hauptstadt ausgepfiffen. Unsere literarischen Scheherezaden, welche das Publikum, den plumpen Sultan, mit ihren kleinen Novellen einzuschläfern pflegten, mußten jetzt verstummen, und die Komödianten sahen mit Verwunderung, wie leer das Parterre war, wenn sie noch so göttlich spielten, und wie sogar der Sperrsitz des furchtbaren Stadtkritikers sehr oft unbesetzt blieb. Früherhin hatten sich die guten Bretterhelden immer beklagt, daß nur sie und wieder sie zum öffentlichen Gegenstand der Besprechung dienen müßten und daß sogar ihre häuslichen Tugenden in den Zeitungen enthüllt würden. Wie erschraken sie, als es den Anschein gewann, daß am Ende gar nicht mehr von ihnen die Rede sein möchte!

In der Tat, wenn in Deutschland die Revolution ausbrach, so hatte es ein Ende mit Theater und Theaterkritik, und die erschreckten Novellendichter, Komödianten und Theaterrezensenten fürchteten mit Recht, »daß die Kunst zugrunde ginge«. Aber das Entsetzliche ist von unserem Vaterlande, durch die Weisheit und Kraft des Frankfurter Bundestages, glücklich abgewendet worden; es wird hoffentlich keine Revolution in Deutschland ausbrechen, vor der Guillotine und allen Schrecknissen der Preßfreiheit sind wir bewahrt, sogar die Deputiertenkammern, deren Konkurrenz den früher konzessionierten Theatern soviel geschadet, werden abgeschafft, und die Kunst ist gerettet. Für die Kunst wird jetzt in Deutschland alles mögliche getan, namentlich in Preußen. Die Museen strahlen in sinnreicher Farbenlust, die Orchester rauschen, die Tänzerinnen springen ihre süßesten Entrechats, mit tausendundeine Novelle wird das Publikum ergötzt, und es blüht wieder die Theaterkritik.

Justin erzählt in seinen Geschichten: Als Cyrus die Revolte der Lydier gestillt hatte, wußte er den störrigen, freiheitsüchtigen Geist derselben nur dadurch zu bezähmen, daß er ihnen befahl, schöne Künste und sonstige lustige Dinge zu treiben. Von lydischen Emeuten war seitdem nicht mehr die Rede, desto berühmter aber wurden lydische Restaurateure, Kuppler und Artisten.

Wir haben jetzt Ruhe in Deutschland, die Theaterkritik und die Novelle wird wieder Hauptsache; und da Herr Tieck in diesen beiden Leistungen exzelliert, so wird ihm von allen Freunden der Kunst die gebührende Bewunderung gezollt. Er ist, in der Tat, der beste Novellist in Deutschland. Jedoch alle seine erzählenden Erzeugnisse sind weder von derselben Gattung noch von demselben Werte. Wie bei den Malern kann man auch bei Herrn Tieck mehrere Manieren unterscheiden. Seine erste Manier gehört noch ganz der früheren alten Schule. Er schrieb damals nur auf Antrieb und Bestellung eines Buchhändlers, welcher eben kein anderer war als der selige Nicolai selbst, der eigensinnigste Champion der Aufklärung und Humanität, der große Feind des Aberglaubens, des Mystizismus und der Romantik. Nicolai war ein schlechter Schriftsteller, eine prosaische Perücke, und er hat sich mit seiner Jesuitenriecherei oft sehr lächerlich gemacht. Aber wir Spätergeborenen, wir müssen doch eingestehn, daß der alte Nicolai ein grundehrlicher Mann war, der es redlich mit dem deutschen Volke meinte und der aus Liebe für die heilige Sache der Wahrheit sogar das schlimmste Martyrtum, das Lächerlichwerden, nicht scheute. Wie man mir zu Berlin erzählt, lebte Herr Tieck früherhin in dem Hause dieses Mannes, er wohnte eine Etage höher als Nicolai, und die neue Zeit trampelte schon über dem Kopfe der alten Zeit.

Die Werke, die Herr Tieck in seiner ersten Manier schrieb, meistens Erzählungen und große, lange Romane, worunter »William Lovell« der beste, sind sehr unbedeutend, ja sogar ohne Poesie. Es ist, als ob diese poetisch reiche Natur in der Jugend geizig gewesen sei und alle ihre geistigen Reichtümer für eine spätere Zeit aufbewahrt habe. Oder kannte Herr Tieck selber nicht die Reichtümer seiner eigenen Brust, und die Schlegel mußten diese erst mit der Wünschelrute entdecken? Sowie Herr Tieck mit den Schlegeln in Berührung kam, erschlossen sich alle Schätze seiner Phantasie, seines Gemütes und seines Witzes. Da leuchteten die Diamanten, da quollen die klarsten Perlen, und vor allem blitzte da der Karfunkel, der fabelhafte Edelstein, wovon die romantischen Poeten damals soviel gesagt und gesungen. Diese reiche Brust war die eigentliche Schatzkammer, wo die Schlegel für ihre literärischen Feldzüge die Kriegskosten schöpften. Herr Tieck mußte für die Schule die schon erwähnten satirischen Lustspiele schreiben und zugleich nach den neuen ästhetischen Rezepten eine Menge Poesien jeder Gattung verfertigen. Das ist nun die zweite Manier des Herren Ludwig Tieck. Seine empfehlenswertesten dramatischen Produkte in dieser Manier sind »Der Kaiser Octavian«, »Die heilige Genoveva« und der »Fortunat«, drei Dramen, die den gleichnamigen Volksbüchern nachgebildet sind. Diese alten Sagen, die das deutsche Volk noch immer bewahrt, hat hier der Dichter in neuen kostbaren Gewanden gekleidet. Aber, ehrlich gestanden, ich liebe sie mehr in der alten naiven, treuherzigen Form. So schön auch die Tiecksche »Genoveva« ist, so habe ich doch weit lieber das alte, zu Köln am Rhein sehr schlecht gedruckte Volksbuch mit seinen schlechten Holzschnitten, worauf aber gar rührend zu schauen ist, wie die arme nackte Pfalzgräfin nur ihre langen Haare zur keuschen Bedeckung hat und ihren kleinen Schmerzenreich an den Zitzen einer mitleidigen Hirschkuh saugen läßt.

Weit kostbarer noch als jene Dramen sind die Novellen, die Herr Tieck in seiner zweiten Manier geschrieben. Auch diese sind meistens den alten Volkssagen nachgebildet. Die vorzüglichsten sind »Der blonde Eckbert« und »Der Runenberg«. In diesen Dichtungen herrscht eine geheimnisvolle Innigkeit, ein sonderbares Einverständnis mit der Natur, besonders mit dem Pflanzen- und Steinreich. Der Leser fühlt sich da wie in einem verzauberten Walde; er hört die unterirdischen Quellen melodisch rauschen; er glaubt manchmal, im Geflüster der Bäume, seinen eigenen Namen zu vernehmen; die breitblättrigen Schlingpflanzen umstricken manchmal beängstigend seinen Fuß; wildfremde Wunderblumen schauen ihn an mit ihren bunten sehnsüchtigen Augen; unsichtbare Lippen küssen seine Wangen mit neckender Zärtlichkeit; hohe Pilze, wie goldne Glocken, wachsen klingend empor am Fuße der Bäume; große schweigende Vögel wiegen sich auf den Zweigen und nicken herab mit ihren klugen, langen Schnäbeln; alles atmet, alles lauscht, alles ist schauernd erwartungsvoll: da ertönt plötzlich das weiche Waldhorn, und auf weißem Zelter jagt vorüber ein schönes Frauenbild, mit wehenden Federn auf dem Barett, mit dem Falken auf der Faust. Und dieses schöne Fräulein ist so schön, so blond, so veilchenäugig, so lächelnd und zugleich so ernsthaft, so wahr und zugleich so ironisch, so keusch und zugleich so schmachtend wie die Phantasie unseres vortrefflichen Ludwig Tieck. Ja, seine Phantasie ist ein holdseliges Ritterfräulein, das im Zauberwalde nach fabelhaften Tieren jagt, vielleicht gar nach dem seltenen Einhorn, das sich nur von einer reinen Jungfrau fangen läßt.

Eine merkwürdige Veränderung begibt sich aber jetzt mit Herren Tieck, und diese bekundet sich in seiner dritten Manier. Als er nach dem Sturze der Schlegel eine lange Zeit geschwiegen, trat er wieder öffentlich auf, und zwar in einer Weise, wie man sie von ihm am wenigsten erwartet hätte. Der ehemalige Enthusiast, welcher einst, aus schwärmerischem Eifer, sich in den Schoß der katholischen Kirche begeben, welcher Aufklärung und Protestantismus so gewaltig bekämpft, welcher nur Mittelalter, nur feudalistisches Mittelalter atmete, welcher die Kunst nur in der naiven Herzensergießung liebte, dieser trat jetzt auf als Gegner der Schwärmerei, als Darsteller des modernsten Bürgerlebens, als Künstler, der in der Kunst das klarste Selbstbewußtsein verlangte, kurz, als ein vernünftiger Mann. So sehen wir ihn in einer Reihe neuerer Novellen, wovon auch einige in Frankreich bekannt geworden. Das Studium Goethes ist darin sichtbar, so wie überhaupt Herr Tieck in seiner dritten Manier als ein wahrer Schüler Goethes erscheint. Dieselbe artistische Klarheit, Heiterkeit, Ruhe und Ironie. War es früher der Schlegelschen Schule nicht gelungen, den Goethe zu sich heranzuziehen, so sehen wir jetzt, wie diese Schule, repräsentiert von Herren Ludwig Tieck, zu Goethe überging. Dies mahnt an eine mahometanische Sage. Der Prophet hatte zu dem Berge gesagt: »Berg, komm zu mir.« Aber der Berg kam nicht.

Und siehe! das größere Wunder geschah, der Prophet ging zu dem Berge.

Herr Tieck ist geboren zu Berlin, den 31. Mai 1773. Seit einer Reihe Jahre hat er sich zu Dresden niedergelassen, wo er sich meistens mit dem Theater beschäftigte, und er, welcher in seinen früheren Schriften die Hofräte als Typus der Lächerlichkeit beständig persifliert hatte, er selber wurde jetzt königlich sächsischer Hofrat. Der liebe Gott ist doch immer noch ein größerer Ironiker als Herr Tieck.

Es ist jetzt ein sonderbares Mißverhältnis eingetreten zwischen dem Verstande und der Phantasie dieses Schriftstellers. Jener, der Tiecksche Verstand, ist ein honetter, nüchterner Spießbürger, der dem Nützlichkeitssystem huldigt und nichts von Schwärmerei wissen will; jene aber, die Tiecksche Phantasie, ist noch immer das ritterliche Frauenbild mit den wehenden Federn auf dem Barett, mit dem Falken auf der Faust. Diese beiden führen eine kuriose Ehe, und es ist manchmal betrübsam zu schauen, wie das arme hochadlige Weib dem trockenen bürgerlichen Gatten in seiner Wirtschaft oder gar in seinem Käseladen behülflich sein soll. Manchmal aber, des Nachts, wenn der Herr Gemahl, mit seiner baumwollnen Mütze über dem Kopfe, ruhig schnarcht, erhebt die edle Dame sich von dem ehelichen Zwangslager und besteigt ihr weißes Roß und jagt wieder lustig, wie sonst, im romantischen Zauberwald.

Ich kann nicht umhin, zu bemerken, daß der Tiecksche Verstand in seinen jüngsten Novellen noch grämlicher geworden und daß zugleich seine Phantasie von ihrer romantischen Natur immer mehr und mehr einbüßt und in kühlen Nächten, sogar mit gähnendem Behagen, im

Ehebette liegenbleibt und sich dem dürren Gemahle fast liebevoll anschließt.

Herr Tieck ist jedoch immer noch ein großer Dichter. Denn er kann Gestalten schaffen, und aus seinem Herzen dringen Worte, die unsere eigenen Herzen bewegen. Aber ein zages Wesen, etwas Unbestimmtes, Unsicheres, eine gewisse Schwächlichkeit ist nicht bloß jetzt, sondern war von jeher an ihm bemerkbar. Dieser Mangel an entschlossener Kraft gibt sich nur allzusehr kund in allem, was er tat und schrieb. Wenigstens in allem, was er schrieb, offenbart sich keine Selbständigkeit. Seine erste Manier zeigt ihn als gar nichts; seine zweite Manier zeigt ihn als einen getreuen Schildknappen der Schlegel; seine dritte Manier zeigt ihn als einen Nachahmer Goethes. Seine Theaterkritiken, die er unter dem Titel »Dramaturgische Blätter« gesammelt, sind noch das Originalste, was er geliefert hat. Aber es sind Theaterkritiken.

Um den Hamlet ganz als Schwächling zu schildern, läßt Shakespeare ihn auch, im Gespräche mit den Komödianten, als einen guten Theaterkritiker erscheinen.

Mit den ernsten Disziplinen hatte sich Herr Tieck nie sonderlich befaßt. Er studierte moderne Sprachen und die älteren Urkunden unserer vaterländischen Poesie. Den klassischen Studien soll er immer fremd geblieben sein, als ein echter Romantiker. Nie beschäftigte er sich mit Philosophie; diese scheint ihm sogar widerwärtig gewesen zu sein. Auf den Feldern der Wissenschaft brach Herr Tieck nur Blumen und dünne Jerten, um mit ersteren die Nasen seiner Freunde und mit letzteren die Rücken seiner Gegner zu regalieren. Mit dem gelehrten

Feldbau hat er sich nie abgegeben. Seine Schriften sind Blumensträuße und Stockbündel; nirgends eine Garbe mit Kornähren.

Außer Goethe ist es Cervantes, welchen Herr Tieck am meisten nachgeahmt. Die humoristische Ironie, ich könnte auch sagen den ironischen Humor dieser beiden modernen Dichter verbreitet auch ihren Duft in den Novellen aus Herren Tiecks dritter Manier. Ironie und Humor sind da so verschmolzen, daß sie ein und dasselbe zu sein scheinen. Von dieser humoristischen Ironie ist viel bei uns die Rede, die Goethesche Kunstschule preist sie als eine besondere Herrlichkeit ihres Meisters, und sie spielt jetzt eine große Rolle in der deutschen Literatur. Aber sie ist nur ein Zeichen unserer politischen Unfreiheit, und wie Cervantes, zur Zeit der Inquisition, zu einer humoristischen Ironie seine Zuflucht nehmen mußte, um seine Gedanken anzudeuten, ohne den Familiaren des heiligen Offiz eine faßbare Blöße zu geben, so pflegte auch Goethe im Tone einer humoristischen Ironie dasjenige zu sagen, was er, der Staatsminister und Höfling, nicht unumwunden auszusprechen wagte. Goethe hat nie die Wahrheit verschwiegen, sondern wo er sie nicht nackt zeigen durfte, hat er sie in Humor und Ironie gekleidet. Die Schriftsteller, die unter Zensur und Geisteszwang aller Art schmachten und doch nimmermehr ihre Herzensmeinung verleugnen können, sind ganz besonders auf die ironische und humoristische Form angewiesen. Es ist der einzige Ausweg, welcher der Ehrlichkeit noch übriggeblieben, und in der humoristisch ironischen Verstellung offenbart sich diese Ehrlichkeit noch am rührendsten. Dieses mahnt mich wieder an den wunderlichen Prinzen von Dänemark. Hamlet ist die ehrlichste Haut von der Welt. Seine Verstellung dient nur, um die Dehors zu ersetzen; er ist wunderlich, weil Wunderlichkeit die Hofetikette doch immer minder verletzt als eine dreinschlagende offene Erklärung. In allen seinen humoristisch ironischen Späßen läßt er immer absichtlich durchschauen, daß er sich nur verstellt; in allem, was er tut und sagt, ist seine wirkliche Meinung ganz sichtbar für jeden, der sich auf Sehen versteht, und gar für den König, dem er die Wahrheit zwar nicht offen sagen kann (denn dazu ist er zu schwach), dem er sie aber keineswegs verbergen will. Hamlet ist durch und durch ehrlich; nur der ehrlichste Mensch konnte sagen: »Wir sind alle Betrüger«, und indem er sich wahnsinnig stellt, will er uns ebenfalls nicht täuschen, und er ist sich innerlich bewußt, daß er wirklich wahnsinnig ist.

Ich habe nachträglich noch zwei Arbeiten des Herren Tieck zu rühmen, wodurch er sich ganz besonders den Dank des deutschen Publikums erworben. Das sind seine Übersetzung einer Reihe englischer Dramen aus der vorshakespeareschen Zeit und seine Übersetzung des »Don Quixote«. Letztere ist ihm ganz besonders gelungen, keiner hat die närrische Grandezza des ingeniosen Hidalgo von La Mancha so gut begriffen und so treu wiedergegeben wie unser vortrefflicher Tieck.

Spaßhaft genug ist es, daß gerade die romantische Schule uns die beste Übersetzung eines Buches geliefert hat, worin ihre eigne Narrheit am ergötzlichsten durchgehechelt wird. Denn diese Schule war ja von demselben Wahnsinn befangen, der auch den edlen Manchaner zu allen seinen Narrheiten begeisterte; auch sie wollte das mittelalterliche Rittertum wieder restaurieren; auch sie wollte eine abgestorbene Vergangenheit wieder ins Leben rufen. Oder hat Miguel de Cervantes

Saavedra in seinem närrischen Heldengedichte auch andere Ritter persiflieren wollen, nämlich alle Menschen, die für irgendeine Idee kämpfen und leiden? Hat er wirklich in seinem langen, dürren Ritter die idealische Begeisterung überhaupt und in dessen dicken Schildknappen den realen Verstand parodieren wollen? Immerhin, letzterer spielt jedenfalls die lächerlichere Figur; denn der reale Verstand mit allen seinen hergebrachten gemeinnützigen Sprichwörtern muß dennoch auf seinem ruhigen Esel, hinter der Begeisterung einhertrottieren; trotz seiner bessern Einsicht muß er und sein Esel alles Ungemach teilen, das dem edlen Ritter so oft zustößt: ja, die ideale Begeisterung ist von so gewaltig hinreißender Art, daß der reale Verstand, mitsamt seinen Eseln, ihr immer unwillkürlich nachfolgen muß.

Oder hat der tiefsinnige Spanier noch tiefer die menschliche Natur verhöhnen wollen? Hat er vielleicht in der Gestalt des Don Quixote unseren Geist und in der Gestalt des Sancho Pansa unseren Leib allegorisiert, und das ganze Gedicht wäre alsdenn nichts anders als ein großes Mysterium, wo die Frage über den Geist und die Materie in ihrer gräßlichsten Wahrheit diskutiert wird? Soviel sehe ich in dem Buche, daß der arme materielle Sancho für die spirituellen Donquichotterien sehr viel leiden muß, daß er für die nobelsten Absichten seines Herren sehr oft die ignobelsten Prügel empfängt und daß er immer verständiger ist als sein hochtrabender Herr; denn er weiß, daß Prügel sehr schlecht, die Würstchen einer Olla Potrida aber sehr gut schmecken. Wirklich, der Leib scheint oft mehr Einsicht zu haben als der Geist, und der Mensch denkt oft viel richtiger mit Rücken und Magen als mit dem Kopf.

III

Unter den Verrücktheiten der romantischen Schule in Deutschland verdient das unaufhörliche Rühmen und Preisen des Jakob Böhme eine besondere Erwähnung. Dieser Name war gleichsam das Schibboleth dieser Leute. Wenn sie den Namen Jakob Böhme aussprachen, dann schnitten sie ihre tiefsinnigsten Gesichter. War das Ernst oder Spaß?

Jener Jakob Böhme war ein Schuster, der Anno 1575 zu Görlitz in der Oberlausitz das Licht der Welt erblickt und eine Menge theosophischer Schriften hinterlassen hat. Diese sind in deutscher Sprache geschrieben und waren daher unsern Romantikern um so zugänglicher. Ob jener sonderbare Schuster ein so ausgezeichneter Philosoph gewesen ist, wie viele deutsche Mystiker behaupten, darüber kann ich nicht allzu genau urteilen, da ich ihn gar nicht gelesen; ich bin aber überzeugt, daß er keine so gute Stiefel gemacht hat wie Herr Sakoski. Die Schuster spielen überhaupt eine Rolle in unserer Literatur, und Hans Sachs, ein Schuster, welcher im Jahre 1494 zu Nüremberg geboren ist und dort sein Leben verbracht, ward von der romantischen Schule als einer unserer besten Dichter gepriesen. Ich habe ihn gelesen, und ich muß gestehen, daß ich zweifle, ob Herr Sakoski jemals so gute Verse gemacht hat wie unser alter, vortrefflicher Hans Sachs.

Des Herren Schellings Einfluß auf die romantische Schule habe ich bereits angedeutet. Da ich ihn später besonders besprechen werde, kann ich mir hier seine ausführliche Beurteilung ersparen. Jedenfalls verdient dieser Mann unsere größte Aufmerksamkeit. Denn in früherer Zeit ist durch ihn in der deutschen Geisterwelt eine große Revolution entstanden, und in späterer Zeit hat er sich so verändert, daß die Unerfahrnen in die größten Irrtümer geraten, wenn sie den früheren Schelling mit dem jetzigen verwechseln möchten. Der frühere Schelling war ein kühner Protestant, der gegen den Fichteschen Idealismus protestierte. Dieser Idealismus war ein sonderbares System, das besonders einem Franzosen befremdlich sein muß. Denn während in Frankreich eine Philosophie aufkam, die den Geist gleichsam verkörperte, die den Geist nur als eine Modifikation der Materie anerkannte, kurz, während hier der Materialismus herrschend geworden, erhob sich in Deutschland eine Philosophie, die, ganz im Gegenteil, nur den Geist als etwas Wirkliches annahm, die alle Materie nur für eine Modifikation des Geistes erklärte, die sogar die Existenz der Materie leugnete. Es schien fast, der Geist habe jenseits des Rheins Rache gesucht für die Beleidigung, die ihm diesseits des Rheines widerfahren. Als man den Geist hier in Frankreich leugnete, da emigrierte er gleichsam nach Deutschland und leugnete dort die Materie. Fichte könnte man in dieser Beziehung als den Herzog von Braunschweig des Spiritualismus betrachten, und seine idealistische Philosophie wäre nichts als ein Manifest gegen den französischen Materialismus. Aber diese Philosophie, die wirklich die höchste Spitze des Spiritualismus bildet, konnte sich ebensowenig erhalten wie der krasse Materialismus der Franzosen, und Herr Schelling war der Mann, welcher mit der Lehre auftrat, daß die Materie oder, wie er es nannte, die Natur nicht bloß in unserem Geiste, sondern auch in der

Wirklichkeit existiere, daß unsere Anschauung von den Dingen identisch sei mit den Dingen selbst. Dieses ist nun die Schellingsche Identitätslehre oder, wie man sie auch nennt, die Naturphilosophie.

Solches geschah zu Anfang des Jahrhunderts. Herr Schelling war damals ein großer Mann. Unterdessen aber erschien Hegel auf dem philosophischen Schauplatz; Herr Schelling, welcher in den letzten Zeiten fast nichts schrieb, wurde verdunkelt, ja er geriet in Vergessenheit und behielt nur noch eine literärhistorische Bedeutung. Die Hegelsche Philosophie ward die herrschende, Hegel ward Souverän im Reiche der Geister, und der arme Schelling, ein heruntergekommener, mediatisierter Philosoph, wandelte trübselig umher unter den anderen mediatisierten Herren zu München. Da sah ich ihn einst und hätte schier Tränen vergießen können über den jammervollen Anblick. Und was er sprach, war noch das Allerjämmerlichste, es war ein neidisches Schmähen auf Hegel, der ihn supplantiert. Wie ein Schuster über einen andern Schuster spricht, den er beschuldigt, er habe sein Leder gestohlen und Stiefel daraus gemacht, so hörte ich Herren Schelling, als ich ihn zufällig mal sah, über Hegel sprechen, über Hegel, welcher ihm »seine Ideen genommen«; und »meine Ideen sind es, die er genommen«, und wieder »meine Ideen«, war der beständige Refrain des armen Mannes. Wahrlich, sprach der Schuster Jakob Böhme einst wie ein Philosoph, so spricht der Philosoph Schelling jetzt wie ein Schuster.

Nichts ist lächerlicher als das reklamierte Eigentumsrecht an Ideen. Hegel hat freilich sehr viele Schellingsche Ideen zu seiner Philosophie benutzt; aber Herr Schelling hätte doch nie mit diesen Ideen etwas anzufangen gewußt. Er hat immer nur philosophiert, aber nimmermehr eine Philosophie geben können. Und dann dürfte man wohl behaupten, daß Herr Schelling mehr von Spinoza entlehnt hat, als Hegel von ihm selber. Wenn man den Spinoza einst aus seiner starren, altcartesianischen, mathematischen Form erlöst und ihn dem großen Publikum zugänglicher macht, dann wird sich vielleicht zeigen, daß er mehr als jeder andere über Ideendiebstahl klagen dürfte. Alle unsere heutigen Philosophen, vielleicht oft ohne es zu wissen, sehen sie durch die Brillen, die Baruch Spinoza geschliffen hat.

Mißgunst und Neid hat Engel zum Falle gebracht, und es ist leider nur zu gewiß, daß Unmut wegen Hegels immer steigendem Ansehen den armen Herren Schelling dahin geführt, wo wir ihn jetzt sehen, nämlich in die Schlingen der katholischen Propaganda, deren Hauptquartier zu München. Herr Schelling verriet die Philosophie an die katholische Religion. Alle Zeugnisse stimmen hierin überein, und es war längst vorauszusehen, daß es dazu kommen mußte. Aus dem Munde einiger Machthaber zu München hatte ich so oft die Worte gehört, man müsse den Glauben verbinden mit dem Wissen. Diese Phrase war unschuldig wie die Blume, und dahinter lauerte die Schlange. Jetzt weiß ich, was ihr gewollt habt. Herr Schelling muß jetzt dazu dienen, mit allen Kräften seines Geistes die katholische Religion zu rechtfertigen, und alles, was er unter dem Namen Philosophie jetzt lehrt, ist nichts anders als eine Rechtfertigung des Katholizismus. Dabei spekulierte man noch auf den Nebenvorteil, daß der gefeierte Name die weisheitsdürstende deutsche Jugend nach München lockt und die jesuitische Lüge im Gewande der Philosophie sie desto leichter betört. Andächtig kniet diese Jugend nieder vor dem Manne, den sie für den Hohepriester der Wahrheit hält, und arglos empfängt sie aus seinen Händen die vergiftete Hostie.

Unter den Schülern des Herren Schelling nennt Deutschland in besonders rühmlicher Weise den Herren Steffens, der jetzt Professor der Philosophie in Berlin. Er lebte zu Jena, als die Schlegel dort ihr Wesen trieben, und sein Name erklingt häufig in den Annalen der romantischen Schule. Er hat späterhin auch einige Novellen geschrieben, worin viel Scharfsinn und wenig Poesie zu finden ist. Bedeutender sind seine wissenschaftlichen Werke, namentlich seine »Anthropologie«. Diese ist voll originaler Ideen. Von dieser Seite ist ihm weniger Anerkennung zuteil geworden, als er wohl verdiente. Andere haben die Kunst verstanden, seine Ideen zu bearbeiten und sie als die ihrigen ins Publikum zu bringen. Herr Steffens durfte mehr als sein Meister sich beklagen, daß man ihm seine Ideen entwendet. Unter seinen Ideen gab es aber eine, die sich keiner zugeeignet hat, und es ist seine Hauptidee, die erhabene Idee: »Henrik Steffens, geboren den 2. Mai 1773 zu Stavangar bei Drontheim in Norweg, sei der größte Mann seines Jahrhunderts«.

Seit den letzten Jahren ist dieser Mann in die Hände der Pietisten geraten, und seine Philosophie ist jetzt nichts als ein weinerlicher, lauwarm wäßrichter Pietismus.

Ein ähnlicher Geist ist Herr Joseph Görres, dessen ich schon mehrmals erwähnt und der ebenfalls zur Schellingschen Schule gehört. Er ist in Deutschland bekannt unter dem Namen »der vierte Alliierte«. So hatte ihn nämlich einst ein französischer Journalist genannt, im Jahr 1814, als er, beauftragt von der Heiligen Allianz, den Haß gegen

Frankreich predigte. Von diesem Komplimente zehrt der Mann noch bis auf den heutigen Tag. Aber, in der Tat, niemand vermochte so gewaltig wie er vermittelst nationaler Erinnerungen den Haß der Deutschen gegen die Franzosen zu entflammen; und das Journal, das er in dieser Absicht schrieb, der »Rheinische Merkur«, ist voll von solchen Beschwörungsformeln, die, käme es wieder zum Kriege, noch immer einige Wirkung ausüben möchten. Seitdem kam Herr Görres fast in Vergessenheit. Die Fürsten hatten seiner nicht mehr nötig und ließen ihn laufen. Als er deshalb zu knurren anfing, verfolgten sie ihn sogar. Es ging ihnen wie den Spaniern auf der Insel Kuba, die, im Kriege mit den Indianern, ihre großen Hunde abgerichtet hatten, die nackten Wilden zu zerfleischen; als aber der Krieg zu Ende war und die Hunde, die an Menschenblut Geschmack gefunden, jetzt zuweilen auch ihre Herren in die Waden bissen, da mußten diese sich gewaltsam ihrer Bluthunde zu entledigen suchen. Als Herr Görres, von den Fürsten verfolgt, nichts mehr zu beißen hatte, warf er sich in die Arme der Jesuiten, diesen dient er bis auf diese Stunde, und er ist eine Hauptstütze der katholischen Propaganda zu München. Dort sah ich ihn, vor einigen Jahren, in der Blüte seiner Erniedrigung. Vor einem Auditorium, das meistens aus katholischen Seminaristen bestand, hielt er Vorlesungen über allgemeine Weltgeschichte und war schon bis zum Sündenfall gekommen. Welch ein schreckliches Ende nehmen doch die Feinde Frankreichs! Der vierte Alliierte ist jetzt dazu verdammt, den katholischen Seminaristen, der École polytechnique des Obskurantismus, jahraus, jahrein, tagtäglich den Sündenfall zu erzählen! In dem Vortrage des Mannes herrschte, wie in seinen Büchern, die größte Konfusion, die größte Begriff- und

Sprachverwirrung, und nicht ohne Grund hat man ihn oft mit dem babylonischen Turm verglichen. Er gleicht wirklich einem ungeheuren Turm, worin hunderttausend Gedanken sich abarbeiten und sich besprechen und zurufen und zanken, ohne daß der eine den andern versteht. Manchmal schien der Lärm in seinem Kopfe ein wenig zu schweigen, und er sprach dann lang und langsam und langweilig, und von seinen mißmütigen Lippen fielen die monotonen Worte herab, wie trübe Regentropfen von einer bleiernen Dachtraufe.

Wenn manchmal die alte demagogische Wildheit wieder in ihm erwachte und mit seinen mönchisch frommen Demutsworten widerwärtig kontrastierte; wenn er christlich liebevoll wimmerte, während er blutdürstig wütend hin und her sprang: dann glaubte man eine tonsurierte Hyäne zu sehen.

Herr Görres ist geboren zu Koblenz, den 25. Januar 1776.

Die übrigen Partikularitäten seines Lebens, wie die des Lebens der meisten seiner Genossen, bitte ich mir zu erlassen. Ich habe vielleicht in der Beurteilung seiner Freunde, der beiden Schlegel, die Grenze überschritten, wie weit man das Leben dieser Leute besprechen darf.

Ach! wie betrübsam ist es, wenn man nicht bloß jene Dioskuren, sondern wenn man überhaupt die Sterne unserer Literatur in der Nähe betrachtet! Die Sterne des Himmels erscheinen uns aber vielleicht deshalb so schön und rein, weil wir weit von ihnen entfernt stehen und ihr Privatleben nicht kennen. Es gibt gewiß dort oben ebenfalls manche Sterne, welche lügen und betteln; Sterne, welche heucheln; Sterne, welche gezwungen sind, alle möglichen Schlechtigkeiten zu begehen;

Sterne, welche sich einander küssen und verraten; Sterne, welche ihren Feinden und, was noch schmerzlicher ist, sogar ihren Freunden schmeicheln, ebensogut wie wir hier unten. Jene Kometen, die man dort oben manchmal wie Mänaden des Himmels, mit aufgelöstem Strahlenhaar, umherschweifen sieht, das sind vielleicht liederliche Sterne, die am Ende sich reuig und devot in einen obskuren Winkel des Firmaments verkriechen und die Sonne hassen.

Indem ich hier von deutschen Philosophen gesprochen, kann ich nicht umhin, einen Irrtum zu berichtigen, den ich in betreff der deutschen Philosophie hier in Frankreich allzusehr verbreitet finde. Seit nämlich einige Franzosen sich mit der Schellingschen und Hegelschen Philosophie beschäftigt, die Resultate ihrer Studien in französischer Sprache mitgeteilt, auch wohl auf französische Verhältnisse angewendet, seitdem klagen die Freunde des klaren Denkens und der Freiheit, daß man aus Deutschland die aberwitzigsten Träumereien und Sophismen einführe, womit man die Geister zu verwirren und jede Lüge und jeden Despotismus mit dem Scheine der Wahrheit und des Rechts zu umkleiden verstünde. Mit einem Worte, diese edlen, für die Interessen des Liberalismus besorgten Leute klagen über den schädlichen Einfluß der deutschen Philosophie in Frankreich. Aber der armen deutschen Philosophie geschieht Unrecht. Denn erstens ist das keine deutsche Philosophie, was den Franzosen bisher unter diesem Titel, namentlich von Herren Victor Cousin, präsentiert worden. Herr Cousin hat sehr viel geistreiches Wischiwaschi, aber keine deutsche Philosophie vorgetragen. Zweitens, die eigentliche deutsche Philosophie ist die, welche ganz unmittelbar aus Kants »Kritik der reinen Vernunft« hervorgegangen und, den Charakter dieses Ursprungs bewahrend, sich wenig um politische oder religiöse Verhältnisse, desto mehr aber um die letzten Gründe aller Erkenntnis bekümmerte.

Es ist wahr, die metaphysischen Systeme der meisten deutschen Philosophen glichen nur allzusehr bloßem Spinnweb. Aber was schadete das? Konnte doch der Jesuitismus dieses Spinnweb nicht zu seinen Lügennetzen benutzen und konnte doch ebensowenig der Despotismus seine Stricke daraus drehen, um die Geister zu binden. Nur seit Schelling verlor die deutsche Philosophie diesen dünnen, aber harmlosen Charakter. Unsere Philosophen kritisierten seitdem nicht mehr die letzten Gründe der Erkenntnisse und des Seins überhaupt, sie schwebten nicht mehr in idealistischen Abstraktionen, sondern sie suchten Gründe, um das Vorhandene zu rechtfertigen, sie wurden Justifikatoren dessen, was da ist. Während unsere früheren Philosophen, arm und entsagend, in kümmerlichen Dachstübchen hockten und ihre Systeme ausgrübelten, stecken unsere jetzigen Philosophen in der brillanten Livree der Macht, sie wurden Staatsphilosophen, nämlich sie ersannen philosophische Rechtfertigungen aller Interessen des Staates, worin sie sich angestellt befanden. Zum Beispiel Hegel, Professor in dem protestantischen Berlin, hat in seinem Systeme auch die ganze evangelisch protestantische Dogmatik aufgenommen; und Herr Schelling, Professor in dem katholischen München, justifiziert jetzt, in seinen Vorlesungen, selbst die extravagantesten Lehrsätze der römisch-katholisch-apostolischen Kirche.

Ja, wie einst die alexandrinischen Philosophen allen ihren Scharfsinn aufgeboten, um, durch allegorische Auslegungen, die sinkende Religion des Jupiter vor dem gänzlichen Untergang zu bewahren, so versuchen unsere deutschen Philosophen etwas Ähnliches für die Religion Christi. Es kümmert uns wenig, zu untersuchen, ob diese Philosophen einen uneigennützigen Zweck haben; sehen wir sie aber in Verbindung mit der Partei der Priester, deren materielle Interessen mit der Erhaltung des Katholizismus verknüpft sind, so nennen wir sie Jesuiten. Sie mögen sich aber nicht einbilden, daß wir sie mit den älteren Jesuiten verwechseln. Diese waren groß und gewaltig, voll Weisheit und Willenskraft. Oh, der schwächlichen Zwerge, die da wähnen, sie würden die Schwierigkeiten besiegen, woran sogar jene schwarzen Riesen gescheitert! Nie hat der menschliche Geist größere Kombinationen ersonnen als die, wodurch die alten Jesuiten den Katholizismus zu erhalten suchten. Aber es gelang ihnen nicht, weil sie nur für die Erhaltung des Katholizismus und nicht für den Katholizismus selbst begeistert waren. An letzterem, an und für sich, war ihnen eigentlich nicht viel gelegen; daher profanierten sie zuweilen das katholische Prinzip selbst, um es nur zur Herrschaft zu bringen; sie verständigten sich mit dem Heidentum, mit den Gewalthabern der Erde, beförderten deren Lüste, wurden Mörder und Handelsleute, und wo es darauf ankam, wurden sie sogar Atheisten. Aber vergebens gewährten ihre Beichtiger die freundlichsten Absolutionen und buhlten ihre Kasuisten mit jedem Laster und Verbrechen. Vergebens haben sie mit den Laien in Kunst und Wissenschaft gewetteifert, um beide als Mittel zu benutzen. Hier wird ihre Ohnmacht ganz sichtbar. Sie beneideten alle großen Gelehrten und

Künstler und konnten doch nichts Außerordentliches entdecken oder schaffen. Sie haben fromme Hymnen gedichtet und Dome gebaut; aber in ihren Gedichten weht kein freier Geist, sondern seufzt nur der zitternde Gehorsam für die Oberen des Ordens; und gar in ihren Bauwerken sieht man nur eine ängstliche Unfreiheit, steinerne Schmiegsamkeit, Erhabenheit auf Befehl. Mit Recht sagte einst Barrault: »Die Jesuiten konnten die Erde nicht zum Himmel erheben, und sie zogen den Himmel herab zur Erde.« Fruchtlos war all ihr Tun und Wirken. Aus der Lüge kann kein Leben erblühen, und Gott kann nicht gerettet werden durch den Teufel.

Herr Schelling ist geboren den 27. Januar 1775 in Württemberg.

IV

Über das Verhältnis des Herren Schelling zur romantischen Schule habe ich nur wenig Andeutungen geben können. Sein Einfluß war meistens persönlicher Art. Dann ist auch, seit durch ihn die Naturphilosophie in Schwung gekommen, die Natur viel sinniger von den Dichtern aufgefaßt worden. Die einen versenkten sich mit allen ihren menschlichen Gefühlen in die Natur hinein; die anderen hatten einige Zauberformeln sich gemerkt, womit man etwas Menschliches aus der Natur hervorschauen und hervorsprechen lassen konnte. Erstere waren die eigentlichen Mystiker und glichen in vieler Hinsicht den indischen Religiosen, die in der Natur aufgehen und endlich mit der Natur in Gemeinschaft zu fühlen beginnen. Die anderen waren vielmehr Beschwörer, sie riefen mit eigenem Willen sogar die feindlichen Geister aus der Natur hervor, sie glichen dem arabischen Zauberer, der nach Willkür jeden Stein zu beleben und jedes Leben zu versteinern weiß. Zu den ersteren gehörte zunächst Novalis, zu den anderen zunächst Hoffmann. Novalis sah überall nur Wunder, und liebliche Wunder; er belauschte das Gespräch der Pflanzen, er wußte das Geheimnis jeder jungen Rose, er identifizierte sich endlich mit der ganzen Natur, und als es Herbst wurde und die Blätter abfielen, da starb er. Hoffmann hingegen sah überall nur Gespenster, sie nickten ihm entgegen aus jeder chinesischen Teekanne und jeder Berliner Perücke; er war ein Zauberer, der die Menschen in Bestien verwandelte und diese sogar in königlich preußische Hofräte; er konnte die Toten aus den Gräbern hervorrufen, aber das Leben selbst stieß ihn von sich als einen trüben Spuk. Das fühlte er; er fühlte, daß er selbst ein Gespenst geworden; die ganze Natur war ihm jetzt ein mißgeschliffener Spiegel, worin er, tausendfältig verzerrt, nur seine eigne Totenlarve erblickte, und seine Werke sind nichts anders als ein entsetzlicher Angstschrei in zwanzig Bänden.

Hoffmann gehört nicht zu der romantischen Schule. Er stand in keiner Berührung mit den Schlegeln und noch viel weniger mit ihren Tendenzen. Ich erwähnte seiner hier nur im Gegensatz zu Novalis, der ganz eigentlich ein Poet aus jener Schule ist. Novalis ist hier minder bekannt als Hoffmann, welcher von Loeve-Veimars in einem so vortrefflichen Anzuge dem französischen Publikum vorgestellt worden und dadurch in Frankreich eine große Reputation erlangt hat. Bei uns in Deutschland ist jetzt Hoffmann keineswegs en vogue, aber er war es früher. In seiner Periode wurde er viel gelesen, aber nur von Menschen, deren Nerven zu stark oder zu schwach waren, als daß sie von gelinden Akkorden affiziert werden konnten. Die eigentlichen Geistreichen und die poetischen Naturen wollten nichts von ihm wissen. Diesen war der Novalis viel lieber. Aber, ehrlich gestanden, Hoffmann war als Dichter viel bedeutender als Novalis. Denn letzterer, mit seinen idealischen Gebilden, schwebt immer in der blauen Luft, während Hoffmann, mit allen seinen bizarren Fratzen, sich doch immer an der irdischen Realität festklammert. Wie aber der Riese Antäus unbezwingbar stark blieb, wenn er mit dem Fuße die Mutter Erde berührte, und seine Kraft verlor, sobald ihn Herkules in die Höhe hob, so ist auch der Dichter stark und gewaltig, solange er den Boden der Wirklichkeit nicht verläßt, und er wird ohnmächtig, sobald er schwärmerisch in der blauen Luft umherschwebt.

Die große Ähnlichkeit zwischen beiden Dichtern besteht wohl darin, daß ihre Poesie eigentlich eine Krankheit war. In dieser Hinsicht hat man geäußert, daß die Beurteilung ihrer Schriften nicht das Geschäft des Kritikers, sondern des Arztes sei. Der Rosenschein in den Dichtungen des Novalis ist nicht die Farbe der Gesundheit, sondern der Schwindsucht, und die Purpurglut in Hoffmanns »Phantasiestücken« ist nicht die Flamme des Genies, sondern des Fiebers.

Aber haben wir ein Recht zu solchen Bemerkungen, wir, die wir nicht allzusehr mit Gesundheit gesegnet sind? Und gar jetzt, wo die Literatur wie ein großes Lazarett aussieht? Oder ist die Poesie vielleicht eine Krankheit des Menschen, wie die Perle eigentlich nur der Krankheitsstoff ist, woran das arme Austertier leidet?

Novalis wurde geboren den 2. Mai 1772. Sein eigentlicher Name ist Hardenberg. Er liebte eine junge Dame, die an der Schwindsucht litt und an diesem Übel starb. In allem, was er schrieb, weht diese trübe Geschichte, sein Leben war nur ein träumerisches Hinsterben, und er starb an der Schwindsucht, im Jahr 1801, ehe er sein neunundzwanzigstes Lebensjahr und seinen Roman vollendet hatte. Dieser Roman ist in seiner jetzigen Gestalt nur das Fragment eines großen allegorischen Gedichtes, das, wie die »Göttliche Komödie« des Dante, alle irdischen und himmlischen Dinge feiern sollte. Heinrich von Ofterdingen, der berühmte Dichter, ist der Held dieses Romans. Wir sehen ihn als Jüngling in Eisenach, dem lieblichen Städtchen, welches am Fuße jener alten Wartburg liegt, wo schon das Größte, aber auch schon das Dümmste geschehen; wo nämlich Luther seine Bibel übersetzt und einige alberne Deutschtümler den Gendarmeriekodex des Herrn Kamptz verbrannt haben. In dieser Burg ward auch einst jener Sängerkrieg geführt, wo, unter anderen Dichtern, auch Heinrich von Ofterdingen mit Klingsohr von Ungerland den gefährlichen Wettstreit in der Dichtkunst gesungen, den uns die Manessische Sammlung aufbewahrt hat. Dem Scharfrichter sollte das Haupt des Unterliegenden verfallen sein, und der Landgraf von Thüringen war Schiedsrichter. Bedeutungsvoll hebt sich nun die Wartburg, der Schauplatz seines späteren Ruhms, über die Wiege des Helden, und der Anfang des Romans von Novalis zeigt ihn, wie gesagt, in dem väterlichen Hause zu Eisenach. »Die Eltern liegen schon und schlafen, die Wanduhr schlägt ihren einförmigen Takt, vor den klappernden Fenstern saust der Wind; abwechselnd wird die Stube hell von dem Schimmer des Mondes.

Der Jüngling lag unruhig auf seinem Lager und gedachte des Fremden und seiner Erzählungen. ›Nicht die Schätze sind es, die ein so unaussprechliches Verlangen in mir geweckt haben‹, sagte er zu sich selbst, ›fernab liegt mir alle Habsucht; aber die blaue Blume sehne ich mich zu erblicken. Sie liegt mir unaufhörlich im Sinne, und ich kann nichts anders dichten und denken. So ist mir noch nie zumute gewesen: es ist, als hätte ich vorhin geträumt oder ich wäre in eine andere Welt hinübergeschlummert; denn in der Welt, in der ich sonst lebte, wer hätte da sich um Blumen bekümmert; und gar von einer so seltsamen Leidenschaft für eine Blume habe ich damals nie gehört.‹«

Mit solchen Worten beginnt »Heinrich von Ofterdingen«, und überall in diesem Roman leuchtet und duftet die blaue Blume. Sonderbar und bedeutungsvoll ist es, daß selbst die fabelhaftesten Personen in diesem Buche uns so bekannt dünken, als hätten wir in früheren Zeiten schon recht traulich mit ihnen gelebt. Alte Erinnerungen erwachen, selbst Sophia trägt so wohlbekannte Gesichtszüge, und es treten uns ganze Buchenalleen ins Gedächtnis, wo wir mit ihr auf und ab gegangen und heiter gekost. Aber das alles liegt so dämmernd hinter Uns wie ein halbvergessener Traum.

Die Muse des Novalis war ein schlankes, weißes Mädchen mit ernsthaft blauen Augen, goldnen Hyazinthenlocken, lächelnden Lippen und einem kleinen roten Muttermal an der linken Seite des Kinns. Ich denke mir nämlich als Muse der Novalisschen Poesie ebendasselbe Mädchen, das mich zuerst mit Novalis bekannt machte, als ich den roten Maroquinband mit Goldschnitt, welcher den »Ofterdingen« enthielt, in ihren schönen Händen erblickte. Sie trug immer ein blaues

Kleid und hieß Sophia. Einige Stationen von Göttingen lebte sie bei ihrer Schwester, der Frau Postmeisterin, einer heiteren, dicken, rotbäckigen Frau mit einem hohen Busen, der, mit seinen ausgezackten steifen Blonden, wie eine Festung aussah; diese Festung war aber unüberwindlich, die Frau war ein Gibraltar der Tugend. Es war eine tätige, wirtschaftliche, praktische Frau, und doch bestand ihr einziges Vergnügen darin, Hoffmannsche Romane zu lesen. In Hoffmann fand sie den Mann, der es verstand, ihre derbe Natur zu rütteln und in angenehme Bewegung zu setzen. Ihrer blassen, zarten Schwester hingegen gab schon der Anblick eines Hoffmannschen Buches die unangenehmste Empfindung, und berührte sie ein solches unversehens, so zuckte sie zusammen. Sie war so zart wie eine Sinnpflanze, und ihre Worte waren so duftig, so reinklingend, und wenn man sie zusammensetzte, waren es Verse. Ich habe manches, was sie sprach, aufgeschrieben, und es sind sonderbare Gedichte, ganz in der Novalisschen Weise, nur noch geistiger und verhallender. Eins dieser Gedichte, das sie zu mir sprach, als ich Abschied von ihr nahm, um nach Italien zu reisen, ist mir besonders lieb. In einem herbstlichen Garten, wo eine Illumination stattgefunden, hört man das Gespräch zwischen dem letzten Lämpchen, der letzten Rose und einem wilden Schwan. Die Morgennebel brechen jetzt heran, das letzte Lämpchen ist erloschen, die Rose ist entblättert, und der Schwan entfaltet seine weißen Flügel und fliegt nach Süden.

Es gibt nämlich im Hannövrischen viele wilde Schwäne, die im Herbst nach dem wärmeren Süden auswandern und im Sommer wieder zu uns heimkehren. Sie bringen den Winter wahrscheinlich in Afrika zu. Denn in der Brust eines toten Schwans fanden wir einmal einen Pfeil, welchen Professor Blumenbach für einen afrikanischen erkannte. Der arme Vogel, mit dem Pfeil in der Brust, war er doch nach dem nordischen Neste zurückgekehrt, um dort zu sterben. Mancher Schwan aber mag, von solchen Pfeilen getroffen, nicht imstande gewesen sein, seine Reise zu vollenden, und er blieb vielleicht kraftlos zurück in einer brennenden Sandwüste, oder er sitzte jetzt mit ermatteten Schwingen auf irgendeiner ägyptischen Pyramide und schaut sehnsüchtig nach dem Norden, nach dem kühlen Sommerneste im Lande Hannover.

Als ich, im Spätherbst 1828, aus dem Süden zurückkehrte (und zwar mit dem brennenden Pfeil in der Brust), führte mich mein Weg in die Nähe von Göttingen, und bei meiner dicken Freundin, der Posthalterin, stieg ich ab, um Pferde zu wechseln. Ich hatte sie seit Jahr und Tag nicht gesehen, und die gute Frau schien sehr verändert. Ihr Busen glich noch immer einer Festung, aber einer geschleiften; die Bastionen rasiert, die zwei Haupttürme nur hängende Ruinen, keine Schildwache bewachte mehr den Eingang, und das Herz, die Zitadelle, war gebrochen. Wie ich von dem Postillion Pieper erfuhr, hatte sie sogar die Lust an den Hoffmannschen Romanen verloren, und sie trank jetzt vor Schlafengehn desto mehr Branntewein. Das ist auch viel einfacher; denn den Branntewein haben die Leute immer selbst im Hause, die Hoffmannschen Romane hingegen mußten sie vier Stunden weit aus der Deuerlichschen Lesebibliothek zu Göttingen holen lassen. Der Postillion Pieper war ein kleiner Kerl, der dabei so sauer aussah, als habe er Essig gesoffen und sei davon ganz zusammengezogen. Als ich diesen Menschen nach der Schwester der Frau Posthalterin befragte, antwortete er: »Mademoiselle Sophia wird bald sterben und ist schon jetzt ein Engel.« Wie vortrefflich mußte ein Wesen sein, wovon sogar der saure Pieper sagte, sie sei ein Engel! Und er sagte dieses, während er, mit seinem hochbestiefelten Fuße, das schnatternde und flatternde Federvieh fortscheuchte. Das Posthaus, einst lachend weiß, hatte sich ebenso wie seine Wirtin verändert, es war krankhaft vergilbt, und die Mauern hatten tiefe Runzeln bekommen. Im Hofraum lagen zerschlagene Wagen, und neben dem Misthaufen, an einer Stange, hing, zum Trocknen, ein durchnäßter, scharlachroter Postillionsmantel. Mademoiselle Sophia stand oben am Fenster und las, und als ich zu ihr hinaufkam, fand ich wieder in ihren Händen ein Buch, dessen Einband von rotem Maroquin mit Goldschnitt, und es war wieder der »Ofterdingen« von Novalis. Sie hatte also immer und immer noch in diesem Buche gelesen, und sie hatte sich die Schwindsucht herausgelesen und sah aus wie ein leuchtender Schatten. Aber sie war jetzt von einer geistigen Schönheit, deren Anblick mich aufs schmerzlichste bewegte. Ich nahm ihre beiden blassen, mageren Hände und sah ihr tief hinein in die blauen Augen und fragte sie endlich: »Mademoiselle Sophia, wie befinden Sie sich?« »Ich befinde mich gut«, antwortete sie, »und bald noch besser!«, und sie zeigte zum Fenster hinaus nach dem neuen Kirchhof, einem kleinen Hügel, unfern des Hauses. Auf diesem kahlen Hügel stand eine einzige schmale dürre Pappel, woran nur noch wenige Blätter hingen, und das bewegte sich im Herbstwind, nicht wie ein lebender Baum, sondern wie das Gespenst eines Baumes.

Unter dieser Pappel liegt jetzt Mademoiselle Sophia, und ihr hinterlassenes Andenken, das Buch in rotem Maroquin mit Goldschnitt, der »Heinrich von Ofterdingen« des Novalis, liegt eben jetzt vor mir auf meinem Schreibtisch, und ich benutzte es bei der Abfassung dieses Kapitels.

Drittes Buch

I

Kennt ihr China, das Vaterland der geflügelten Drachen und der porzellanenen Teekannen? Das ganze Land ist ein Raritätenkabinett, umgeben von einer unmenschlich langen Mauer und hunderttausend tartarischen Schildwachen. Aber die Vögel und die Gedanken der europäischen Gelehrten fliegen darüber, und wenn sie sich dort sattsam umgesehen und wieder heimkehren, erzählen sie uns die köstlichsten Dinge von dem kuriosen Land und kuriosen Volke. Die Natur mit ihren grellen, verschnörkelten Erscheinungen, abenteuerlichen Riesenblumen, Zwergbäumen, verschnitzelten Bergen, barock wollüstigen Früchten, aberwitzig geputzten Vögeln ist dort eine ebenso fabelhafte Karikatur wie der Mensch mit seinem spitzigen Zopfkopf, seinen Bücklingen, langen Nägeln, altklugem Wesen und kindisch einsilbiger Sprache. Mensch und Natur können dort einander nicht ohne innere Lachlust ansehen. Sie lachen aber nicht laut, weil sie beide viel zu zivilisiert höflich sind; und um das Lachen zu unterdrücken, schneiden sie die ernsthaft possierlichsten Gesichter. Es gibt dort weder Schatten noch Perspektive. Auf den buntscheckigen Häusern heben sich, übereinandergestapelt, eine Menge Dächer, die wie aufgespannte Regenschirme aussehen und woran lauter metallne Glöckchen hängen, so daß sogar der Wind, wenn er vorbeistreift, durch ein närrisches Geklingel sich lächerlich machen muß.

In einem solchen Glockenhause wohnte einst eine Prinzessin, deren Füßchen noch kleiner waren als die der übrigen Chinesinnen, deren kleine, schräggeschlitzte Äuglein noch süßträumerischer zwinkten als die der übrigen Damen des himmlischen Reiches und in deren kleinem kichernden Herzen die allertollsten Launen nisteten. Es war nämlich ihre höchste Wonne, wenn sie kostbare Seiden- und Goldstoffe zerreißen konnte. Wenn das recht knisterte und krackte unter ihren zerreißenden Fingern, dann jauchzte sie vor Entzücken. Als sie aber endlich ihr ganzes Vermögen an solcher Liebhaberei verschwendet, als sie all ihr Hab und Gut zerrissen hatte, ward sie, auf Anraten sämtlicher Mandarine, als eine unheilbare Wahnsinnige, in einen runden Turm eingesperrt.

Diese chinesische Prinzessin, die personifizierte Kaprice, ist zugleich die personifizierte Muse eines deutschen Dichters, der in einer Geschichte der romantischen Poesie nicht unerwähnt bleiben darf. Es ist die Muse, die uns aus den Poesien des Herren Clemens Brentano so wahnsinnig entgegenlacht. Da zerreißt sie die glattesten Atlasschleppen und die glänzendsten Goldtressen, und ihre zerstörungssüchtige Liebenswürdigkeit und ihre jauchzend blühende Tollheit erfüllt unsere Seele mit unheimlichem Entzücken und lüsterner Angst. Seit funfzehn Jahr lebt aber Herr Brentano entfernt von der Welt, eingeschlossen, ja eingemauert in seinem Katholizismus. Es gab nichts Kostbares mehr zu zerreißen. Er hat, wie man sagt, die Herzen zerrissen, die ihn liebten, und jeder seiner Freunde klagt über mutwillige Verletzung. Gegen sich selbst und sein poetisches Talent hat er am meisten seine Zerstörungssucht geübt. Ich mache besonders aufmerksam auf ein Lustspiel dieses Dichters, betitelt »Ponce de Leon«. Es gibt nichts

Zerrisseneres als dieses Stück, sowohl in Hinsicht der Gedanken als auch der Sprache. Aber alle diese Fetzen leben und kreiseln in bunter Lust. Man glaubt einen Maskenball von Worten und Gedanken zu sehen. Das tummelt sich alles in süßester Verwirrung, und nur der gemeinsame Wahnsinn bringt eine gewisse Einheit hervor. Wie Harlekine rennen die verrücktesten Wortspiele durch das ganze Stück und schlagen überallhin mit ihrer glatten Pritsche. Eine ernsthafte Redensart tritt manchmal auf, stottert aber wie der Dottore von Bologna. Da schlendert eine Phrase wie ein weißer Pierrot mit zu weiten, schleppenden Ärmeln und allzu großen Westenknöpfen. Da springen bucklichte Witze mit kurzen Beinchen, wie Policinelle. Liebesworte wie neckende Kolombinen flattern umher, mit Wehmut im Herzen. Und das tanzt und hüpft und wirbelt und schnarrt, und drüberhin erschallen die Trompeten der bacchantischen Zerstörungslust.

Eine große Tragödie desselben Dichters, »Die Gründung Prags«, ist ebenfalls sehr merkwürdig. Es sind Szenen darin, wo man von den geheimnisvollsten Schauern der uralten Sagen angeweht wird. Da rauschen die dunkel böhmischen Wälder, da wandeln noch die zornigen Slawengötter, da schmettern noch die heidnischen Nachtigallen; aber die Wipfel der Bäume bestrahlt schon das sanfte Morgenrot des Christentums. Auch einige gute Erzählungen hat Herr Brentano geschrieben, namentlich »Die Geschichte vom braven Kasperl und dem schönen Nannerl«. Als das schöne Nannerl noch ein Kind war und mit ihrer Großmutter in die Scharfrichterei ging, um dort, wie das gemeine Volk in Deutschland zu tun pflegt, einige heilsame Arzneien zu kaufen, da bewegte sich plötzlich etwas in dem großen Schranke, vor welchem des schöne Nannerl eben stand, und das Kind rief mit Entsetzen: »Eine Maus! eine Maus!« Aber der Scharfrichter erschrak noch weit mehr und wurde ernsthaft wie der Tod und sagte zu der Großmutter: »Liebe Frau, in diesem Schranke hängt mein Richtschwert, und das bewegt sich jedesmal von selbst, wenn ihm jemand nahet, der einst damit geköpft werden soll. Mein Schwert lechzt nach dem Blute dieses Kindes. Erlaubt mir, daß ich die Kleine nur ein wenig damit am Hälschen ritze. Das Schwert ist dann zufriedengestellt mit einem Tröpfchen Blut und trägt kein fürderes Verlangen.« Die Großmutter gab jedoch diesem vernünftigen Rate kein Gehör und mochte es späterhin genugsam bereuen, als das schöne Nannerl wirklich geköpft wurde mit demselben Schwerte.

Herr Clemens Brentano mag wohl jetzt fünfzig Jahr alt sein, und er lebt zu Frankfurt, einsiedlerisch zurückgezogen, als ein korrespondierendes Mitglied der katholischen Propaganda. Sein Name ist in der letzten Zeit fast verschollen, und nur wenn die Rede von den Volksliedern, die er mit seinem verstorbenen Freunde Achim von Arnim herausgegeben, wird er noch zuweilen genannt. Er hat nämlich, in Gemeinschaft mit letzterm, unter dem Titel »Des Knaben Wunderhorn« eine Sammlung Lieder herausgegeben, die sie teils noch im Munde des Volkes, teils auch in fliegenden Blättern und seltenen Druckschriften gefunden haben. Dieses Buch kann ich nicht genug rühmen; es enthält die holdseligsten Blüten des deutschen Geistes, und wer das deutsche Volk von einer liebenswürdigen Seite kennenlernen will, der lese diese Volkslieder. In diesem Augenblick liegt dieses Buch vor mir, und es ist mir, als röche ich den Duft der deutschen Linden. Die Linde spielt nämlich eine Hauptrolle in diesen Liedern, in ihrem

Schatten kosen des Abends die Liebenden, sie ist ihr Lieblingsbaum, und vielleicht aus dem Grunde, weil das Lindenblatt die Form eines Menschenherzens zeigt. Diese Bemerkung machte einst ein deutscher Dichter, der mir am liebsten ist, nämlich ich. Auf dem Titelblatte jenes Buches ist ein Knabe, der das Horn bläst; und wenn ein Deutscher in der Fremde dieses Bild lange betrachtet, glaubt er die wohlbekanntesten Töne zu vernehmen, und es könnte ihn wohl dabei das Heimweh beschleichen, wie den Schweizer Landsknecht, der auf der Straßburger Bastei Schildwache stand, fern den Kuhreigen hörte, die Pike von sich warf, über den Rhein schwamm, aber bald wieder eingefangen und als Deserteur erschossen wurde. »Des Knaben Wunderhorn« enthält darüber das rührende Lied:

Zu Straßburg auf der Schanz',

Da ging mein Trauern an,

Das Alphorn hört ich drüben wohl anstimmen,

Ins Vaterland mußt ich hinüberschwimmen,

Das ging nicht an.

Ein' Stund' in der Nacht,

Sie haben mich gebracht:

Sie führten mich gleich vor des Hauptmanns Haus,

Ach Gott, sie fischten mich im Strome auf,

Mit mir ist's aus.

Frühmorgens um zehn Uhr

Stellt man mich vor das Regiment;

Ich soll da bitten um Pardon,

Und ich bekomm doch meinen Lohn,

Das weiß ich schon.

Ihr Brüder allzumal,

Heut seht ihr mich zum letztenmal;

Der Hirtenbub ist doch nur schuld daran,

Das Alphorn hat mir solches angetan,

Das klag ich an.

Welch ein schönes Gedicht! Es liegt in diesen Volksliedern ein sonderbarer Zauber. Die Kunstpoeten wollen diese Naturerzeugnisse nachahmen, in derselben Weise, wie man künstliche Mineralwässer verfertigt. Aber wenn sie auch, durch chemischen Prozeß, die Bestandteile ermittelt, so entgeht ihnen doch die Hauptsache, die unzersetzbare sympathetische Naturkraft. In diesen Liedern fühlt man den Herzschlag des deutschen Volks. Hier offenbart sich all seine düstere Heiterkeit, all seine närrische Vernunft. Hier trommelt der deutsche Zorn, hier pfeift der deutsche Spott, hier küßt die deutsche Liebe. Hier perlt der echt deutsche Wein und die echt deutsche Träne. Letztere ist manchmal doch noch köstlicher als ersterer; es ist viel Eisen und Salz darin. Welche Naivität in der Treue! In der Untreue, welche Ehrlichkeit! Welch ein ehrlicher Kerl ist der arme Schwartenhals, obgleich er Straßenraub treibt! Hört einmal die phlegmatisch rührende Geschichte, die er von sich selber erzählt:

Ich kam vor einer Frau Wirtin Haus,

Man fragt' mich, wer ich wäre?

»Ich bin ein armer Schwartenhals,

Ich eß und trink so gerne.«

Man führt mich in die Stuben ein,

Da bot man mir zu trinken,

Die Augen ließ ich umhergehn,

Den Becher ließ ich sinken.

Man setzt' mich oben an den Tisch,

Als ob ich ein Kaufherr wäre,

Und da es an ein Zahlen ging,

Mein Säckel stand mir leere.

Da ich des Nachts wollt schlafen gehn,

Man wies mich in die Scheuer,

Da ward mir armen Schwartenhals

Mein Lachen viel zu teuer.

Und da ich in die Scheuer kam,

Da hub ich an zu nisteln,

Da stachen mich die Hagendorn,

Dazu die rauhen Disteln.

Da ich zu morgens früh aufstand,

Der Reif lag auf dem Dache,

Da mußt ich armer Schwartenhals

Meins Unglücks selber lachen.

Ich nahm mein Schwert wohl in die Hand,

Und gürt' es an die Seiten,

Ich Armer mußt zu Fuße gehn,

Weil ich nicht hatt zu reiten.

Ich hob mich auf und ging davon,

Und macht mich auf die Straßen,

Mir kam ein reicher Kaufmannssohn,

Sein' Tasch' mußt er mir lassen.

Dieser arme Schwartenhals ist der deutscheste Charakter, den ich kenne. Welche Ruhe, welche bewußte Kraft herrscht in diesem Gedichte! Aber auch unser Gretel sollt ihr kennenlernen. Es ist ein aufrichtiges Mädel, und ich liebe sie sehr. Der Hans sprach zu dem Gretel:

»Nun schürz dich, Gretlein, schürz dich,

Wohlauf mit mir davon,

Das Korn ist abgeschnitten,

Der Wein ist abgetan.«

Sie antwortet vergnügt:

»Ach Hänslein, liebes Hänslein,

So laß mich bei dir sein,

Die Wochen auf dem Felde,

Den Feiertag beim Wein.«

Da nahm er's bei den Händen,

Bei ihrer schneeweißen Hand,

Er führt', sie an ein Ende,

Da er ein Wirtshaus fand.

»Nun, Wirtin, liebe Wirtin,

Schaut um nach kühlem Wein,

Die Kleider dieses Gretlein

Müssen verschlemmet sein.«

Die Gret' hub an zu weinen,

Ihr Unmut, der war groß,

Daß ihr die lichte Zähre

Über die Wänglein floß.

»Ach Hänslein, liebes Hänslein,

Du redetest nicht also,

Als du mich heim ausführtest

Aus meines Vaters Hof.«

Er nahm sie bei den Händen,

Bei ihrer schneeweißen Hand,

Er führt' sie an ein Ende,

Da er ein Gärtlein fand.

»Ach Gretlein, liebes Gretlein,

Warum weinest du so sehr,

Reuet dich dein freier Mut,

Oder reut dich deine Ehr'?«

»Es reut mich nicht mein freier Mut,

Dazu auch nicht meine Ehr';

Es reuen mich meine Kleider,

Die werden mir nimmermehr.«

Das ist kein Goethesches Gretchen, und ihre Reue wäre kein Stoff für Scheffer. Da ist kein deutscher Mondschein. Es liegt ebensowenig Sentimentalität drin, wenn ein junger Fant des Nachts bei seinem Mädel Einlaß verlangt und sie ihn abweist mit den Worten:

»Reit du nach jener Straße,

Reit du nach jener Heide,

Woher du gekommen bist;

Da liegt ein breiter Stein,

Den Kopf darauf nur leg,

Trägst keine Federn weg.«

Aber Mondschein, Mondschein die Hülle und Fülle und die ganze Seele
übergießend, strahlt in dem Liede:

Wenn ich ein Vöglein wär

Und auch zwei Flüglein hätt,

Flög ich zu dir;

Weil's aber nicht kann sein,

Bleib ich allhier.

Bin ich gleich weit von dir,

Bin ich doch im Schlaf bei dir

Und red mit dir;

Wenn ich erwachen tu,

Bin ich allein.

Es vergeht keine Stund' in der Nacht,

Da mein Herze nicht erwacht

Und an dich gedenkt:

Daß du mir viel tausendmal

Dein Herz geschenkt.

Fragt man nun entzückt nach dem Verfasser solcher Lieder, so antworten diese wohl selbst mit ihren Schlußworten:

Wer hat das schöne Liedel erdacht?

Es haben's drei Gäns' übers Wasser gebracht,

Zwei graue und eine weiße.

Gewöhnlich ist es aber wanderndes Volk, Vagabunden, Soldaten, fahrende Schüler oder Handwerksburschen, die solch ein Lied gedichtet. Es sind besonders die Handwerksburschen. Gar oft, auf meinen Fußreisen, verkehrte ich mit diesen Leuten und bemerkte, wie sie zuweilen, angeregt von irgendeinem ungewöhnlichen Ereignisse, ein Stück Volkslied improvisierten oder in die freie Luft hineinpfiffen. Das erlauschten nun die Vögelein, die auf den Baumzweigen saßen; und kam nachher ein andrer Bursch, mit Ränzel und Wanderstab, vorbeigeschlendert, dann pfiffen sie ihm jenes Stücklein ins Ohr, und er sang die fehlenden Verse hinzu, und das Lied war fertig. Die Worte fallen solchen Burschen vom Himmel herab auf die Lippen, und er braucht sie nur auszusprechen, und sie sind dann noch poetischer als all die schönen poetischen Phrasen, die wir aus der Tiefe unseres Herzens hervorgrübeln. Der Charakter jener deutschen Handwerksburschen lebt und webt in dergleichen Volksliedern. Es ist eine merkwürdige Menschensorte. Ohne Sou in der Tasche, wandern diese Handwerksburschen durch ganz Deutschland, harmlos, fröhlich und frei. Gewöhnlich fand ich, daß drei zusammen auf solche Wanderschaft ausgingen. Von diesen dreien war der eine immer der Räsoneur; er räsonierte mit humoristischer Laune über alles, was vorkam, über jeden bunten Vogel, der in der Luft flog, über jeden Musterreuter, der vorüberritt, und kamen sie gar in eine schlechte Gegend, wo ärmliche Hütten und zerlumptes Bettelvolk, dann bemerkte er auch wohl ironisch: »Der liebe Gott hat die Welt in sechs Tagen erschaffen, aber, seht einmal, es ist auch eine Arbeit darnach!« Der zweite Weggeselle bricht nur zuweilen mit einigen wütenden Bemerkungen hinein; er kann kein Wort sagen, ohne dabei zu fluchen; er schimpft grimmig auf alle Meister, bei denen er gearbeitet; und sein beständiger Refrain ist, wie sehr er es bereue, daß er der Frau Wirtin in Halberstadt, die ihm täglich Kohl und Wasserrüben vorgesetzt, nicht eine Tracht Schläge zum Andenken zurückließ. Bei dem Wort »Halberstadt« seufzt aber der dritte Bursche aus tiefster Brust; er ist der jüngste, macht zum erstenmal seine Ausfahrt in die Welt, denkt noch immer an Feinsliebchens schwarzbraune Augen, läßt immer den Kopf hängen und spricht nie ein Wort.

»Des Knaben Wunderhorn« ist ein zu merkwürdiges Denkmal unserer Literatur und hat auf die Lyriker der romantischen Schule, namentlich auf unseren vortrefflichen Herren Uhland, einen zu bedeutenden Einfluß geübt, als daß ich es unbesprochen lassen durfte. Dieses Buch und das »Nibelungenlied« spielten eine Hauptrolle in jener Periode. Auch von letzterem muß hier eine besondere Erwähnung geschehen. Es war lange Zeit von nichts anderem als vom »Nibelungenlied« bei uns die Rede, und die klassischen Philologen wurden nicht wenig geärgert, wenn man dieses Epos mit der »Ilias« verglich oder wenn man gar darüber stritt, welches von beiden Gedichten das vorzüglichere sei. Und das Publikum sah dabei aus wie ein Knabe, den man ernsthaft fragt: »Hast du lieber ein Pferd oder einen Pfefferkuchen?« Jedenfalls ist aber dieses »Nibelungenlied« von großer, gewaltiger Kraft. Ein Franzose kann sich schwerlich einen Begriff davon machen. Und gar von der Sprache, worin es gedichtet ist. Es ist eine Sprache von Stein, und die Verse sind gleichsam gereimte Quadern. Hie und da, aus den Spalten, quellen rote Blumen hervor, wie Blutstropfen, oder zieht sich der lange Efeu herunter, wie grüne Tränen. Von den Riesenleidenschaften, die sich in diesem Gedichte bewegen, könnt ihr kleinen artigen Leutchen euch noch viel weniger einen Begriff machen. Denkt euch, es wäre eine helle Sommernacht, die Sterne, bleich wie Silber, aber groß wie Sonnen, träten hervor am blauen Himmel, und alle gotischen Dome von Europa hätten sich ein Rendezvous gegeben auf einer ungeheuer weiten Ebene, und da kämen nun ruhig herangeschritten der Straßburger Münster, der Kölner Dom, der Glockenturm von Florenz, die Kathedrale von Rouen usw., und diese machten der schönen Notre-Dame de Paris ganz artig die Cour. Es ist wahr, daß ihr Gang ein bißchen unbeholfen ist, daß einige darunter sich sehr linkisch benehmen und daß man über ihr verliebtes Wackeln manchmal lachen könnte. Aber dieses Lachen hätte doch ein

Ende, sobald man sähe, wie sie in Wut geraten, wie sie sich untereinander würgen, wie Notre-Dame de Paris verzweiflungsvoll ihre beiden Steinarme gen Himmel erhebt und plötzlich ein Schwert ergreift und dem größten aller Dome das Haupt vom Rumpfe herunterschlägt. Aber nein, ihr könnt euch auch dann von den Hauptpersonen des »Nibelungenlieds« keinen Begriff machen; kein Turm ist so hoch und kein Stein ist so hart wie der grimme Hagen und die rachgierige Kriemhilde.

Wer hat aber dieses Lied verfaßt? Ebensowenig wie von den Volksliedern weiß man den Namen des Dichters, der das »Nibelungenlied« geschrieben. Sonderbar! von den vortrefflichsten Büchern, Gedichten, Bauwerken und sonstigen Denkmälern der Kunst weiß man selten den Urheber. Wie hieß der Baumeister, der den Kölner Dom erdacht? Wer hat dort das Altarbild gemalt, worauf die schöne Gottesmutter und die Heiligen Drei Könige so erquicklich abkonterfeit sind? Wer hat das Buch Hiob gedichtet, das so viele leidende Menschengeschlechter getröstet hat? Die Menschen vergessen nur zu leicht die Namen ihrer Wohltäter; die Namen des Guten und Edelen, der für das Heil seiner Mitbürger gesorgt, finden wir selten im Munde der Völker, und ihr dickes Gedächtnis bewahrt nur die Namen ihrer Dränger und grausamen Kriegshelden. Der Baum der Menschheit vergißt des stillen Gärtners, der ihn gepflegt in der Kälte, getränkt in der Dürre und vor schädlichen Tieren geschützt hat; aber er bewahrt treulich die Namen, die man ihm in seine Rinde unbarmherzig eingeschnitten mit scharfem Stahl, und er überliefert sie in immer wachsender Größe den spätesten Geschlechtern.

II

Wegen ihrer gemeinschaftlichen Herausgabe des »Wunderhorns« pflegt man auch sonst die Namen Brentano und Arnim zusammen zu nennen, und da ich ersteren besprochen, darf ich von dem andern um so weniger schweigen, da er in weit höherem Grade unsere Aufmerksamkeit verdient. Ludwig Achim von Arnim ist ein großer Dichter und war einer der originellsten Köpfe der romantischen Schule. Die Freunde des Phantastischen würden an diesem Dichter mehr als an jedem anderen deutschen Schriftsteller Geschmack finden. Er übertrifft hier den Hoffmann sowohl als den Novalis. Er wußte noch inniger als dieser in die Natur hineinzuleben und konnte weit grauenhaftere Gespenster beschwören als Hoffmann. Ja, wenn ich Hoffmann selbst zuweilen betrachtete, so kam es mir vor, als hätte Arnim ihn gedichtet. Im Volke ist dieser Schriftsteller ganz unbekannt geblieben, und er hat nur eine Renommee unter den Literaten. Letztere aber, obgleich sie ihm die unbedingteste Anerkennung zollten, haben sie doch nie öffentlich ihn nach Gebühr gepriesen. Ja, einige Schriftsteller pflegten sogar wegwerfend von ihm sich zu äußern, und das waren eben diejenigen, die seine Weise nachahmten. Man könnte das Wort auf sie anwenden, das Steevens von Voltaire gebraucht, als dieser den Shakespeare schmähte, nachdem er dessen Othello zu seinem Orosman benutzt; er sagte nämlich: »Diese Leute gleichen den Dieben, die nachher das Haus anstecken, wo sie gestohlen haben.« Warum hat Herr Tieck nie von Arnim gehörig gesprochen, er, der über so manches unbedeutende Machwerk soviel Geistreiches sagen konnte? Die Herren Schlegel haben ebenfalls den Arnim ignoriert. Nur nach seinem Tode erhielt er eine Art Nekrolog von einem Mitglied der Schule.

Ich glaube, Arnims Renommee konnte besonders deshalb nicht aufkommen, weil er seinen Freunden, der katholischen Partei, noch immer viel zu protestantisch blieb und weil wieder die protestantische Partei ihn für einen Kryptokatholiken hielt. Aber warum hat ihn das Volk abgelehnt, das Volk, welchem seine Romane und Novellen in jeder Leihbibliothek zugänglich waren? Auch Hoffmann wurde in unseren Literaturzeitungen und ästhetischen Blättern fast gar nicht besprochen, die höhere Kritik beobachtete in betreff seiner ein vornehmes Schweigen, und doch wurde er allgemein gelesen. Warum vernachlässigte nun das deutsche Volk einen Schriftsteller, dessen Phantasie von weltumfassender Weite, dessen Gemüt von schauerlichster Tiefe und dessen Darstellungsgabe so unübertrefflich war? Etwas fehlte diesem Dichter, und dieses Etwas ist es eben, was das Volk in den Büchern sucht: das Leben. Das Volk verlangt, daß die Schriftsteller seine Tagesleidenschaften mitfühlen, daß sie die Empfindungen seiner eigenen Brust entweder angenehm anregen oder verletzen: das Volk will bewegt werden. Dieses Bedürfnis konnte aber Arnim nicht befriedigen. Er war kein Dichter des Lebens, sondern des Todes. In allem, was er schrieb, herrscht nur eine schattenhafte Bewegung, die Figuren tummeln sich hastig, sie bewegen die Lippen, als wenn sie sprächen, aber man sieht nur ihre Worte, man hört sie nicht. Diese Figuren springen, ringen, stellen sich auf den Kopf, nahen sich uns heimlich und flüstern uns leise ins Ohr: »Wir sind tot.« Solches Schauspiel würde allzu grauenhaft und peinigend sein, wäre nicht die Arnimsche Grazie, die über jede dieser Dichtungen verbreitet ist, wie das Lächeln eines Kindes, aber eines toten Kindes. Arnim kann die Liebe schildern, zuweilen auch die Sinnlichkeit, aber sogar da können wir nicht mit ihm fühlen; wir sehen schöne Leiber, wogende Busen, feingebaute Hüften, aber ein kaltes, feuchtes Leichengewand umhüllt dieses alles. Manchmal ist Arnim witzig, und wir müssen sogar lachen; aber es ist doch, als wenn der Tod uns kitzle mit seiner Sense. Gewöhnlich jedoch ist er ernsthaft, und zwar wie ein toter Deutscher. Ein lebendiger Deutscher ist schon ein hinlänglich ernsthaftes Geschöpf, und nun erst ein toter Deutscher! Ein Franzose hat gar keine Idee davon, wie ernsthaft wir erst im Tode sind; da sind unsere Gesichter noch viel länger, und die Würmer, die uns speisen, werden melancholisch, wenn sie uns dabei ansehen. Die Franzosen wähnen, wunder wie schrecklich ernsthaft der Hoffmann sein könne; aber das ist Kinderspiel in Vergleichung mit Arnim. Wenn Hoffmann seine Toten beschwört und sie aus den Gräbern hervorsteigen und ihn umtanzen, dann zittert er selber vor Entsetzen und tanzt selbst in ihrer Mitte und schneidet dabei die tollsten Affengrimassen. Wenn aber Arnim seine Toten beschwört, so ist es, als ob ein General Heerschau halte, und er sitzt so ruhig auf seinem hohen Geisterschimmel und läßt die entsetzlichen Scharen vor sich vorbeidefilieren, und sie sehen ängstlich nach ihm hinauf und scheinen sich vor ihm zu fürchten. Er nickt ihnen aber freundlich zu.

Ludwig Achim von Arnim ward geboren 1781, in der Mark Brandenburg, und starb den Winter 1830. Er schrieb dramatische Gedichte, Romane und Novellen. Seine Dramen sind voll intimer Poesie, namentlich ein Stück darunter, betitelt »Der Auerhahn«. Die erste Szene wäre selbst des allergrößten Dichters nicht unwürdig. Wie wahr, wie treu ist die betrübteste Langeweile da geschildert! Der eine von den drei natürlichen Söhnen des verstorbenen Landgrafen sitzt allein in dem verwaisten weiten Burgsaal und spricht gähnend mit sich selber und klagt, daß ihm die Beine unter dem Tische immer länger wüchsen und daß ihm der Morgenwind so kalt durch die Zähne pfiffe. Sein Bruder, der gute Franz, kommt nun langsam hereingeschlappt, in den Kleidern des seligen Vaters, die ihm viel zu weit am Leibe hängen, und wehmütig gedenkt er, wie er sonst um diese Stunde dem Vater beim Anziehen half, wie dieser ihm oft eine Brotkruste zuwarf, die er mit seinen alten Zähnen nicht mehr beißen konnte, wie er ihm auch manchmal verdrießlich einen Tritt gab; diese letztere Erinnerung rührt den guten Franz bis zu Tränen, und er beklagt, daß nun der Vater tot sei und ihm keinen Tritt mehr geben könne.

Arnims Romane heißen »Die Kronwächter« und »Die Gräfin Dolores«. Auch ersterer hat einen vortrefflichen Anfang. Der Schauplatz ist oben im Wartturme von Waiblingen, in dem traulichen Stübchen des Türmers und seiner wackeren dicken Frau, die aber doch nicht so dick ist, wie man unten in der Stadt behauptet. In der Tat, es ist Verleumdung, wenn man ihr nachsagte, sie sei oben in der Turmwohnung so korpulent geworden, daß sie die enge Turmtreppe nicht mehr herabsteigen könne und nach dem Tode ihres ersten Ehegatten, des alten Türmers, genötigt gewesen sei, den neuen Türmer zu heuraten. Aber solche böse Nachrede grämte sich die arme Frau droben nicht wenig; und sie konnte nur deshalb die Turmtreppe nicht hinabsteigen, weil sie am Schwindel litt.

Der zweite Roman von Arnim, »Die Gräfin Dolores« hat ebenfalls den allervortrefflichsten Anfang, und der Verfasser schildert uns da die Poesie der Armut, und zwar einer adeligen Armut, die er, der damals selber in großer Dürftigkeit lebte, sehr oft zum Thema gewählt hat. Welch ein Meister ist Arnim auch hier in der Darstellung der Zerstörnis! Ich meine es immer vor Augen zu sehen, das wüste Schloß der jungen Gräfin Dolores, das um so wüster aussieht, da es der alte Graf in einem heiter italienischen Geschmacke, aber nicht fertig gebaut hat. Nun ist es eine moderne Ruine, und im Schloßgarten ist alles verödet: die geschnittenen Taxusalleen sind struppig verwildert, die Bäume wachsen sich einander in den Weg, der Lorbeer und der Oleander ranken schmerzlich am Boden, die schönen, großen Blumen werden von verdrießlichem Unkraut umschlungen, die Götterstatuen sind von ihren Postamenten herabgefallen, und ein paar mutwillige Bettelbuben kauern neben einer armen Venus, die im hohen Grase liegt, und mit Brennesseln geißeln sie ihr den marmornen Hintern. Wenn der alte Graf, nach langer Abwesenheit, wieder in sein Schloß heimkehrt, ist ihm das sonderbare Benehmen seiner Hausgenossenschaft, besonders seiner Frau, sehr auffallend, es passiert bei Tische so allerlei Befremdliches, und das kommt wohl daher, weil die arme Frau vor Gram gestorben und ebenso wie das übrige Hausgesinde längst tot war. Der Graf scheint es aber am Ende selbst zu ahnen, daß er sich unter lauter Gespenstern befindet, und ohne sich etwas merken zu lassen, reist er in der Stille wieder ab.

Unter Arnims Novellen dünkt mir die kostbarste seine »Isabella von Ägypten«. Hier sehen wir das wanderschaftliche Treiben der Zigeuner, die man hier in Frankreich Bohémiens, auch Égyptiens nennt. Hier lebt und webt das seltsame Märchenvolk mit seinen braunen Gesichtern, freundlichen Wahrsageraugen und seinem wehmütigen Geheimnis. Die bunte, gaukelnde Heiterkeit verhüllt einen großen mystischen Schmerz. Die Zigeuner müssen nämlich nach der Sage, die in dieser Novelle gar lieblich erzählt wird, eine Zeitlang in der ganzen Welt herumwandeln, zur Abbuße jener ungastlichen Härte, womit einst ihre Vorfahren die heilige Muttergottes mit ihrem Kinde abgewiesen, als diese, auf ihrer Flucht in Ägypten, ein Nachtlager von ihnen verlangte. Deshalb hielt man sich auch berechtigt, sie mit Grausamkeit zu behandeln. Da man im Mittelalter noch keine Schellingschen Philosophen hatte, so mußte die Poesie damals die Beschönigung der unwürdigsten und grausamsten Gesetze übernehmen. Gegen niemand waren diese Gesetze barbarischer als gegen die armen Zigeuner. In manchen Ländern erlaubten sie, jeden Zigeuner bei Diebstahlsverdacht, ohne Untersuchung und Urtel, aufzuknüpfen. So wurde ihr Oberhaupt Michael, genannt Herzog von Ägypten, unschuldig gehenkt. Mit diesem trüben Ereignis beginnt die Arnimsche Novelle. Nächtlich nehmen die Zigeuner ihren toten Herzog vom Galgen herab, legen ihm den roten Fürstenmantel um die Schulter, setzen ihm die silberne Krone auf das Haupt und versenken ihn in die Schelde, fest überzeugt, daß ihn der mitleidige Strom nach Hause bringt, nach dem geliebten Ägypten. Die arme Zigeunerprinzessin Isabella, seine Tochter, weiß nichts von dieser traurigen Begebenheit, sie wohnt einsam in einem verfallenen Hause an der Schelde und hört des Nachts, wie es so sonderbar im Wasser rauscht, und sie sieht plötzlich, wie ihr bleicher Vater hervortaucht, im purpurnen Totenschmuck, und der Mond wirft sein schmerzliches Licht auf die silberne Krone. Das Herz des schönen Kindes will schier brechen vor unnennbarem Jammer, vergebens will sie den toten Vater festhalten; er schwimmt ruhig weiter nach Ägypten, nach seinem heimatlichen Wunderland, wo man seiner Ankunft harrt, um ihn in einer der großen Pyramiden nach Würden zu begraben. Rührend ist das Totenmahl, womit das arme Kind den verstorbenen Vater ehrt; sie legt ihren weißen Schleier über einen Feldstein, und darauf stellt sie Speis', und Trank, welches sie feierlich genießt. Tief rührend ist alles, was uns der vortreffliche Arnim von den Zigeunern erzählt, denen er schon an anderen Orten sein Mitleid gewidmet, z.B. in seiner Nachrede zum »Wunderhorn«, wo er behauptet, daß wir den Zigeunern soviel Gutes und Heilsames, namentlich die mehrsten unserer Arzneien, verdanken. Wir hätten sie mit Undank verstoßen und verfolgt. Mit all ihrer Liebe, klagt er, hätten sie bei uns keine Heimat erwerben können. Er vergleicht sie in dieser Hinsicht mit den kleinen Zwergen, wovon die Sage erzählt, daß sie alles herbeischafften, was sich ihre großen, starken Feinde zu Gastmählern wünschten, aber einmal für wenige Erbsen, die sie aus Not vom Felde ablasen, jämmerlich geschlagen und aus dem Lande gejagt wurden. Das war nun ein wehmütiger Anblick, wie die armen kleinen Menschen nächtlich über die Brücke wegtrappelten, gleich einer Schafherde, und jeder dort ein Münzchen niederlegen mußte, bis sie ein Faß damit füllten.

Eine Übersetzung der erwähnten Novelle »Isabella von Ägypten« würde den Franzosen nicht bloß eine Idee von Arnims Schriften geben, sondern auch zeigen, daß all die furchtbaren, unheimlichen, grausigen und gespenstischen Geschichten, die sie sich in der letzten Zeit gar mühsam abgequält, in Vergleichung mit Arnimschen Dichtungen nur rosige Morgenträume einer Operntänzerin zu sein scheinen. In sämtlichen französischen Schauergeschichten ist nicht soviel Unheimliches zusammengepackt wie in jener Kutsche, die Arnim von Brake nach Brüssel fahren läßt und worin folgende vier Personnagen beieinandersitzen:

1. Eine alte Zigeunerin, welche zugleich Hexe ist. Sie sieht aus wie die schönste von den sieben Todsünden und strotzt im buntesten Goldflitter- und Seidenputz.

2. Ein toter Bärenhäuter, welcher, um einige Dukaten zu verdienen, aus dem Grabe gestiegen und sich auf sieben Jahr als Bedienter verdingt. Es ist ein fetter Leichnam, der einen Oberrock von weißem Bärenfell trägt, weshalb er auch Bärenhäuter genannt wird, und der dennoch immer friert.

3. Ein Golem; nämlich eine Figur von Lehm, welche ganz wie ein schönes Weib geformt ist und wie ein schönes Weib sich gebärdet. Auf der Stirn, verborgen unter den schwarzen Locken, steht mit hebräischen Buchstaben das Wort »Wahrheit«, und wenn man dieses auslischt, fällt die ganze Figur wieder leblos zusammen, als eitel Lehm.

4. Der Feldmarschall Cornelius Nepos, welcher durchaus nicht mit dem berühmten Historiker dieses Namens verwandt ist, ja welcher sich nicht einmal einer bürgerlichen Abkunft rühmen kann, indem er von Geburt eigentlich eine Wurzel ist, eine Alraunwurzel, welche die Franzosen Mandragora nennen. Diese Wurzel wächst unter dem Galgen, wo die zweideutigsten Tränen eines Gehenkten geflossen sind. Sie gab einen entsetzlichen Schrei, als die schöne Isabella sie dort um

Mitternacht aus dem Boden gerissen. Sie sah aus wie ein Zwerg, nur daß sie weder Augen, Mund noch Ohren hatte. Das liebe Mädchen pflanzte ihr ins Gesicht zwei schwarze Wacholderkerne und eine rote Hagebutte, woraus Augen und Mund entstanden. Nachher streute sie dem Männlein auch ein bißchen Hirse auf den Kopf, welches als Haar, aber etwas struppig, in die Höhe wuchs. Sie wiegte das Mißgeschöpf in ihren weißen Armen, wenn es wie ein Kind greinte; mit ihren holdseligen Rosenlippen küßte sie ihm das Hagebuttmaul ganz schief; sie küßte ihm vor Liebe fast die Wacholderäuglein aus dem Kopf; und der garstige Knirps wurde dadurch so verzogen, daß er am Ende Feldmarschall werden wollte und eine brillante Feldmarschalluniform anzog und sich durchaus »Herr Feldmarschall« titulieren ließ.

Nicht wahr, das sind vier sehr ausgezeichnete Personen? Wenn ihr die Morgue, die Totenacker, die Cour de miracle und sämtliche Pesthöfe des Mittelalters ausplündert, werdet ihr doch keine so gute Gesellschaft zusammenbringen wie jene, die in einer einzigen Kutsche von Brake nach Brüssel fuhr. Ihr Franzosen solltet doch endlich einsehen, daß das Grauenhafte nicht euer Fach und daß Frankreich kein geeigneter Boden für Gespenster jener Art. Wenn ihr Gespenster beschwört, müssen wir lachen. Ja, wir Deutschen, die wir bei euren heitersten Witzen ganz ernsthaft bleiben können, wir lachen desto herzlicher bei euren Gespenstergeschichten. Denn eure Gespenster sind doch immer Franzosen; und französische Gespenster! welch ein Widerspruch in den Worten! In dem Wort »Gespenst« liegt soviel Einsames, Mürrisches, Deutsches, Schweigendes, und in dem Worte »Französisch« liegt hingegen soviel Geselliges, Artiges, Französisches, Schwatzendes! Wie könnte ein Franzose ein Gespenst sein, oder gar, wie könnten in Paris Gespenster existieren! In Paris, im Foyer der europäischen Gesellschaft! Zwischen zwölf und ein Uhr, der Stunde, die nun einmal von jeher den Gespenstern zum Spuken angewiesen ist, rauscht noch das lebendigste Leben in den Gassen von Paris, in der Oper klingt eben dann das brausendste Finale, aus den Variétés und dem Gymnase strömen die heitersten Gruppen, und das wimmelt und tänzelt und lacht und schäkert auf den Boulevards, und man geht in die Soiree. Wie müßte sich ein armes spukendes Gespenst unglücklich fühlen in dieser heiteren Menschenbewegung! Und wie könnte ein Franzose, selbst wenn er tot ist, den zum Spuken nötigen Ernst beibehalten, wenn ihn von allen Seiten die bunteste Volkslust umjauchzt! Ich selbst, obgleich ein Deutscher, im Fall ich tot wäre und hier in Paris des Nachts spuken sollte, ich könnte meine Gespensterwürde gewiß nicht behaupten, wenn mir etwa an einer Straßenecke irgendeine jener Göttinnen des Leichtsinns entgegenrennte, die einem dann so köstlich ins Gesicht zu lachen wissen. Gäbe es wirklich in Paris Gespenster, so bin ich überzeugt, gesellig wie die Franzosen sind, sie würden sich sogar als Gespenster einander anschließen, sie würden bald Gespensterreunions bilden, sie würden ein Totenkaffeehaus stiften, eine Totenzeitung herausgeben, eine Pariser Totenrevue, und es gäbe bald Totensoirees, où l'on fera de la musique. Ich bin überzeugt, die Gespenster würden sich hier in Paris weit mehr amüsieren als bei uns die Lebenden. Was mich betrifft, wüßte ich, daß man solcherweise in Paris als Gespenst existieren könnte, ich würde den Tod nicht mehr fürchten. Ich würde nur Maßregeln treffen, daß ich am Ende auf dem Père-Lachaise beerdigt werde und in Paris spuken kann, zwischen zwölf und ein Uhr. Welche köstliche Stunde! Ihr deutschen Landsleute, wenn ihr nach meinem Tode mal nach Paris kommt und mich des Nachts hier als Gespenst erblickt, erschreckt nicht; ich spuke nicht in furchtbar unglücklich deutscher Weise, ich spuke vielmehr zu meinem Vergnügen.

Da man, wie ich in allen Gespenstergeschichten gelesen, gewöhnlich an den Orten spuken muß, wo man Geld begraben hat, so will ich aus Vorsorge einige Sous irgendwo auf den Boulevards begraben. Bis jetzt habe ich zwar schon in Paris Geld totgeschlagen, aber nie begraben.

O ihr armen französischen Schriftsteller, ihr solltet doch endlich einsehen, daß eure Schauerromane und Spukgeschichten ganz unpassend sind für ein Land, wo es entweder gar keine Gespenster gibt oder wo doch die Gespenster so gesellschaftlich heiter wie wir anderen sich gehaben würden. Ihr kommt mir vor wie die Kinder, die sich Masken vors Gesicht halten, um sich einander Furcht einzujagen. Es sind ernsthafte, furchtbare Larven, aber durch die Augenluken schauen fröhliche Kinderaugen. Wir Deutschen hingegen tragen zuweilen die freundlich jugendlichsten Larven, und aus den Augen lauscht der greise Tod. Ihr seid ein zierliches, liebenswürdiges, vernünftiges und lebendiges Volk, und nur das Schöne und Edle und Menschliche liegt im Bereiche eurer Kunst. Das haben schon eure älteren Schriftsteller eingesehen, und ihr, die neueren, werdet am Ende ebenfalls zu dieser Einsicht gelangen. Laßt ab vom Schauerlichen und Gespenstischen. Laßt uns Deutschen alle Schrecknisse des Wahnsinns, des Fiebertraums und der Geisterwelt. Deutschland ist ein gedeihlicheres Land für alte Hexen, tote Bärenhäuter, Golems jedes Geschlechts und besonders für Feldmarschälle wie der kleine Cornelius Nepos. Nur jenseits des Rheins können solche Gespenster gedeihen; nimmermehr in Frankreich. Als ich hierher reiste, begleiteten mich meine Gespenster bis an die französische Grenze. Da nahmen sie betrübt von mir Abschied. Denn der Anblick der dreifarbigen Fahne verscheucht die Gespenster jeder Art. Oh! ich möchte mich auf den Straßburger Münster stellen, mit einer dreifarbigen Fahne in der Hand, die bis nach Frankfurt reichte. Ich glaube, wenn ich die geweihte Fahne über mein teures Vaterland hinüberschwenkte und die rechten exorzierenden Worte dabei aussprächte, die alten Hexen würden auf ihren Besenstielen davonfliegen, die kalten Bärenhäuter würden wieder in ihre Gräber hinabkriechen, die Golems würden wieder als eitel Lehm zusammenfallen, der Feldmarschall Cornelius Nepos kehrte wieder zurück nach dem Orte, woher er gekommen, und der ganze Spuk wäre zu Ende.

III

Die Geschichte der Literatur ist ebenso schwierig zu beschreiben wie die Naturgeschichte. Dort wie hier hält man sich an die besonders hervortretende Erscheinungen. Aber wie in einem kleinen Wasserglas eine ganze Welt wunderlicher Tierchen enthalten ist, die ebensosehr von der Allmacht Gottes zeugen wie die größten Bestien, so enthält der kleinste Musenalmanach zuweilen eine Unzahl Dichterlinge, die dem stillen Forscher ebenso interessant dünken wie die größten Elefanten der Literatur. Gott ist groß!

Die meisten Literaturhistoriker geben uns wirklich eine Literaturgeschichte wie eine wohlgeordnete Menagerie, und immer besonders abgesperrt zeigen sie uns epische Säugedichter, lyrische Luftdichter, dramatische Wasserdichter, prosaische Amphibien, die sowohl Land- wie Seeromane schreiben, humoristische Mollusken usw. Andere, im Gegenteil, treiben die Literaturgeschichte pragmatisch, beginnen mit den ursprünglichen Menschheitsgefühlen, die sich in den verschiedenen Epochen ausgebildet und endlich eine Kunstform angenommen; sie beginnen ab ovo wie der Geschichtschreiber, der den Trojanischen Krieg mit der Erzählung vom Ei der Leda eröffnet. Und wie dieser handeln sie töricht. Denn ich bin überzeugt, wenn man das Ei der Leda zu einer Omelette verwendet hätte, würden sich dennoch Hektor und Achilles vor dem Skäischen Tore begegnet und ritterlich bekämpft haben. Die großen Fakta und die großen Bücher entstehen nicht aus Geringfügigkeiten, sondern sie sind notwendig, sie hängen zusammen mit den Kreisläufen von Sonne, Mond und Sterne, und sie entstehen vielleicht durch deren Influenz auf die Erde. Die Fakta sind nur die Resultate der Ideen;... aber wie kommt es, daß zu gewissen Zeiten sich gewisse Ideen so gewaltig geltend machen, daß sie das ganze Leben der Menschen, ihr Tichten und Trachten, ihr Denken und Schreiben, aufs wunderbarste umgestalten? Es ist vielleicht an der Zeit, eine literarische Astrologie zu schreiben und die Erscheinung gewisser Ideen oder gewisser Bücher, worin diese sich offenbaren, aus der Konstellation der Gestirne zu erklären.

Oder entspricht das Aufkommen gewisser Ideen nur den momentanen Bedürfnissen der Menschen? Suchen sie immer die Ideen, womit sie ihre jedesmaligen Wünsche legitimieren können? In der Tat, die Menschen sind ihrem innersten Wesen nach lauter Doktrinäre; sie wissen immer eine Doktrin zu finden, die alle ihre Entsagungen oder Begehrnisse justifiziert. In bösen, mageren Tagen, wo die Freude ziemlich unerreichbar geworden, huldigen sie dem Dogma der Abstinenz und behaupten, die irdischen Trauben seien sauer; werden jedoch die Zeiten wohlhabender, wird es den Leuten möglich, emporzulangen nach den schönen Früchten dieser Welt, dann tritt auch eine heitere Doktrin ans Licht, die dem Leben alle seine Süßigkeiten und sein volles, unveräußerliches Genußrecht vindiziert.

Nahen wir dem Ende der christlichen Fastenzeit, und bricht das rosige Weltalter der Freude schon leuchtend heran? Wie wird die heitere Doktrin die Zukunft gestalten?

In der Brust der Schriftsteller eines Volkes liegt schon das Abbild von dessen Zukunft, und ein Kritiker, der mit hinlänglich scharfem Messer einen neueren Dichter sezierte, könnte, wie aus den Eingeweiden eines Opfertiers, sehr leicht prophezeien, wie sich Deutschland in der Folge gestalten wird. Ich würde herzlich gern, als ein literärischer Kalchas, in dieser Absicht einige unserer jüngsten Poeten kritisch abschlachten, müßte ich nicht befürchten, in ihren Eingeweiden viele Dinge zu sehen, über die ich mich hier nicht aussprechen darf. Man kann nämlich unsere neueste deutsche Literatur nicht besprechen, ohne ins tiefste Gebiet der Politik zu geraten. In Frankreich, wo sich die belletristischen Schriftsteller von der politischen Zeitbewegung zu entfernen suchen, sogar mehr als löblich, da mag man jetzt die Schöngeister des Tages beurteilen und den Tag selbst unbesprochen lassen können. Aber jenseits des Rheines werfen sich jetzt die belletristischen Schriftsteller mit Eifer in die Tagesbewegung, wovon sie sich so lange entfernt gehalten. Ihr Franzosen seid während fünfzig Jahren beständig auf den Beinen gewesen und seid jetzt müde; wir Deutsche hingegen haben bis jetzt am Studiertische gesessen und haben alte Klassiker kommentiert und möchten uns jetzt einige Bewegung machen.

Derselbe Grund, den ich oben angedeutet, verhindert mich, mit gehöriger Würdigung einen Schriftsteller zu besprechen, über welchen Frau von Staël nur flüchtige Andeutungen gegeben und auf welchen seitdem, durch die geistreichen Artikel von Philarète Chasles, das französische Publikum noch besonders aufmerksam geworden. Ich rede von Jean Paul Friedrich Richter. Man hat ihn den Einzigen genannt. Ein treffliches Urteil, das ich jetzt erst ganz begreife, nachdem ich vergeblich darüber nachgesonnen, an welcher Stelle man in einer Literaturgeschichte von ihm reden müßte. Er ist fast gleichzeitig mit der romantischen Schule aufgetreten, ohne im mindesten daran teilzunehmen, und ebensowenig hegte er später die mindeste Gemeinschaft mit der Goetheschen Kunstschule. Er steht ganz isoliert in seiner Zeit, eben weil er, im Gegensatz zu den beiden Schulen, sich ganz seiner Zeit hingegeben und sein Herz ganz davon erfüllt war. Sein Herz und seine Schriften waren eins und dasselbe. Diese Eigenschaft, diese Ganzheit finden wir auch bei den Schriftstellern des heutigen Jungen Deutschlands, die ebenfalls keinen Unterschied machen wollen zwischen Leben und Schreiben, die nimmermehr die Politik trennen von Wissenschaft, Kunst und Religion und die zu gleicher Zeit Künstler, Tribune und Apostel sind.

Ja, ich wiederhole das Wort Apostel, denn ich weiß kein bezeichnenderes Wort. Ein neuer Glaube beseelt sie mit einer Leidenschaft, von welcher die Schriftsteller der früheren Periode keine Ahnung hatten. Es ist dieses der Glaube an den Fortschritt, ein Glaube, der aus dem Wissen entsprang. Wir haben die Lande gemessen, die Naturkräfte gewogen, die Mittel der Industrie berechnet, und siehe, wir haben ausgefunden, daß diese Erde groß genug ist; daß sie jedem hinlänglichen Raum bietet, die Hütte seines Glückes darauf zu bauen; daß diese Erde uns alle anständig ernähren kann, wenn wir alle arbeiten und nicht einer auf Kosten des anderen leben will; und daß wir nicht nötig haben, die größere und ärmere Klasse an den Himmel zu verweisen. Die Zahl dieser Wissenden und Gläubigen ist freilich noch gering. Aber die Zeit ist gekommen, wo die Völker nicht mehr nach Köpfen gezählt werden, sondern nach Herzen. Und ist das große Herz eines einzigen Heinrich Laube nicht mehr wert als ein ganzer Tiergarten von Raupachen und Komödianten?

Ich habe den Namen Heinrich Laube genannt; denn wie könnte ich von dem Jungen Deutschland sprechen, ohne des großen, flammenden Herzens zu gedenken, das daraus am glänzendsten hervorleuchtet. Heinrich Laube, einer jener Schriftsteller, die seit der Juliusrevolution aufgetreten sind, ist für Deutschland von einer sozialen Bedeutung, deren ganzes Gewicht jetzt noch nicht ermessen werden kann. Er hat alle guten Eigenschaften, die wir bei den Autoren der vergangenen Periode finden, und verbindet damit den apostolischen Eifer des

Jungen Deutschlands. Dabei ist seine gewaltige Leidenschaft durch hohen Kunstsinn gemildert und verklärt. Er ist begeistert für das Schöne ebensosehr wie für das Gute; er hat ein feines Ohr und ein scharfes Auge für edle Form; und gemeine Naturen widern ihn an, selbst wenn sie als Kämpen für noble Gesinnung dem Vaterlande nutzen. Dieser Kunstsinn, der ihm angeboren, schützte ihn auch vor der großen Verirrung jenes patriotischen Pöbels, der noch immer nicht aufhört, unseren großen Meister Goethe zu verlästern und zu schmähen.

In dieser Hinsicht verdient auch ein anderer Schriftsteller der jüngsten Zeit, Herr Karl Gutzkow, das höchste Lob. Wenn ich diesen erst nach Laube erwähne, so geschieht es keineswegs, weil ich ihm nicht ebensoviel Talent zutraue, noch viel weniger, weil ich von seinen Tendenzen minder erbaut wäre; nein, auch Karl Gutzkow muß ich die schönsten Eigenschaften der schaffenden Kraft und des urteilenden Kunstsinnes zuerkennen, und auch seine Schriften erfreuen mich durch die richtige Auffassung unserer Zeit und ihrer Bedürfnisse; aber in allem, was Laube schreibt, herrscht eine weitaustönende Ruhe, eine selbstbewußte Größe, eine stille Sicherheit, die mich persönlich tiefer anspricht als die pittoreske, farbenschillernde und stechend gewürzte Beweglichkeit des Gutzkowschen Geistes.

Herr Karl Gutzkow, dessen Seele voller Poesie, mußte ebenso wie Laube sich zeitig von jenen Zeloten, die unseren großen Meister schmähen, aufs bestimmteste lossagen. Dasselbe gilt von den Herren L. Wienbarg und Gustav Schlesier, zwei höchst ausgezeichneten Schriftstellern der jüngsten Periode, die ich hier, wo vom Jungen

Deutschland die Rede ist, ebenfalls nicht unerwähnt lassen darf. Sie verdienen in der Tat, unter dessen Chorführern genannt zu werden, und ihr Name hat guten Klang gewonnen im Lande. Es ist hier nicht der Ort, ihr Können und Wirken ausführlicher zu besprechen. Ich habe mich zu sehr von meinem Thema entfernt; nur noch von Jean Paul will ich mit einigen Worten reden.

Ich habe erwähnt, wie Jean Paul Friedrich Richter in seiner Hauptrichtung dem Jungen Deutschland voranging. Dieses letztere jedoch, aufs Praktische angewiesen, hat sich der abstrusen Verworrenheit, der barocken Darstellungsart und des ungenießbaren Stiles der Jean Paulschen Schriften zu enthalten gewußt. Von diesem Stile kann sich ein klarer, wohlredigierter französischer Kopf nimmermehr einen Begriff machen. Jean Pauls Periodenbau besteht aus lauter kleinen Stübchen, die manchmal so eng sind, daß, wenn eine Idee dort mit einer anderen zusammentrifft, sie sich beide die Köpfe zerstoßen; oben an der Decke sind lauter Haken, woran Jean Paul allerlei Gedanken hängt, und an den Wänden sind lauter geheime Schubladen, worin er Gefühle verbirgt. Kein deutscher Schriftsteller ist so reich wie er an Gedanken und Gefühlen, aber er läßt sie nie zur Reife kommen, und mit dem Reichtum seines Geistes und seines Gemütes bereitet er uns mehr Erstaunen als Erquickung. Gedanken und Gefühle, die zu ungeheuren Bäumen auswachsen würden, wenn er sie ordentlich Wurzel fassen und mit allen ihren Zweigen, Blüten und Blättern sich ausbreiten ließe: diese rupft er aus, wenn sie kaum noch kleine Pflänzchen, oft sogar noch bloße Keime sind, und ganze Geisteswälder werden uns solchermaßen, auf einer gewöhnlichen Schüssel, als Gemüse vorgesetzt. Dieses ist nun eine wundersame, ungenießbare Kost; denn nicht jeder Magen kann junge Eichen, Zedern, Palmen und Banjanen in solcher Menge vertragen. Jean Paul ist ein großer Dichter und Philosoph, aber man kann nicht unkünstlerischer sein als eben er im Schaffen und Denken. Er hat in seinen Romanen echt poetische Gestalten zur Welt gebracht, aber alle diese Geburten schleppen eine närrisch lange Nabelschnur mit sich herum und verwickeln und würgen sich damit. Statt Gedanken gibt er uns eigentlich sein Denken selbst, wir sehen die materielle Tätigkeit seines Gehirns; er gibt uns, sozusagen, mehr Gehirn als Gedanken. In allen Richtungen hüpfen dabei seine Witze, die Flöhe seines erhitzten Geistes. Er ist der lustigste Schriftsteller und zugleich der sentimentalste. Ja, die Sentimentalität überwindet ihn immer, und sein Lachen verwandelt sich jählings in Weinen. Er vermummt sich manchmal in einen bettelhaften, plumpen Gesellen, aber dann plötzlich, wie die Fürsten inkognito, die wir auf dem Theater sehen, knöpft er den groben Oberrock auf, und wir erblicken alsdann den strahlenden Stern.

Hierin gleicht Jean Paul ganz dem großen Irländer, womit man ihn oft verglichen. Auch der Verfasser de »Tristram Shandy«, wenn er sich in den rohesten Trivialitäten verloren, weiß uns plötzlich, durch erhabene Übergänge, an seine fürstliche Würde, an seine Ebenbürtigkeit mit Shakespeare zu erinnern. Wie Lorenz Sterne hat auch Jean Paul in seinen Schriften seine Persönlichkeit preisgegeben, er hat sich ebenfalls in menschlichster Blöße gezeigt, aber doch mit einer gewissen unbeholfenen Scheu, besonders in geschlechtlicher Hinsicht. Lorenz Sterne zeigt sich dem Publikum ganz entkleidet, er ist ganz nackt; Jean Paul hingegen hat nur Löcher in der Hose. Mit

Unrecht glauben einige Kritiker, Jean Paul habe mehr wahres Gefühl besessen als Sterne, weil dieser, sobald der Gegenstand, den er behandelt, eine tragische Höhe erreicht, plötzlich in den scherzhaftesten, lachendsten Ton überspringt; statt daß Jean Paul, wenn der Spaß nur im mindesten ernsthaft wird, allmählich zu flennen beginnt und ruhig seine Tränendrüsen austräufen läßt. Nein, Sterne fühlte vielleicht noch tiefer als Jean Paul, denn er ist ein größerer Dichter. Er ist, wie ich schon erwähnt, ebenbürtig mit William Shakespeare, und auch ihn, den Lorenz Sterne, haben die Musen erzogen auf dem Parnaß. Aber nach Frauenart haben sie ihn, besonders durch ihre Liebkosungen, schon frühe verdorben. Er war das Schoßkind der bleichen tragischen Göttin. Einst, in einem Anfall von grausamer Zärtlichkeit, küßte diese ihm das junge Herz so gewaltig, so liebestark, so inbrünstig saugend, daß das Herz zu bluten begann und plötzlich alle Schmerzen dieser Welt verstand und von unendlichem Mitleid erfüllt wurde. Armes, junges Dichterherz! Aber die jüngere Tochter Mnemosynes, die rosige Göttin des Scherzes, hüpfte schnell hinzu und nahm den leidenden Knaben in ihre Arme und suchte ihn zu erheitern mit Lachen und Singen und gab ihm als Spielzeug die komische Larve und die närrischen Glöckchen und küßte begütigend seine Lippen und küßte ihm darauf all ihren Leichtsinn, all ihre trotzige Lust, all ihre witzige Neckerei.

Und seitdem gerieten Sternes Herz und Sternes Lippen in einen sonderbaren Widerspruch: wenn sein Herz manchmal ganz tragisch bewegt ist und er seine tiefsten blutenden Herzensgefühle aussprechen will, dann, zu seiner eignen Verwunderung, flattern von seinen Lippen die lachend ergötzlichsten Worte.

IV

Im Mittelalter herrschte unter dem Volke die Meinung: wenn irgendein Gebäude zu errichten sei, müsse man etwas Lebendiges schlachten und auf dem Blute desselben den Grundstein legen; dadurch werde das Gebäude fest und unerschütterlich stehenbleiben. War es nun der altheidnische Wahnwitz, daß man sich die Gunst der Götter durch Blutopfer erwerbe, oder war es Mißbegriff der christlichen Versöhnungslehre, was diese Meinung von der Wunderkraft des Blutes, von einer Heiligung durch Blut, von diesem Glauben an Blut hervorgebracht hat: genug, er war herrschend, und in Liedern und Sagen lebt die schauerliche Kunde, wie man Kinder oder Tiere geschlachtet, um mit ihrem Blute große Bauwerke zu festigen. Heutzutage ist die Menschheit verständiger; wir glauben nicht mehr an die Wunderkraft des Blutes, weder an das Blut eines Edelmanns noch eines Gottes, und die große Menge glaubt nur an Geld. Besteht nun die heutige Religion in der Geldwerdung Gottes oder in der Gottwerdung des Geldes? Genug, die Leute glauben nur an Geld; nur dem gemünzten Metall, den silbernen und goldenen Hostien, schreiben sie eine Wunderkraft zu; das Geld ist der Anfang und das Ende aller ihrer Werke; und wenn sie ein Gebäude zu errichten haben, so tragen sie große Sorge, daß unter den Grundstein einige Geldstücke, eine Kapsel mit allerlei Münzen, gelegt werden.

Ja, wie im Mittelalter alles, die einzelnen Bauwerke ebenso wie das ganze Staats- und Kirchengebäude, auf den Glauben an Blut beruhte, so beruhen alle unsere heutigen Institutionen auf den Glauben an Geld, auf wirkliches Geld. Jenes war Aberglauben, doch dieses ist der bare Egoismus. Ersteren zerstörte die Vernunft, letzteren wird das Gefühl zerstören. Die Grundlage der menschlichen Gesellschaft wird einst eine bessere sein, und alle großen Herzen Europas sind schmerzhaft beschäftigt, diese neue bessere Basis zu entdecken.

Vielleicht war es der Mißmut ob dem jetzigen Geldglauben, der Widerwille gegen den Egoismus, den sie überall hervorgrinsen sahen, was in Deutschland einige Dichter von der romantischen Schule, die es ehrlich meinten, zuerst bewogen hatte, aus der Gegenwart in die Vergangenheit zurückzuflüchten und die Restauration des Mittelalters zu befördern. Dieses mag namentlich bei denjenigen der Fall sein, die nicht die eigentliche Koterie bildeten. Zu dieser letztern gehörten die Schriftsteller, die ich im zweiten Buche besonders abgehandelt, nachdem ich im ersten Buche die romantische Schule im allgemeinen besprochen. Nur wegen dieser literarhistorischen Bedeutung, nicht wegen ihres inneren Wertes, habe ich von diesen Koteriegenossen, die in Gemeinschaft wirkten, zuerst und ganz umständlich geredet. Man wird mich daher nicht mißverstehen, wenn von Zacharias Werner, von dem Baron de la Motte Fouqué und von Herren Ludwig Uhland eine spätere und kärglichere Meldung geschieht. Diese drei Schriftsteller verdienten vielmehr ihrem Werte nach weit ausführlicher besprochen und gerühmt zu werden. Denn Zacharias Werner war der einzige Dramatiker der Schule, dessen Stücke auf der Bühne aufgeführt und vom Parterre applaudiert wurden. Der Herr Baron de la Motte Fouqué war der einzige epische Dichter der Schule, dessen Romane das ganze Publikum ansprachen. Und Herr Ludwig Uhland ist der einzige Lyriker der Schule, dessen Lieder in die Herzen der großen Menge gedrungen sind und noch jetzt im Munde der Menschen leben.

In dieser Hinsicht verdienen die erwähnten drei Dichter einen Vorzug vor Herren Ludwig Tieck, den ich als einen der besten Schriftsteller der Schule gepriesen habe. Herr Tieck hat nämlich, obgleich das Theater sein Steckenpferd ist und er von Kind auf bis heute sich mit dem Komödiantentum und mit den kleinsten Details desselben beschäftigt hat, doch immer darauf verzichten müssen, jemals von der Bühne herab die Menschen zu bewegen, wie es dem Zacharias Werner gelungen ist. Herr Tieck hat sich immer ein Hauspublikum halten müssen, dem er selber seine Stücke vordeklamierte und auf deren Händeklatschen ganz sicher zu rechnen war. Während Herr de la Motte Fouqué von der Herzogin bis zur Wäscherin mit gleicher Lust gelesen wurde und als die Sonne der Leihbibliotheken strahlte, war Herr Tieck nur die Astrallampe der Teegesellschaften, die, angeglänzt von seiner Poesie, bei der Vorlesung seiner Novellen ganz seelenruhig ihren Tee verschluckten. Die Kraft dieser Poesie mußte immer desto mehr hervortreten, je mehr sie mit der Schwäche des Tees kontrastierte, und in Berlin, wo man den mattesten Tee trinkt, mußte Herr Tieck als einer der kräftigsten Dichter erscheinen. Während die Lieder unseres vortrefflichen Uhland in Wald und Tal erschollen und noch jetzt von wilden Studenten gebrüllt und von zarten Jungfrauen gelispelt werden, ist kein einziges Lied des Herren Tieck in unsere Seelen gedrungen, kein einziges Lied des Herren Ludwig Tieck ist in unserem Ohre geblieben, das große Publikum kennt kein einziges Lied dieses großen Lyrikers.

Zacharias Werner ist geboren zu Königsberg in Preußen, den 18. November 1768. Seine Verbindung mit den Schlegeln war keine persönliche, sondern nur eine sympathetische. Er begriff in der Ferne, was sie wollten, und tat sein möglichstes, in ihrem Sinne zu dichten. Aber er konnte sich für die Restauration des Mittelalters nur einseitig, nämlich nur für die hierarchisch katholische Seite desselben, begeistern; die feudalistische Seite hat sein Gemüt nicht so stark in Bewegung gesetzt. Hierüber hat uns sein Landsmann Th. A. Hoffmann, in den »Serapionsbrüdern«, einen merkwürdigen Aufschluß erteilt. Er erzählt nämlich, daß Werners Mutter gemütskrank gewesen und während ihrer Schwangerschaft sich eingebildet, daß sie die Muttergottes sei und den Heiland zur Welt bringe. Der Geist Werners trug nun, sein ganzes Leben hindurch, das Muttermal dieses religiösen Wahnsinns. Die entsetzlichste Religionschwärmerei finden wir in allen seinen Dichtungen. Eine einzige, »Der vierundzwanzigste Februar«, ist frei davon und gehört zu den kostbarsten Erzeugnissen unserer dramatischen Literatur. Sie hat, mehr als Werners übrige Stücke, auf dem Theater den größten Enthusiasmus hervorgebracht. Seine anderen dramatischen Werke haben den großen Haufen weniger angesprochen, weil es dem Dichter, bei aller drastischen Kraft, fast gänzlich an Kenntnis der Theaterverhältnisse fehlte.

Der Biograph Hoffmanns, der Herr Kriminalrat Hitzig, hat auch Werners Leben beschrieben. Eine gewissenhafte Arbeit, für den Psychologen ebenso interessant wie für den Literarhistoriker. Wie man mir jüngst erzählt, war Werner auch einige Zeit hier in Paris, wo er an den peripatetischen Philosophinnen, die damals des Abends, im brillantesten Putz, die Galerien des Palais Royal durchwandelten, sein besonderes Wohlgefallen fand. Sie liefen immer hinter ihm drein und neckten ihn und lachten über seinen komischen Anzug und seine noch komischeren Manieren. Das war die gute alte Zeit! Ach, wie das Palais Royal, so hat sich auch Zacharias Werner späterhin sehr verändert; die letzte Lampe der Lust erlosch im Gemüte des vertrübten Mannes, zu Wien trat er in den Orden der Liguorianer, und in der Sankt-Stephans-Kirche predigte er dort über die Nichtigkeit aller irdischen Dinge. Er hatte ausgefunden, daß alles auf Erden eitel sei. Der Gürtel der Venus, behauptete er jetzt, sei nur eine häßliche Schlange, und die erhabene Juno trage unter ihrem weißen Gewande ein Paar hirschlederne, nicht sehr reinliche Postillionshosen. Der Pater Zacharias kasteite sich jetzt und fastete und eiferte gegen unsere verstockte Weltlust. »Verflucht ist das Fleisch!« schrie er so laut und mit so grell ostpreußischem Akzent, daß die Heiligenbilder in Sankt Stephan erzitterten und die Wiener Grisetten allerliebst lächelten. Außer dieser wichtigen Neuigkeit erzählte er den Leuten beständig, daß er ein großer Sünder sei.

Genau betrachtet, ist sich der Mann immer konsequent geblieben, nur daß er früherhin bloß besang, was er späterhin wirklich übte. Die Helden seiner meisten Dramen sind schon mönchisch entsagende Liebende, asketische Wollüstlinge, die in der Abstinenz eine erhöhte Wonne entdeckt haben, die durch die Marter des Fleisches ihre Genußsucht spiritualisieren, die in den Tiefen der religiösen Mystik die schauerlichsten Seligkeiten suchen, heilige Roués.

Kurz vor seinem Tode war die Freude an dramatischer Gestaltung noch einmal in Wernern erwacht, und er schrieb noch eine Tragödie, betitelt »Die Mutter der Makkabäer«. Hier galt es aber nicht, den profanen Lebensernst mit romantischen Späßen zu festonieren; zu dem heiligen Stoff wählte er auch einen kirchlich breitgezogenen Ton, die Rhythmen sind feierlich gemessen wie Glockengeläute, bewegen sich langsam wie eine Karfreitagsprozession, und es ist eine palästinasche Legende in griechischer Tragödienform. Das Stück fand wenig Beifall bei den Menschen hier unten; ob es den Engeln im Himmel besser gefiel, das weiß ich nicht.

Aber der Pater Zacharias starb bald darauf, Anfang des Jahres 1823, nachdem er über vierundfünfzig Jahr auf dieser sündigen Erde gewandelt.

Wir lassen ihn ruhen, den Toten, und wenden uns zu dem zweiten Dichter des romantischen Triumvirats. Es ist der vortreffliche Freiherr Friedrich de la Motte Fouqué, geboren in der Mark Brandenburg im Jahr 1777 und zum Professor ernannt an der Universität Halle im Jahr 1833. Früher stand er als Major im königl. preuß. Militärdienst und gehört zu den Sangeshelden oder Heldensängern, deren Leier und Schwert während dem sogenannten Freiheitskriege am lautesten erklang. Sein Lorbeer ist von echter Art. Er ist ein wahrer Dichter, und die Weihe der Poesie ruht auf seinem Haupte. Wenigen Schriftstellern ward so allgemeine Huldigung zuteil wie einst unserem vortrefflichen Fouqué. Jetzt hat er seine Leser nur noch unter dem Publikum der Leihbibliotheken. Aber dieses Publikum ist immer groß genug, und Herr Fouqué kann sich rühmen, daß er der einzige von der romantischen Schule ist, an dessen Schriften auch die niederen Klassen Geschmack gefunden. Während man in den ästhetischen Teezirkeln

Berlins über den heruntergekommenen Ritter die Nase rümpfte, fand ich, in einer kleinen Harzstadt, ein wunderschönes Mädchen, welches von Fouqué mit entzückender Begeisterung sprach und errötend gestand, daß sie gern ein Jahr ihres Lebens dafür hingäbe, wenn sie nur einmal den Verfasser der »Undine« küssen könnte. Und dieses Mädchen hatte die schönsten Lippen, die ich jemals gesehen.

Aber welch ein wunderliebliches Gedicht ist die »Undine«! Dieses Gedicht ist selbst ein Kuß; der Genius der Poesie küßte den schlafenden Frühling, und dieser schlug lächelnd die Augen auf, und alle Rosen dufteten, und alle Nachtigallen sangen, und was die Rosen dufteten und die Nachtigallen sangen, das hat unser vortrefflicher Fouqué in Worte gekleidet, und er nannte es »Undine«.

Ich weiß nicht, ob diese Novelle ins Französische übersetzt worden. Es ist die Geschichte von der schönen Wasserfee, die keine Seele hat, die nur dadurch, daß sie sich in einen Ritter verliebt, eine Seele bekömmt... aber, ach! mit dieser Seele bekömmt sie auch unsere menschlichen Schmerzen, ihr ritterlicher Gemahl wird treulos, und sie küßt ihn tot. Denn der Tod ist in diesem Buche ebenfalls nur ein Kuß.

Diese Undine könnte man als die Muse der Fouquéschen Poesie betrachten. Obgleich sie unendlich schön ist, obgleich sie ebenso leidet wie wir und irdischer Kummer sie hinlänglich belastet, so ist sie doch kein eigentlich menschliches Wesen. Unsere Zeit aber stößt alle solche Luft- und Wassergebilde von sich, selbst die schönsten, sie verlangt wirkliche Gestalten des Lebens, und am allerwenigsten verlangt sie Nixen, die in adligen Rittern verliebt sind. Das war es. Die retrograde Richtung, das beständige Loblied auf den Geburtadel, die unaufhörliche Verherrlichung des alten Feudalwesens, die ewige Rittertümelei mißbehagte am Ende den bürgerlich Gebildeten im deutschen Publikum, und man wandte sich ab von dem unzeitgemäßen Sänger. In der Tat, dieser beständige Singsang von Harnischen, Turnierrossen, Burgfrauen, ehrsamen Zunftmeistern, Zwergen, Knappen, Schloßkapellen, Minne und Glaube, und wie der mittelalterliche Trödel sonst heißt, wurde uns endlich lästig; und als der ingeniose Hidalgo Friedrich de la Motte Fouqué sich immer tiefer in seine Ritterbücher versenkte und im Traume der Vergangenheit das Verständnis der Gegenwart einbüßte, da mußten sogar seine besten Freunde sich kopfschüttelnd von ihm abwenden.

Die Werke, die er in dieser späteren Zeit schrieb, sind ungenießbar. Die Gebrechen seiner früheren Schriften sind hier aufs höchste gesteigert. Seine Rittergestalten bestehen nur aus Eisen und Gemüt; sie haben weder Fleisch noch Vernunft. Seine Frauenbilder sind nur Bilder oder vielmehr nur Puppen, deren goldne Locken gar zierlich herabwallen über die anmutigen Blumengesichter. Wie die Werke von Walter Scott mahnen auch die Fouquéschen Ritterromane an die gewirkten Tapeten, die wir Gobelins nennen und die durch reiche Gestaltung und Farbenpracht mehr unser Auge als unsere Seele ergötzen. Das sind Ritterfeste, Schäferspiele, Zweikämpfe, alte Trachten, alles recht hübsch nebeneinander, abenteuerlich ohne tieferen Sinn, bunte Oberflächlichkeit. Bei den Nachahmern Fouqués wie bei den Nachahmern des Walter Scott ist diese Manier, statt der inneren Natur der Menschen und Dinge nur ihre äußere Erscheinung und das Kostüm zu schildern, noch trübseliger ausgebildet. Diese flache Art und leichte Weise grassiert heutigentags in Deutschland ebensogut wie in England und Frankreich. Wenn auch die Darstellungen nicht mehr die Ritterzeit verherrlichen, sondern auch unsere moderne Zustände betreffen, so ist es doch noch immer die vorige Manier, die statt der Wesenheit der Erscheinung nur das Zufällige derselben auffaßt. Statt Menschenkenntnis bekunden unsere neueren Romanciers bloß Kleiderkenntnis, und sie fußen vielleicht auf dem Sprüchwort »Kleider machen Leute«. Wie anders die älteren Romanenschreiber, besonders bei den Engländern. Richardson gibt uns die Anatomie der Empfindungen. Goldsmith behandelt pragmatisch die Herzensaktionen seiner Helden. Der Verfasser des »Tristram Shandy« zeigt uns die verborgensten Tiefen der Seele; er öffnet eine Luke der Seele, erlaubt uns einen Blick in ihre Abgründe, Paradiese und Schmutzwinkel und läßt gleich die Gardine davor wieder fallen. Wir haben von vorn in das seltsame Theater hineingeschaut, Beleuchtung und Perspektive hat ihre Wirkung nicht verfehlt, und indem wir das Unendliche geschaut zu haben meinen, ist unser Gefühl unendlich geworden, poetisch. Was Fielding betrifft, so führt er uns gleich hinter die Kulissen, er zeigt uns die falsche Schminke auf allen Gefühlen, die plumpesten Springfedern der zartesten Handlungen, das Kolophonium, das nachher als Begeisterung aufblitzen wird, die Pauke, worauf noch friedlich der Klopfer ruht, der späterhin den gewaltigsten Donner der Leidenschaft daraus hervortrommeln wird; kurz, er zeigt uns jene ganze innere Maschinerie, die große Lüge, wodurch uns die Menschen anders erscheinen, als sie wirklich sind, und wodurch alle freudige Realität des Lebens verlorengeht. Doch wozu als Beispiel die Engländer wählen, da unser Goethe, in seinem »Wilhelm Meister«, das beste Muster eines Romans geliefert hat.

Die Zahl der Fouquéschen Romane ist Legion; er ist einer der fruchtbarsten Schriftsteller. »Der Zauberring« und »Thiodolf der Isländer« verdienen besonders rühmend angeführt zu werden. Seine metrischen Dramen, die nicht für die Bühne bestimmt sind, enthalten große Schönheiten. Besonders »Sigurd der Schlangentöter« ist ein kühnes Werk, worin die altskandinavische Heldensage mit all ihrem Riesen- und Zauberwesen sich abspiegelt. Die Hauptperson des Dramas, der Sigurd, ist eine ungeheure Gestalt. Er ist stark wie die Felsen von Norweg und ungestüm wie das Meer, das sie umrauscht. Er hat soviel Mut wie hundert Löwen und soviel Verstand wie zwei Esel.

Herr Fouqué hat auch Lieder gedichtet. Sie sind die Lieblichkeit selbst. Sie sind so leicht, so bunt, so glänzend, so heiter dahinflatternd; es sind süße lyrische Kolibri.

Der eigentliche Liederdichter aber ist Herr Ludwig Uhland, der, geboren zu Tübingen im Jahr 1787, jetzt als Advokat in Stuttgart lebt. Dieser Schriftsteller hat einen Band Gedichte, zwei Tragödien und zwei Abhandlungen über Walther von der Vogelweide und über französische Troubadouren geschrieben. Es sind zwei kleine historische Untersuchungen und zeugen von fleißigem Studium des Mittelalters. Die Tragödien heißen »Ludwig der Bayer« und »Herzog Ernst von Schwaben«. Erstere habe ich nicht gelesen; ist mir auch nicht als die vorzüglichere gerühmt worden. Die zweite jedoch enthält große Schönheiten und erfreut durch Adel der Gefühle und Würde der Gesinnung. Es weht darin ein süßer Hauch der Poesie, wie er in den Stücken, die jetzt auf unserem Theater soviel Beifall ernten, nimmermehr angetroffen wird. Deutsche Treue ist das Thema dieses

Dramas, und wir sehen sie hier, stark wie eine Eiche, allen Stürmen trotzen; deutsche Liebe blüht, kaum bemerkbar, in der Ferne, doch ihr Veilchenduft dringt uns um so rührender ins Herz. Dieses Drama oder vielmehr dieses Lied enthält Stellen, welche zu den schönsten Perlen unserer Literatur gehören. Aber das Theaterpublikum hat das Stück dennoch mit Indifferenz aufgenommen oder vielmehr abgelehnt. Ich will die guten Leute des Parterres nicht allzu bitter darob tadeln. Diese Leute haben bestimmte Bedürfnisse, deren Befriedigung sie vom Dichter verlangen. Die Produkte des Poeten sollen nicht eben den Sympathien seines eignen Herzens, sondern viel eher dem Begehr des Publikums entsprechen. Dieses letztere gleicht ganz dem hungrigen Beduinen in der Wüste, der einen Sack mit Erbsen gefunden zu haben glaubt und ihn hastig öffnet; aber ach! es sind nur Perlen. Das Publikum verspeist mit Wonne des Herren Raupachs dürre Erbsen und Madame Birch-Pfeiffers Saubohnen; Uhlands Perlen findet es ungenießbar.

Da die Franzosen höchstwahrscheinlich nicht wissen, wer Madame Birch-Pfeiffer und Herr Raupach ist, so muß ich hier erwähnen, daß dieses göttliche Paar, geschwisterlich nebeneinander stehend wie Apoll und Diana, in den Tempeln unserer dramatischen Kunst am meisten verehrt wird. Ja, Herr Raupach ist ebensosehr dem Apoll wie Madame Birch-Pfeiffer der Diana vergleichbar. Was ihre reale Stellung betrifft, so ist letztere als kaiserl. östreichische Hofschauspielerin in Wien und ersterer als königl. preußischer Theaterdichter in Berlin angestellt. Die Dame hat schon eine Menge Dramen geschrieben, worin sie selber spielt. Ich kann nicht umhin, hier einer Erscheinung zu erwähnen, die den Franzosen fast unglaublich vorkommen wird: eine große Anzahl unserer Schauspieler sind auch dramatische Dichter und schreiben sich selbst ihre Stücke. Man sagt, Herr Ludwig Tieck habe, durch eine unvorsichtige Äußerung, dieses Unglück veranlaßt. In seinen Kritiken bemerkte er nämlich, daß die Schauspieler in einem schlechten Stücke immer besser spielen können als in einem guten Stücke. Fußend auf solchem Axiom, griffen die Komödianten scharenweis zur Feder, schrieben Trauerspiele und Lustspiele die Hülle und Fülle, und es wurde uns manchmal schwer, zu entscheiden: dichtete der eitle Komödiant sein Stück absichtlich schlecht, um gut darin zu spielen? oder spielte er schlecht in so einem selbstverfertigten Stücke, um uns glauben zu machen, das Stück sei gut? Der Schauspieler und der Dichter, die bisher in einer Art von kollegialischem Verhältnisse standen (ungefähr wie der Scharfrichter und der arme Sünder), traten jetzt in offne Feindschaft. Die Schauspieler suchten die Poeten ganz vom Theater zu verdrängen, unter dem Vorgeben, sie verständen nichts von den Anforderungen der Bretterwelt, verständen nichts von drastischen Effekten und Theatercoups, wie nur der Schauspieler sie in der Praxis erlernt und sie in seinen Stücken anzubringen weiß. Die Komödianten oder, wie sie sich am liebsten nennen, die Künstler spielten daher vorzugsweise in ihren eignen Stücken oder wenigstens in Stücken, die einer der Ihrigen, ein Künstler, verfertigt hatte. In der Tat, diese entsprachen ganz ihren Bedürfnissen; hier fanden sie ihre Lieblingskostüme, ihre fleischfarbige Trikotpoesie, ihre applaudierten Abgänge, ihre herkömmlichen Grimassen, ihre Flittergoldredensarten, ihr ganzes affektiertes Kunstzigeunertum: eine Sprache, die nur auf den Brettern gesprochen wird, Blumen, die nur diesem erlogenen Boden entsprossen, Früchte, die nur am Lichte der Orchesterlampe gereift, eine Natur, worin nicht der Odem Gottes, sondern des Souffleurs weht, kulissenerschütternde Tobsucht, sanfte Wehmut mit kitzlender Flötenbegleitung, geschminkte Unschuld mit Lasterversenkungen, Monatsgagengefühle, Trompetentusch usw.

Solchermaßen haben die Schauspieler in Deutschland sich von den Poeten und auch von der Poesie selbst emanzipiert. Nur der Mittelmäßigkeit erlaubten sie noch, sich auf ihrem Gebiete zu produzieren. Aber sie geben genau acht, daß es kein wahrer Dichter ist, der, im Mantel der Mittelmäßigkeit, sich bei ihnen eindrängt. Wieviel Prüfungen hat Herr Raupach überstehen müssen, ehe es ihm gelang, auf dem Theater Fuß zu fassen! Und noch jetzt haben sie ein waches Auge auf ihn, und wenn er mal ein Stück schreibt, das nicht ganz und gar schlecht ist, so muß er, aus Furcht vor dem Ostrazismus der Komödianten, gleich wieder ein Dutzend der allermiserabelsten Machwerke zutage fördern. Ihr wundert euch über das Wort »ein Dutzend«? Es ist gar keine Übertreibung von mir. Dieser Mann kann wirklich jedes Jahr ein Dutzend Dramen schreiben, und man bewundert diese Produktivität. Aber »es ist keine Hexerei«, sagt Jantjen von Amsterdam, der berühmte Taschenspieler, wenn wir seine Kunststücke anstaunen, »es ist keine Hexerei, sondern nur die Geschwindigkeit«.

Daß es Herren Raupach gelungen ist, auf der deutschen Bühne emporzukommen, hat aber noch einen besondern Grund. Dieser Schriftsteller, von Geburt ein Deutscher, hat lange Zeit in Rußland gelebt, dort erwarb er seine Bildung, und es war die moskowitische Muse, die ihn eingeweiht in die Poesie. Diese Muse, die eingezobelte

Schöne mit der holdselig aufgestülpten Nase, reichte unserem Dichter die volle Branntweinschale der Begeisterung, hing um seine Schulter den Köcher mit kirgisischen Witzpfeilen und gab in seine Hände die tragische Knute. Als er zuerst auf unsere Herzen damit losschlug, wie erschütterte er uns! Das Befremdliche der ganzen Erscheinung mußte uns nicht wenig in Verwunderung setzen. Der Mann gefiel uns gewiß nicht im zivilisierten Deutschland; aber sein sarmatisch ungetümes Wesen, eine täppische Behendigkeit, ein gewisses brummendes Zugreifen in seinem Verfahren verblüffte das Publikum. Es war jedenfalls ein origineller Anblick, wenn Herr Raupach auf seinem slawischen Pegasus, dem kleinen Klepper, über die Steppen der Poesie dahinjagte und unter dem Sattel, nach echter Baschkirenweise, seine dramatische Stoffe gar ritt. Dieses fand Beifall in Berlin, wo, wie ihr wißt, alles Russische gut aufgenommen wird; dem Herren Raupach gelang es, dort Fuß zu fassen; er wußte sich mit den Schauspielern zu verständigen, und seit einiger Zeit, wie schon gesagt, wird Raupach-Apollo neben Diana-Birch-Pfeiffer göttlich verehrt in dem Tempel der dramatischen Kunst. Dreißig Taler bekömmt er für jeden Akt, den er schreibt, und er schreibt lauter Stücke von sechs Akten, indem er dem ersten Akt den Titel »Vorspiel« gibt. Alle mögliche Stoffe hat er schon unter den Sattel seines Pegasus geschoben und gar geritten. Kein Held ist sicher vor solchem tragischen Schicksal. Sogar den Siegfried, den Drachentöter, hat er unterbekommen. Die Muse der deutschen Geschichte ist in Verzweiflung. Einer Niobe gleich, betrachtet sie, mit bleichem Schmerze, die edlen Kinder, die Raupach-Apollo so entsetzlich bearbeitet hat. O Jupiter! er wagte es sogar, Hand zu legen an die Hohenstaufen, unsere alten geliebten

Schwabenkaiser! Es war nicht genug, daß Herr Friedrich Raumer sie geschichtlich eingeschlachtet, jetzt kommt gar Herr Raupach, der sie fürs Theater zurichtet. Raumersche Holzfiguren überzieht er mit seiner ledernen Poesie, mit seinen russischen Juchten, und der Anblick solcher Karikaturen und ihr Mißduft verleidet uns am Ende noch die Erinnerung an die schönsten und edelsten Kaiser des deutschen Vaterlandes. Und die Polizei hemmt nicht solchen Frevel? Wenn sie nicht gar selbst die Hand im Spiel hat. Neue, emporstrebende Regentenhäuser lieben nicht bei dem Volke die Erinnerung an die alten Kaiserstämme, an deren Stelle sie gern treten möchten. Nicht bei Immermann, nicht bei Grabbe, nicht einmal bei Herren Uechtritz, sondern bei dem Herren Raupach wird die Berliner Theaterintendanz einen Barbarossa bestellen. Aber streng bleibt es Herren Raupach untersagt, einen Hohenzollern unter den Sattel zu stecken; sollte es ihm einmal danach gelüsten, so würde man ihm bald die Hausvogtei als Helikon anweisen.

Die Ideenassoziation, die durch Kontraste entsteht, ist schuld daran, daß ich, indem ich von Herren Uhland reden wollte, plötzlich auf Herren Raupach und Madame Birch-Pfeiffer geriet. Aber obgleich dieses göttliche Paar, unsere Theater-Diana noch viel weniger als unser Theater-Apoll, nicht zur eigentlichen Literatur gehört, so mußte ich doch einmal von ihnen reden, weil sie die jetzige Bretterwelt repräsentieren. Auf jeden Fall war ich es unseren wahren Poeten schuldig, mit wenigen Worten in diesem Buche zu erwähnen, von welcher Natur die Leute sind, die bei uns die Herrschaft der Bühne usurpieren.

V

Ich bin in diesem Augenblick in einer sonderbaren Verlegenheit. Ich darf die Gedichtesammlung des Herrn Ludwig Uhland nicht unbesprochen lassen, und dennoch befinde ich mich in einer Stimmung, die keineswegs solcher Besprechung günstig ist. Schweigen könnte hier als Feigheit oder gar als Perfidie erscheinen, und ehrlich offne Worte könnten als Mangel an Nächstenliebe gedeutet werden. In der Tat, die Sippen und Magen der Uhlandschen Muse und die Hintersassen seines Ruhmes werde ich mit der Begeisterung, die mir heute zu Gebote stellt, schwerlich befriedigen. Aber ich bitte euch, Zeit und Ort, wo ich dieses niederschreibe, gehörig zu ermessen. Vor zwanzig Jahren, ich war ein Knabe, ja damals, mit welcher überströmenden Begeisterung hätte ich den vortrefflichen Uhland zu feiern vermocht! Damals empfand ich seine Vortrefflichkeit vielleicht besser als jetzt; er stand mir näher an Empfindung und Denkvermögen. Aber so vieles hat sich seitdem ereignet! Was mir so herrlich dünkte, jenes chevalereske und katholische Wesen, jene Ritter, die im adligen Turnei sich hauen und stechen, jene sanften Knappen und sittigen Edelfrauen, jene Nordlandshelden und Minnesänger, jene Mönche und Nonnen, jene Vätergrüfte mit Ahnungsschauern, jene blassen Entsagungsgefühle mit Glockengeläute und das ewige Wehmutgewimmer, wie bitter ward es mir seitdem verleidet! Ja, einst war es anders. Wie oft, auf den Trümmern des alten Schlosses zu

Düsseldorf am Rhein, saß ich und deklamierte vor mich hin das schönste aller Uhlandschen Lieder:

Der schöne Schäfer zog so nah

Vorüber an dem Königsschloß;

Die Jungfrau von der Zinne sah,

Da war ihr Sehnen groß.

Sie rief ihm zu ein süßes Wort:

»O dürft ich gehn hinab zu dir!

Wie glänzen weiß die Lämmer dort,

Wie rot die Blümlein hier!«

Der Jüngling ihr entgegenbot:

»O kämest du herab zu mir!

Wie glänzen so die Wänglein rot,

Wie weiß die Arme dir!«

Und als er nun mit stillem Weh

In jeder Früh' vorübertrieb:

Da sah er hin, bis in der Höh'

Erschien sein holdes Lieb.

Dann rief er freundlich ihr hinauf:

»Willkommen, Königstöchterlein!«

Ihr süßes Wort ertönte drauf:

»Viel Dank, du Schäfer mein!«

Der Winter floh, der Lenz erschien,

Die Blümlein blühten reich umher,

Der Schäfer tät zum Schlosse ziehn,

Doch sie erschien nicht mehr.

Er lief hinauf so klagevoll:

»Willkommen, Königstöchterlein!«

Ein Geisterlaut herunterscholl:

»Ade, du Schäfer mein!«

Wenn ich nun auf den Ruinen des alten Schlosses saß und dieses Lied deklamierte, hörte ich auch wohl zuweilen, wie die Nixen im Rhein, der dort vorbeifließt, meine Worte nachäfften, und das seufzte und das stöhnte aus den Fluten mit komischem Pathos:

»Ein Geisterlaut herunterscholl,

Ade, du Schäfer mein!«

Ich ließ mich aber nicht stören von solchen Neckereien der Wasserfrauen, selbst wenn sie bei den schönsten Stellen in Uhlands Gedichten ironisch kicherten. Ich bezog solches Gekicher damals bescheidentlich auf mich selbst, namentlich gegen Abend, wenn die Dunkelheit heranbrach und ich mit etwas erhobener Stimme deklamierte, um dadurch die geheimnisvollen Schauer zu überwinden, die mir die alten Schloßtrümmer einflößten. Es ging nämlich die Sage, daß dort des Nachts eine Dame ohne Kopf umherwandle. Ich glaubte manchmal ihre lange seidne Schleppe vorbeirauschen zu hören, und mein Herz pochte... Das war die Zeit und der Ort, wo ich für die »Gedichte von Ludwig Uhland« begeistert war.

Dasselbe Buch habe ich wieder in Händen, aber zwanzig Jahre sind seitdem verflossen, ich habe unterdessen viel gehört und gesehen, gar viel, ich glaube nicht mehr an Menschen ohne Kopf, und der alte Spuk wirkt nicht mehr auf mein Gemüt. Das Haus, worin ich eben sitze und lese, liegt auf dem Boulevard Montmartre; und dort branden die wildesten Wogen des Tages, dort kreischen die lautesten Stimmen der modernen Zeit; das lacht, das grollt, das trommelt; im Sturmschritt schreitet vorüber die Nationalgarde; und jeder spricht französisch. Ist das nun der Ort, wo man Uhlands Gedichte lesen kann? Dreimal habe ich den Schluß des oberwähnten Gedichtes mir wieder vordeklamiert, aber ich empfinde nicht mehr das unnennbare Weh, das mich einst ergriff, wenn das Königstöchterlein stirbt und der schöne Schäfer so klagevoll zu ihr hinaufrief: »Willkommen, Königstöchterlein!«

»Ein Geisterlaut herunterscholl,

Ade! du Schäfer mein!«

Vielleicht auch bin ich für solche Gedichte etwas kühl geworden, seitdem ich die Erfahrung gemacht, daß es eine weit schmerzlichere Liebe gibt als die, welche den Besitz des geliebten Gegenstandes niemals erlangt oder ihn durch den Tod verliert. In der Tat, schmerzlicher ist es, wenn der geliebte Gegenstand Tag und Nacht in unseren Armen liegt, aber durch beständigen Widerspruch und blödsinnige Kapricen uns Tag und Nacht verleidet, dergestalt, daß wir das, was unser Herz am meisten liebt, von unserem Herzen fortstoßen und wir selber das verflucht geliebte Weib nach dem Postwagen bringen und fortschicken müssen:

»Ade, du Königstöchterlein!«

Ja, schmerzlicher als der Verlust durch den Tod ist der Verlust durch das Leben, z.B. wenn die Geliebte, aus wahnsinniger Leichtfertigkeit, sich von uns abwendet, wenn sie durchaus auf einen Ball gehen will, wohin kein ordentlicher Mensch sie begleiten kann, und wenn sie dann, ganz aberwitzig bunt geputzt und trotzig frisiert, dem ersten besten Lump den Arm reicht und uns den Rücken kehrt...

»Ade, du Schäfer mein!«

Vielleicht erging es Herren Uhland selber nicht besser als uns. Auch seine Stimmung muß sich seitdem etwas verändert haben. Mit g'ringen Ausnahmen hat er seit zwanzig Jahren keine neue Gedichte zu Markte gebracht. Ich glaube nicht, daß dieses schöne Dichtergemüt so kärglich von der Natur begabt gewesen und nur einen einzigen Frühling in sich trug. Nein, ich erkläre mir das Verstummen Uhlands vielmehr aus dem Widerspruch, worin die Neigungen seiner Muse mit den Ansprüchen seiner politischen Stellung geraten sind. Der elegische Dichter, der die katholisch feudalistische Vergangenheit in so schönen Balladen und Romanzen zu besingen wußte, der Ossian des Mittelalters, wurde seitdem, in der württembergischen Ständeversammlung, ein eifriger Vertreter der Volksrechte, ein kühner Sprecher für Bürgergleichheit und Geistesfreiheit. Daß diese demokratische und protestantische

Gesinnung bei ihm echt und lauter ist, bewies Herr Uhland durch die großen persönlichen Opfer, die er ihr brachte; hatte er einst den Dichterlorbeer errungen, so erwarb er auch jetzt den Eichenkranz der Bürgertugend. Aber eben weil er es mit der neuen Zeit so ehrlich meinte, konnte er das alte Lied von der alten Zeit nicht mehr mit der vorigen Begeisterung weitersingen; und da sein Pegasus nur ein Ritterroß war, das gern in die Vergangenheit zurücktrabte, aber gleich stätig wurde, wenn es vorwärts sollte in das moderne Leben, da ist der wackere Uhland lächelnd abgestiegen, ließ ruhig absatteln und den unfügsamen Gaul nach dem Stall bringen. Dort befindet er sich noch bis auf heutigen Tag, und wie sein Kollege, das Roß Bayard, hat er alle möglichen Tugenden und nur einen einzigen Fehler: er ist tot.

Schärferen Blicken als den meinigen will es nicht entgangen sein, daß das hohe Ritterroß, mit seinen bunten Wappendecken und stolzen Federbüschen, nie recht gepaßt habe zu seinem bürgerlichen Reuter, der an den Füßen statt Stiefeln mit goldenen Sporen nur Schuh' mit seidenen Strümpfen und auf dem Haupte statt eines Helms nur einen Tübinger Doktorhut getragen hat. Sie wollen entdeckt haben, daß Herr Ludwig Uhland niemals mit seinem Thema ganz übereinstimmen konnte; daß er die naiven, grauenhaft kräftigen Töne des Mittelalters nicht eigentlich in idealisierter Wahrheit wiedergibt, sondern sie vielmehr in eine kränklich sentimentale Melancholie auflöst; daß er die starken Klänge der Heldensage und des Volkslieds in seinem Gemüte gleichsam weichgekocht habe, um sie genießbar zu machen für das moderne Publikum. Und in der Tat, wenn man die Frauen der Uhlandschen Gedichte genau betrachtet, so sind es nur schöne Schatten, verkörperter Mondschein, in den Adern Milch, in den Augen süße Tränen, nämlich Tränen ohne Salz Vergleicht man die Uhlandschen Ritter mit den Rittern der alten Gesänge, so kommt es uns vor, als beständen sie aus Harnischen von Blech, worin lauter Blumen stecken, statt Fleisch und Knochen. Die Uhlandschen Ritter duften daher für zarte Nasen weit minniglicher als die alten Kämpen, die recht dicke eiserne Hosen trugen und viel fraßen und noch mehr soffen.

Aber das soll kein Tadel sein. Herr Uhland wollte uns keineswegs in wahrhafter Kopei die deutsche Vergangenheit vorführen, er wollte uns vielleicht nur durch ihren Widerschein ergötzen; und er ließ sie freundlich zurückspiegeln von der dämmernden Fläche seines Geistes. Dieses mag seinen Gedichten vielleicht einen besondern Reiz verleihen und ihnen die Liebe vieler sanften und guten Menschen erwerben. Die Bilder der Vergangenheit üben ihren Zauber selbst in der mattesten Beschwörung. Sogar Männer, die für die moderne Zeit Partei gefaßt, bewahren immer eine geheime Sympathie für die Überlieferungen alter Tage; wunderbar berühren uns diese Geisterstimmen selbst in ihrem schwächsten Nachhall. Und es ist leicht begreiflich, daß die Balladen und Romanzen unseres vortrefflichen Uhlands nicht bloß bei Patrioten von 1813, bei frommen Jünglingen und minniglichen Jungfrauen, sondern auch bei manchen Höhergekräftigten und Neudenkenden den schönsten Beifall finden.

Ich habe bei dem Wort Patrioten die Jahrzahl 1813 hinzugefügt, um sie von den heutigen Vaterlandsfreunden zu unterscheiden, die nicht mehr von den Erinnerungen des sogenannten Freiheitskrieges zehren. Jene älteren Patrioten müssen an der Uhlandschen Muse das süßeste

Wohlgefallen finden, da die meisten seiner Gedichte ganz von dem Geiste ihrer Zeit geschwängert sind, einer Zeit, wo sie selber noch in Jugendgefühlen und stolzen Hoffnungen schwelgten. Diese Vorliebe für Uhlands Gedichte überlieferten sie ihren Nachbetern, und den Jungen auf den Turnplätzen ward es einst als Patriotismus angerechnet, wenn sie sich Uhlands Gedichte anschafften. Sie fanden darin Lieder, die selbst Max von Schenkendorf und Herr Ernst Moritz Arndt nicht besser gedichtet hätten. Und in der Tat, welcher Enkel des biderben Arminius und der blonden Thusnelda wird nicht befriedigt von dem Uhlandschen Gedichte:

Vorwärts! fort und immerfort,

Rußland rief das stolze Wort:

Vorwärts!

Preußen hört das stolze Wort,

Hört es gern und hallt es fort:

Vorwärts!

Auf, gewaltiges Österreich!

Vorwärts! tu's den andern gleich!

Vorwärts!

Auf, du altes Sachsenland!

Immer vorwärts, Hand in Hand!

Vorwärts!

Bayern, Hessen, schlaget ein!

Schwaben, Franken, vor zum Rhein!

Vorwärts!

Vorwärts, Holland, Niederland!

Hoch das Schwert in freier Hand!

Vorwärts!

Grüß euch Gott, du Schweizerbund!

Elsaß, Lothringen, Burgund!

Vorwärts!

Vorwärts, Spanien, Engelland!

Reicht den Brüdern bald die Hand!

Vorwärts!

Vorwärts, fort und immerfort!

Guter Wind und naher Port!

Vorwärts!

Vorwärts heißt ein Feldmarschall,

Vorwärts, tapfre Streiter all!

Vorwärts!

Ich wiederhole es, die Leute von 1813 finden in Herren Uhlands Gedichten den Geist ihrer Zeit aufs kostbarste aufbewahrt, und nicht bloß den politischen, sondern auch den moralischen und ästhetischen Geist. Herr Uhland repräsentiert eine ganze Periode, und er repräsentiert sie jetzt fast allein, da die anderen Repräsentanten derselben in Vergessenheit geraten und sich wirklich in diesem Schriftsteller alle resümieren. Der Ton, der in den Uhlandschen Liedern, Balladen und Romanzen herrscht, war der Ton aller seiner romantischen Zeitgenossen, und mancher darunter hat, wo nicht gar

Besseres, doch wenigstens ebenso Gutes geliefert. Und hier ist der Ort, wo ich noch manchen von der romantischen Schule rühmen kann, der, wie gesagt, in betreff des Stoffes und der Tonart seiner Gedichte die sprechendste Ähnlichkeit mit Herren Uhland bekundet, auch an poetischem Werte ihm nicht nachzustehen braucht und sich etwa nur durch mindere Sicherheit in der Form von ihm unterscheidet. In der Tat, welch ein vortrefflicher Dichter ist der Freiherr von Eichendorff; die Lieder, die er seinem Roman »Ahnung und Gegenwart« eingewebt hat, lassen sich von den Uhlandschen gar nicht unterscheiden, und zwar von den besten derselben. Der Unterschied besteht vielleicht nur in der grüneren Waldesfrische und der kristallhafteren Wahrheit der Eichendorffschen Gedichte. Herr Justinus Kerner, der fast gar nicht bekannt ist, verdient hier ebenfalls eine preisende Erwähnung; auch er dichtete in derselben Tonart und Weise die wackersten Lieder; er ist ein Landsmann des Herren Uhland. Dasselbe ist der Fall bei Herrn Gustav Schwab, einem berühmteren Dichter, der ebenfalls aus den schwäbischen Gauen hervorgeblüht und uns noch jährlich mit hübschen und duftenden Liedern erquickt. Besonderes Talent besitzt er für die Ballade, und er hat die heimischen Sagen in dieser Form aufs erfreusamste besungen. Wilhelm Müller, den uns der Tod in seiner heitersten Jugendfülle entrissen, muß hier ebenfalls erwähnt werden. In der Nachbildung des deutschen Volkslieds klingt er ganz zusammen mit Herren Uhland; mich will es sogar bedünken, als sei er in solchem Gebiete manchmal glücklicher und überträfe ihn an Natürlichkeit. Er erkannte tiefer den Geist der alten Liedesformen und brauchte sie daher nicht äußerlich nachzuahmen; wir finden daher bei ihm ein freieres Handhaben der Übergänge und ein verständiges Vermeiden aller veralteten Wendungen und Ausdrücke. Den verstorbenen Wetzel, der jetzt vergessen und verschollen ist, muß ich ebenfalls hier in Erinnerung bringen; auch er ist ein Wahlverwandter unseres vortrefflichen Uhlands, und in einigen Liedern, die ich von ihm kenne, übertrifft er ihn an Süße und hinschmelzender Innigkeit. Diese Lieder, halb Blume, halb Schmetterling, verdufteten und verflatterten in einem der ältern Jahrgänge von Brockhaus' »Urania«. Daß Herr Clemens Brentano seine meisten Lieder in derselben Tonart und Gefühlsweise wie Herr Uhland gedichtet hat, versteht sich von selbst; sie schöpften beide aus derselben Quelle, dem Volksgesange, und bieten uns denselben Trank; nur die Trinkschale, die Form, ist bei Herren Uhland geründeter. Von Adelbert von Chamisso darf ich hier eigentlich nicht reden; obgleich Zeitgenosse der romantischen Schule, an deren Bewegungen er teilnahm, hat doch das Herz dieses Mannes sich in der letzten Zeit so wunderbar verjüngt, daß er in ganz neue Tonarten überging, sich als einen der eigentümlichsten und bedeutendsten modernen Dichter geltend machte und weit mehr dem jungen als dem alten Deutschland angehört. Aber in den Liedern seiner früheren Periode weht derselbe Odem, der uns auch aus den Uhlandschen Gedichten entgegenströmt; derselbe Klang, dieselbe Farbe, derselbe Duft, dieselbe Wehmut, dieselbe Träne... Chamissos Tränen sind vielleicht rührender, weil sie, gleich einem Quell, der aus einem Felsen springt, aus einem weit stärkeren Herzen hervorbrechen.

Die Gedichte, die Herr Uhland in südlichen Versarten geschrieben, sind ebenfalls den Sonetten, Assonanzen und Ottaverime seiner Mitschüler von der romantischen Schule aufs innigste verwandt, und man kann sie nimmermehr, sowohl der Form als des Tones nach, davon unterscheiden. Aber wie gesagt, die meisten jener Uhlandschen Zeitgenossen, mitsamt ihren Gedichten, geraten in Vergessenheit; letztere findet man nur noch mit Mühe in verschollenen Sammlungen, wie der »Dichterwald«, die »Sängerfahrt«, in einigen Frauen- und Musenalmanachen, die Herr Fouqué und Herr Tieck herausgegeben, in alten Zeitschriften, namentlich in Achim von Arnims »Trösteinsamkeit« und in der »Wünschelrute«, redigiert von Heinrich Straube und Rudolf Christiani, in den damaligen Tagesblättern, und Gott weiß mehr wo!

Herr Uhland ist nicht der Vater einer Schule, wie Schiller oder Goethe oder sonst so einer, aus deren Individualität ein besonderer Ton hervordrang, der in den Dichtungen ihrer Zeitgenossen einen bestimmten Widerhall fand. Herr Uhland ist nicht der Vater, sondern er ist selbst nur das Kind einer Schule, die ihm einen Ton überliefert, der ihr ebenfalls nicht ursprünglich angehört, sondern den sie aus früheren Dichterwerken mühsam hervorgequetscht hatte. Aber als Ersatz für diesen Mangel an Originalität, an eigentümlicher Neuheit, bietet Herr Uhland eine Menge Vortrefflichkeiten, die ebenso herrlich wie selten sind. Er ist der Stolz des glücklichen Schwabenlandes, und alle Genossen deutscher Zunge erfreuen sich dieses edlen Sängergemütes. In ihm resümieren sich die meisten seiner lyrischen Gespiele von der romantischen Schule, die das Publikum jetzt in dem einzigen Manne liebt und verehrt. Und wir verehren und lieben ihn jetzt vielleicht um so inniger, da wir im Begriffe sind, uns auf immer von ihm zu trennen.

Ach! nicht aus leichtfertiger Lust, sondern dem Gesetze der Notwendigkeit gehorchend, setzt sich Deutschland in Bewegung... Das fromme, friedsame Deutschland! ... es wirft einen wehmütigen Blick auf die Vergangenheit, die es hinter sich läßt, noch einmal beugt es sich gefühlvoll hinab über jene alte Zeit, die uns aus Uhlands Gedichten so sterbebleich anschaut, und es nimmt Abschied mit einem Kusse. Und noch einen Kuß, meinetwegen sogar eine Träne! Aber laßt uns nicht länger weilen in müßiger Rührung...

Vorwärts! fort und immerfort,

Frankreich rief das stolze Wort:

Vorwärts!

VI

»Als nach langen Jahren Kaiser Otto III. an das Grab kam, wo Karls Gebeine bestattet ruhten, trat er mit zwei Bischöfen und dem Grafen von Laumel (der dieses alles berichtet hat) in die Höhle ein. Die Leiche lag nicht, wie andere Tote, sondern saß aufrecht, wie ein Lebender, auf einem Stuhl. Auf dem Haupte war eine Goldkrone, den Zepter hielt er in den Händen, die mit Handschuhen bekleidet waren, die Nägel der

Finger hatten aber das Leder durchbohrt und waren herausgewachsen. Das Gewölbe war aus Marmor und Kalk sehr dauerhaft gemauert. Um hineinzugelangen, mußte eine Öffnung gebrochen werden; sobald man hineingelangt war, spürte man einen heftigen Geruch. Alle beugten sogleich die Knie und erwiesen dem Toten Ehrerbietung. Kaiser Otto legte ihm ein weißes Gewand an, beschnitt ihm die Nägel und ließ alles Mangelhafte ausbessern. Von den Gliedern war nichts verfault, außer von der Nasenspitze fehlte etwas; Otto ließ sie von Gold wiederherstellen. Zuletzt nahm er aus Karls Munde einen Zahn, ließ das Gewölbe wieder zumauern und ging von dannen. Nachts drauf soll ihm im Traume Karl erschienen sein und verkündigt haben, daß Otto nicht alt werden und keinen Erben hinterlassen werde.«

Solchen Bericht geben uns die »Deutschen Sagen«. Es ist dies aber nicht das einzige Beispiel der Art. So hat auch euer König Franz das Grab des berühmten Roland öffnen lassen, um selber zu sehen, ob dieser Held von so riesenhafter Gestalt gewesen, wie die Dichter rühmen. Dieses geschah kurz vor der Schlacht von Pavia. Sebastian von Portugal ließ die Grüfte seiner Vorfahren öffnen und betrachtete die toten Könige, ehe er nach Afrika zog.

Sonderbar schauerliche Neugier, die oft die Menschen antreibt, in die Gräber der Vergangenheit hinabzuschauen! Es geschieht dieses zu außerordentlichen Perioden, nach Abschluß einer Zeit oder kurz vor einer Katastrophe. In unseren neueren Tagen haben wir eine ähnliche Erscheinung erlebt; es war ein großer Souverän, das französische Volk, welcher plötzlich die Lust empfand, das Grab der Vergangenheit zu öffnen und die längst verschütteten, verschollenen Zeiten bei

Tageslicht zu betrachten. Es fehlte nicht an gelehrten Totengräbern, die, mit Spaten und Brecheisen, schnell bei der Hand waren, um den alten Schutt aufzuwühlen und die Grüfte zu erbrechen. Ein starker Duft ließ sich verspüren, der, als gotisches Hautgout, denjenigen Nasen, die für Rosenöl blasiert sind, sehr angenehm kitzelte. Die französischen Schriftsteller knieten ehrerbietig nieder vor dem aufgedeckten Mittelalter. Der eine legte ihm ein neues Gewand an, der andere schnitt ihm die Nägel, ein dritter setzte ihm eine neue Nase an; zuletzt kamen gar einige Poeten, die dem Mittelalter die Zähne ausrissen, alles wie Kaiser Otto.

Ob der Geist des Mittelalters diesen Zahnausreißern im Traume erschienen ist und ihrer ganzen romantischen Herrschaft ein frühes Ende prophezeit hat, das weiß ich nicht. Überhaupt, ich erwähne dieser Erscheinung der französischen Literatur nur aus dem Grunde, um bestimmt zu erklären, daß ich weder direkt noch indirekt eine Befehdung derselben im Sinne habe, wenn ich in diesem Buche eine ähnliche Erscheinung, die in Deutschland stattfand, mit etwas scharfen Worten besprochen. Die Schriftsteller, die in Deutschland das Mittelalter aus seinem Grabe hervorzogen, hatten andere Zwecke, wie man aus diesen Blättern ersehen wird, und die Wirkung, die sie auf die große Menge ausüben konnten, gefährdete die Freiheit und das Glück meines Vaterlandes. Die französischen Schriftsteller hatten nur artistische Interessen, und das französische Publikum suchte nur seine plötzlich erwachte Neugier zu befriedigen. Die meisten schauten in die Gräber der Vergangenheit nur in der Absicht, um sich ein interessantes Kostüm für den Karneval auszusuchen. Die Mode des Gotischen war in Frankreich eben nur eine Mode, und sie diente nur dazu, die Lust der

Gegenwart zu erhöhen. Man läßt sich die Haare mittelalterlich lang vom Haupte herabwallen, und bei der flüchtigsten Bemerkung des Friseurs, daß es nicht gut kleide, läßt man es kurz abschneiden mitsamt den mittelalterlichen Ideen, die dazu gehören. Ach! in Deutschland ist das anders. Vielleicht eben weil das Mittelalter dort nicht, wie bei euch, gänzlich tot und verwest ist. Das deutsche Mittelalter liegt nicht vermodert im Grabe, es wird vielmehr manchmal von einem bösen Gespenste belebt und tritt am hellen, lichten Tage in unsere Mitte und saugt uns das rote Leben aus der Brust...

Ach! seht ihr nicht, wie Deutschland so traurig und bleich ist? zumal die deutsche Jugend, die noch unlängst so begeistert emporjubelte? Seht ihr nicht, wie blutig der Mund des bevollmächtigten Vampirs, der zu Frankfurt residiert und dort am Herzen des deutschen Volkes so schauerlich langsam und langweilig saugt?

Was ich in betreff des Mittelalters im allgemeinen angedeutet, findet auf die Religion desselben eine ganz besondere Anwendung. Loyalität erfordert, daß ich eine Partei, die man hierzulande die katholische nennt, aufs allerbestimmteste von jenen deplorablen Gesellen, die in Deutschland diesen Namen führen, unterscheide. Nur von letzteren habe ich in diesen Blättern gesprochen, und zwar mit Ausdrücken, die mir immer noch viel zu gelinde dünken. Es sind die Feinde meines Vaterlandes, ein kriechendes Gesindel, heuchlerisch, verlogen und von unüberwindlicher Feigheit. Das zischelt in Berlin, das zischelt in München, und während du auf dem Boulevard Montmartre wandelst, fühlst du plötzlich den Stich in der Ferse. Aber wir zertreten ihr das Haupt, der alten Schlange. Es ist die Partei der Lüge, es sind die

Schergen des Despotismus und die Restauratoren aller Misere, aller Greul und Narretei der Vergangenheit. Wie himmelweit davon verschieden ist jene Partei, die man hier die katholische nennt und deren Häupter zu den talentreichsten Schriftstellern Frankreichs gehören. Wenn sie auch nicht eben unsere Waffenbrüder sind, so kämpfen wir doch für dieselben Interessen, nämlich für die Interessen der Menschheit. In der Liebe für dieselbe sind wir einig; wir unterscheiden uns nur in der Ansicht dessen, was der Menschheit frommt. Jene glauben, die Menschheit bedürfe nur des geistlichen Trostes, wir hingegen sind der Meinung, daß sie vielmehr des körperlichen Glückes bedarf. Wenn jene, die katholische Partei in Frankreich, ihre eigne Bedeutung verkennend, sich als die Partei der Vergangenheit, als die Restauratoren des Glaubens derselben, ankündigt, müssen wir sie gegen ihre eigne Aussage in Schutz nehmen. Das achtzehnte Jahrhundert hat den Katholizismus in Frankreich so gründlich ekrasiert, daß fast gar keine lebende Spur davon übriggeblieben und daß derjenige, welcher den Katholizismus in Frankreich wiederherstellen will, gleichsam eine ganz neue Religion predigt. Unter Frankreich verstehe ich Paris, nicht die Provinz; denn was die Provinz denkt, ist eine ebenso gleichgültige Sache, als was unsere Beine denken; der Kopf ist der Sitz unserer Gedanken. Man sagte mir, die Franzosen in der Provinz seien gute Katholiken; ich kann es weder bejahen noch verneinen; die Menschen, welche ich in der Provinz fand, sahen alle aus wie Meilenzeiger, welche ihre mehr oder minder große Entfernung von der Hauptstadt auf der Stirne geschrieben trugen. Die Frauen dort suchen vielleicht Trost im Christentum, weil sie nicht in Paris leben können. In Paris selbst hat das Christentum seit der Revolution nicht mehr existiert, und schon früher hatte es hier alle reelle Bedeutung verloren. In einem abgelegenen Kirchwinkel lag es lauernd, das Christentum, wie eine Spinne, und sprang dann und wann hastig hervor, wenn es ein Kind in der Wiege oder einen Greis im Sarge erhaschen konnte. Ja, nur zu zwei Perioden, wenn er eben zur Welt kam oder wenn er eben die Welt wieder verließ, geriet der Franzose in die Gewalt des katholischen Priesters; während der ganzen Zwischenzeit war er bei Vernunft und lachte über Weihwasser und Ölung. Aber heißt das eine Herrschaft des Katholizismus? Eben weil dieser in Frankreich ganz erloschen war, konnte er unter Ludwig XVIII. und Karl X., durch den Reiz der Neuheit, auch einige uneigennützige Geister für sich gewinnen. Der Katholizismus war damals so etwas Unerhörtes, so etwas Frisches, so etwas Überraschendes! Die Religion, die kurz vor jener Zeit in Frankreich herrschte, war die klassische Mythologie, und diese schöne Religion war dem französischen Volke von seinen Schriftstellern, Dichtern und Künstlern mit solchem Erfolge gepredigt worden, daß die Franzosen zu Ende des vorigen Jahrhunderts, im Handeln wie im Gedanken, ganz heidnisch kostümiert waren. Während der Revolution blühte die klassische Religion in ihrer gewaltigsten Herrlichkeit; es war nicht ein alexandrinisches Nachäffen, Paris war eine natürliche Fortsetzung von Athen und Rom. Unter dem Kaiserreich erlosch wieder dieser antike Geist, die griechischen Götter herrschten nur noch im Theater, und die römische Tugend besaß nur noch das Schlachtfeld; ein neuer Glaube war aufgekommen, und dieser resümierte sich in dem heiligen Namen »Napoleon«! Dieser Glaube herrscht noch immer unter der Masse. Wer daher sagt, das französische Volk sei irreligiös, weil es nicht mehr an Christus und seine Heiligen glaubt, hat unrecht. Man muß vielmehr sagen, die Irreligiosität der Franzosen besteht darin, daß sie jetzt an einen Menschen glauben statt an die unsterblichen Götter. Man muß sagen, die Irreligiosität der Franzosen besteht darin, daß sie nicht mehr an den Jupiter glauben, nicht mehr an Diana, nicht mehr an Minerva, nicht mehr an Venus. Dieser letztere Punkt ist zweifelhaft; soviel weiß ich, in betreff der Grazien sind die Französinnen noch immer orthodox geblieben.

Ich hoffe, man wird diese Bemerkungen nicht mißverstehen; sie sollten ja eben dazu dienen, den Leser dieses Buches vor einem argen Mißverständnis zu bewahren.

Anhang

Ich wäre in Verzweiflung, wenn die wenigen Andeutungen, die mir [s. Zweites Buch, zweiter Abschnitt] in betreff des großen Eklektikers entschlüpft sind, ganz mißverstanden werden. Wahrlich, fern ist von mir die Absicht, Herren Victor Cousin zu verkleinern. Die Titel dieses berühmten Philosophen verpflichten mich sogar zu Preis und Lob. Er gehört zu jenem lebenden Pantheon Frankreichs, welches wir die Pairie nennen, und seine geistreichen Gebeine ruhen auf den Sammetbänken des Luxembourgs. Dabei ist er ein liebendes Gemüt, und er liebt nicht die banalen Gegenstände, die jeder Franzose lieben kann, z.B. den Napoleon, er liebt nicht einmal den Voltaire, der schon minder leicht zu lieben ist... nein, des Herren Cousins Herz versucht das Schwerste: er liebt Preußen. Ich wäre ein Bösewicht, wenn ich einen solchen Mann verkleinern wollte, ich wäre ein Ungeheuer von Undankbarkeit... denn ich selber bin ein Preuße. Wer wird uns lieben, wenn das große Herz eines Victor Cousin nicht mehr schlägt?

Ich muß wahrlich alle Privatgefühle, die mich zu einem überlauten Enthusiasmus verleiten könnten, gewaltsam unterdrücken. Ich möchte nämlich auch nicht des Servilismus verdächtig werden; denn Herr Cousin ist sehr einflußreich im Staate durch seine Stellung und Zunge. Diese Rücksicht könnte mich sogar bewegen, ebenso freimütig seine Fehler wie seine Tugenden zu besprechen. Wird er selber dieses mißbilligen? Gewiß nicht! Ich weiß, daß man große Geister nicht schöner ehren kann, als indem man ihre Mängel ebenso gewissenhaft wie ihre Tugenden beleuchtet. Wenn man einen Herkules besingt, muß man auch erwähnen, daß er einmal die Löwenhaut abgelegt und am Spinnrocken gesessen; er bleibt ja darum doch immer ein Herkules! Wenn wir ebensolche Umstände von Herrn Cousin berichten, dürfen wir jedoch feinlobend hinzufügen: Herr Cousin, wenn er auch zuweilen schwatzend am Spinnrocken saß, so hat er doch nie die Löwenhaut abgelegt.

In Vergleichung mit dem Herkules fortfahrend, dürften wir auch noch eines anderen schmeichelhaften Unterschieds erwähnen. Das Volk hat nämlich dem Sohne der Alkmene auch jene Werke zugeschrieben, die von verschiedenen seiner Zeitgenossen vollbracht worden; die Werke des Herren Cousin sind aber so kolossal, so erstaunlich, daß das Volk nie begriff, wie ein einziger Mensch dergleichen vollbringen konnte, und es entstand die Sage, daß die Werke, die unter dem Namen dieses Herren erschienen sind, von mehreren seiner Zeitgenossen herrühren.

So wird es auch einst Napoleon gehen; schon jetzt können wir nicht begreifen, wie ein einziger Held so viele Wundertaten vollbringen konnte. Wie man dem großen Victor Cousin schon jetzt nachsagt, daß er fremde Talente zu exploitieren und ihre Arbeiten als die seinigen zu publizieren gewußt, so wird man einst auch von dem armen Napoleon behaupten, daß nicht er selber, sondern Gott weiß wer, vielleicht gar Herr Sebastiani, die Schlachten von Marengo, Austerlitz und Jena gewonnen habe.

Große Männer wirken nicht bloß durch ihre Taten, sondern auch durch ihr persönliches Leben. In dieser Beziehung muß man Herren

Cousin ganz unbedingt loben. Hier erscheint er in seiner tadellosesten Herrlichkeit. Er wirkte durch sein eignes Beispiel zur Zerstörung eines Vorurteils, welches vielleicht bis jetzt die meisten seiner Landsleute davon abgehalten hat, sich dem Studium der Philosophie, der wichtigsten aller Bestrebungen, ganz hinzugeben. Hierzulande herrschte nämlich die Meinung, daß man durch das Studium der Philosophie für das praktische Leben untauglich werde, daß man durch metaphysische Spekulationen den Sinn für industrielle Spekulationen verliere und daß man, allem Ämterglanz entsagend, in naiver Armut und zurückgezogen von allen Intrigen leben müsse, wenn man ein großer Philosoph werden wolle. Diesen Wahn, der so viele Franzosen von dem Gebiete des Abstrakten fernhielt, hat nun Herr Cousin glücklich zerstört, und durch sein eignes Beispiel hat er gezeigt, daß man ein unsterblicher Philosoph und zu gleicher Zeit ein lebenslänglicher Pair de France werden kann.

Freilich, einige Voltairianer erklären dieses Phänomen aus dem einfachen Umstande, daß von jenen zwei Eigenschaften des Herren Cousin nur die letztere konstatiert sei. Gibt es eine lieblosere, unchristlichere Erklärung? Nur ein Voltairianer ist dergleichen Frivolität fähig!

Welcher große Mann ist aber jemals der Persiflage seiner Zeitgenossen entgangen? Haben die Athener mit ihren attischen Epigrammen den großen Alexander verschont? Haben die Römer nicht Spottlieder auf Cäsar gesungen? Haben die Berliner nicht Pasquille gegen Friedrich den Großen gedichtet? Herren Cousin trifft dasselbe Schicksal, welches schon Alexander, Cäsar und Friedrich getroffen und noch viele andere große Männer, mitten in Paris, treffen wird. Je größer der Mann, desto leichter trifft ihn der Pfeil des Spottes, Zwerge sind schon schwerer zu treffen.

Die Masse aber, das Volk, liebt nicht den Spott. Das Volk, wie das Genie, wie die Liebe, wie der Wald, wie das Meer, ist von ernsthafter Natur, es ist abgeneigt jedem boshaften Salonwitz, und große Erscheinungen erklärt es in tiefsinnig mystischer Weise. Alle seine Auslegungen tragen einen poetischen, wunderbaren, legendenhaften Charakter. So z.B. Paganinis erstaunliches Violinspiel sucht das Volk dadurch zu erklären, daß dieser Musiker aus Eifersucht seine Geliebte ermordet, deshalb lange Jahre im Gefängnisse zugebracht, dort zur einzigen Erheiterung nur eine Violine besessen und, indem er sich Tag und Nacht darauf übte, endlich die höchste Meisterschaft auf diesem Instrumente erlangt habe. Die philosophische Virtuosität des Herren Cousin sucht das Volk in ähnlicher Weise zu erklären, und man erzählt, daß einst die deutschen Regierungen unseren großen Eklektiker für einen Freiheitshelden angesehen und festgesetzt haben, daß er im Gefängnisse kein anderes Buch außer Kants »Kritik der reinen Vernunft« zu lesen bekommen, daß er aus Langerweile beständig darin studiert und daß er dadurch jene Virtuosität in der deutschen Philosophie erlangte, die ihm späterhin, in Paris, so viele Applaudissements erwarb, als er die schwierigsten Passagen derselben öffentlich vortrug.

Dieses ist eine sehr schöne Volkssage, märchenhaft, abenteuerlich, wie die von Orpheus, von Bileam, dem Sohne Boers, von Quaser dem Weisen, von Buddha, und jedes Jahrhundert wird daran modeln, bis endlich der Name Cousin eine symbolische Bedeutung gewinnt und die Mythologen in Herren Cousin nicht mehr ein wirkliches Individuum sehen, sondern nur die Personifikation des Märtyrers der Freiheit, der, im Kerker sitzend, Trost sucht in der Weisheit, in der Kritik der reinen Vernunft; ein künftiger Ballanche sieht vielleicht in ihm eine Allegorie seiner Zeit selbst, eine Zeit, wo die Kritik und die reine Vernunft und die Weisheit gewöhnlich im Kerker saß.

Was nun wirklich diese Gefangenschaftsgeschichte des Herren Cousin betrifft, so ist sie keineswegs ganz allegorischen Ursprungs. Er hat, in der Tat, einige Zeit, der Demagogie verdächtig, in einem deutschen Gefängnisse zugebracht, ebensogut wie Lafayette und Richard Löwenherz. Daß aber Herr Cousin dort, in seinen Mußestunden, Kants »Kritik der reinen Vernunft« studiert habe, ist, aus drei Gründen, zu bezweifeln. Erstens: Dieses Buch ist auf deutsch geschrieben. Zweitens: Man muß Deutsch verstehen, um dieses Buch lesen zu können. Und drittens: Herr Cousin versteht kein Deutsch.

Ich will dieses beileibe nicht in tadelnder Absicht gesagt haben. Die Größe des Herren Cousin tritt um so greller ins Licht, wenn man sieht, daß er die deutsche Philosophie erlernt hat, ohne die Sprache zu verstehen, worin sie gelehrt wird. Dieser Genius, wie überragt er dadurch uns gewöhnliche Menschen, die wir nur mit großer Mühe diese Philosophie verstehen, obgleich wir mit der deutschen Sprache von Kind auf ganz vertraut sind! Das Wesen eines solchen Genius wird uns immer unerklärlich bleiben; das sind jene intuitive Naturen, denen Kant das spontaneische Begreifen der Dinge in ihrer Totalität zuschreibt, im Gegensatz zu uns gewöhnlichen analytischen Naturen, die wir erst durch ein Nacheinander und durch Kombination der Einzelteile die Dinge zu begreifen wissen. Kant scheint schon geahnt zu haben, daß einst ein solcher Mann erscheinen werde, der sogar seine »Kritik der reinen Vernunft« durch bloße intuitive Anschauung verstehen wird, ohne diskursiv analytisch Deutsch gelernt zu haben. Vielleicht aber sind die Franzosen überhaupt glücklicher organisiert wie wir Deutschen, und ich habe bemerkt, daß man ihnen von einer Doktrin, von einer gelehrten Untersuchung, von einer wissenschaftlichen Ansicht nur ein weniges zu sagen braucht, und dieses wenige wissen sie so vortrefflich in ihrem Geiste zu kombinieren und zu verarbeiten, daß sie alsdann die Sache noch weit besser verstehen wie wir selber und uns über unser eignes Wissen belehren können. Es will mich manchmal bedünken, als seien die Köpfe der Franzosen, ebenso wie ihre Kaffeehäuser, inwendig mit lauter Spiegeln versehen, so daß jede Idee, die ihnen in den Kopf gelangt, sich dort unzähligemal reflektiert: eine optische Einrichtung, wodurch sogar die engsten und dürftigsten Köpfe sehr weit und strahlend erscheinen. Diese brillanten Köpfe, ebenso wie die glänzenden Kaffeehäuser, pflegen einen armen Deutschen, wenn er zuerst nach Paris kömmt, sehr zu blenden.

Ich fürchte, ich komme aus den süßen Gewässern des Lobes unversehens in das bittere Meer des Tadels. Ja, ich kann nicht umhin, den Herren Cousin wegen eines Umstandes bitter zu tadeln: nämlich er, der die Wahrheit liebt noch mehr als den Plato und den Tennemann, er ist ungerecht gegen sich selber, er verleumdet sich selber, indem er uns einreden möchte, er habe aus der Philosophie der Herren Schelling und Hegel allerlei entlehnt. Gegen diese

Selbstanschuldigung muß ich Herren Cousin in Schutz nehmen. Auf Wort und Gewissen! dieser ehrliche Mann hat aus der Philosophie der Herren Schelling und Hegel nicht das mindeste gestohlen, und wenn er als ein Andenken von diesen beiden etwas mit nach Hause gebracht hat, so war es nur ihre Freundschaft. Das macht seinem Herzen Ehre. Aber von solchen fälschlichen Selbstanklagen gibt es viele Beispiele in der Psychologie. Ich kannte einen Mann, der von sich selber aussagte, er habe an der Tafel des Königs silberne Löffel gestohlen; und doch wußten wir alle, daß der arme Teufel nicht hoffähig war und sich dieses Löffeldiebstahls anklagte, um uns glauben zu machen, er sei im Schlosse zu Gaste gewesen.

Nein, Herr Cousin hat in der deutschen Philosophie immer das sechste Gebot befolgt, hier hat er auch nicht eine einzige Idee, auch nicht ein Zuckerlöffelchen von Idee eingesteckt. Alle Zeugenaussagen stimmen darin überein, daß Herr Cousin in dieser Beziehung, ich sage in dieser Beziehung, die Ehrlichkeit selbst sei. Und es sind nicht bloß seine Freunde, sondern auch seine Gegner, die ihm dieses Zeugnis geben. Ein solches Zeugnis enthalten z.B. die »Berliner Jahrbücher der wissenschaftlichen Kritik« von diesem Jahre, und da der Verfasser dieser Urkunde, der große Hinrichs, keineswegs ein Lobhudler und seine Worte also desto unverdächtiger sind, so will ich sie später in ihrem ganzen Umfange mitteilen. Es gilt einen großen Mann von einer schweren Anklage zu befreien, und nur deshalb erwähne ich das Zeugnis der »Berliner Jahrbücher«, die freilich durch einen etwas spöttischen Ton, womit sie von Herren Cousin reden, mein eigenes Gemüt unangenehm berühren. Denn ich bin ein wahrhafter Verehrer des großen Eklektikers, wie ich schon gezeigt in diesen Blättern, wo ich ihn mit allen möglichen großen Männern, mit Herkules, Napoleon, Alexander, Cäsar, Friedrich, Orpheus, Bileam, dem Sohn Boers, Quaser dem Weisen, Buddha, Lafayette, Richard Löwenherz und Paganini, verglichen habe.

Ich bin vielleicht der erste, der diesen großen Namen auch den Namen Cousin beigesellt. »Du sublime au ridicule il n'y a qu'un pas!« werden freilich seine Feinde sagen, seine frivolen Gegner, jene Voltairianer, denen nichts heilig ist, die keine Religion haben und die nicht einmal an Herrn Cousin glauben. Aber es wird nicht das erstemal sein, daß eine Nation erst durch einen Fremden ihre großen Männer schätzen lernt. Ich habe vielleicht das Verdienst um Frankreich, daß ich den Wert des Herren Cousin für die Gegenwart und seine Bedeutung für die Zukunft gewürdigt habe. Ich habe gezeigt, wie das Volk ihn schon bei Lebzeiten poetisch ausschmückt und Wunderdinge von ihm erzählt. Ich habe gezeigt, wie er sich allmählich ins Sagenhafte verliert und wie einst eine Zeit kommt, wo der Name Victor Cousin eine Mythe sein wird. »Jetzt ist er schon eine Fabel«, kichern die Voltairianer.

O ihr Verlästerer des Thrones und des Altars, ihr Bösewichter, die ihr, wie Schiller singt, »das Glänzende zu schwärzen und das Erhabene in den Staub zu ziehen« pflegt, ich prophezeie euch, daß die Renommee des Herren Cousin, wie die französische Revolution, die Reise um die Welt macht! Ich höre wieder boshaft hinzusetzen: »In der Tat, die Renommee des Herren Cousin macht eine Reise um die Welt, und von Frankreich ist sie bereits abgereist.«

Heinrich Heine

Zur Geschichte der Religion und Philosophie in Deutschland

Vorrede zur ersten Auflage

Ich muß den deutschen Leser darauf besonders aufmerksam machen, daß diese Blätter ursprünglich für eine französische Zeitschrift, die »Revue des deux mondes«, und zu einem bestimmten Zeitzweck abgefaßt worden. Sie gehören nämlich zu einer Überschau deutscher Geistesvorgänge, wovon ich bereits früher dem französischen Publikum einige Teile vorgelegt und die auch in deutscher Sprache als Beiträge »Zur Geschichte der neueren schönen Literatur in Deutschland« erschienen sind. Die Anforderungen der periodischen Presse, Übelstände in der Ökonomie derselben, Mangel an wissenschaftlichen Hülfsmitteln, französische Unzulänglichkeiten, ein neulich in Deutschland promulgiertes Gesetz über ausländische Drucke, welches nur auf mich seine Anwendung fand, und dergleichen Hemmungen mehr erlaubten mir nicht, die verschiedenen Teile jener Überschau in chronologischer Reihenfolge und unter einem Gesamttitel mitzuteilen. Das gegenwärtige Buch, trotz seiner inneren Einheit und seiner äußerlichen Geschlossenheit, ist also nur das Fragment eines größeren Ganzen.

Ich grüße die Heimat mit dem freundlichsten Gruße.

Geschrieben zu Paris, im Monat Dezember 1834

Heinrich Heine

Vorrede zur zweiten Auflage

Als die erste Auflage dieses Buches die Presse verließ und ich ein Exemplar desselben zur Hand nahm, erschrak ich nicht wenig ob den Verstümmelungen, deren Spur sich überall kundgab. Hier fehlte ein Beiwort, dort ein Zwischensatz, ganze Stellen waren ausgelassen, ohne Rücksicht auf die Übergänge, so daß nicht bloß der Sinn, sondern manchmal die Gesinnung selbst verschwand. Viel mehr die Furcht Cäsars als die Furcht Gottes leitete die Hand bei diesen Verstümmelungen, und während sie alles politisch Verfängliche ängstlich ausmerzte, verschonte sie selbst das Bedenklichste, das auf Religion Bezug hatte. So ging die eigentliche Tendenz dieses Buches, welche eine patriotisch-demokratische war, verloren, und unheimlich starrte mir daraus ein ganz fremder Geist entgegen, welcher an scholastisch-theologische Klopffechtereien erinnert und meinem humanistisch-toleranten Naturell tief zuwider ist.

Ich schmeichelte mir anfangs mit der Hoffnung, daß ich bei einem zweiten Abdruck die Lakunen dieses Buches wieder ausfüllen könne; doch keine Restauration der Art ist jetzt möglich, da bei dem großen Brand zu Hamburg das Originalmanuskript im Hause meines Verlegers verlorengegangen. Mein Gedächtnis ist zu schwach, als daß ich aus der Erinnerung nachhelfen könnte, und außerdem dürfte eine genaue Durchsicht des Buches mir wegen des Zustandes meiner Augen nicht erlaubt sein. Ich begnüge mich damit, daß ich nach der französischen Version, welche früher als die deutsche gedruckt worden, einige der größern ausgelassenen Stellen aus dem Französischen zurückübersetze und interkaliere. Eine dieser Stellen, welche in unzähligen französischen Blättern abgedruckt, diskutiert und auch in der vorjährigen französischen Deputiertenkammer von einem der größten Staatsmänner der Franzosen, dem Grafen Molé, besprochen worden, ist am Ende dieser neuen Ausgabe befindlich und mag zeigen, welche Bewandtnis es hat mit der Verkleinerung und Herabsetzung Deutschlands, deren ich mich, wie gewisse ehrliche Leute versicherten, dem Auslande gegenüber schuldig gemacht haben soll. Äußerte ich mich in meinem Unmut über das alte, offizielle Deutschland, das verschimmelte Philisterland das aber keinen Goliath, keinen einzigen großen Mann hervorgebracht hat –, so wußte man das, was ich sagte, so darzustellen, als sei hier die Rede von dem wirklichen Deutschland, dem großen, geheimnisvollen, sozusagen anonymen Deutschland des deutschen Volkes, des schlafenden Souveränen, mit dessen Zepter und Krone die Meerkatzen spielen. Solche Insinuation ward den ehrlichen Leuten noch dadurch erleichtert, daß jede Kundgabe meiner wahren Gesinnung mir während einer langen Periode schier unmöglich war, besonders zur Zeit, als die Bundestagsdekrete gegen das »Junge Deutschland« erschienen, welche hauptsächlich gegen mich gerichtet waren und mich in eine exzeptionell gebundene Lage brachten, die unerhört in den Annalen der Preßknechtschaft. Als ich späterhin den Maulkorb etwas lüften konnte, blieben doch die Gedanken noch geknebelt.

Das vorliegende Buch ist Fragment und soll auch Fragment bleiben. Ehrlich gestanden, es wäre mir lieb, wenn ich das Buch ganz ungedruckt lassen könnte. Es haben sich nämlich seit dem Erscheinen desselben meine Ansichten über manche Dinge, besonders über göttliche Dinge, bedenklich geändert, und manches, was ich behauptete, widerspricht jetzt meiner bessern Überzeugung. Aber der Pfeil gehört nicht mehr dem Schützen, sobald er von der Sehne des Bogens fortfliegt, und das Wort gehört nicht mehr dem Sprecher, sobald es seiner Lippe entsprungen und gar durch die Presse vervielfältigt worden. Außerdem würden fremde Befugnisse mir mit zwingendem Einspruch entgegentreten, wenn ich dieses Buch ungedruckt ließe und meinen Gesamtwerken entzöge. Ich könnte zwar, wie manche Schriftsteller in solchen Fällen tun, zu einer Milderung der Ausdrücke, zu Verhüllungen durch Phrase meine Zuflucht nehmen; aber ich hasse im Grund meiner Seele die zweideutigen Worte, die heuchlerischen Blumen, die feigen Feigenblätter. Einem ehrlichen Manne bleibt aber unter allen Umständen das unveräußerliche Recht, seinen Irrtum offen zu gestehen, und ich will es ohne Scheu hier ausüben. Ich bekenne daher unumwunden, daß alles, was in diesem Buche namentlich auf die große Gottesfrage Bezug hat, ebenso falsch wie unbesonnen ist. Ebenso unbesonnen wie falsch ist die Behauptung, die ich der Schule nachsprach, daß der Deismus in der Theorie zugrunde gerichtet sei und sich nur noch in der Erscheinungswelt kümmerlich hinfriste. Nein, es ist nicht wahr, daß die Vernunftkritik, welche die Beweistümer für das Dasein Gottes, wie wir dieselben seit Anselm von Canterbury kennen, zernichtet hat, auch dem Dasein Gottes selber ein Ende gemacht habe. Der Deismus lebt, lebt sein lebendigstes Leben, er ist nicht tot, und am allerwenigsten hat ihn die neueste deutsche Philosophie getötet. Diese spinnwebige Berliner Dialektik kann keinen Hund aus dem Ofenloch locken, sie kann keine

Katze töten, wieviel weniger einen Gott. Ich habe es am eignen Leibe erprobt, wie wenig gefährlich ihr Umbringen ist; sie bringt immer um, und die Leute bleiben dabei am Leben. Der Türhüter der Hegelschen Schule, der grimme Ruge, behauptete einst steif und fest oder vielmehr fest und steif, daß er mich mit seinem Portierstock in den »Hallischen Jahrbüchern« totgeschlagen habe, und doch zur selben Zeit ging ich umher auf den Boulevards von Paris, frisch und gesund und unsterblicher als je. Der arme, brave Ruge! er selber konnte sich später nicht des ehrlichsten Lachens enthalten, als ich ihm hier in Paris das Geständnis machte, daß ich die fürchterlichen Totschlagblätter, die »Hallischen Jahrbücher«, nie zu Gesicht bekommen hatte, und sowohl meine vollen roten Backen als auch der gute Appetit, womit ich Austern schluckte, überzeugten ihn, wie wenig mir der Name einer Leiche gebührte. In der Tat, ich war damals noch gesund und feist, ich stand im Zenit meines Fettes und war so übermütig wie der König Nebukadnezar vor seinem Sturze.

Ach! einige Jahre später ist eine leibliche und geistige Veränderung eingetreten. Wie oft seitdem denke ich an die Geschichte dieses babylonischen Königs, der sich selbst für den lieben Gott hielt, aber von der Höhe seines Dünkels erbärmlich herabstürzte, wie ein Tier am Boden kroch und Gras aß (es wird wohl Salat gewesen sein). In dem prachtvoll grandiosen Buch Daniel steht diese Legende, die ich nicht bloß dem guten Ruge, sondern auch meinem noch viel verstocktern Freunde Marx, ja auch den Herren Feuerbach, Daumer, Bruno Bauer, Hengstenberg, und wie sie sonst heißen mögen, diese gottlosen Selbstgötter, zur erbaulichen Beherzigung empfehle. Es stehen überhaupt noch viel schöne und merkwürdige Erzählungen in der

Bibel, die ihrer Beachtung wert wären, z.B. gleich im Anfang die Geschichte von dem verbotenen Baume im Paradiese und von der Schlange, der kleinen Privatdozentin, die schon sechstausend Jahre vor Hegels Geburt die ganze Hegelsche Philosophie vortrug. Dieser Blaustrumpf ohne Füße zeigt sehr scharfsinnig, wie das Absolute in der Identität von Sein und Wissen besteht, wie der Mensch zum Gotte werde durch die Erkenntnis oder, was dasselbe ist, wie Gott im Menschen zum Bewußtsein seiner selbst gelange. Diese Formel ist nicht so klar wie die ursprünglichen Worte: »Wenn ihr vom Baume der Erkenntnis genossen, werdet ihr wie Gott sein!« Frau Eva verstand von der ganzen Demonstration nur das eine, daß die Frucht verboten sei, und weil sie verboten, aß sie davon, die gute Frau. Aber kaum hatte sie von dem lockenden Apfel gegessen, so verlor sie ihre Unschuld, ihre naive Unmittelbarkeit, sie fand, daß sie viel zu nackend sei für eine Person von ihrem Stande, die Stammutter so vieler künftigen Kaiser und Könige, und sie verlangte ein Kleid. Freilich nur ein Kleid von Feigenblättern, weil damals noch keine Lyoner Seidenfabrikanten geboren waren und weil es auch im Paradiese noch keine Putzmacherinnen und Modehändlerinnen gab o Paradies! Sonderbar, sowie das Weib zum denkenden Selbstbewußtsein kommt, ist ihr erster Gedanke ein neues Kleid! Auch diese biblische Geschichte, zumal die Rede der Schlange, kommt mir nicht aus dem Sinn, und ich möchte sie als Motto diesem Buche voransetzen, in derselben Weise, wie man oft vor fürstlichen Gärten eine Tafel sieht mit der warnenden Aufschrift: »Hier liegen Fußangeln und Selbstschüsse.«

Ich habe mich bereits in meinem jüngsten Buche, im »Romanzero«, über die Umwandlung ausgesprochen, welche in bezug auf göttliche

Dinge in meinem Geiste stattgefunden. Es sind seitdem mit christlicher Zudringlichkeit sehr viele Anfragen an mich ergangen, auf welchem Wege die bessere Erleuchtung über mich gekommen. Fromme Seelen scheinen darnach zu lechzen, daß ich ihnen irgendein Mirakel aufbinde, und sie möchten gerne wissen, ob ich nicht wie Saulus ein Licht erblickte auf dem Wege nach Damaskus oder ob ich nicht wie Barlam, der Sohn Boers, einen stätigen Esel geritten, der plötzlich den Mund auftat und zu sprechen begann wie ein Mensch. Nein, ihr gläubigen Gemüter, ich reiste niemals nach Damaskus, ich weiß nichts von Damaskus, als daß jüngst die dortigen Juden beschuldigt worden, sie fräßen alte Kapuziner, und der Name der Stadt wäre mir vielleicht ganz unbekannt, hätte ich nicht das Hohelied gelesen, wo der König Salomo die Nase seiner Geliebten mit einem Turm vergleicht, der gen Damaskus schaut. Auch sah ich nie einen Esel, nämlich keinen vierfüßigen, der wie ein Mensch gesprochen hätte, während ich Menschen genug traf, die jedesmal, wenn sie den Mund auftaten, wie Esel sprachen. In der Tat, weder eine Vision noch eine seraphitische Verzückung noch eine Stimme vom Himmel, auch kein merkwürdiger Traum oder sonst ein Wunderspuk brachte mich auf den Weg des Heils, und ich verdanke meine Erleuchtung ganz einfach der Lektüre eines Buches Eines Buches? Ja, und es ist ein altes, schlichtes Buch, bescheiden wie die Natur, auch natürlich wie diese; ein Buch, das werkeltägig und anspruchslos aussieht, wie die Sonne, die uns wärmt, wie das Brot, das uns nährt; ein Buch, das so traulich, so segnend gütig uns anblickt wie eine alte Großmutter, die auch täglich in dem Buche liest, mit den lieben, bebenden Lippen und mit der Brille auf der Nase und dieses Buch heißt auch ganz kurzweg das Buch, die Bibel. Mit Fug nennt man diese auch die Heilige Schrift; wer seinen Gott verloren hat, der kann ihn in diesem Buche wiederfinden, und wer ihn nie gekannt, dem weht hier entgegen der Odem des göttlichen Wortes. Die Juden, welche sich auf Kostbarkeiten verstehen, wußten sehr gut, was sie taten, als sie bei dem Brande des zweiten Tempels die goldenen und silbernen Opfergeschirre, die Leuchter und Lampen, sogar den hohenpriesterlichen Brustlatz mit den großen Edelsteinen im Stich ließen und nur die Bibel retteten. Diese war der wahre Tempelschatz, und derselbe ward gottlob nicht ein Raub der Flammen oder des Titus Vespasianus, des Bösewichts, der ein so schlechtes Ende genommen, wie die Rabbiner erzählen. Ein jüdischer Priester, der zweihundert Jahr vor dem Brand des zweiten Tempels, während der Glanzperiode des Ptolemäers Philadelphus, zu Jerusalem lebte und Josua ben Siras ben Eliezer hieß, hat in einer Gnomensammlung, »Meschalim«, in bezug auf die Bibel den Gedanken seiner Zeit ausgesprochen, und ich will seine schönen Worte hier mitteilen. Sie sind sazerdotal feierlich und doch zugleich so erquickend frisch, als wären sie erst gestern einer lebenden Menschenbrust entquollen, und sie lauten wie folgt:

»Dies alles ist eben das Buch des Bundes, mit dem höchsten Gott gemacht, nämlich das Gesetz, welches Mose dem Hause Jakob zum Schatz befohlen hat. Daraus die Weisheit geflossen ist, wie das Wasser Pison, wenn es groß ist: und wie das Wasser Tigris, wenn es übergehet in Lenzen. Daraus der Verstand geflossen ist, wie der Euphrates, wenn er groß ist, und wie der Jordan in der Ernte. Aus demselben ist hervorbrochen die Zucht, wie das Licht und wie das Wasser Nilus im Herbst. Er ist nie gewesen, der es ausgelernt hätte: und wird nimmermehr werden, der es ausgründen möchte. Denn sein Sinn ist reicher, weder kein Meer: und sein Wort tiefer, denn kein Abgrund.«

Geschrieben zu Paris, im Wonnemond 1852

Heinrich Heine

Erstes Buch

Die Franzosen glaubten in der letzten Zeit zu einer Verständnis Deutschlands zu gelangen, wenn sie sich mit den Erzeugnissen unserer schönen Literatur bekannt machten. Hierdurch haben sie sich aber aus dem Zustande gänzlicher Ignoranz nur erst zur Oberflächlichkeit erhoben. Denn die Erzeugnisse unserer schönen Literatur bleiben für sie nur stumme Blumen, der ganze deutsche Gedanke bleibt für sie ein unwirtliches Rätsel, solange sie die Bedeutung der Religion und der Philosophie in Deutschland nicht kennen.

Indem ich nun über diese beiden einige erläuternde Auskunft zu erteilen suche, glaube ich ein nützliches Werk zu unternehmen. Dieses ist für mich keine leichte Aufgabe. Es gilt zunächst, die Ausdrücke einer Schulsprache zu vermeiden, die den Franzosen gänzlich unbekannt ist. Und doch habe ich weder die Subtilitäten der Theologie noch die der Metaphysik so tief ergründet, daß ich imstande wäre, dergleichen nach den Bedürfnissen des französischen Publikums ganz einfach und ganz kurz zu formulieren. Ich werde daher nur von den großen Fragen handeln, die in der deutschen Gottesgelahrtheit und Weltweisheit zur Sprache gekommen, ich werde nur ihre soziale Wichtigkeit beleuchten, und immer werde ich die Beschränktheit meiner eigenen Verdeutlichungsmittel und das Fassungsvermögen des französischen Lesers berücksichtigen.

Große deutsche Philosophen, die etwa zufällig einen Blick in diese Blätter werfen, werden vornehm die Achseln zucken über den dürftigen Zuschnitt alles dessen, was ich hier vorbringe. Aber sie mögen gefälligst bedenken, daß das wenige, was ich sage, ganz klar und deutlich ausgedrückt ist, während ihre eignen Werke zwar sehr gründlich, unermeßbar gründlich, sehr tiefsinnig, stupend tiefsinnig, aber ebenso unverständlich sind. Was helfen dem Volke die verschlossenen Kornkammern, wozu es keinen Schlüssel hat? Das Volk hungert nach Wissen und dankt mir für das Stückchen Geistesbrot, das ich ehrlich mit ihm teile.

Ich glaube, es ist nicht Talentlosigkeit, was die meisten deutschen Gelehrten davon abhält, über Religion und Philosophie sich populär auszusprechen. Ich glaube, es ist Scheu vor den Resultaten ihres eigenen Denkens, die sie nicht wagen, dem Volke mitzuteilen. Ich, ich habe nicht diese Scheu, denn ich bin kein Gelehrter, ich selber bin Volk. Ich bin kein Gelehrter, ich gehöre nicht zu den siebenhundert Weisen Deutschlands. Ich stehe mit dem großen Haufen vor den Pforten ihrer Weisheit, und ist da irgendeine Wahrheit durchgeschlüpft und ist diese Wahrheit bis zu mir gelangt, dann ist sie weit genug: ich schreibe sie mit hübschen Buchstaben auf Papier und gebe sie dem Setzer; der setzt sie in Blei und gibt sie dem Drucker; dieser druckt sie, und sie gehört dann der ganzen Welt.

Die Religion, deren wir uns in Deutschland erfreuen, ist das Christentum. Ich werde also zu erzählen haben, was das Christentum ist, wie es römischer Katholizismus geworden, wie aus diesem der

Protestantismus und aus dem Protestantismus die deutsche Philosophie hervorging.

Indem ich nun mit Besprechung der Religion beginne, bitte ich im voraus alle frommen Seelen, sich beileibe nicht zu ängstigen. Fürchtet nichts, fromme Seelen! Keine profanierende Scherze sollen euer Ohr verletzen. Diese sind allenfalls noch nützlich in Deutschland, wo es gilt, die Macht der Religion für den Augenblick zu neutralisieren. Wir sind nämlich dort in derselben Lage wie ihr vor der Revolution, als das Christentum im untrennbarsten Bündnisse stand mit dem alten Regime. Dieses konnte nicht zerstört werden, solange noch jenes seinen Einfluß übte auf die Menge. Voltaire mußte sein scharfes Gelächter erheben, ehe Sanson sein Beil fallen lassen konnte. Jedoch wie durch dieses Beil, so wurde auch durch jenes Lachen im Grunde nichts bewiesen, sondern nur bewirkt. Voltaire hat nur den Leib des Christentums verletzen können. Alle seine Späße, die aus der Kirchengeschickte geschöpft, alle seine Witze über Dogmatik und Kultus, über die Bibel, dieses heiligste Buch der Menschheit, über die Jungfrau Maria, diese schönste Blume der Poesie, das ganze Diktionär philosophischer Pfeile, das er gegen Klerus und Priesterschaft losschoß, verletzte nur den sterblichen Leib des Christentums, nicht dessen inneres Wesen, nicht dessen tieferen Geist, nicht dessen ewige Seele.

Denn das Christentum ist eine Idee und als solche unzerstörbar und unsterblich wie jede Idee. Was ist aber diese Idee?

Eben weil man diese Idee noch nicht klar begriffen und Äußerlichkeiten für die Hauptsache gehalten hat, gibt es noch keine Geschichte des Christentums. Zwei entgegengesetzte Parteien schreiben die Kirchengeschichte und widersprechen sich beständig, doch die eine, ebensowenig wie die andere, wird jemals bestimmt aussagen, was eigentlich jene Idee ist, die dem Christentum als Mittelpunkt dient, die sich in dessen Symbolik, im Dogma wie im Kultus, und in dessen ganzer Geschichte zu offenbaren strebt und im wirklichen Leben der christlichen Völker manifestiert hat! Weder Baronius, der katholische Kardinal, noch der protestantische Hofrat Schröckh entdeckt uns, was eigentlich jene Idee war. Und wenn ihr alle Folianten der Mansischen Konziliensammlung, des Assemanischen Kodex der Liturgien und die ganze Historia ecclesiastica von Saccharelli durchblättert, werdet ihr doch nicht einsehen, was eigentlich die Idee des Christentums war. Was seht ihr denn in den Historien der orientalischen und der okzidentalischen Kirchen? In jener, der orientalischen Kirchengeschichte, seht ihr nichts als dogmatische Spitzfindigkeiten, wo sich die altgriechische Sophistik wieder kundgibt; in dieser, in der okzidentalischen Kirchengeschichte, seht ihr nichts als disziplinarische, die kirchlichen Interessen betreffende Zwiste, wobei die altrömische Rechtskasuistik und Regierungskunst, mit neuen Formeln und Zwangsmitteln, sich wieder geltend machen. In der Tat, wie man in Konstantinopel über den Logos stritt, so stritt man in Rom über das Verhältnis der weltlichen zur geistlichen Macht; und wie etwa dort über homousios, so befehdete man sich hier über Investitur. Aber die byzantinischen Fragen: ob der Logos dem Gott-Vater homousios sei? ob Maria Gottgebärerin heißen soll oder Menschengebärerin? ob Christus in Ermangelung der Speise hungern mußte oder nur deswegen hungerte, weil er hungern wollte? alle diese Fragen haben im Hintergrund lauter Hofintrigen, deren

Lösung davon abhängt, was in den Gemächern des Sacri Palatii gezischelt und gekichert wird, ob z.B. Eudoxia fällt oder Pulcheria; denn diese Dame haßt den Nestorius, den Verräter ihrer Liebeshändel, jene haßt den Cyrillus, welchen Pulcheria beschützt, alles bezieht sich zuletzt auf lauter Weiber- und Hämlingsgeklätsche, und im Dogma wird eigentlich der Mann und im Manne eine Partei verfolgt oder befördert. Ebenso geht's im Okzident; Rom wollte herrschen; »als seine Legionen gefallen, schickte es Dogmen in die Provinzen«; alle Glaubenszwiste hatten römische Usurpationen zum Grunde; es galt, die Obergewalt des römischen Bischofs zu konsolidieren. Dieser war über eigentliche Glaubenspunkte immer sehr nachsichtig, spie aber Feuer und Flamme, sobald die Rechte der Kirche angegriffen wurden; er disputierte nicht viel über die Personen in Christus, sondern über die Konsequenzen der Isidorschen Dekretalen; er zentralisierte seine Gewalt durch kanonisches Recht, Einsetzung der Bischöfe, Herabwürdigung der fürstlichen Macht, Mönchsorden, Zölibat usw. Aber war dieses das Christentum? Offenbart sich uns aus der Lektüre dieser Geschichten die Idee des Christentums? Was ist diese Idee?

Wie sich diese Idee historisch gebildet und in der Erscheinungswelt manifestiert, ließe sich wohl schon in den ersten Jahrhunderten nach Christi Geburt entdecken, wenn wir namentlich in der Geschichte der Manichäer und der Gnostiker vorurteilsfrei nachforschen. Obgleich erstere verketzert und letztere verschrien sind und die Kirche sie verdammt hat, so erhielt sich doch ihr Einfluß auf das Dogma, aus ihrer Symbolik entwickelte sich die katholische Kunst, und ihre Denkweise durchdrang das ganze Leben der christlichen Völker. Die Manichäer sind ihrer letzten Gründe nach nicht sehr verschieden von den

Gnostikern. Die Lehre von den beiden Prinzipien, dem guten und dem bösen, die sich bekämpfen, ist beiden eigen. Die einen, die Manichäer, erhielten diese Lehre aus der altpersischen Religion, wo Ormuz, das Licht, dem Ariman, der Finsternis, feindlich entgegengesetzt ist. Die anderen, die eigentlichen Gnostiker, glaubten vielmehr an die Präexistenz des guten Prinzips und erklärten die Entstehung des bösen Prinzips durch Emanation, durch Generationen von Äonen, die, je mehr sie von ihrem Ursprung entfernt sind, sich desto trüber verschlechtert. Nach Cerinthus war der Erschaffer unserer Welt keineswegs der höchste Gott, sondern nur eine Emanation desselben, einer von den Äonen, der eigentliche Demiurgos, der allmählich ausgeartet ist und jetzt, als böses Prinzip, dem aus dem höchsten Gott unmittelbar entsprungenen Logos, dem guten Prinzip, feindselig gegenüberstehe. Diese gnostische Weltansicht ist urindisch, und sie führte mit sich die Lehre von der Inkarnation Gottes, von der Abtötung des Fleisches, vom geistigen Insichselbstversenken, sie gebar das asketisch beschauliche Mönchsleben, welches die reinste Blüte der christlichen Idee. Diese Idee hat sich in der Dogmatik nur sehr verworren und im Kultus nur sehr trübe aussprechen können. Doch sehen wir überall die Lehre von den beiden Prinzipien hervortreten; dem guten Christus steht der böse Satan entgegen; die Welt des Geistes wird durch Christus, die Welt der Materie durch Satan repräsentiert; jenem gehört unsere Seele, diesem unser Leib; und die ganze Erscheinungswelt, die Natur, ist demnach ursprünglich böse, und Satan, der Fürst der Finsternis, will uns damit ins Verderben locken, und es gilt, allen sinnlichen Freuden des Lebens zu entsagen, unsern Leib, das Lehn Satans, zu peinigen, damit die Seele sich desto herrlicher emporschwinge in den lichten Himmel, in das strahlende Reich Christi.

Diese Weltansicht, die eigentliche Idee des Christentums, hatte sich, unglaublich schnell, über das ganze römische Reich verbreitet, wie eine ansteckende Krankheit, das ganze Mittelalter hindurch dauerten die Leiden, manchmal Fieberwut, manchmal Abspannung, und wir Modernen fühlen noch immer Krämpfe und Schwäche in den Gliedern. Ist auch mancher von uns schon genesen, so kann er doch der allgemeinen Lazarettluft nicht entrinnen, und er fühlt sich unglücklich als der einzig Gesunde unter lauter Siechen. Einst, wenn die Menschheit ihre völlige Gesundheit wiedererlangt, wenn der Friede zwischen Leib und Seele wiederhergestellt und sie wieder in ursprünglicher Harmonie sich durchdringen, dann wird man den künstlichen Hader, den das Christentum zwischen beiden gestiftet, kaum begreifen können. Die glücklichern und schöneren Generationen, die, gezeugt durch freie Wahlumarmung, in einer Religion der Freude emporblühen, werden wehmütig lächeln über ihre armen Vorfahren, die sich aller Genüsse dieser schönen Erde trübsinnig enthielten und, durch Abtötung der warmen farbigen Sinnlichkeit, fast zu kalten Gespenstern verblichen sind! Ja, ich sage es bestimmt, unsere Nachkommen werden schöner und glücklicher sein als wir. Denn ich glaube an den Fortschritt, ich glaube, die Menschheit ist zur Glückseligkeit bestimmt, und ich hege also eine größere Meinung von der Gottheit als jene frommen Leute, die da wähnen, er habe den Menschen nur zum Leiden erschaffen. Schon hier auf Erden möchte ich, durch die Segnungen freier politischer und industrieller Institutionen, jene Seligkeit etablieren, die, nach der Meinung der

Frommen, erst am Jüngsten Tage, im Himmel, stattfinden soll. Jenes ist vielleicht ebenso wie dieses eine törichte Hoffnung, und es gibt keine Auferstehung der Menschheit, weder im politisch-moralischen noch im apostolisch-katholischen Sinne.

Die Menschheit ist vielleicht zu ewigem Elend bestimmt, die Völker sind vielleicht auf ewig verdammt, von Despoten zertreten, von den Spießgesellen derselben exploitiert und von den Lakaien verhöhnt zu werden.

Ach, in diesem Falle müßte man das Christentum, selbst wenn man es als Irrtum erkannt, dennoch zu erhalten suchen, man müßte in der Mönchskutte und barfuß durch Europa laufen und die Nichtigkeit aller irdischen Güter und Entsagung predigen und den gegeißelten und verspotteten Menschen das tröstende Kruzifix vorhalten und ihnen nach dem Tode, dort oben, alle sieben Himmel versprechen.

Vielleicht eben weil die Großen dieser Erde ihrer Obermacht gewiß sind und im Herzen beschlossen haben, sie ewig zu unserem Unglück zu mißbrauchen, sind sie von der Notwendigkeit des Christentums für ihre Völker überzeugt, und es ist im Grunde ein zartes Menschlichkeitsgefühl, daß sie sich für die Erhaltung dieser Religion so viele Mühe geben!

Das endliche Schicksal des Christentums ist also davon abhängig, ob wir dessen noch bedürfen. Diese Religion war eine Wohltat für die leidende Menschheit während achtzehn Jahrhunderten, sie war providentiell, göttlich, heilig. Alles, was sie der Zivilisation genützt, indem sie die Starken zähmte und die Zahmen stärkte, die Völker verband durch gleiches Gefühl und gleiche Sprache, und was sonst noch von ihren Apologeten hervorgerühmt wird, das ist sogar noch unbedeutend in Vergleichung mit jener großen Tröstung, die sie durch sich selbst den Menschen angedeihen lassen. Ewiger Ruhm gebührt dem Symbol jenes leidenden Gottes, des Heilands mit der Dornenkrone, des gekreuzigten Christus, dessen Blut gleichsam der lindernde Balsam war, der in die Wunden der Menschheit herabrann. Besonders der Dichter wird die schauerliche Erhabenheit dieses Symbols mit Ehrfurcht anerkennen. Das ganze System von Symbolen, die sich ausgesprochen in der Kunst und im Leben des Mittelalters, wird zu allen Zeiten die Bewunderung der Dichter erregen. In der Tat, welche kolossale Konsequenz in der christlichen Kunst, namentlich in der Architektur! Diese gotischen Dome, wie stehen sie im Einklang mit dem Kultus, und wie offenbart sich in ihnen die Idee der Kirche selber! Alles strebt da empor, alles transsubstanziiert sich: der Stein sproßt aus in Ästen und Laubwerk und wird Baum; die Frucht des Weinstocks und der Ähre wird Blut und Fleisch; der Mensch wird Gott; Gott wird reiner Geist! Ein ergiebiger, unversiegbar kostbarer Stoff für die Dichter ist das christliche Leben im Mittelalter. Nur durch das Christentum konnten auf dieser Erde sich Zustände bilden, die so kecke Kontraste, so bunte Schmerzen und so abenteuerliche Schönheiten enthalten, daß man meinen sollte, dergleichen habe niemals in der Wirklichkeit existiert und das alles sei ein kolossaler Fiebertraum, es sei der Fiebertraum eines wahnsinnigen Gottes. Die Natur selber schien sich damals phantastisch zu vermummen; indessen, obgleich der Mensch, befangen in abstrakten Grübeleien, sich verdrießlich von ihr abwendete, so weckte sie ihn doch manchmal mit einer Stimme, die so schauerlich süß, so entsetzlich liebevoll, so zaubergewaltig war, daß der Mensch unwillkürlich aufhorchte und lächelte und erschrak und gar zu Tode erkrankte. Die Geschichte von der Baseler Nachtigall kommt mir hier ins Gedächtnis, und da ihr sie wahrscheinlich nicht kennt, so will ich sie erzählen.

Im Mai 1433, zur Zeit des Konzils, ging eine Gesellschaft Geistlicher in einem Gehölze bei Basel spazieren, Prälaten und Doktoren, Mönche von allen Farben, und sie disputierten über theologische Streitigkeiten und distinguierten und argumentierten oder stritten über Annaten, Exspektativen und Reservationen oder untersuchten, ob Thomas von Aquino ein größerer Philosoph sei als Bonaventura, was weiß ich! Aber plötzlich, mitten in ihren dogmatischen und abstrakten Diskussionen, hielten sie inne und blieben wie angewurzelt stehen vor einem blühenden Lindenbaum, worauf eine Nachtigall saß, die in den weichsten und zärtlichsten Melodien jauchzte und schluchzte. Es ward den gelehrten Herren dabei so wunderselig zumute, die warmen Frühlingstöne drangen ihnen in die scholastisch verklausulierten Herzen, ihre Gefühle erwachten aus dem dumpfen Winterschlaf, sie sahen sich an mit staunendem Entzücken; als endlich einer von ihnen die scharfsinnige Bemerkung machte, daß solches nicht mit rechten Dingen zugehe, daß diese Nachtigall wohl ein Teufel sein könne, daß dieser Teufel sie mit seinen holdseligen Lauten von ihren christlichen Gesprächen abziehen und zu Wollust und sonstig süßen Sünden verlocken wolle, und er hub an zu exorzieren, wahrscheinlich mit der damals üblichen Formel: adjuro te per eum, qui venturus est, judicare vivos et mortuos etc. etc. Bei dieser Beschwörung, sagt man, habe der Vogel geantwortet: »Ja, ich bin ein böser Geist!« und sei lachend davongeflogen; diejenigen aber, die seinen Gesang gehört, sollen noch selbigen Tages erkrankt und bald darauf gestorben sein.

Diese Geschichte bedarf wohl keines Kommentars. Sie trägt ganz das grauenhafte Gepräge einer Zeit, die alles, was süß und lieblich war, als Teufelei verschrie. Die Nachtigall sogar wurde verleumdet, und man schlug ein Kreuz, wenn sie sang. Der wahre Christ spazierte mit ängstlich verschlossenen Sinnen, wie ein abstraktes Gespenst, in der blühenden Natur umher. Dieses Verhältnis des Christen zur Natur werde ich vielleicht in einem späteren Buche weitläufiger erörtern, wenn ich, zum Verständnis der neuromantischen Literatur, den deutschen Volksglauben gründlich besprechen muß. Vorläufig kann ich nur bemerken, daß französische Schriftsteller, mißleitet durch deutsche Autoritäten, in großem Irrtume sind, wenn sie annehmen, der Volksglauben sei während des Mittelalters überall in Europa derselbe gewesen. Nur über das gute Prinzip, über das Reich Christi, hegte man in ganz Europa dieselben Ansichten; dafür sorgte die römische Kirche, und wer hier von der vorgeschriebenen Meinung abwich, war ein Ketzer. Aber über das böse Prinzip, über das Reich des Satans, herrschten verschiedene Ansichten in den verschiedenen Ländern, und im germanischen Norden hatte man ganz andere Vorstellungen davon wie im romanischen Süden. Dieses entstand dadurch, daß die christliche Priesterschaft die vorgefundenen alten Nationalgötter nicht als leere Hirngespinste verwarf, sondern ihnen eine wirkliche Existenz einräumte, aber dabei behauptete, alle diese Götter seien lauter Teufel und Teufelinnen gewesen, die durch den Sieg Christi ihre Macht über die Menschen verloren und sie jetzt durch Lust und List zur Sünde verlocken wollen. Der ganze Olymp wurde nun eine luftige Hölle, und wenn ein Dichter des Mittelalters die griechischen Göttergeschichten noch so schön besang, so sah der fromme Christ darin doch nur Spuk und Teufel. Der düstere Wahn der Mönche traf am härtesten die arme Venus; absonderlich diese galt für eine Tochter Beelzebubs, und der gute Ritter Tannhüser sagt ihr sogar ins Gesicht:

Oh, Venus, schöne Fraue mein,

Ihr seid eine Teufelinne!

Den Tannhüser hatte sie nämlich verlockt in jene wunderbare Höhle, welche man den Venusberg hieß und wovon die Sage ging, daß die schöne Göttin dort mit ihren Fräulein und Gesponsen, unter Spiel und Tänzen, das lüderlichste Leben führe. Die arme Diana sogar, trotz ihrer Keuschheit, war vor einem ähnlichen Schicksal nicht sicher, und man ließ sie nächtlich mit ihren Nymphen durch die Wälder ziehen, und daher die Sage von dem wütenden Heer, von der Wilden Jagd. Hier zeigt sich noch ganz die gnostische Ansicht von der Verschlechterung des ehemals Göttlichen, und in dieser Umgestaltung des früheren Nationalglaubens manifestiert sich am tiefsinnigsten die Idee des Christentums.

Der Nationalglaube in Europa, im Norden noch viel mehr als im Süden, war pantheistisch, seine Mysterien und Symbole bezogen sich auf einen Naturdienst, in jedem Elemente verehrte man wunderbare Wesen, in jedem Baume atmete eine Gottheit, die ganze

Erscheinungswelt war durchgöttert; das Christentum verkehrte diese Ansicht, und an die Stelle einer durchgötterten Natur trat eine durchteufelte. Die heiteren, durch die Kunst verschönerten Gebilde der griechischen Mythologie, die mit der römischen Zivilisation im Süden herrschte, hat man jedoch nicht so leicht in häßliche, schauerliche Satanslarven verwandeln können wie die germanischen Göttergestalten, woran freilich kein besonderer Kunstsinn gemodelt hatte und die schon vorher so mißmütig und trübe waren wie der Norden selbst. Daher hat sich bei euch, in Frankreich, kein so finsterschreckliches Teufelstum bilden können wie bei uns, und das Geister- und Zauberwesen selber erhielt bei euch eine heitere Gestalt. Wie schön, klar und farbenreich sind eure Volkssagen in Vergleichung mit den unsrigen, diesen Mißgeburten, die aus Blut und Nebel bestehen und uns so grau und grausam angrinsen. Unsere mittelalterlichen Dichter, indem sie meistens Stoffe wählten, die ihr, in der Bretagne und in der Normandie, entweder ersonnen oder zuerst behandelt habt, verliehen ihren Werken, vielleicht absichtlich, soviel als möglich von jenem heiter altfranzösischen Geiste. Aber in unseren Nationaldichtungen und in unseren mündlichen Volkssagen blieb jener düster nordische Geist, von dem ihr kaum eine Ahnung habt. Ihr habt, ebenso wie wir, mehrere Sorten von Elementargeistern, aber die unsrigen sind von den eurigen so verschieden wie ein Deutscher von einem Franzosen. Die Dämonen in euren Fabliaux und Zauberromanen, wie hellfarbig und besonders wie reinlich sind sie in Vergleichung mit unserer grauen und sehr oft unflätigen Geisterkanaille. Eure Feen und Elementargeister, woher ihr sie auch bezogen, aus Cornwallis oder aus Arabien, sie sind doch ganz naturalisiert, und ein französischer Geist unterscheidet sich von einem deutschen, wie etwa ein Dandy, der mit gelben Glacéhandschuhen auf dem Boulevard Coblence flaniert, sich von einem schweren deutschen Sackträger unterscheidet. Eure Nixen, z.B. die Melusine, sind von den unsrigen ebenso verschieden wie eine Prinzessin von einer Wäscherin. Die Fee Morgana, wie würde sie erschrecken, wenn sie etwa einer deutschen Hexe begegnete, die nackt, mit Salben beschmiert und auf einem Besenstiel nach dem Brocken reitet. Dieser Berg ist kein heiteres Avalon, sondern ein Rendezvous für alles, was wüst und häßlich ist. Auf dem Gipfel des Bergs sitzt Satan in der Gestalt eines schwarzen Bocks. Jede von den Hexen naht sich ihm mit einer Kerze in der Hand und küßt ihn hinten, wo der Rücken aufhört. Nachher tanzt die verruchte Schwesterschaft um ihn herum und singt: »Donderemus, Donderemus!« Es meckert der Bock, es jauchzt der infernale Chahut. Es ist ein böses Omen für die Hexe, wenn sie bei diesem Tanze einen Schuh verliert; das bedeutet, daß sie noch im selbigen Jahr verbrannt wird. Doch alle ahnende Angst übertäubt die tolle echtberliozische Sabbatmusik; und wenn die arme Hexe des Morgens aus ihrer Berauschung erwacht, liegt sie nackt und müde in der Asche, neben dem verglimmenden Herde.

Die beste Auskunft über diese Hexen findet man in der »Dämonologie« des ehrenfesten und hochgelahrten Doktor Nicolai Remigii, des durchlauchtigsten Herzogs von Lothringen Kriminalrichter. Dieser scharfsinnige Mann hatte fürwahr die beste Gelegenheit, das Treiben der Hexen kennenzulernen, da er in ihren Prozessen instruierte und zu seiner Zeit allein in Lothringen achthundert Weiber den Scheiterhaufen bestiegen, nachdem sie der

Hexerei überwiesen worden. Diese Beweisführung bestand meistens darin: Man band ihnen Hände und Füße zusammen und warf sie ins Wasser. Gingen sie unter und ersoffen, so waren sie unschuldig, blieben sie aber schwimmend über dem Wasser, so erkannte man sie für schuldig, und sie wurden verbrannt. Das war die Logik jener Zeit.

Als Grundzug im Charakter der deutschen Dämonen sehen wir, daß alles Idealische von ihnen abgestreift, daß in ihnen das Gemeine und Gräßliche gemischt ist. Je plump vertraulicher sie an uns herantreten, desto grauenhafter ihre Wirkung. Nichts ist unheimlicher als unsere Poltergeister, Kobolde und Wichtelmännchen. Prätorius in seinem »Anthropodemus« enthält in dieser Beziehung eine Stelle, die ich nach Dobeneck hier mitteile:

»Die Alten haben nicht anders von den Poltergeistern halten können, als daß es rechte Menschen sein müssen, in der Gestalt wie kleine Kinder, mit einem bunten Röcklein oder Kleidchen. Etliche setzen dazu, daß sie teils Messer in den Rücken haben sollen, teils noch anders und gar greulich gestaltet wären; nachdem sie so und so, mit diesem oder jenem Instrument vorzeiten umgebracht seien. Denn die Abergläubischen halten dafür, daß es derer vorweilen im Hause ermordeten Leute Seelen sein sollen. Und schwatzen sie von vielen Historien, daß, wenn die Kobolde denen Mägden und Köchinnen eine Weile im Hause gute Dienste getan und sich ihnen beliebt gemacht haben; daß manches Mensch daher gegen die Kobolde eine solche Affektion bekommen, daß sie solche Knechtchen auch zu sehen inbrünstig gewünscht und von ihnen begehrt haben: worin aber die Poltergeister niemals gerne willigen wollen, mit der Ausrede, daß man sie nicht sehen könne, ohne sich darüber zu entsetzen. Doch wenn dennoch die lüsternen Mägde nicht haben nachlassen können, so sollen die Kobolde jenen einen Ort im Hause benannt haben, wo sie sich leibhaft präsentieren wollen; aber man müsse zugleich einen Eimer kaltes Wasser mitbringen. Da habe es sich denn begeben, daß ein solcher Kobold, etwa auf dem Boden, in einem Kissen, nackt gelegen und ein großes Schlachtmesser im Rücken steckend gehabt habe. Hierüber manche Magd so sehr erschrocken war, daß sie eine Ohnmacht bekommen hat. Darauf das Ding alsbald aufgesprungen ist, das Wasser genommen und das Mensch damit über und über begossen hat, damit sie wieder zu sich selbst kommen könne. Worauf die Mägde hernach ihre Lust verloren und lieb Chimgen niemals weiter zu schauen begehrt haben. Die Kobolde nämlich sollen auch alle besondere Namen führen, insgemein aber Chim heißen. So sollen sie auch für die Knechte und Mägde, welchen sie sich etwa ergeben, alle Hausarbeit tun: die Pferde striegeln, füttern, den Stall ausmisten, alles aufscheuern, die Küche sauber halten und, was sonsten im Hause zu tun ist, sehr wohl in acht nehmen, und das Vieh soll auch von ihnen zunehmen und gedeihen. Dafür müssen die Kobolde auch von dem Gesinde karessiert werden; daß sie ihnen nur im geringsten nichts zuleide tun, weder mit Auslachen oder Versäumung im Speisen. Hat nämlich eine Köchin das Ding zu ihrem heimlichen Gehülfen einmal im Hause angenommen, so muß sie täglich um eine gewisse Zeit und an einem bestimmten Ort im Hause sein bereitetes Schüsselchen voll gutes Essen hinsetzen und ihren Weg wieder gehen; sie kann hernach immer faulenzen, auf den Abend zeitig schlafen gehen, sie wird dennoch frühmorgens ihre Arbeit beschickt finden. Vergißt sie aber ihre Pflicht einmal, etwa die Speise unterlassend, so bleibt ihr wieder ihre Arbeit allein zu verrichten, und sie hat allerhand Mißgeschick: daß sie sich entweder im heißen Wasser verbrennt, die Töpfe und das Geschirr zerbricht, das Essen umgeschüttet oder gefallen ist usw., daß sie also notwendig von der Hausfrau oder dem Herrn zur Strafe ausgescholten werden; worüber man auch zum öftern den Kobold soll kichern oder lachen gehört haben. Und so ein Kobold soll stets in seinem Hause verblieben sein, wenngleich sich das Gesinde verändert hat. Ja, es hat eine abziehende Magd ihrer Nachfolgerin den Kobold rekommandieren und aufs beste anbefehlen müssen, daß jene seiner auch also wartete. Hat diese nun nicht gewollt, so hat es ihr auch an kontinuierlichem Unglück nicht gemangelt, und sie hat zeitig genug das Haus wieder räumen müssen.«

Vielleicht zu den grauenhaftesten Geschichten gehört folgende kleine Erzählung:

Eine Magd hatte jahrelang einen unsichtbaren Hausgeist bei sich am Herde sitzen, wo sie ihm ein eignes Stättchen eingeräumt und wo sie sich die langen Winterabende hindurch mit ihm unterhielt. Nun bat einmal die Magd das Heinzchen, denn also hieß sie den Geist, er solle sich doch einmal sehen lassen, wie er von Natur gestaltet sei. Aber das Heinzlein weigerte sich dessen. Endlich aber willigte es ein und sagte, sie möchte in den Keller hinabgehen, dort solle sie ihn sehen. Da nimmt die Magd ein Licht, steigt hinab in den Keller, und dort, in einem offenen Fasse, sieht sie ein totes Kindlein in seinem Blute schwimmen. Die Magd hatte aber vor vielen Jahren ein uneheliches Kind geboren und es heimlich ermordet und in ein Faß gesteckt.

Indessen, wie die Deutschen nun einmal sind, sie suchen oft im Grauen selbst ihren besten Spaß, und die Volkssagen von den Kobolden sind manchmal voll ergötzlicher Züge. Besonders amüsant sind die Geschichten von Hüdeken, einem Kobold, der, im zwölften Jahrhundert, zu Hildesheim sein Wesen getrieben und von welchem in unseren Spinnstuben und Geisterromanen soviel die Rede ist. Eine schon oft abgedruckte Stelle aus einer alten Chronik gibt von ihm folgende Kunde:

»Um das Jahr 1132 erschien ein böser Geist eine lange Zeit hindurch vielen Menschen im Bistum Hildesheim in der Gestalt eines Bauern mit einem Hut auf dem Kopfe: weshalb die Bauern ihn in sächsischer Sprache Hüdeken nannten. Dieser Geist fand ein Vergnügen daran, mit Menschen umzugehen, sich ihnen bald sichtbar, bald unsichtbar zu offenbaren, ihnen Fragen vorzulegen und zu beantworten. Er beleidigte niemanden ohne Ursache. Wenn man ihn aber auslachte oder sonst beschimpfte, so vergalt er das empfangene Unrecht mit vollem Maße. Da der Graf Burchard de Luka von dem Grafen Hermann von Wiesenburg erschlagen wurde und das Land des letzteren in Gefahr kam, eine Beute der Rächer zu werden, so weckte der Hüdeken den Bischof Bernhard von Hildesheim aus dem Schlafe und redete ihn mit folgenden Worten an: ›Stehe auf, Kahlkopf! Die Grafschaft Wiesenburg ist durch Mord verlassen und erledigt und wird also leicht von dir besetzt werden können.‹ Der Bischof versammelte schnell seine Krieger, fiel in das Land des schuldigen Grafen und vereinigte es, mit Bewilligung des Kaisers, mit seinem Stift. Der Geist warnte den genannten Bischof häufig ungebeten vor nahen Gefahren und zeigte sich besonders oft in der Hofküche, wo er mit den Köchen redete und ihnen allerlei Dienste erwies. Da man allmählich mit dem Hüdeken vertraut geworden war, so wagte es ein Küchenjunge, ihn, sooft er erschien, zu necken und ihn sogar mit unreinem Wasser zu begießen. Der Geist bat den Hauptkoch oder den Küchenmeister, daß er dem unartigen Knaben seinen Mutwillen untersagen möchte. Der Meisterkoch antwortete: ›Du bist ein Geist und fürchtest dich vor einem Buben!‹, worauf Hüdeken drohend erwiderte: ›Weil du den Knaben nicht strafen willst, so werde ich dir in wenigen Tagen zeigen, wie sehr ich mich vor ihm fürchte.‹ Bald nachher saß der Bube, der den Geist beleidigt hatte, ganz allein schlafend in der Küche. In diesem Zustand ergriff ihn der Geist, erdrosselte ihn, zerriß ihn in Stücken und setzte diese in Töpfen ans Feuer. Da der Koch diesen Streich entdeckte, da fluchte er dem Geist, und nun verdarb Hüdeken am folgenden Tage alle Braten, die am Spieße gesteckt waren, durch das Gift und Blut von Kröten, welches er darüber ausschüttete. Die Rache veranlaßte den Koch zu neuen Beschimpfungen, nach welchen der Geist ihn endlich über eine falsche vorgezauberte Brücke in einen tiefen Graben stürzte. Zugleich machte er die Nacht durch, auf den Mauern und Türmen der Stadt, fleißig die Runde und zwang die Wächter zu einer beständigen Wachsamkeit. Ein Mann, der eine untreue Frau hatte, sagte einst, als er verreisen wollte, im Scherze zu dem Hüdeken: ›Guter Freund, ich empfehle dir meine Frau, hüte sie sorgfältig.‹ Sobald der Mann entfernt war, ließ das ehebrecherische Weib einen Liebhaber nach dem andern kommen. Allein Hüdeken ließ keinen zu ihr, sondern warf sie alle aus dem Bette auf den Boden hin. Als der Mann von seiner Reise zurückkam, da ging ihm der Geist weit entgegen und sagte zu dem Wiederkehrenden: ›Ich freue mich sehr über deine Ankunft, damit ich von dem schweren Dienst frei werde, den du mir auferlegt hast. Ich habe deine Frau mit unsäglicher Mühe vor wirklicher Untreue gehütet. Ich bitte dich aber, daß du sie mir nie wieder anvertrauen mögest. Lieber wollte ich alle Schweine in ganz Sachsenland hüten als ein Weib, das durch Ränke in die Arme ihrer Buhlen zu kommen sucht.‹«

Der Genauigkeit wegen muß ich bemerken, daß Hüdekens Kopfbedeckung von dem gewöhnlichen Kostüme der Kobolde abweicht. Diese sind meistens grau gekleidet und tragen ein rotes Käppchen. Wenigstens sieht man sie so im Dänischen, wo sie heutzutage am zahlreichsten sein sollen. Ich war ehemals der Meinung, die Kobolde lebten deshalb so gern in Dänemark, weil sie am liebsten rote »Grütze« äßen. Aber ein junger dänischer Dichter, Herr Andersen, den ich das Vergnügen hatte diesen Sommer hier in Paris zu sehen, hat mir ganz bestimmt versichert, die Nissen, wie man in Dänemark die Kobolde nennt, äßen am liebsten »Brei« mit Butter. Wenn diese Kobolde sich mal in einem Hause eingenistet, so sind sie auch nicht so bald geneigt, es zu verlassen. Indessen, sie kommen nie unangemeldet, und wenn sie irgend wohnen wollen, machen sie dem Hausherrn auf folgende Art davon Anzeige: Sie tragen des Nachts allerlei Holzspäne ins Haus, und in die Milchfässer streuen sie Mist von Vieh. Wenn nun der Hausherr diese Holzspäne nicht wieder wegwirft oder wenn er mit seiner Familie von jener beschmutzten Milch trinkt, dann bleiben die Kobolde auf immer bei ihm. Dieses ist manchem sehr mißbehaglich geworden. Ein armer Jütländer wurde am Ende so verdrießlich über die Genossenschaft eines solchen Kobolds, daß er sein Haus selbst aufgeben wollte und seine Siebensachen auf eine Karre lud und damit nach dem nächsten Dorfe fuhr, um sich dort niederzulassen.

Unterwegs aber, als er sich mal umdrehte, erblickte er das rotbemützte Köpfchen des Kobolds, der aus einer von den leeren Bütten hervorguckte und ihm freundlich zurief: »Wi flütten!« (Wir ziehen aus.)

Ich habe mich vielleicht zu lange bei diesen kleinen Dämonen aufgehalten, und es ist Zeit, daß ich wieder zu den großen übergehe. Aber alle diese Geschichten illustrieren den Glauben und den Charakter des deutschen Volks. Jener Glaube war in den verflossenen Jahrhunderten ebenso gewaltig wie der Kirchenglaube. Als der gelehrte Doktor Remigius sein großes Buch über das Hexenwesen beendigt hatte, glaubte er seines Gegenstandes so kundig zu sein, daß er sich einbildete, jetzt selber hexen zu können; und, ein gewissenhafter Mann, wie er war, ermangelte er nicht, sich selber bei den Gerichten als Hexenmeister anzugehen, und infolge dieser Angabe wurde er als Hexenmeister verbrannt.

Diese Greuel entstanden nicht direkt durch die christliche Kirche, sondern indirekt dadurch, daß diese die altgermanische Nationalreligion so tückisch verkehrt, daß sie die pantheistische Weltansicht der Deutschen in eine pandämonische umgebildet, daß sie die früheren Heiligtümer des Volks in häßliche Teufelei verwandelt hatte. Der Mensch läßt aber nicht gern ab von dem, was ihm und seinen Vorfahren teuer und lieb war, und heimlich krämpen sich seine Empfindungen daran fest, selbst wenn man es verderbt und entstellt hat. Daher erhält sich jener verkehrte Volksglaube vielleicht noch länger als das Christentum in Deutschland, welches nicht wie jener in der Nationalität wurzelt. Zur Zeit der Reformation schwand sehr schnell der Glaube an die katholischen Legenden, aber keineswegs der Glaube an Zauber und Hexerei.

Luther glaubt nicht mehr an katholische Wunder, aber er glaubt noch an Teufelswesen. Seine »Tischreden« sind voll kurioser Geschichtchen von Satanskünsten, Kobolden und Hexen. Er selber in seinen Nöten glaubte manchmal mit dem leibhaftigen Gottseibeiuns zu kämpfen. Auf der Wartburg, wo er das Neue Testament übersetzte, ward er so sehr vom Teufel gestört, daß er ihm das Tintenfaß an den Kopf schmiß. Seitdem hat der Teufel eine große Scheu vor Tinte, aber noch weit mehr vor Druckerschwärze. Von der Schlauheit des Teufels wird in den erwähnten Tischreden manch ergötzliches Stücklein erzählt, und ich kann nicht umhin, eins davon mitzuteilen.

»Doktor Martin Luther erzählte, daß einmal gute Gesellen beieinander in einer Zeche gesessen waren. Nun war ein wild wüstes Kind unter ihnen, der hatte gesagt: Wenn einer wäre, der ihm eine gute Zeche Weins schenkte, wollte er ihm dafür seine Seele verkaufen.

Nicht lange darauf kömmt einer in die Stuben zu ihm, setzet sich bei ihm nieder und zecht mit ihm und spricht unter anderen zu dem, der sich also viel vermessen gehabt:

›Höre, du sagst zuvor, wenn einer dir eine Zeche Weins gebe, so wollest du ihm dafür deine Seele verkaufen?‹

Da sprach er nochmals: ›Ja, ich will's tun, laß mich heute recht schlemmen, demmen und guter Dinge sein.‹

Der Mann, welcher der Teufel war, sagte ja, und bald darnach verschlich er sich wieder von ihm. Als nun derselbige Schlemmer den ganzen Tag fröhlich war und zuletzt auch trunken wurde, da kommt der vorige Mann, der Teufel, wieder und setzt sich zu ihm nieder und fragt die anderen Zechbrüder und spricht: ›Lieben Herren, was dünket euch, wenn einer ein Pferd kauft, gehört ihm der Sattel und Zaum nicht auch dazu?‹ Dieselbigen erschraken alle. Aber letzlich sprach der Mann:

›Nun sagt's flugs.‹ Da bekannten sie und sagten: ›Ja, der Sattel und Zaum gehört ihm auch dazu.‹ Da nimmt der Teufel denselbigen wilden, rohen Gesellen und führet ihn durch die Decke hindurch, daß niemand gewußt, wo er war hinkommen.«

Obgleich ich für unsern großen Meister Martin Luther den größten Respekt hege, so will es mich doch bedünken, als habe er den Charakter des Satans ganz verkannt. Dieser denkt durchaus nicht mit solcher Geringschätzung vom Leibe, wie hier erwähnt wird. Was man auch Böses vom Teufel erzählen mag, so hat man ihm doch nie nachsagen können, daß er ein Spiritualist sei.

Aber mehr noch als die Gesinnung des Teufels verkannte Martin Luther die Gesinnung des Papstes und der katholischen Kirche. Bei meiner strengen Unparteilichkeit muß ich beide, ebenso wie den Teufel, gegen den allzu eifrigen Mann in Schutz nehmen. Ja, wenn man mich aufs Gewissen früge, würde ich eingestehn, daß der Papst, Leo X., eigentlich weit vernünftiger war als Luther und daß dieser die letzten Gründe der katholischen Kirche gar nicht begriffen hat. Denn Luther hatte nicht begriffen, daß die Idee des Christentums, die Vernichtung der Sinnlichkeit, gar zu sehr in Widerspruch war mit der menschlichen Natur, als daß sie jemals im Leben ganz ausführbar gewesen sei; er hatte nicht begriffen, daß der Katholizismus gleichsam ein Konkordat war zwischen Gott und dem Teufel, d.h. zwischen dem Geist und der Materie, wodurch die Alleinherrschaft des Geistes in der Theorie ausgesprochen wird, aber die Materie in den Stand gesetzt wird, alle ihre annullierten Rechte in der Praxis auszuüben. Daher ein kluges System von Zugeständnissen, welche die Kirche zum Besten der Sinnlichkeit gemacht hat, obgleich immer unter Formen, welche jeden Akt der Sinnlichkeit fletrieren und dem Geiste seine höhnischen Usurpationen verwahren. Du darfst den zärtlichen Neigungen des Herzens Gehör geben und ein schönes Mädchen umarmen, aber du mußt eingestehn, daß es eine schändliche Sünde war, und für diese Sünde mußt du Abbuße tun. Daß diese Abbuße durch Geld geschehen konnte, war ebenso wohltätig für die Menschheit wie nützlich für die Kirche. Die Kirche ließ sozusagen Wergeld bezahlen für jeden fleischlichen Genuß, und da entstand eine Taxe für alle Sorten von Sünden, und es gab heilige Kolporteurs, welche, im Namen der römischen Kirche, die Ablaßzettel für jede taxierte Sünde im Lande feilboten, und ein solcher war jener Tetzel, wogegen Luther zuerst auftrat. Unsere Historiker meinen, dieses Protestieren gegen den Ablaßhandel sei ein geringfügiges Ereignis gewesen, und erst durch römischen Starrsinn sei Luther, der anfangs nur gegen einen Mißbrauch der Kirche geeifert, dahin getrieben worden, die ganze Kirchenautorität in ihrer höchsten Spitze anzugreifen. Aber das ist eben ein Irrtum, der Ablaßhandel war kein Mißbrauch, er war eine Konsequenz des ganzen Kirchensystems, und indem Luther ihn angriff, hatte er die Kirche selbst angegriffen, und diese mußte ihn als Ketzer verdammen. Leo X., der feine Florentiner, der Schüler des Polizian, der Freund des Raffael, der griechische Philosoph mit der dreifachen Krone, die ihm das Konklav vielleicht deshalb erteilte, weil er an einer Krankheit litt, die keineswegs durch christliche Abstinenz entsteht und damals noch sehr gefährlich war... Leo von Medicis, wie mußte er lächeln über den armen, keuschen, einfältigen Mönch, der da wähnte, das Evangelium sei die Charte des Christentums und diese Charte müsse eine Wahrheit sein! Er hat vielleicht gar nicht gemerkt, was Luther wollte, indem er damals viel zu sehr beschäftigt war mit dem Bau der Peterskirche, dessen Kosten eben mit den Ablaßgeldern bestritten wurden, so daß die Sünde ganz eigentlich das Geld hergab zum Bau dieser Kirche, die dadurch gleichsam ein Monument sinnlicher Lust wurde, wie jene Pyramide, die ein ägyptisches Freudenmädchen für das Geld erbaute, das sie durch Prostitution erworben. Von diesem Gotteshause könnte man vielleicht eher als von dem Kölner Dome behaupten, daß es durch den Teufel erbaut worden. Diesen Triumph des Spiritualismus, daß der Sensualismus selber ihm seinen schönsten Tempel bauen mußte, daß man eben für die Menge Zugeständnisse, die man dem Fleische machte, die Mittel erwarb, den Geist zu verherrlichen, dieses begriff man nicht im deutschen Norden. Denn hier, weit eher als unter dem glühenden Himmel Italiens, war es möglich, ein Christentum auszuüben, das der Sinnlichkeit die allerwenigsten Zugeständnisse macht. Wir Nordländer sind kälteren Blutes, und wir bedurften nicht soviel Ablaßzettel für fleischliche Sünden, als uns der väterlich besorgte Leo zugeschickt hatte. Das Klima erleichtert uns die Ausübung der christlichen Tugenden, und am

31. Oktober 1517, als Luther seine Thesen gegen den Ablaß an die Türe der Augustinerkirche anschlug, war der Stadtgraben von Wittenberg vielleicht schon zugefroren, und man konnte dort Schlittschuhe laufen, welches ein sehr kaltes Vergnügen und also keine Sünde ist.

Ich habe mich oben vielleicht schon mehrmals der Worte Spiritualismus und Sensualismus bedient; diese Worte beziehen sich aber hier nicht, wie bei den französischen Philosophen, auf die zwei verschiedenen Quellen unserer Erkenntnisse, ich gebrauche sie vielmehr, wie schon aus dem Sinne meiner Rede immer von selber hervorgeht, zur Bezeichnung jener beiden verschiedenen Denkweisen, wovon die eine den Geist dadurch verherrlichen will, daß sie die Materie zu zerstören strebt, während die andere die natürlichen Rechte der Materie gegen die Usurpationen des Geistes zu vindizieren sucht.

Auf obige Anfänge der lutherischen Reformation, die schon den ganzen Geist derselben offenbaren, muß ich ebenfalls besonders aufmerksam machen, da man hier in Frankreich über die Reformation noch die alten Mißbegriffe hegt, die Bossuet durch seine »Histoire des variations« verbreitet hat und die sich sogar bei heutigen Schriftstellern geltend machen. Die Franzosen begriffen nur die negative Seite der Reformation, sie sahen darin nur einen Kampf gegen den Katholizismus und glaubten manchmal, dieser Kampf sei jenseits des Rheines immer aus denselben Gründen geführt worden wie diesseits, in Frankreich. Aber die Gründe waren dort ganz andere als hier und ganz entgegengesetzte. Der Kampf gegen den Katholizismus in Deutschland war nichts anders als ein Krieg, den der Spiritualismus begann, als er einsah, daß er nur den Titel der Herrschaft führte und nur de jure herrschte, während der Sensualismus, durch hergebrachten Unterschleif, die wirkliche Herrschaft ausübte und de facto herrschte; die Ablaßkrämer wurden fortgejagt, die hübschen Priesterkonkubinen wurden gegen kalte Eheweiber umgetauscht, die reizenden Madonnenbilder wurden zerbrochen, es entstand hie und da der sinnenfeindlichste Puritanismus. Der Kampf gegen den Katholizismus in Frankreich, im siebenzehnten und achtzehnten Jahrhundert, war hingegen ein Krieg, den der Sensualismus begann, als er sah, daß er de facto herrschte und dennoch jeder Akt seiner Herrschaft von dem Spiritualismus, der de jure zu herrschen behauptete, als illegitim verhöhnt und in der empfindlichsten Weise fletriert wurde. Statt daß man nun in Deutschland mit keuschem Ernste kämpfte, kämpfte man in Frankreich mit schlüpfrigem Spaße; und statt daß man dort eine theologische Disputation führte, dichtete man hier irgendeine lustige Satire. Der Gegenstand dieser letzteren war gewöhnlich, den Widerspruch zu zeigen, worin der Mensch mit sich selbst gerät, wenn er ganz Geist sein will; und da erblühten die köstlichsten Historien von frommen Männern, welche ihrer tierischen Natur unwillkürlich unterliegen oder gar alsdann den Schein der Heiligkeit retten wollen und zur Heuchelei ihre Zuflucht nehmen. Schon die Königin von Navarra schilderte in ihren Novellen solche Mißstände, das Verhältnis der Mönche zu den Weibern ist ihr gewöhnliches Thema, und sie will alsdann nicht bloß unser Zwerchfell, sondern auch das Mönchstum erschüttern. Die boshafteste Blüte solcher komischen Polemik ist unstreitig der »Tartüff« von Molière; denn dieser ist nicht bloß gegen den Jesuitismus seiner Zeit gerichtet, sondern gegen das Christentum selbst, ja gegen die Idee des Christentums, gegen den Spiritualismus.

In der Tat, durch die affichierte Angst vor dem nackten Busen der Dorine, durch die Worte

Le ciel défend, de vrai, certains contentements,

Mais on trouve avec lui des accomodements –,

dadurch wurde nicht bloß die gewöhnliche Scheinheiligkeit persifliert, sondern auch die allgemeine Lüge, die aus der Unausführbarkeit der christlichen Idee notwendig entsteht; persifliert wurde dadurch das ganze System von Konzessionen, die der Spiritualismus dem Sensualismus machen mußte. Wahrlich, der Jansenismus hatte immer weit mehr Grund als der Jesuitismus, sich durch die Darstellung des »Tartüff« verletzt zu fühlen, und Molière dürfte den heutigen Methodisten noch immer so mißbehagen wie den katholischen Devoten seiner Zeit. Darum eben ist Molière so groß, weil er, gleich Aristophanes und Cervantes, nicht bloß temporelle Zufälligkeiten, sondern das Ewig-Lächerliche, die Urschwächen der Menschheit, persifliert. Voltaire, der immer nur das Zeitliche und Unwesentliche angriff, muß ihm in dieser Beziehung nachstehen.

Jene Persiflage aber, namentlich die Voltairesche, hat in Frankreich ihre Mission erfüllt, und wer sie weiter fortsetzen wollte, handelte ebenso unzeitgemäß wie unklug. Denn wenn man die letzten sichtbaren Reste des Katholizismus vertilgen würde, könnte es sich leicht ereignen, daß die Idee desselben sich in eine neue Form, gleichsam in einen neuen Leib flüchtet und, sogar den Namen Christentum ablegend, in dieser Umwandlung uns noch weit verdrießlicher belästigen könnte als in ihrer jetzigen gebrochenen, ruinierten und allgemein diskreditierten Gestalt. Ja, es hat sein Gutes, daß der Spiritualismus durch eine Religion und eine Priesterschaft repräsentiert werde, wovon die erstere ihre beste Kraft schon verloren und letztere mit dem ganzen Freiheitsenthusiasmus unserer Zeit in direkter Opposition steht.

Aber warum ist uns denn der Spiritualismus so sehr zuwider? Ist er etwas so Schlechtes? Keineswegs. Rosenöl ist eine kostbare Sache, und ein Fläschchen desselben ist erquicksam, wenn man in den verschlossenen Gemächern des Harem seine Tage vertrauern muß. Aber wir wollen dennoch nicht, daß man alle Rosen dieses Lebens zertrete und zerstampfe, um einige Tropfen Rosenöl zu gewinnen, und mögen diese noch so tröstsam wirken. Wir sind vielmehr wie die Nachtigallen, die sich gern an der Rose selber ergötzen und von ihrer errötend blühenden Erscheinung ebenso beseligt werden wie von ihrem unsichtbaren Dufte.

Ich habe oben geäußert, daß es eigentlich der Spiritualismus war, welcher bei uns den Katholizismus angriff. Aber dieses gilt nur vom Anfang der Reformation; sobald der Spiritualismus in das alte Kirchengebäude Bresche geschossen, stürzte der Sensualismus hervor mit all seiner lang verhaltenen Glut, und Deutschland wurde der wildeste Tummelplatz von Freiheitsrausch und Sinnenlust. Die unterdrückten Bauern hatten in der neuen Lehre geistliche Waffen gefunden, mit denen sie den Krieg gegen die Aristokratie führen konnten; die Lust zu einem solchen Kriege war schon seit anderthalb Jahrhundert vorhanden. Zu Münster lief der Sensualismus nackt durch die Straßen, in der Gestalt des Jan van Leiden, und legte sich mit seinen zwölf Weibern in jene große Bettstelle, welche noch heute auf dem dortigen Rathause zu sehen ist. Die Klosterpforten öffneten sich überall, und Nonnen und Mönchlein stürzten sich in die Arme und schnäbelten sich. Ja, die äußere Geschichte jener Zeit besteht fast aus lauter sensualischen Emeuten; wie wenig Resultate davon geblieben, wie der Spiritualismus jene Tumultuanten wieder unterdrückte, wie er allmählich im Norden seine Herrschaft sicherte, aber durch einen Feind, den er im eigenen Busen erzogen, nämlich durch die Philosophie, zu Tode verwundet wurde, sehen wir später. Es ist dieses eine sehr verwickelte Geschichte, schwer zu entwirren. Der katholischen Partei wird es leicht, nach Belieben die schlimmsten Motive hervorzukehren, und wenn man sie sprechen hört, galt es nur, die frechste Sinnlichkeit zu legitimieren und die Kirchengüter zu plündern. Freilich, die geistigen Interessen müssen immer mit den materiellen Interessen eine Allianz schließen, um zu siegen. Aber der Teufel hatte die Karten so sonderbar gemischt, daß man über die Intentionen nichts Sicheres mehr sagen kann.

Die erlauchten Leute, die Anno 1521 im Reichssaale zu Worms versammelt waren, mochten wohl allerlei Gedanken im Herzen tragen, die im Widerspruch standen mit den Worten ihres Mundes. Da saß ein junger Kaiser, der sich, mit jugendlicher Herrscherwonne, in seinen neuen Purpurmantel wickelte und sich heimlich freute, daß der stolze Römer, der die Vorgänger im Reiche so oft mißhandelt und noch immer seine Anmaßungen nicht aufgegeben, jetzt die wirksamste

Zurechtweisung gefunden. Der Repräsentant jenes Römers hatte seinerseits wieder die geheime Freude, daß ein Zwiespalt unter jenen Deutschen entstand, die, wie betrunkene Barbaren, so oft das schöne Italien überfallen und ausgeplündert und es noch immer mit neuen Überfällen und Plünderungen bedrohten. Die weltlichen Fürsten freuten sich, daß sie mit der neuen Lehre sich auch zu gleicher Zeit die alten Kirchengüter zu Gemüte führen konnten. Die hohen Prälaten überlegten schon, ob sie nicht ihre Köchinnen heuraten und ihre Kurstaaten, Bistümer und Abteien auf ihre männlichen Sprößlinge vererben könnten. Die Abgeordneten der Städte freuten sich einer neuen Erweiterung ihrer Unabhängigkeit. Jeder hatte hier was zu gewinnen und dachte heimlich an irdische Vorteile.

Doch ein Mann war dort, von dem ich überzeugt bin, daß er nicht an sich dachte, sondern nur an die göttlichen Interessen, die er vertreten sollte. Dieser Mann war Martin Luther, der arme Mönch, den die Vorsehung auserwählt, jene römische Weltmacht zu brechen, wogegen schon die stärksten Kaiser und kühnsten Weisen vergeblich angekämpft. Aber die Vorsehung weiß sehr gut, auf welche Schultern sie ihre Lasten legt; hier war nicht bloß eine geistige, sondern auch eine physische Kraft nötig. Eines durch klösterliche Strenge und Keuschheit von Jugend auf gestählten Leibes bedurfte es, um die Mühseligkeiten eines solchen Amtes zu ertragen. Unser teurer Meister war damals noch mager und sah sehr blaß aus, so daß die roten, wohlgefütterten Herren des Reichstags fast mit Mitleid auf den armseligen Mann in der schwarzen Kutte herabsahen. Aber er war doch ganz gesund, und seine Nerven waren so fest, daß ihn der glänzende Tumult nicht im mindesten einschüchterte, und gar seine Lunge muß stark gewesen sein. Denn nachdem er seine lange Verteidigung gesprochen, mußte er, weil der Kaiser kein Hochdeutsch verstand, sie in lateinischer Sprache wiederholen. Ich ärgere mich jedesmal, wenn ich daran denke; denn unser teurer Meister stand neben einem offenen Fenster, der Zugluft ausgesetzt, während ihm der Schweiß von der Stirne troff. Durch das lange Reden mochte er wohl sehr ermüdet und sein Gaumen mochte wohl etwas trocken geworden sein. ›Der muß jetzt großen Durst haben‹, dachte gewiß der Herzog von Braunschweig; wenigstens lesen wir, daß er dem Martin Luther drei Kannen des besten Eimbecker Biers in die Herberge zuschickte. Ich werde diese edle Tat dem Hause Braunschweig nie vergessen.

Wie von der Reformation, so hat man auch von ihren Helden sehr falsche Begriffe in Frankreich. Die nächste Ursache dieses Nichtbegreifens liegt wohl darin, daß Luther nicht bloß der größte, sondern auch der deutscheste Mann unserer Geschichte ist; daß in seinem Charakter alle Tugenden und Fehler der Deutschen aufs großartigste vereinigt sind, daß er auch persönlich das wunderbare Deutschland repräsentiert. Dann hatte er auch Eigenschaften, die wir selten vereinigt finden und die wir gewöhnlich sogar als feindliche Gegensätze antreffen. Er war zugleich ein träumerischer Mystiker und ein praktischer Mann in der Tat. Seine Gedanken hatten nicht bloß Flügel, sondern auch Hände; er sprach und handelte. Er war nicht bloß die Zunge, sondern auch das Schwert seiner Zeit. Auch war er zugleich ein kalter scholastischer Wortklauber und ein begeisterter, gottberauschter Prophet. Wenn er des Tags über mit seinen dogmatischen Distinktionen sich mühsam abgearbeitet, dann griff er des Abends zu seiner Flöte und betrachtete die Sterne und zerfloß in

Melodie und Andacht. Derselbe Mann, der wie ein Fischweib schimpfen konnte, er konnte auch weich sein wie eine zarte Jungfrau. Er war manchmal wild wie der Sturm, der die Eiche entwurzelt, und dann war er wieder sanft wie der Zephir, der mit Veilchen kost. Er war voll der schauerlichsten Gottesfurcht, voll Aufopferung zu Ehren des Heiligen Geistes, er konnte sich ganz versenken ins reine Geisttum; und dennoch kannte er sehr gut die Herrlichkeiten dieser Erde und wußte sie zu schätzen, und aus seinem Munde erblühte der famose Wahlspruch: »Wer nicht liebt Wein, Weiber und Gesang, der bleibt ein Narr sein Leben lang.« Er war ein kompletter Mensch, ich möchte sagen, ein absoluter Mensch, in welchem Geist und Materie nicht getrennt sind. Ihn einen Spiritualisten zu nennen wäre daher ebenso irrig, als nennte man ihn einen Sensualisten. Wie soll ich sagen, er hatte etwas Ursprüngliches, Unbegreifliches, Mirakulöses, wie wir es bei allen providentiellen Männern finden, etwas Schauerlich-Naives, etwas Tölpelhaft-Kluges, etwas Erhaben-Borniertes, etwas Unbezwingbar-Dämonisches.

Luthers Vater war Bergmann zu Mansfeld, und da war der Knabe oft bei ihm in der unterirdischen Werkstatt, wo die mächtigen Metalle wachsen und die starken Urquellen rieseln, und das junge Herz hatte vielleicht unbewußt die geheimsten Naturkräfte in sich eingesogen oder wurde gar gefeit von den Berggeistern. Daher mag auch soviel Erdstoff, soviel Leidenschaftschlacke an ihm klebengeblieben sein, wie man dergleichen ihm hinlänglich vorwirft. Man hat aber unrecht, ohne jene irdische Beimischung hätte er nicht ein Mann der Tat sein können. Reine Geister können nicht handeln. Erfahren wir doch aus Jung-Stillings Gespensterlehre, daß die Geister sich zwar recht farbig und bestimmt versichtbaren können, auch wie lebendige Menschen zu gehen, zu laufen, zu tanzen und alle möglichen Gebärden zu machen verstehen, daß sie aber nichts Materielles, nicht den kleinsten Nachttisch, von seiner Stelle fortzubewegen vermögen.

Ruhm dem Luther! Ewiger Ruhm dem teuren Manne, dem wir die Rettung unserer edelsten Güter verdanken und von dessen Wohltaten wir noch heute leben! Es ziemt uns wenig, über die Beschränktheit seiner Ansichten zu klagen. Der Zwerg, der auf den Schultern des Riesen steht, kann freilich weiter schauen als dieser selbst, besonders wenn er eine Brille aufgesetzt; aber zu der erhöhten Anschauung fehlt das hohe Gefühl, das Riesenherz, das wir uns nicht aneignen können. Es ziemt uns noch weniger, über seine Fehler ein herbes Urteil zu fällen; diese Fehler haben uns mehr genutzt als die Tugenden von tausend andern. Die Feinheit des Erasmus und die Milde des Melanchthon hätten uns nimmer so weit gebracht wie manchmal die göttliche Brutalität des Bruder Martin. Ja, der Irrtum in betreff des Beginnes, wie ich ihn oben angedeutet, hat die kostbarsten Früchte getragen, Früchte, woran sich die ganze Menschheit erquickt. Von dem Reichstage an, wo Luther die Autorität des Papstes leugnet und öffentlich erklärt, »daß man seine Lehre durch die Aussprüche der Bibel selbst oder durch vernünftige Gründe widerlegen müsse!«, da beginnt ein neues Zeitalter in Deutschland. Die Kette, womit der heilige Bonifaz die deutsche Kirche an Rom gefesselt, wird entzweigehauen. Diese Kirche, die vorher einen integrierenden Teil der großen Hierarchie bildete, zerfällt in religiöse Demokratien. Die Religion selber wird eine andere; es verschwindet daraus das indisch-gnostische Element, und wir sehen, wie sich wieder das judäisch-deistische

Element darin erhebt. Es entsteht das evangelische Christentum. Indem die notwendigsten Ansprüche der Materie nicht bloß berücksichtigt, sondern auch legitimiert werden, wird die Religion wieder eine Wahrheit. Der Priester wird Mensch und nimmt ein Weib und zeugt Kinder, wie Gott es verlangt. Dagegen Gott selbst wird wieder ein himmlischer Hagestolz ohne Familie; die Legitimität seines Sohnes wird bestritten; die Heiligen werden abgedankt; den Engeln werden die Flügel beschnitten; die Muttergottes verliert alle ihre Ansprüche an die himmlische Krone, und es wird ihr untersagt, Wunder zu tun. Überhaupt von nun an, besonders seit die Naturwissenschaften so große Fortschritte machen, hören die Wunder auf. Sei es nun, daß es den lieben Gott verdrießt, wenn ihm die Physiker so mißtrauisch auf die Finger sehen, sei es auch, daß er nicht gern mit Bosco konkurrieren will: sogar in der jüngsten Zeit, wo die Religion so sehr gefährdet ist, hat er es verschmäht, sie durch irgendein eklatantes Wunder zu unterstützen. Vielleicht wird er von jetzt an, bei allen neuen Religionen, die er auf dieser Erde einführt, sich auf gar keine heiligen Kunststücke mehr einlassen und die Wahrheiten der neuen Lehren immer durch die Vernunft beweisen; was auch am vernünftigsten ist. Wenigstens beim Saint-Simonismus, welcher die neueste Religion, ist gar kein Wunder vorgefallen, ausgenommen etwa, daß eine alte Schneiderrechnung, die Saint-Simon auf Erden schuldig geblieben, zehn Jahr nach seinem Tode von seinen Schülern bar bezahlt worden ist. Noch sehe ich, wie der vortreffliche Père Olinde in der Salle Taitbout begeistrungsvoll sich erhebt und der erstaunten Gemeinde die quittierte Schneiderrechnung vorhält. Junge Epiciers stutzten ob solchem übernatürlichen Zeugnis. Die Schneider aber fingen schon an zu glauben!

Indessen wenn bei uns in Deutschland, durch den Protestantismus, mit den alten Mirakeln auch sehr viele andere Poesie verlorenging, so gewannen wir doch mannigfaltigen Ersatz. Die Menschen wurden tugendhafter und edler. Der Protestantismus hatte den günstigsten Einfluß auf jene Reinheit der Sitten und jene Strenge in der Ausübung der Pflichten, welche wir gewöhnlich Moral nennen; ja, der Protestantismus hat in manchen Gemeinden eine Richtung genommen, wodurch er am Ende mit dieser Moral ganz zusammenfällt und das Evangelium nur als schöne Parabel gültig bleibt. Besonders sehen wir jetzt eine erfreuliche Veränderung im Leben der Geistlichen. Mit dem Zölibat verschwanden auch fromme Unzüchten und Mönchslaster. Unter den protestantischen Geistlichen finden wir nicht selten die tugendhaftesten Menschen, Menschen, vor denen selbst die alten Stoiker Respekt hätten. Man muß zu Fuß, als armer Student, durch Norddeutschland wandern, um zu erfahren, wieviel Tugend, und damit ich der Tugend ein schönes Beiwort gebe, wieviel evangelische Tugend manchmal in so einer scheinlosen Pfarrerwohnung zu finden ist. Wie oft, des Winterabends, fand ich da eine gastfreie Aufnahme, ich, ein Fremder, der keine andere Empfehlung mitbrachte, außer daß ich Hunger hatte und müde war. Wenn ich dann gut gegessen und gut geschlafen hatte und des Morgens weiterziehen wollte, kam der alte Pastor im Schlafrock und gab mir noch den Segen auf den Weg, welches mir nie Unglück gebracht hat; und die gutmütig geschwätzige Frau Pastorin steckte mir einige Butterbröte in die Tasche, welche mich nicht minder erquickten; und in schweigender Ferne standen die schönen Predigertöchter mit ihren errötenden Wangen und Veilchenaugen, deren schüchternes Feuer, noch in der Erinnerung, für den ganzen Wintertag mein Herz erwärmte.

Indem Luther den Satz aussprach, daß man seine Lehre nur durch die Bibel selber oder durch vernünftige Gründe widerlegen müsse, war der menschlichen Vernunft das Recht eingeräumt, die Bibel zu erklären, und sie, die Vernunft, war als oberste Richterin in allen religiösen Streitfragen anerkannt. Dadurch entstand in Deutschland die sogenannte Geistesfreiheit oder, wie man sie ebenfalls nennt, die Denkfreiheit. Das Denken ward ein Recht, und die Befugnisse der Vernunft wurden legitim. Freilich, schon seit einigen Jahrhunderten hatte man ziemlich frei denken und reden können, und die Scholastiker haben über Dinge disputiert, wovon wir kaum begreifen, wie man sie im Mittelalter auch nur aussprechen durfte. Aber dieses geschah vermittelst der Distinktion, welche man zwischen theologischer und philosophischer Wahrheit machte, eine Distinktion, wodurch man sich gegen Ketzerei ausdrücklich verwahrte; und das geschah auch nur innerhalb den Hörsälen der Universitäten und in einem gotisch abstrusen Latein, wovon doch das Volk nichts verstehen konnte, so daß wenig Schaden für die Kirche dabei zu befürchten war. Dennoch hatte die Kirche solches Verfahren nie eigentlich erlaubt, und dann und wann hat sie auch wirklich einen armen Scholastiker verbrannt. Jetzt aber, seit Luther, machte man gar keine Distinktion mehr zwischen theologischer und philosophischer Wahrheit, und man disputierte auf öffentlichem Markt und in der deutschen Landessprache und ohne Scheu und Furcht. Die Fürsten, welche die Reformation annahmen, haben diese Denkfreiheit legitimisiert, und eine wichtige, weltwichtige Blüte derselben ist die deutsche Philosophie.

In der Tat, nicht einmal in Griechenland hat der menschliche Geist sich so frei aussprechen können wie in Deutschland, seit der Mitte des vorigen Jahrhunderts bis zur französischen Invasion. Namentlich in Preußen herrschte eine grenzenlose Gedankenfreiheit. Der Marquis von Brandenburg hatte begriffen, daß er, der nur durch das protestantische Prinzip ein legitimer König von Preußen sein konnte, auch die protestantische Denkfreiheit aufrechterhalten mußte.

Seitdem freilich haben sich die Dinge verändert, und der natürliche Schirmvogt unserer protestantischen Denkfreiheit hat sich, zur Unterdrückung derselben, mit der ultramontanen Partei verständigt, und er benutzt oft dazu die Waffe, die das Papsttum zuerst gegen uns ersonnen und angewandt: die Zensur.

Sonderbar! Wir Deutschen sind das stärkste und das klügste Volk. Unsere Fürstengeschlechter sitzen auf allen Thronen Europas, unsere Rothschilde beherrschen alle Börsen der Welt, unsere Gelehrten regieren in allen Wissenschaften, wir haben das Pulver erfunden und die Buchdruckerei; und dennoch, wer bei uns eine Pistole losschießt, bezahlt drei Taler Strafe, und wenn wir in den »Hamburger Korrespondent« setzen wollen: »Meine liebe Gattin ist in Wochen gekommen, mit einem Töchterlein, schön wie die Freiheit!«, dann greift der Herr Doktor Hoffmann zu seinem Rotstift und streicht uns »die Freiheit«.

Wird dieses noch lange geschehen können? Ich weiß nicht. Aber ich weiß, die Frage der Preßfreiheit, die jetzt in Deutschland so heftig diskutiert wird, knüpft sich bedeutungsvoll an die obigen Betrachtungen, und ich glaube, ihre Lösung ist nicht schwer, wenn man bedenkt, daß die Preßfreiheit nichts anderes ist als die Konsequenz der Denkfreiheit und folglich ein protestantisches Recht. Für Rechte dieser Art hat der Deutsche schon sein bestes Blut gegeben, und er dürfte wohl dahin gebracht werden, noch einmal in die Schranken zu treten.

Dasselbe ist anwendbar auf die Frage von der akademischen Freiheit, die jetzt so leidenschaftlich die Gemüter in Deutschland bewegt. Seit man entdeckt zu haben glaubt, daß auf den Universitäten am meisten politische Aufregung, nämlich Freiheitsliebe, herrscht, seitdem wird den Souveränen von allen Seiten insinuiert, daß man diese Institute unterdrücken oder doch wenigstens in gewöhnliche Unterrichtsanstalten verwandeln müsse. Da werden nun Plane geschmiedet und das Pro und Kontra diskutiert. Die öffentlichen Gegner der Universitäten, ebensowenig wie die öffentlichen Verteidiger, die wir bisher vernommen, scheinen aber die letzten Gründe der Frage nicht zu verstehen. Jene begreifen nicht, daß die Jugend überall und unter allen Disziplinen für die Interessen der Freiheit begeistert sein wird und daß, wenn man die Universitäten unterdrückt, jene begeisterte Jugend anderswo und vielleicht in Verbindung mit der Jugend des Handelsstands und der Gewerbe sich desto tatkräftiger aussprechen wird. Die Verteidiger suchen nur zu beweisen, daß mit den Universitäten auch die Blüte der deutschen Wissenschaftlichkeit zugrunde ginge, daß eben die akademische

Freiheit den Studien so nützlich sei, daß die Jugend dadurch so hübsch Gelegenheit finde, sich vielseitig auszubilden usw. Als ob es auf einige griechische Vokabeln oder einige Roheiten mehr oder weniger hier ankomme!

Und was gölte den Fürsten alle Wissenschaft, Studien oder Bildung, wenn die heilige Sicherheit ihrer Throne gefährdet stünde! Sie waren heroisch genug, alle jene relativen Güter für das einzig Absolute, für ihre absolute Herrschaft aufzuopfern. Denn diese ist ihnen von Gott anvertraut, und wo der Himmel gebietet, müssen alle irdischen Rücksichten weichen.

Mißverstand ist sowohl auf seiten der armen Professoren, die als Vertreter, wie auf seiten der Regierungsbeamten, die als Gegner der Universitäten öffentlich auftreten. Nur die katholische Propaganda in Deutschland begreift die Bedeutung derselben, diese frommen Obskuranten sind die gefährlichsten Gegner unseres Universitätssystems, diese wirken dagegen meuchlerisch mit Lug und Trug, und gar wenn sich einer von ihnen den liebevollen Anschein gibt, als wollte er den Universitäten das Wort reden, offenbart sich die jesuitische Intrige. Wohl wissen diese feigen Heuchler, was hier auf dem Spiel steht, zu gewinnen. Denn mit den Universitäten fällt auch die protestantische Kirche, die seit der Reformation nur in jenen wurzelt, so daß die ganze protestantische Kirchengeschichte der letzten Jahrhunderte fast nur aus den theologischen Streitigkeiten der Wittenberger, Leipziger, Tübinger und halleschen Universitätsgelehrten besteht. Die Konsistorien sind nur der schwache Abglanz der theologischen Fakultät, sie verlieren mit dieser allen Halt und Charakter und sinken in die öde Abhängigkeit der Ministerien oder gar der Polizei.

Doch laßt uns solchen melancholischen Betrachtungen nicht zuviel Raum geben, um so mehr, da wir hier noch von dem providentiellen Manne zu reden haben, durch welchen so Großes für das deutsche Volk geschehen. Ich habe oben gezeigt, wie wir durch ihn zur größten Denkfreiheit gelangt. Aber dieser Martin Luther gab uns nicht bloß die Freiheit der Bewegung, sondern auch das Mittel der Bewegung, dem Geist gab er nämlich einen Leib. Er gab dem Gedanken auch das Wort. Er schuf die deutsche Sprache.

Dieses geschah, indem er die Bibel übersetzte.

In der Tat, der göttliche Verfasser dieses Buchs scheint es ebensogut wie wir andere gewußt zu haben, daß es gar nicht gleichgültig ist, durch wen man übersetzt wird, und er wählte selber seinen Übersetzer und verlieh ihm die wundersame Kraft, aus einer toten Sprache, die gleichsam schon begraben war, in eine andere Sprache zu übersetzen, die noch gar nicht lebte.

Man besaß zwar die Vulgata, die man verstand, sowie auch die Septuaginta, die man schon verstehen konnte. Aber die Kenntnis des Hebräischen war in der christlichen Welt ganz erloschen. Nur die Juden, die sich, hie und da, in einem Winkel dieser Welt verborgen hielten, bewahrten noch die Traditionen dieser Sprache. Wie ein Gespenst, das einen Schatz bewacht, der ihm einst im Leben anvertraut worden, so saß dieses gemordete Volk, dieses Volk-Gespenst, in seinen dunklen Gettos und bewahrte dort die hebräische Bibel; und in diese verrufenen Schlupfwinkel sah man die deutschen Gelehrten heimlich hinabsteigen, um den Schatz zu heben, um die Kenntnis der hebräischen Sprache zu erwerben. Als die katholische Geistlichkeit merkte, daß ihr von dieser Seite Gefahr drohte, daß das Volk auf diesem Seitenweg zum wirklichen Wort Gottes gelangen und die römischen Fälschungen entdecken konnte, da hätte man gern auch die jüdische Tradition unterdrückt, und man ging damit um, alle hebräischen Bücher zu vernichten, und am Rhein begann die Bücherverfolgung, wogegen unser vortrefflicher Doktor Reuchlin so glorreich gekämpft hat. Die Kölner Theologen, die damals agierten, besonders Hoogstraeten, waren keineswegs so geistesbeschränkt, wie der tapfere Mitkämpfer Reuchlins, Ritter Ulrich von Hutten, sie in seinen »Litteris obscurorum virorum« schildert. Es galt die Unterdrückung der hebräischen Sprache. Als Reuchlin siegte, konnte Luther sein Werk beginnen. In einem Briefe, den dieser damals an Reuchlin schrieb, scheint er schon zu fühlen, wie wichtig der Sieg war, den jener erfochten, und in einer abhängig schwierigen Stellung erfochten, während er, der Augustinermönch, ganz unabhängig stand; sehr naiv sagt er in diesem Briefe: »Ego nihil timeo, quia nihil habeo.«

Wie aber Luther zu der Sprache gelangt ist, worin er seine Bibel übersetzte, ist mir bis auf diese Stunde unbegreiflich. Der altschwäbische Dialekt war, mit der Ritterpoesie der Hohenstaufenschen Kaiserzeit, gänzlich untergegangen. Der altsächsische Dialekt, das sogenannte Plattdeutsche, herrschte nur in einem Teile des nördlichen Deutschlands und hat sich, trotz aller Versuche, die man gemacht, nie zu literärischen Zwecken eignen wollen. Nahm Luther zu seiner Bibelübersetzung die Sprache, die man im heutigen Sachsen sprach, so hätte Adelung recht gehabt, zu behaupten, daß der sächsische, namentlich der meißensche Dialekt unser eigentliches Hochdeutsch, d.h. unsere Schriftsprache sei. Aber dieses ist längst widerlegt worden, und ich muß dieses hier um so schärfer erwähnen da solcher Irrtum in Frankreich noch immer gäng und gäbe ist. Das heutige Sächsische war nie ein Dialekt des deutschen Volks, ebensowenig wie etwa das Schlesische; denn so wie dieses entstand es durch slawische Färbung. Ich bekenne daher offenherzig, ich weiß nicht, wie die Sprache, die wir in der Lutherischen Bibel finden, entstanden ist. Aber ich weiß, daß durch diese Bibel, wovon die junge Presse, die schwarze Kunst, Tausende von Exemplaren ins Volk schleuderte, die Lutherische Sprache in wenigen Jahren über ganz Deutschland verbreitet und zur allgemeinen Schriftsprache erhoben wurde. Diese Schriftsprache herrscht noch immer in Deutschland und gibt diesem politisch und religiös zerstückelten Lande eine literärische Einheit. Ein solches unschätzbares Verdienst mag uns bei dieser Sprache dafür entschädigen, daß sie, in ihrer heutigen Ausbildung, etwas von jener Innigkeit entbehrt, welche wir bei Sprachen, die sich aus einem einzigen Dialekt gebildet, zu finden pflegen. Die Sprache in Luthers Bibel entbehrt jedoch durchaus nicht einer solchen Innigkeit, und dieses alte Buch ist eine ewige Quelle der Verjüngung für unsere Sprache. Alle Ausdrücke und Wendungen, die in der Lutherischen Bibel stehn, sind deutsch, der Schriftsteller darf sie immerhin noch gebrauchen; und da dieses Buch in den Händen der ärmsten Leute ist, so bedürfen diese keiner besonderen gelehrten Anleitung, um sich literarisch aussprechen zu können.

Dieser Umstand wird, wenn bei uns die politische Revolution ausbricht, gar merkwürdige Erscheinungen zur Folge haben. Die Freiheit wird überall sprechen können, und ihre Sprache wird biblisch sein.

Luthers Originalschriften haben ebenfalls dazu beigetragen, die deutsche Sprache zu fixieren. Durch ihre polemische Leidenschaftlichkeit drangen sie tief in das Herz der Zeit. Ihr Ton ist nicht immer sauber. Aber man macht auch keine religiöse Revolution mit Orangenblüte. Zu dem groben Klotz gehört manchmal ein grober Keil. In der Bibel ist Luthers Sprache, aus Ehrfurcht vor dem gegenwärtigen Geist Gottes, immer in eine gewisse Würde gebannt. In seinen Streitschriften hingegen überläßt er sich einer plebejischen Roheit, die oft ebenso widerwärtig wie grandios ist. Seine Ausdrücke und Bilder gleichen dann jenen riesenhaften Steinfiguren, die wir in indischen oder ägyptischen Tempelgrotten finden und deren grelles Kolorit und abenteuerliche Häßlichkeit uns zugleich abstößt und anzieht. Durch diesen barocken Felsenstil erscheint uns der kühne Mönch manchmal wie ein religiöser Danton, ein Prediger des Berges, der, von der Höhe desselben, die bunten Wortblöcke hinabschmettert auf die Häupter seiner Gegner.

Merkwürdiger und bedeutender als diese prosaischen Schriften sind Luthers Gedichte, die Lieder, die, in Kampf und Not, aus seinem Gemüte entsprossen. Sie gleichen manchmal einer Blume, die auf einem Felsen wächst, manchmal einem Mondstrahl, der über ein bewegtes Meer hinzittert. Luther liebte die Musik, er hat sogar einen Traktat über diese Kunst geschrieben, und seine Lieder sind daher außerordentlich melodisch. Auch in dieser Hinsicht gebührt ihm der Name: Schwan von Eisleben. Aber er war nichts weniger als ein milder Schwan in manchen Gesängen, wo er den Mut der Seinigen anfeuert und sich selber zur wildesten Kampflust begeistert. Ein Schlachtlied war jener trotzige Gesang, womit er und seine Begleiter in Worms einzogen. Der alte Dom zitterte bei diesen neuen Klängen, und die Raben erschraken in ihren obskuren Turmnestern. Jenes Lied, die Marseiller Hymne der Reformation, hat bis auf unsere Tage seine begeisternde Kraft bewahrt.

Eine feste Burg ist unser Gott,

Ein' gute Wehr und Waffen,

Er hilft uns frei aus aller Not,

Die uns jetzt hat betroffen.

Der alte böse Feind,

Mit Ernst er's jetzt meint,

Groß Macht und viel List

Sein grausam Rüstung ist,

Auf Erd' ist nicht sein'sgleichen.

Mit unsrer Macht ist nichts getan,

Wir sind gar bald verloren,

Es streit't für uns der rechte Mann,

Den Gott selbst hat erkoren.

Fragst du, wer es ist?

Er heißt Jesus Christ,

Der Herr Zebaoth,

Und ist kein andrer Gott,

Das Feld muß er behalten.

Und wenn die Welt voll Teufel wär

Und wollten uns verschlingen,

So fürchten wir uns nicht so sehr,

Es soll uns doch gelingen;

Der Fürst dieser Welt,

Wie sauer er sich stellt,

Tut er uns doch nicht,

Das macht, er ist gericht't,

Ein Wörtlein kann ihn fällen.

Das Wort sie sollen lassen stahn,

Und keinen Dank dazu haben,

Es ist bei uns wohl auf dem Plan

Mit seinem Geist und Gaben.

Nehmen sie uns den Leib,

Gut, Ehr', Kind und Weib,

Laß fahren dahin,

Sie haben's kein Gewinn,

Das Reich muß uns doch bleiben.

Ich habe gezeigt, wie wir unserm teuern Doktor Martin Luther die Geistesfreiheit verdanken, welche die neuere Literatur zu ihrer Entfaltung bedurfte. Ich habe gezeigt, wie er uns auch das Wort schuf, die Sprache, worin diese neue Literatur sich aussprechen konnte. Ich habe jetzt nur noch hinzuzufügen, daß er auch selber diese Literatur eröffnet, daß diese und ganz eigentlich die schöne Literatur mit Luther beginnt, daß seine geistlichen Lieder sich als die ersten wichtigen Erscheinungen derselben ausweisen und schon den bestimmten Charakter derselben kundgeben. Wer über die neuere deutsche Literatur reden will, muß daher mit Luther beginnen und nicht etwa mit einem Nüremberger Spießbürger, namens Hans Sachs, wie aus unredlichem Mißwollen von einigen romantischen Literatoren geschehen ist. Hans Sachs, dieser Troubadour der ehrbaren Schusterzunft, dessen Meistergesang nur eine läppische Parodie der früheren Minnelieder und dessen Dramen nur eine tölpelhafte Travestie der alten Mysterien, dieser pedantische Hanswurst, der die freie Naivität des Mittelalters ängstlich nachäfft, ist vielleicht als der letzte Poet der älteren Zeit, keineswegs aber als der erste Poet der neueren Zeit zu betrachten. Es wird dazu keines weiteren Beweises bedürfen, als daß ich den Gegensatz unserer neuen Literatur zur älteren mit bestimmten Worten erörtere.

Betrachten wir daher die deutsche Literatur, die vor Luther blühte, so finden wir:

1. Ihr Material, ihr Stoff ist, wie das Leben des Mittelalters selbst, eine Mischung zweier heterogener Elemente, die in einem langen Zweikampf sich so gewaltig umschlungen, daß sie am Ende ineinander verschmolzen, nämlich: die germanische Nationalität und das indisch-gnostische, sogenannte katholische Christentum.

2. Die Behandlung oder vielmehr der Geist der Behandlung in dieser älteren Literatur ist romantisch. Abusive sagt man dasselbe auch von dem Material jener Literatur, von allen Erscheinungen des Mittelalters, die durch die Verschmelzung der erwähnten beiden Elemente, germanische Nationalität und katholisches Christentum, entstanden sind. Denn wie einige Dichter des Mittelalters die griechische Geschichte und Mythologie ganz romantisch behandelt haben, so kann man auch die mittelalterlichen Sitten und Legenden in klassischer Form darstellen. Die Ausdrücke »klassisch« und »romantisch«

beziehen sich also nur auf den Geist der Behandlung. Die Behandlung ist klassisch, wenn die Form des Dargestellten ganz identisch ist mit der Idee des Darzustellenden, wie dieses der Fall ist bei den Kunstwerken der Griechen, wo daher in dieser Identität auch die größte Harmonie zwischen Form und Idee zu finden. Die Behandlung ist romantisch, wenn die Form nicht durch Identität die Idee offenbart, sondern parabolisch diese Idee erraten läßt. Ich gebrauche hier das Wort »parabolisch« lieber als das Wort »symbolisch«. Die griechische Mythologie hatte eine Reihe von Göttergestalten, deren jede, bei aller Identität der Form und der Idee, dennoch eine symbolische Bedeutung bekommen konnte. Aber in dieser griechischen Religion war eben nur die Gestalt der Götter bestimmt, alles andere, ihr Leben und Treiben, war der Willkür der Poeten zur beliebigen Behandlung überlassen. In der christlichen Religion hingegen gibt es keine so bestimmte Gestalten, sondern bestimmte Fakta, bestimmte heilige Ereignisse und Taten, worin das dichtende Gemüt des Menschen eine parabolische Bedeutung legen konnte. Man sagt, Homer habe die griechischen Götter erfunden; das ist nicht wahr, sie existierten schon vorher in bestimmten Umrissen, aber er erfand ihre Geschichten. Die Künstler des Mittelalters hingegen wagten nimmermehr, in dem geschichtlichen Teil ihrer Religion das mindeste zu erfinden; der Sündenfall, die Menschwerdung, die Taufe, die Kreuzigung u. dgl. waren unantastbare Tatsachen, woran nicht gemodelt werden durfte, worin aber das dichtende Gemüt der Menschen eine parabolische Bedeutung legen konnte. In diesem parabolischen Geist wurden nun auch alle Künste im Mittelalter behandelt, und diese Behandlung ist romantisch. Daher in der Poesie des Mittelalters jene mystische Allgemeinheit; die Gestalten sind so schattenhaft, was sie tun, ist so unbestimmt, alles ist darin so dämmernd, wie von wechselndem Mondlicht beleuchtet; die Idee ist in der Form nur wie ein Rätsel angedeutet, und wir sehen hier eine vage Form, wie sie eben zu einer spiritualistischen Literatur geeignet war. Da ist nicht wie bei den Griechen eine sonnenklare Harmonie zwischen Form und Idee; sondern manchmal überragt die Idee die gegebene Form, und diese strebt verzweiflungsvoll, jene zu erreichen, und wir sehen dann bizarre, abenteuerliche Erhabenheit: manchmal ist die Form ganz der Idee über den Kopf gewachsen, ein läppisch winziger Gedanke schleppt sich einher in einer kolossalen Form, und wir sehen groteske Farce; fast immer sehen wir Unförmlichkeit.

3. Der allgemeine Charakter jener Literatur war, daß sich in allen Produkten derselben jener feste, sichere Glaube kundgab, der damals in allen weltlichen wie geistlichen Dingen herrschte. Basiert auf Autoritäten waren alle Ansichten der Zeit; der Dichter wandelte, mit der Sicherheit eines Maulesels, längs den Abgründen des Zweifels, und es herrscht in seinen Werken eine kühne Ruhe, eine selige Zuversicht, wie sie später unmöglich war, als die Spitze jener Autoritäten, nämlich die Autorität des Papstes, gebrochen war und alle anderen nachstürzten. Die Gedichte des Mittelalters haben daher alle denselben Charakter, es ist, als habe sie nicht der einzelne Mensch, sondern das ganze Volk gedichtet; sie sind objektiv, episch und naiv.

In der Literatur hingegen, die mit Luther emporblüht, finden wir ganz das Gegenteil:

1. Ihr Material, der Stoff, der behandelt werden soll, ist der Kampf der Reformationsinteressen und Ansichten mit der alten Ordnung der

Dinge. Dem neuen Zeitgeist ist jener Mischglaube, der aus den erwähnten zwei Elementen, germanische Nationalität und indisch-gnostisches Christentum, entstanden ist, gänzlich zuwider; letzteres dünkt ihm heidnische Götzendienerei, an dessen Stelle die wahre Religion des judäisch-deistischen Evangeliums treten soll. Eine neue Ordnung der Dinge gestaltet sich; der Geist macht Erfindungen, die das Wohlsein der Materie befördern; durch das Gedeihen der Industrie und durch die Philosophie wird der Spiritualismus in der öffentlichen Meinung diskreditiert; der dritte Stand erhebt sich; die Revolution grollt schon in den Herzen und Köpfen; und was die Zeit fühlt und denkt und bedarf und will, wird ausgesprochen, und das ist der Stoff der modernen Literatur.

2. Der Geist der Behandlung ist nicht mehr romantisch, sondern klassisch. Durch das Wiederaufleben der alten Literatur verbreitete sich über ganz Europa eine freudige Begeisterung für die griechischen und römischen Schriftsteller, und die Gelehrten, die einzigen, welche damals schrieben, suchten den Geist des klassischen Altertums sich anzueignen oder wenigstens in ihren Schriften die klassischen Kunstformen nachzubilden. Konnten sie nicht, gleich den Griechen, eine Harmonie der Form und der Idee erreichen, so hielten sie sich doch desto strenger an das Äußere der griechischen Behandlung, sie schieden, nach griechischer Vorschrift, die Gattungen, enthielten sich jeder romantischen Extravaganz, und in dieser Beziehung nennen wir sie klassisch.

3. Der allgemeine Charakter der modernen Literatur besteht darin, daß jetzt die Individualität und die Skepsis vorherrschen. Die

Autoritäten sind niedergebrochen; nur die Vernunft ist jetzt des Menschen einzige Lampe, und sein Gewissen ist sein einziger Stab in den dunkeln Irrgängen dieses Lebens. Der Mensch steht jetzt allein seinem Schöpfer gegenüber und singt ihm sein Lied. Daher beginnt diese Literatur mit geistlichen Gesängen. Aber auch später, wo sie weltlich wird, herrscht darin das innigste Selbstbewußtsein, das Gefühl der Persönlichkeit. Die Poesie ist jetzt nicht mehr objektiv, episch und naiv, sondern subjektiv, lyrisch und reflektierend.

Zweites Buch

Im vorigen Buche haben wir von der großen religiösen Revolution gehandelt, die von Martin Luther in Deutschland repräsentiert ward. Jetzt haben wir von der philosophischen Revolution zu sprechen, die aus jener hervorging, ja, die eben nichts anderes ist wie die letzte Konsequenz des Protestantismus.

Ehe wir aber erzählen, wie diese Revolution durch Immanuel Kant zum Ausbruch kam, müssen die philosophischen Vorgänge im Auslande, die Bedeutung des Spinoza, die Schicksale der Leibnizischen Philosophie, die Wechselverhältnisse dieser Philosophie und der Religion, die Reibungen derselben, ihr Zerwürfnis u. dgl. m. erwähnt werden. Beständig aber halten wir im Auge diejenigen von den Fragen der Philosophie, denen wir eine soziale Bedeutung beimessen und zu deren Lösung sie mit der Religion konkurriert.

Dieses ist nun die Frage von der Natur Gottes. »Gott ist Anfang und Ende aller Weisheit!« sagen die Gläubigen in ihrer Demut, und der Philosoph, in allem Stolze seines Wissens, muß diesem frommen Spruche beistimmen.

Nicht Baco, wie man zu lehren pflegt, sondern René Descartes ist der Vater der neuern Philosophie, und in welchem Grade die deutsche Philosophie von ihm abstammt, werden wir ganz deutlich zeigen.

René Descartes ist ein Franzose, und dem großen Frankreich gebührt auch hier der Ruhm der Initiative. Aber das große Frankreich, das geräuschvolle, bewegte, vielschwatzende Land der Franzosen, war nie ein geeigneter Boden für Philosophie, diese wird vielleicht niemals darauf gedeihen, und das fühlte René Descartes, und er ging nach Holland, dem stillen, schweigenden Lande der Trekschuiten und Holländer, und dort schrieb er seine philosophischen Werke. Nur dort konnte er seinen Geist von dem traditionellen Formalismus befreien und eine ganze Philosophie aus reinen Gedanken emporbauen, die weder dem Glauben noch der Empirie abgeborgt sind, wie es seitdem von jeder wahren Philosophie verlangt wird. Nur dort konnte er so tief in des Denkens Abgründe sich versenken, daß er es in den letzten Gründen des Selbstbewußtseins ertappte und er eben durch den Gedanken das Selbstbewußtsein konstatieren konnte, in dem weltberühmten Satze: Cogito, ergo sum.

Aber auch vielleicht nirgends anders als in Holland konnte Descartes es wagen, eine Philosophie zu lehren, die mit allen Traditionen der Vergangenheit in den offenbarsten Kampf geriet. Ihm gebührt die Ehre, die Autonomie der Philosophie gestiftet zu haben; diese brauchte nicht mehr die Erlaubnis zum Denken von der Theologie zu erbetteln und durfte sich jetzt als selbständige Wissenschaft neben dieselbe hinstellen. Ich sage nicht: derselben entgegensetzen, denn es galt damals der Grundsatz: die Wahrheiten, wozu wir durch die Philosophie gelangen, sind am Ende dieselben, welche uns auch die Religion überliefert. Die Scholastiker, wie ich schon früher bemerkt, hatten hingegen der Religion nicht bloß die Suprematie über die Philosophie eingeräumt, sondern auch diese letztere für ein nichtiges Spiel, für eitel Wortfechterei erklärt, sobald sie mit den Dogmen der Religion in Widerspruch geriet. Den Scholastikern war es nur darum zu tun, ihre Gedanken auszusprechen, gleichviel unter welcher Bedingung. Sie sagten ein mal eins ist eins und bewiesen es; aber sie setzten lächelnd hinzu, das ist wieder ein Irrtum der menschlichen Vernunft, die immer irrt, wenn sie mit den Beschlüssen der ökumenischen Konzilien in Widerspruch gerät; ein mal eins ist drei, und das ist die wahre Wahrheit, wie uns längst offenbart worden, im Namen des Vaters, des Sohnes und des Heiligen Geistes! Die Scholastiker bildeten, im geheim, eine philosophische Opposition gegen die Kirche. Aber öffentlich heuchelten sie die größte Unterwürfigkeit, kämpften sogar in manchen Fällen für die Kirche, und bei Aufzügen paradierten sie im Gefolge derselben, ungefähr wie die französischen Oppositionsdeputierten bei den Feierlichkeiten der Restauration. Die Komödie der Scholastiker dauerte mehr als sechs Jahrhunderte, und sie wurde immer trivialer. Indem Descartes den Scholastizismus zerstörte, zerstörte er auch die verjährte Opposition des Mittelalters. Die alten Besen waren durch das lange Fegen stumpf geworden, es klebte daran allzuviel Kehricht, und die neue Zeit verlangte neue Besen. Nach jeder Revolution muß die bisherige Opposition abdanken; es geschehen sonst große Dummheiten. Wir haben's erlebt. Weniger war es nun die katholische Kirche als vielmehr die alten Gegner derselben, der Nachtrab der Scholastiker, welche sich zuerst gegen die Cartesianische Philosophie erhoben. Erst 1663 verbot sie der Papst.

Ich darf bei Franzosen eine zulängliche, süffisante Bekanntschaft mit der Philosophie ihres großen Landsmannes voraussetzen, und ich brauche hier nicht erst zu zeigen, wie die entgegengesetztesten Doktrinen aus ihr das nötige Material entlehnen konnten. Ich spreche hier vom Idealismus und vom Materialismus.

Da man, besonders in Frankreich, diese zwei Doktrinen mit den Namen Spiritualismus und Sensualismus bezeichnet und da ich mich dieser beiden Benennungen in anderer Weise bediene, so muß ich, um Begriffsverwirrungen vorzubeugen, die obigen Ausdrücke näher besprechen.

Seit den ältesten Zeiten gibt es zwei entgegengesetzte Ansichten über die Natur des menschlichen Denkens, d.h. über die letzten Gründe der geistigen Erkenntnis, über die Entstehung der Ideen. Die einen behaupten, wir erlangen unsere Ideen nur von außen, unser Geist sei nur ein leeres Behältnis, worin die von den Sinnen eingeschluckten Anschauungen sich verarbeiten, ungefähr wie die genossenen Speisen in unserem Magen. Um ein besseres Bild zu gebrauchen, diese Leute betrachten unseren Geist wie eine tabula rasa, worauf später die Erfahrung täglich etwas Neues schreibt, nach bestimmten Schreibregeln.

Die anderen, die entgegengesetzter Ansicht, behaupten, die Ideen sind dem Menschen angeboren, der menschliche Geist ist der Ursitz der Ideen, und die Außenwelt, die Erfahrung und die vermittelnden Sinne bringen uns nur zur Erkenntnis dessen, was schon vorher in unserem Geiste war, sie wecken dort nur die schlafenden Ideen.

Die erstere Ansicht hat man nun den Sensualismus, manchmal auch den Empirismus genannt; die andere nannte man den Spiritualismus, manchmal auch den Rationalismus. Dadurch können jedoch leicht Mißverständnisse entstehen, da wir mit diesen zwei Namen, wie ich schon im vorigen Buche erwähnt, seit einiger Zeit auch jene zwei soziale Systeme, die sich in allen Manifestationen des Lebens geltend machen, bezeichnen. Den Namen Spiritualismus überlassen wir daher jener frevelhaften Anmaßung des Geistes, der, nach alleiniger Verherrlichung strebend, die Materie zu zertreten, wenigstens zu fletrieren sucht; und den Namen Sensualismus überlassen wir jener Opposition, die, dagegen eifernd, ein Rehabilitieren der Materie bezweckt und den Sinnen ihre Rechte vindiziert, ohne die Rechte des Geistes, ja nicht einmal ohne die Suprematie des Geistes zu leugnen. Hingegen den philosophischen Meinungen über die Natur unserer Erkenntnisse gehe ich lieber die Namen Idealismus und Materialismus; und ich bezeichne mit dem ersteren die Lehre von den angeborenen Ideen, von den Ideen a priori, und mit dem anderen Namen bezeichne ich die Lehre von der Geisteserkenntnis durch die Erfahrung, durch die Sinne, die Lehre von den Ideen a posteriori.

Bedeutungsvoll ist der Umstand, daß die idealistische Seite der Cartesianischen Philosophie niemals in Frankreich Glück machen wollte. Mehre berühmte Jansenisten verfolgten einige Zeit diese Richtung, aber sie verloren sich bald in den christlichen Spiritualismus. Vielleicht war es dieser Umstand, welcher den Idealismus in Frankreich diskreditierte. Die Völker ahnen instinktmäßig, wessen sie bedürfen, um ihre Mission zu erfüllen. Die Franzosen waren schon auf dem Wege zu jener politischen Revolution, die erst am Ende des achtzehnten Jahrhunderts ausbrach und wozu sie eines Beils und einer ebenso kaltscharfen, materialistischen Philosophie bedurften. Der christliche Spiritualismus stand als Mitkämpfer in den Reihen ihrer Feinde, und der Sensualismus wurde daher ihr natürlicher Bundesgenosse. Da die französischen Sensualisten gewöhnlich Materialisten waren, so entstand der Irrtum, daß der Sensualismus nur aus dem Materialismus hervorgehe. Nein, jener kann sich ebensogut als ein Resultat des Pantheismus geltend machen, und da ist seine Erscheinung schön und herrlich. Wir wollen jedoch dem französischen Materialismus keineswegs seine Verdienste absprechen. Der französische Materialismus war ein gutes Gegengift gegen das Übel der Vergangenheit, ein verzweifeltes Heilmittel in einer verzweifelten Krankheit, Merkur für ein infiziertes Volk. Die französischen Philosophen wählten John Locke zu ihrem Meister. Das war der Heiland, dessen sie bedurften. Sein »Essay on human understanding« ward ihr Evangelium; darauf schworen sie. John Locke war bei Descartes in die Schule gegangen und hatte alles von ihm gelernt, was ein Engländer lernen kann: Mechanik, Scheidekunst, Kombinieren, Konstruieren, Rechnen. Nur eins hat er nicht begreifen können, nämlich die angeborenen Ideen. Er vervollkommnete daher die Doktrin, daß wir unsere Erkenntnisse von außen, durch die Erfahrung, erlangen. Er machte den menschlichen Geist zu einer Art Rechenkasten, der ganze Mensch wurde eine englische Maschine. Dieses gilt auch von dem Menschen, wie ihn die Schüler Lockes konstruierten, obgleich sie sich durch verschiedene Benennungen voneinander unterscheiden wollen. Sie haben alle Angst vor den letzten Folgerungen ihres obersten Grundsatzes, und der Anhänger Condillacs erschrickt, wenn man ihn mit einem Helvetius oder gar mit einem Holbach oder vielleicht noch am Ende mit einem Lamettrie in eine

Klasse setzt, und doch muß es geschehen, und ich darf daher die französischen Philosophen des achtzehnten Jahrhunderts und ihre heutigen Nachfolger samt und sonders als Materialisten bezeichnen. »L'homme machine« ist das konsequenteste Buch der französischen Philosophie, und der Titel schon verrät das letzte Wort ihrer ganzen Weltansicht.

Diese Materialisten waren meistens auch Anhänger des Deismus, denn eine Maschine setzt einen Mechanikus voraus, und es gehört zu der höchsten Vollkommenheit dieser ersteren, daß sie die technischen Kenntnisse eines solchen Künstlers, teils an ihrer eigenen Konstruktion, teils an seinen übrigen Werken, zu erkennen und zu schätzen weiß.

Der Materialismus hat in Frankreich seine Mission erfüllt. Er vollbringt jetzt vielleicht dasselbe Werk in England, und auf Locke fußen dort die revolutionären Parteien, namentlich die Benthamisten, die Prädikanten der Utilität. Diese sind gewaltige Geister, die den rechten Hebel ergriffen, womit man John Bull in Bewegung setzen kann. John Bull ist ein geborener Materialist, und sein christlicher Spiritualismus ist meistens eine traditionelle Heuchelei oder doch nur materielle Borniertheit sein Fleisch resigniert sich, weil ihm der Geist nicht zu Hülfe kommt. Anders ist es in Deutschland, und die deutschen Revolutionäre irren sich, wenn sie wähnen, daß eine materialistische Philosophie ihren Zwecken günstig sei. Ja, es ist dort gar keine allgemeine Revolution möglich, solange ihre Prinzipien nicht aus einer volkstümlicheren, religiöseren und deutscheren Philosophie deduziert und durch die Gewalt derselben herrschend geworden. Welche

Philosophie ist dieses? Wir werden sie späterhin unumwunden besprechen. Ich sage: unumwunden, denn ich rechne darauf, daß auch Deutsche diese Blätter lesen.

Deutschland hat von jeher eine Abneigung gegen den Materialismus bekundet und wurde deshalb, während anderthalb Jahrhunderte, der eigentliche Schauplatz des Idealismus. Auch die Deutschen begaben sich in die Schule des Descartes, und der große Schüler desselben hieß Gottfried Wilhelm Leibniz. Wie Locke die materialistische Richtung, so verfolgte Leibniz die idealistische Richtung des Meisters. Hier finden wir am determiniertesten die Lehre von den angeborenen Ideen Er bekämpfte Locke in seinen »Nouveaux essais sur l'entendement humain«. Mit Leibniz erblühte ein großer Eifer für philosophisches Studium bei den Deutschen. Er weckte die Geister und lenkte sie in neue Bahnen. Ob der inwohnenden Milde, ob des religiösen Sinnes, der seine Schriften belebte, wurden auch die widerstrebenden Geister mit der Kühnheit derselben einigermaßen ausgesöhnt, und die Wirkung war ungeheuer. Die Kühnheit dieses Denkers zeigt sich namentlich in seiner Monadenlehre, eine der merkwürdigsten Hypothesen, die je aus dem Haupte eines Philosophen hervorgegangen. Diese ist auch zugleich das Beste, was er geliefert; denn es dämmert darin schon die Erkenntnis der wichtigsten Gesetze, die unsere heutige Philosophie erkannt hat. Die Lehre von den Monaden war vielleicht nur eine unbehülfliche Formulierung dieser Gesetze, die jetzt von den Naturphilosophen in bessern Formeln ausgesprochen worden. Ich sollte hier eigentlich statt des Wortes »Gesetz« eben nur »Formel« sagen; denn Newton hat ganz recht, wenn er bemerkt, daß dasjenige, was wir Gesetze in der Natur nennen, eigentlich nicht existiert und daß es nur Formeln sind, die unserer Fassungskraft zu Hülfe kommen, um eine Reihe von Erscheinungen in der Natur zu erklären. Die »Theodizee« ist in Deutschland von allen Leibnizischen Schriften am meisten besprochen worden. Es ist jedoch sein schwächstes Werk. Dieses Buch, wie noch einige andere Schriften, worin sich der religiöse Geist des Leibniz ausspricht, hat ihm manchen bösen Leumund, manche bittere Verkennung zugezogen. Seine Feinde haben ihn der gemütlichsten Schwachköpfigkeit beschuldigt; seine Freunde, die ihn verteidigten, machten ihn dagegen zu einem pfiffigen Heuchler. Der Charakter des Leibniz blieb lange bei uns ein Gegenstand der Kontroverse. Die Billigsten haben ihn von dem Vorwurf der Zweideutigkeit nicht freisprechen können. Am meisten schmähten ihn die Freidenker und Aufklärer. Wie konnten sie einem Philosophen verzeihen, die Dreieinigkeit, die ewigen Höllenstrafen und gar die Gottheit Christi verteidigt zu haben! So weit erstreckte sich nicht ihre Toleranz. Aber Leibniz war weder ein Tor noch ein Schuft, und von seiner harmonischen Höhe konnte er sehr gut das ganze Christentum verteidigen. Ich sage das ganze Christentum, denn er verteidigte es gegen das halbe Christentum. Er zeigte die Konsequenz der Orthodoxen im Gegensatze zur Halbheit ihrer Gegner. Mehr hat er nie gewollt. Und dann stand er auf jenem Indifferenzpunkte, wo die verschiedensten Systeme nur verschiedene Seiten derselben Wahrheit sind. Diesen Indifferenzpunkt hat späterhin auch Herr Schelling erkannt, und Hegel hat ihn wissenschaftlich begründet, als ein System der Systeme. In gleicher Weise beschäftigte sich Leibniz mit einer Harmonie zwischen Plato und Aristoteles. Auch in der späteren Zeit ist diese Aufgabe oft genug bei uns vorgekommen. Ist sie gelöst worden?

Nein, wahrhaftig nein! Denn diese Aufgabe ist eben nichts anders als eine Schlichtung des Kampfes zwischen Idealismus und Materialismus. Plato ist durchaus Idealist und kennt nur angeborene oder vielmehr mitgeborene Ideen: der Mensch bringt die Ideen mit zur Welt, und wenn er derselben bewußt wird, so kommen sie ihm vor wie Erinnerungen aus einem früheren Dasein. Daher auch das Vage und Mystische des Plato, er erinnert sich mehr oder minder klar. Bei Aristoteles hingegen ist alles klar, alles deutlich, alles sicher; denn seine Erkenntnisse offenbaren sich nicht in ihm mit vorweltlichen Beziehungen, sondern er schöpft alles aus der Erfahrung und weiß alles aufs bestimmteste zu klassifizieren. Er bleibt daher auch ein Muster für alle Empiriker, und diese wissen nicht genug Gott zu preisen, daß er ihn zum Lehrer des Alexander gemacht, daß er durch dessen Eroberungen so viele Gelegenheiten fand zur Beförderung der Wissenschaft und daß sein siegender Schüler ihm so viele tausend Talente gegeben zu zoologischen Zwecken. Dieses Geld hat der alte Magister gewissenhaft verwendet, und er hat dafür eine ehrliche Anzahl von Säugetieren seziert und Vögel ausgestopft und dabei die wichtigsten Beobachtungen angestellt: aber die große Bestie, die er am nächsten vor Augen hatte, die er selber auferzogen und die weit merkwürdiger war als die ganze damalige Weltmenagerie, hat er leider übersehen und unerforscht gelassen. In der Tat, er ließ uns ganz ohne Kunde über die Natur jenes Jünglingkönigs, dessen Leben und Taten wir noch immer als Wunder und Rätsel anstaunen. Wer war Alexander? Was wollte er? War er ein Wahnsinniger oder ein Gott? Noch jetzt wissen wir es nicht. Desto bessere Auskunft gibt uns

Aristoteles über babylonische Meerkatzen, indische Papageien und griechische Tragödien, welche er ebenfalls seziert hat.

Plato und Aristoteles! Das sind nicht bloß die zwei Systeme, sondern auch die Typen zweier verschiedenen Menschennaturen, die sich, seit undenklicher Zeit, unter allen Kostümen, mehr oder minder feindselig entgegenstehen. Vorzüglich das ganze Mittelalter hindurch, bis auf den heutigen Tag, wurde solchermaßen gekämpft, und dieser Kampf ist der wesentlichste Inhalt der christlichen Kirchengeschichte. Von Plato und Aristoteles ist immer die Rede, wenn auch unter anderem Namen. Schwärmerische, mystische, platonische Naturen offenbaren aus den Abgründen ihres Gemütes die christlichen Ideen und die entsprechenden Symbole. Praktische, ordnende, aristotelische Naturen bauen aus diesen Ideen und Symbolen ein festes System, eine Dogmatik und einen Kultus. Die Kirche umschließt endlich beide Naturen, wovon die einen sich meistens im Klerus und die anderen im Mönchstum verschanzen, aber sich unablässig befehden. In der protestantischen Kirche zeigt sich derselbe Kampf, und das ist der Zwiespalt zwischen Pietisten und Orthodoxen, die den katholischen Mystikern und Dogmatikern in einer gewissen Weise entsprechen. Die protestantischen Pietisten sind Mystiker ohne Phantasie, und die protestantischen Orthodoxen sind Dogmatiker ohne Geist.

Diese beiden protestantischen Parteien finden wir in einem erbitterten Kampfe zur Zeit des Leibniz, und die Philosophie desselben intervenierte späterhin, als Christian Wolff sich derselben bemächtigte, sie den Zeitbedürfnissen anpaßte und sie, was die Hauptsache war, in deutscher Sprache vortrug. Ehe wir aber von diesem Schüler des

Leibniz, von den Wirkungen seines Strebens und von den späteren Schicksalen des Luthertums ein Weiteres berichten, müssen wir des providentiellen Mannes erwähnen, der gleichzeitig mit Locke und Leibniz sich in der Schule des Descartes gebildet hatte, lange Zeit nur mit Hohn und Haß betrachtet worden und dennoch in unseren heutigen Tagen zur alleinigen Geisterherrschaft emporsteigt.

Ich spreche von Benedikt Spinoza.

Ein großer Genius bildet sich durch einen anderen großen Genius, weniger durch Assimilierung als durch Reibung. Ein Diamant schleift den andern. So hat die Philosophie des Descartes keineswegs die des Spinoza hervorgebracht, sondern nur befördert. Daher zunächst finden wir bei dem Schüler die Methode des Meisters; dieses ist ein großer Gewinn. Dann finden wir bei Spinoza, wie bei Descartes, die der Mathematik abgeborgte Beweisführung. Dieses ist ein großes Gebrechen. Die mathematische Form gibt dem Spinoza ein herbes Äußere. Aber dieses ist wie die herbe Schale der Mandel; der Kern ist um so erfreulicher. Bei der Lektüre des Spinoza ergreift uns ein Gefühl wie beim Anblick der großen Natur in ihrer lebendigsten Ruhe. Ein Wald von himmelhohen Gedanken, deren blühende Wipfel in wogender Bewegung sind, während die unerschütterlichen Baumstämme in der ewigen Erde wurzeln. Es ist ein gewisser Hauch in den Schriften des Spinoza, der unerklärlich. Man wird angeweht wie von den Lüften der Zukunft. Der Geist der hebräischen Propheten ruhte vielleicht noch auf ihrem späten Enkel. Dabei ist ein Ernst in ihm, ein selbstbewußter Stolz, eine Gedankengrandezza, die ebenfalls ein Erbteil zu sein scheint; denn Spinoza gehörte zu jenen

Märtyrerfamilien, die damals von den allerkatholischsten Königen aus Spanien vertrieben worden. Dazu kommt noch die Geduld des Holländers, die sich ebenfalls, wie im Leben, so auch in den Schriften des Mannes, niemals verleugnet hat.

Konstatiert ist es, daß der Lebenswandel des Spinoza frei von allem Tadel war und rein und makellos wie das Leben seines göttlichen Vetters, Jesu Christi. Auch wie dieser litt er für seine Lehre, wie dieser trug er die Dornenkrone. Überall, wo ein großer Geist seinen Gedanken ausspricht, ist Golgatha.

Teurer Leser, wenn du mal nach Amsterdam kömmst, so laß dir dort von dem Lohnlakaien die spanische Synagoge zeigen. Diese ist ein schönes Gebäude, und das Dach ruht auf vier kolossalen Pfeilern, und in der Mitte steht die Kanzel, wo einst der Bannfluch ausgesprochen wurde über den Verächter des mosaischen Gesetzes, den Hidalgo Don Benedikt de Spinoza. Bei dieser Gelegenheit wurde auf einem Bockshorne geblasen, welches Schofar heißt. Es muß eine furchtbare Bewandtnis haben mit diesem Horne. Denn wie ich mal in dem Leben des Salomon Maimon gelesen, suchte einst der Rabbi von Altona ihn, den Schüler Kants, wieder zum alten Glauben zurückzuführen, und als derselbe bei seinen philosophischen Ketzereien halsstarrig beharrte, wurde er drohend und zeigte ihm den Schofar, mit den finstern Worten: »Weißt du, was das ist?« Als aber der Schüler Kants sehr gelassen antwortete: »Es ist das Horn eines Bockes!«, da fiel der Rabbi rücklings zu Boden vor Entsetzen.

Mit diesem Horne wurde die Exkommunikation des Spinoza akkompagniert, er wurde feierlich ausgestoßen aus der Gemeinschaft

Israels und unwürdig erklärt, hinfüro den Namen Jude zu tragen. Seine christlichen Feinde waren großmütig genug, ihm diesen Namen zu lassen. Die Juden aber, die Schweizergarde des Deismus, waren unerbittlich, und man zeigt den Platz vor der spanischen Synagoge zu Amsterdam, wo sie einst mit ihren langen Dolchen nach dem Spinoza gestochen haben.

Ich konnte nicht umhin, auf solche persönliche Mißgeschicke des Mannes besonders aufmerksam zu machen. Ihn bildete nicht bloß die Schule, sondern auch das Leben. Das unterscheidet ihn von den meisten Philosophen, und in seinen Schriften erkennen wir die mittelbaren Einwirkungen des Lebens. Die Theologie war für ihn nicht bloß eine Wissenschaft. Ebenso die Politik. Auch diese lernte er in der Praxis kennen. Der Vater seiner Geliebten wurde wegen politischer Vergehen in den Niederlanden gehenkt. Und nirgends in der Welt wird man schlechter gehenkt wie in den Niederlanden. Ihr habt keinen Begriff davon, wie unendlich viele Vorbereitungen und Zeremonien dabei stattfinden. Der Delinquent stirbt zugleich vor Langerweile, und der Zuschauer hat dabei hinlängliche Muße zum Nachdenken. Ich bin daher überzeugt, daß Benedikt Spinoza über die Hinrichtung des alten van Ende sehr viel nachgedacht hat, und so wie er früher die Religion mit ihren Dolchen begriffen, so begriff er auch jetzt die Politik mit ihren Stricken. Kunde davon gibt sein »Tractatus politicus«.

Ich habe nur die Art und Weise hervorzuheben, wie die Philosophen mehr oder minder miteinander verwandt sind, und ich zeige nur die Verwandtschaftsgrade und die Erbfolge. Diese Philosophie des Spinoza, des dritten Sohnes des René Descartes, wie er sie in seinem

Hauptwerk, in der »Ethik«, doziert, ist von dem Materialismus seines Bruders Locke ebensosehr entfernt wie von dem Idealismus seines Bruders Leibniz. Spinoza quält sich nicht analytisch mit der Frage über die letzten Gründe unserer Erkenntnisse. Er gibt uns seine große Synthese, seine Erklärung von der Gottheit.

Benedikt Spinoza lehrt: Es gibt nur eine Substanz, das ist Gott. Diese eine Substanz ist unendlich, sie ist absolut. Alle endliche Substanzen derivieren von ihr, sind in ihr enthalten, tauchen in ihr auf, tauchen in ihr unter, sie haben nur relative, vorübergehende, akzidentielle Existenz. Die absolute Substanz offenbart sich uns sowohl unter der Form des unendlichen Denkens als auch unter der Form der unendlichen Ausdehnung. Beides, das unendliche Denken und die unendliche Ausdehnung, sind die zwei Attribute der absoluten Substanz. Wir erkennen nur diese zwei Attribute; Gott, die absolute Substanz, hat aber vielleicht noch mehr Attribute, die wir nicht kennen. »Non dico me deum omnino cognoscere, sed me quaedam ejus attributa, non autem omnia, neque maximam intelligere partem.«

Nur Unverstand und Böswilligkeit konnten dieser Lehre das Beiwort »atheistisch« beilegen. Keiner hat sich jemals erhabener über die Gottheit ausgesprochen wie Spinoza. Statt zu sagen, er leugne Gott, könnte man sagen, er leugne den Menschen. Alle endliche Dinge sind ihm nur Modi der unendlichen Substanz. Alle endliche Dinge sind in Gott enthalten, der menschliche Geist ist nur ein Lichtstrahl des unendlichen Denkens, der menschliche Leib ist nur ein Atom der unendlichen Ausdehnung; Gott ist die unendliche Ursache beider, der Geister und der Leiber, natura naturans.

In einem Briefe an Madame Du Devant zeigt Voltaire sich ganz entzückt über einen Einfall dieser Dame, die sich geäußert hatte, daß alle Dinge, die der Mensch durchaus nicht wissen könne, sicher von der Art sind, daß ein Wissen derselben ihm nichts nützen würde. Diese Bemerkung möchte ich auf jenen Satz des Spinoza anwenden, den ich oben mit seinen eignen Worten mitgeteilt und wonach der Gottheit nicht bloß die zwei erkennbaren Attribute, Denken und Ausdehnung, sondern vielleicht auch andere für uns unerkennbare Attribute gebühren. Was wir nicht erkennen können, hat für uns keinen Wert, wenigstens keinen Wert auf dem sozialen Standpunkte, wo es gilt, das im Geiste Erkannte zur leiblichen Erscheinung zu bringen. In unserer Erklärung des Wesens Gottes nehmen wir daher Bezug nur auf jene zwei erkennbare Attribute. Und dann ist ja doch am Ende alles, was wir Attribute Gottes nennen, nur eine verschiedene Form unserer Anschauung, und diese verschiedenen Formen sind identisch in der absoluten Substanz. Der Gedanke ist am Ende nur die unsichtbare Ausdehnung, und die Ausdehnung ist nur der sichtbare Gedanke. Hier geraten wir in den Hauptsatz der deutschen Identitätsphilosophie, die in ihrem Wesen durchaus nicht von der Lehre des Spinoza verschieden ist. Mag immerhin Herr Schelling dagegen eifern, daß seine Philosophie von dem Spinozismus verschieden sei, daß sie mehr »eine lebendige Durchdringung des Idealen und Realen« sei, daß sie sich von dem Spinozismus unterscheide »wie die ausgebildeten griechischen Statuen von den starr-ägyptischen Originalen«: dennoch muß ich aufs bestimmteste erklären, daß sich Herr Schelling in seiner früheren Periode, wo er noch ein Philosoph war, nicht im geringsten von Spinoza unterschied. Nur auf einem andern Wege ist er zu derselben

Philosophie gelangt, und das habe ich späterhin zu erläutern, wenn ich erzähle, wie Kant eine neue Bahn betritt, Fichte ihm nachfolgt, Herr Schelling wieder in Fichtes Fußstapfen weiterschreitet und, durch das Walddunkel der Naturphilosophie umherirrend, endlich dem großen Standbilde Spinozas, Angesicht zu Angesicht, gegenübersteht.

Die neuere Naturphilosophie hat bloß das Verdienst, daß sie den ewigen Parallelismus, der zwischen dem Geiste und der Materie herrscht, aufs scharfsinnigste nachgewiesen. Ich sage Geist und Materie, und diese Ausdrücke brauche ich als gleichbedeutend für das, was Spinoza Gedanken und Ausdehnung nennt. Gewissermaßen gleichbedeutend ist auch das, was unsere Naturphilosophen Geist und Natur oder das Ideale und das Reale nennen.

Ich werde in der Folge weniger das System als vielmehr die Anschauungsweise des Spinoza mit dem Namen Pantheismus bezeichnen. Bei letzterem wird, ebensogut wie bei dem Deismus, die Einheit Gottes angenommen. Aber der Gott des Pantheisten ist in der Welt selbst, nicht indem er sie mit seiner Göttlichkeit durchdringt, in der Weise, die einst der heilige Augustin zu veranschaulichen suchte, als er Gott mit einem großen See und die Welt mit einem großen Schwamm verglich, der in der Mitte läge und die Gottheit einsauge: nein, die Welt ist nicht bloß gottgetränkt, gottgeschwängert, sondern sie ist identisch mit Gott. »Gott«, welcher von Spinoza die eine Substanz und von den deutschen Philosophen das Absolute genannt wird, »ist alles, was da ist«, er ist sowohl Materie wie Geist, beides ist gleich göttlich, und wer die heilige Materie beleidigt, ist ebenso sündhaft wie der, welcher sündigt gegen den Heiligen Geist.

Der Gott des Pantheisten unterscheidet sich also von dem Gotte des Deisten dadurch, daß er in der Welt selbst ist, während letzterer ganz außer oder, was dasselbe ist, über der Welt ist. Der Gott des Deisten regiert die Welt von oben herab, als ein von ihm abgesondertes Etablissement. Nur in betreff der Art dieses Regierens differenzieren untereinander die Deisten. Die Hebräer denken sich Gott als einen donnernden Tyrannen; die Christen als einen liebenden Vater; die Schüler Rousseaus, die ganze Genfer Schule, denken sich ihn als einen weisen Künstler, der die Welt verfertigt hat, ungefähr wie ihr Papa seine Uhren verfertigt, und als Kunstverständige bewundern sie das Werk und preisen den Meister dort oben.

Dem Deisten, welcher also einen außerweltlichen oder überweltlichen Gott annimmt, ist nur der Geist heilig, indem er letzteren gleichsam als den göttlichen Atem betrachtet, den der Weltschöpfer dem menschlichen Leibe, dem aus Lehm gekneteten Werk seiner Hände, eingeblasen hat. Die Juden achteten daher den Leib als etwas Geringes, als eine armselige Hülle des Ruach hakodasch, des heiligen Hauchs, des Geistes, und nur diesem widmeten sie ihre Sorgfalt, ihre Ehrfurcht, ihren Kultus. Sie wurden daher ganz eigentlich *das* Volk des Geistes, keusch, genügsam, ernst, abstrakt, halsstarrig, geeignet zum Martyrtum, und ihre sublimste Blüte ist Jesus Christus. Dieser ist im wahren Sinne des Wortes der inkarnierte Geist, und tiefsinnig bedeutungsvoll ist die schöne Legende, daß ihn eine leiblich unberührte, immakulierte Jungfrau, nur durch geistige Empfängnis, zur Welt gebracht habe.

Hatten aber die Juden den Leib nur mit Geringschätzung betrachtet, so sind die Christen auf dieser Bahn noch weiter gegangen und betrachteten ihn als etwas Verwerfliches, als etwas Schlechtes, als das Übel selbst. Da sehen wir nun, einige Jahrhunderte nach Christi Geburt, eine Religion emporsteigen, welche ewig die Menschheit in Erstaunen setzen und den spätesten Geschlechtern die schauerlichste Bewunderung abtrotzen wird. Ja, es ist eine große, heilige, mit unendlicher Seligkeit erfüllte Religion, die dem Geiste auf dieser Erde die unbedingteste Herrschaft erobern wollte aber diese Religion war eben allzu erhaben, allzu rein, allzu gut für diese Erde, wo ihre Idee nur in der Theorie proklamiert, aber niemals in der Praxis ausgeführt werden konnte. Der Versuch einer Ausführung dieser Idee hat in der Geschichte unendlich viel herrliche Erscheinungen hervorgebracht, und die Poeten aller Zeiten werden noch lange davon singen und sagen. Der Versuch, die Idee des Christentums zur Ausführung zu bringen, ist jedoch, wie wir endlich sehen, aufs kläglichste verunglückt, und dieser unglückliche Versuch hat der Menschheit Opfer gekostet, die unberechenbar sind, und trübselige Folge derselben ist unser jetziges soziales Unwohlsein in ganz Europa. Wenn wir noch, wie viele glauben, im Jugendalter der Menschheit leben, so gehörte das Christentum gleichsam zu ihren überspanntesten Studentenideen, die weit mehr ihrem Herzen als ihrem Verstande Ehre machen. Die Materie, das Weltliche, überließ das Christentum den Händen Cäsars und seiner jüdischen Kammerknechte und begnügte sich damit, ersterem die Suprematie abzusprechen und letztere in der öffentlichen Meinung zu fletrieren aber siehe! das gehaßte Schwert und das verachtete Geld erringen dennoch am Ende die Obergewalt, und die Repräsentanten des Geistes müssen sich mit ihnen verständigen. Ja, aus diesem Verständnis ist sogar eine solidarische Allianz geworden. Nicht bloß die römischen, sondern auch die englischen, die preußischen, kurz, alle privilegierten Priester haben sich verbündet mit Cäsar und Konsorten zur Unterdrückung der Völker. Aber durch diese Verbündung geht die Religion des Spiritualismus desto schneller zugrunde. Zu dieser Einsicht gelangen schon einige Priester, und um die Religion zu retten, gehen sie sich das Ansehen, als entsagten sie jener verderblichen Allianz, und sie laufen über in unsere Reihen, sie setzen die rote Mütze auf, sie schwören Tod und Haß allen Königen, den sieben Blutsäufern, sie verlangen die irdische Gütergleichheit, sie fluchen, trotz Marat und Robespierre. Unter uns gesagt, wenn ihr sie genau betrachtet, so findet ihr: sie lesen Messe in der Sprache des Jakobinismus, und wie sie einst dem Cäsar das Gift beigebracht, versteckt in der Hostie, so suchen sie jetzt dem Volke ihre Hostien beizubringen, indem sie solche in revolutionärem Gifte verstecken; denn sie wissen, wir lieben dieses Gift.

Vergebens jedoch ist all euer Bemühen! Die Menschheit ist aller Hostien überdrüssig und lechzt nach nahrhafterer Speise, nach echtem Brot und schönem Fleisch. Die Menschheit lächelt mitleidig über jene Jugendideale, die sie trotz aller Anstrengung nicht verwirklichen konnte, und sie wird männlich praktisch. Die Menschheit huldigt jetzt dem irdischen Nützlichkeitssystem, sie denkt ernsthaft an eine bürgerlich wohlhabende Einrichtung, an vernünftigen Haushalt und an Bequemlichkeit für ihr späteres Alter. Da ist wahrlich nicht mehr die Rede davon, das Schwert in den Händen des Cäsars und gar den Säckel in den Händen seiner Knechte zu lassen. Dem Fürstendienst wird die privilegierte Ehre entrissen, und die Industrie wird der alten Schmach entlastet. Die nächste Aufgabe ist, gesund zu werden; denn wir fühlen uns noch sehr schwach in den Gliedern. Die heiligen Vampire des Mittelalters haben uns soviel Lebensblut ausgesaugt. Und dann müssen der Materie noch große Sühnopfer geschlachtet werden, damit sie die alten Beleidigungen verzeihe. Es wäre sogar ratsam, wenn wir Festspiele anordneten und der Materie noch mehr außerordentliche Entschädigungsehren erwiesen. Denn das Christentum, unfähig, die Materie zu vernichten, hat sie überall fletriert, es hat die edelsten Genüsse herabgewürdigt, und die Sinne mußten heucheln, und es entstand Lüge und Sünde. Wir müssen unseren Weibern neue Hemden und neue Gedanken anziehen, und alle unsere Gefühle müssen wir durchräuchern, wie nach einer überstandenen Pest.

Der nächste Zweck aller unserer neuen Institutionen ist solchermaßen die Rehabilitation der Materie, die Wiedereinsetzung derselben in ihre Würde, ihre moralische Anerkennung, ihre religiöse Heiligung, ihre Versöhnung mit dem Geiste. Purusa wird wieder vermählt mit Prakriti. Durch ihre gewaltsame Trennung, wie in der indischen Mythe so sinnreich dargestellt wird, entstand die große Weltzerrissenheit, das Übel.

Wißt ihr nun, was in der Welt das Übel ist? Die Spiritualisten haben uns immer vorgeworfen, daß bei der pantheistischen Ansicht der Unterschied zwischen dem Guten und dem Bösen aufhöre. Das Böse ist aber einesteils nur ein Wahnbegriff ihrer eignen Weltanschauung, anderenteils ist es ein reelles Ergebnis ihrer eigenen Welteinrichtung. Nach ihrer Weltanschauung ist die Materie an und für sich böse, was doch wahrlich eine Verleumdung ist, eine entsetzliche Gotteslästerung. Die Materie wird nur alsdann böse, wenn sie heimlich konspirieren muß gegen die Usurpationen des Geistes, wenn der Geist sie fletriert hat und sie sich aus Selbstverachtung prostituiert oder wenn sie gar mit Verzweiflungshaß sich an dem Geiste rächt; und somit wird das Übel nur ein Resultat der spiritualistischen Welteinrichtung.

Gott ist identisch mit der Welt. Er manifestiert sich in den Pflanzen, die ohne Bewußtsein ein kosmisch-magnetisches Leben führen. Er manifestiert sich in den Tieren, die in ihrem sinnlichen Traumleben eine mehr oder minder dumpfe Existenz empfinden. Aber am herrlichsten manifestiert er sich in dem Menschen, der zugleich fühlt und denkt, der sich selbst individuell zu unterscheiden weiß von der objektiven Natur und schon in seiner Vernunft die Ideen trägt, die sich ihm in der Erscheinungswelt kundgeben. Im Menschen kommt die Gottheit zum Selbstbewußtsein, und solches Selbstbewußtsein offenbart sie wieder durch den Menschen. Aber dieses geschieht nicht in dem einzelnen und durch den einzelnen Menschen, sondern in und durch die Gesamtheit der Menschen, so daß jeder Mensch nur einen Teil des Gottweltalls auffaßt und darstellt, alle Menschen zusammen aber das ganze Gottweltall in der Idee und in der Realität auffassen und darstellen werden. Jedes Volk vielleicht hat die Sendung, einen bestimmten Teil jenes Gottweltalls zu erkennen und kundzugeben, eine Reihe von Erscheinungen zu begreifen und eine Reihe von Ideen zur Erscheinung zu bringen und das Resultat den nachfolgenden Völkern, denen eine ähnliche Sendung obliegt, zu überliefern. Gott ist daher der eigentliche Held der Weltgeschichte, diese ist sein beständiges Denken, sein beständiges Handeln, sein Wort, seine Tat; und von der ganzen Menschheit kann man mit Recht sagen, sie ist eine Inkarnation Gottes!

Es ist eine irrige Meinung, daß diese Religion, der Pantheismus, die Menschen zum Indifferentismus führe. Im Gegenteil, das Bewußtsein seiner Göttlichkeit wird den Menschen auch zur Kundgebung derselben begeistern, und jetzt erst werden die wahren Großtaten des wahren Heroentums diese Erde verherrlichen.

Die politische Revolution, die sich auf die Prinzipien des französischen Materialismus stützt, wird in den Pantheisten keine Gegner finden, sondern Gehülfen, aber Gehülfen, die ihre Überzeugungen aus einer tieferen Quelle, aus einer religiösen Synthese, geschöpft haben. Wir befördern das Wohlsein der Materie, das materielle Glück der Völker, nicht weil wir gleich den Materialisten den Geist mißachten, sondern weil wir wissen, daß die Göttlichkeit des Menschen sich auch in seiner leiblichen Erscheinung kundgibt und das Elend den Leib, das Bild Gottes, zerstört oder aviliert und der Geist dadurch ebenfalls zugrunde geht. Das große Wort der Revolution, das Saint-Just ausgesprochen: Le pain est le droit du peuple, lautet bei uns: Le pain est le droit divin de l'homme. Wir kämpfen nicht für die Menschenrechte des Volks, sondern für die Gottesrechte des Menschen. Hierin, und in noch manchen andern Dingen, unterscheiden wir uns von den Männern der Revolution. Wir wollen keine Sansculotten sein, keine frugale Bürger, keine wohlfeile Präsidenten: wir stiften eine Demokratie gleichherrlicher, gleichheiliger, gleichbeseligter Götter. Ihr verlangt einfache Trachten, enthaltsame Sitten und ungewürzte Genüsse; wir hingegen verlangen

Nektar und Ambrosia, Purpurmäntel, kostbare Wohlgerüche, Wollust und Pracht, lachenden Nymphentanz, Musik und Komödien Seid deshalb nicht ungehalten, ihr tugendhaften Republikaner! Auf eure zensorische Vorwürfe entgegnen wir euch, was schon ein Narr des Shakespeare sagte: »Meinst du, weil du tugendhaft bist, solle es auf dieser Erde keine angenehmen Torten und keinen süßen Sekt mehr geben?«

Die Saint-Simonisten haben etwas der Art begriffen und gewollt. Aber sie standen auf ungünstigem Boden, und der umgebende Materialismus hat sie niedergedrückt, wenigstens für einige Zeit. In Deutschland hat man sie besser gewürdigt. Denn Deutschland ist der gedeihlichste Boden des Pantheismus; dieser ist die Religion unserer größten Denker, unserer besten Künstler, und der Deismus, wie ich späterhin erzählen werde, ist dort längst in der Theorie gestürzt. Er erhält sich dort nur noch in der gedankenlosen Masse, ohne vernünftige Berechtigung, wie so manches andere. Man sagt es nicht, aber jeder weiß es; der Pantheismus ist das öffentliche Geheimnis in Deutschland. In der Tat, wir sind dem Deismus entwachsen. Wir sind frei und wollen keinen donnernden Tyrannen. Wir sind mündig und bedürfen keiner väterlichen Vorsorge. Auch sind wir keine Machwerke eines großen Mechanikus. Der Deismus ist eine Religion für Knechte, für Kinder, für Genfer, für Uhrmacher.

Der Pantheismus ist die verborgene Religion Deutschlands, und daß es dahin kommen würde, haben diejenigen deutschen Schriftsteller vorausgesehen, die schon vor funfzig Jahren so sehr gegen Spinoza eiferten. Der wütendste dieser Gegner Spinozas war Fr. Heinr. Jacobi, dem man zuweilen die Ehre erzeigt, ihn unter den deutschen Philosophen zu nennen. Er war nichts als ein zänkischer Schleicher, der sich in dem Mantel der Philosophie vermummt und sich bei den Philosophen einschlich, ihnen erst viel von seiner Liebe und weichem Gemüte vorwimmerte und dann auf die Vernunft losschmähte. Sein Refrain war immer, die Philosophie, die Erkenntnis durch Vernunft, sei eitel Wahn, die Vernunft wisse selbst nicht, wohin sie führe, sie bringe den Menschen in ein dunkles Labyrinth von Irrtum und Widerspruch, und nur der Glaube könne ihn sicher leiten. Der Maulwurf! er sah nicht, daß die Vernunft der ewigen Sonne gleicht, die, während sie droben sicher einherwandelt, sich selber mit ihrem eignen Lichte ihren Pfad beleuchtet. Nichts gleicht dem frommen, gemütlichen Hasse des kleinen Jacobi gegen den großen Spinoza.

Merkwürdig ist es, wie die verschiedensten Parteien gegen Spinoza gekämpft. Sie bilden eine Armee, deren bunte Zusammensetzung den spaßhaftesten Anblick gewährt. Neben einem Schwarm schwarzer und weißer Kapuzen, mit Kreuzen und dampfenden Weihrauchfässern, marschiert die Phalanx der Enzyklopädisten, die ebenfalls gegen diesen penseur téméraire eifern. Neben dem Rabbiner der Amsterdamer Synagoge, der mit dem Bockshorn des Glaubens zum Angriff bläst, wandelt Arouet de Voltaire, der mit der Pickelflöte der Persiflage zum Besten des Deismus musiziert. Dazwischen greint das alte Weib Jacobi, die Marketenderin dieser Glaubensarmee.

Wir entrinnen so schnell als möglich solchem Charivari. Zurückkehrend von unserem pantheistischen Ausflug, gelangen wir wieder zur Leibnizischen Philosophie und haben ihre weitern Schicksale zu erzählen.

Leibniz hatte seine Werke, die ihr kennt, teils in lateinischer, teils in französischer Sprache geschrieben. Christian Wolff heißt der vortreffliche Mann, der die Ideen des Leibniz nicht bloß systematisierte, sondern auch in deutscher Sprache vortrug. Sein eigentliches Verdienst besteht nicht darin, daß er die Ideen des Leibniz in ein festes System einschloß, noch weniger darin, daß er sie durch die deutsche Sprache dem größeren Publikum zugänglich machte: sein Verdienst besteht darin, daß er uns anregte, auch in unserer Muttersprache zu philosophieren. Wie wir bis Luther die Theologie, so haben wir bis Wolff die Philosophie nur in lateinischer Sprache zu behandeln gewußt. Das Beispiel einiger wenigen, die schon vorher dergleichen auf deutsch vortrugen, blieb ohne Erfolg; aber der Literarhistoriker muß ihrer mit besonderem Lobe gedenken. Hier erwähnen wir daher namentlich des Johannes Tauler, eines Dominikanermönchs, der zu Anfang des vierzehnten Jahrhunderts am Rheine geboren und 1361 ebendaselbst, ich glaube zu Straßburg, gestorben ist. Er war ein frommer Mann und gehörte zu jenen Mystikern, die ich als die platonische Partei des Mittelalters bezeichnet habe. In den letzten Jahren seines Lebens entsagte dieser Mann allem gelehrten Dünkel, schämte sich nicht, in der demütigen Volkssprache zu predigen, und diese Predigten, die er aufgezeichnet, sowie auch die deutschen Übersetzungen, die er von einigen seiner früheren lateinischen Predigten mitgeteilt, gehören zu den merkwürdigsten Denkmälern der deutschen Sprache. Denn hier zeigt sie schon, daß sie zu metaphysischen Untersuchungen nicht bloß tauglich, sondern weit geeigneter ist als die lateinische. Diese letztere, die Sprache der Römer, kann nie ihren Ursprung verleugnen. Sie ist eine Kommandosprache für Feldherren, eine Dekretalsprache für Administratoren, eine Justizsprache für Wucherer, eine Lapidarsprache für das steinharte Römervolk. Sie wurde die geeignete Sprache für den Materialismus. Obgleich das Christentum, mit wahrhaft christlicher Geduld, länger als ein Jahrtausend sich damit abgequält, diese Sprache zu spiritualisieren, so ist es ihm doch nicht gelungen; und als Johannes Tauler sich ganz versenken wollte in die schauerlichsten Abgründe des Gedankens und als sein Herz am heiligsten schwoll, da mußte er deutsch sprechen. Seine Sprache ist wie ein Bergquell, der aus harten Felsen hervorbricht, wunderbar geschwängert von unbekanntem Kräuterduft und geheimnisvollen Steinkräften. Aber erst in neuerer Zeit ward die Benutzbarkeit der deutschen Sprache für die Philosophie recht bemerklich. In keiner anderen Sprache hätte die Natur ihr geheimstes Werk offenbaren können wie in unserer lieben deutschen Muttersprache. Nur auf der starken Eiche konnte die heilige Mistel gedeihen.

Hier wäre wohl der Ort zur Besprechung des Paracelsus oder, wie er sich nannte, des Theophrastus Paracelsus Bombastus von Hohenheim. Denn auch er schrieb meistens deutsch. Aber ich habe später in einer noch bedeutungsvolleren Beziehung von ihm zu reden. Seine Philosophie war nämlich das, was wir heutzutage Naturphilosophie nennen, und eine solche Lehre von der ideenbelebten Natur, wie sie dem deutschen Geiste so geheimnisvoll zusagt, hätte sich schon damals bei uns ausgebildet, wenn nicht, durch zufälligen Einfluß, die leblose, mechanistische Physik der Cartesianer allgemein herrschend geworden wäre. Paracelsus war ein großer Scharlatan und trug immer einen Scharlachrock, eine Scharlachhose, rote Strümpfe und einen roten Hut und behauptete, homunculi, kleine Menschen, machen zu können, wenigstens stand er in vertrauter Bekanntschaft mit verborgenen Wesen, die in den verschiedenen Elementen hausen aber er war zugleich einer der tiefsinnigsten Naturkundigen, die mit deutschem Forscherherzen den vorchristlichen Volksglauben, den germanischen Pantheismus begriffen und, was sie nicht wußten, ganz richtig geahnt haben.

Von Jakob Böhme sollte eigentlich auch hier die Rede sein. Denn er hat ebenfalls die deutsche Sprache zu philosophischen Darstellungen benutzt und wird in diesem Betracht sehr gelobt. Aber ich habe mich noch nie entschließen können, ihn zu lesen. Ich laß mich nicht gern zum Narren halten. Ich habe nämlich die Lobredner dieses Mystikers in Verdacht, daß sie das Publikum mystifizieren wollen. Was den Inhalt seiner Werke betrifft, so hat euch ja Saint-Martin einiges davon in französischer Sprache mitgeteilt. Auch die Engländer haben ihn übersetzt. Karl I. hatte von diesem theosophischen Schuster eine so große Idee, daß er eigens einen Gelehrten zu ihm nach Görlitz schickte, um ihn zu studieren. Dieser Gelehrte war glücklicher als sein königlicher Herr. Denn während dieser zu Whitehall den Kopf verlor durch Cromwells Beil, hat jener zu Görlitz, durch Jakob Böhmes Theosophie, nur den Verstand verloren.

Wie ich bereits gesagt, erst Christian Wolff hat mit Erfolg die deutsche Sprache in die Philosophie eingeführt. Sein geringeres Verdienst war sein Systematisieren und sein Popularisieren der

Leibnizischen Ideen. Beides unterliegt sogar dem größten Tadel, und wir müssen beiläufig dessen erwähnen. Sein Systematisieren war nur eitel Schein, und das Wichtigste der Leibnizischen Philosophie war diesem Scheine geopfert, z.B. der beste Teil der Monadenlehre. Leibniz hatte freilich kein systematisches Lehrgebäude hinterlassen, sondern nur die dazu nötigen Ideen. Eines Riesen bedurfte es, um die kolossalen Quadern und Säulen zusammenzusetzen, die ein Riese aus den tiefsten Marmorbrüchen hervorgeholt und zierlich ausgemeißelt hatte. Das wär ein schöner Tempel geworden. Christian Wolff jedoch war von sehr untersetzter Statur und konnte nur einen Teil solcher Baumaterialien bemeistern, und er verarbeitete sie zu einer kümmerlichen Stiftshütte des Deismus. Wolff war mehr ein enzyklopädischer Kopf als ein systematischer, und die Einheit einer Lehre begriff er nur unter der Form der Vollständigkeit. Er war zufrieden mit einem gewissen Fachwerk, wo die Fächer schönstens geordnet, bestens gefüllt und mit deutlichen Etiketten versehen sind. So gab er uns eine »Enzyklopädie der philosophischen Wissenschaften«. Daß er, der Enkel des Descartes, die großväterliche Form der mathematischen Beweisführung geerbt hat, versteht sich von selbst. Diese mathematische Form habe ich bereits bei Spinoza gerügt. Durch Wolff stiftete sie großes Unheil. Sie degenerierte bei seinen Schülern zum unleidlichsten Schematismus und zur lächerlichen Manie, alles in mathematischer Weise zu demonstrieren. Es entstand der sogenannte Wolffsche Dogmatismus. Alles tiefere Forschen hörte auf, und ein langweiliger Eifer nach Deutlichkeit trat an dessen Stelle. Die Wolffsche Philosophie wurde immer wäßriger und überschwemmte endlich ganz Deutschland. Die Spuren dieser Sündflut sind noch heutzutage bemerkbar, und hie und da, auf unseren höchsten Musensitzen, findet man noch alte Fossilien aus der Wolffschen Schule.

Christian Wolff wurde geboren 1679 zu Breslau und starb 1754 zu Halle. Über ein halbes Jahrhundert dauerte seine Geistesherrschaft in Deutschland. Sein Verhältnis zu den Theologen jener Tage müssen wir besonders erwähnen, und wir ergänzen damit unsere Mitteilungen über die Schicksale des Luthertums.

In der ganzen Kirchengeschichte gibt es keine verwickeltere Partie als die Streitigkeiten der protestantischen Theologen seit dem Dreißigjährigen Krieg. Nur das spitzfündige Gezänke der Byzantiner ist damit zu vergleichen; jedoch war dieses nicht so langweilig, da große, staatsinteressante Hofintrigen sich dahinter versteckten, statt daß die protestantische Klopffechterei meistens in dem Pedantismus enger Magisterköpfe und Schulfüchse ihren Grund hatte. Die Universitäten, besonders Tübingen, Wittenberg, Leipzig und Halle, sind die Schauplätze jener theologischen Kämpfe. Die zwei Parteien, die wir, im katholischen Gewande, während dem ganzen Mittelalter kämpfen sahen, die platonische und die aristotelische, haben nur Kostüme gewechselt und befehden sich nach wie vor. Das sind die Pietisten und die Orthodoxen, deren ich schon oben erwähnt und die ich als Mystiker ohne Phantasie und Dogmatiker ohne Geist bezeichnet habe. Johannes Spener war der Scotus Erigena des Protestantismus, und wie dieser durch seine Übersetzung des fabelhaften Dionysius Areopagita den katholischen Mystizismus begründet, so begründete jener den protestantischen Pietismus durch seine Erbauungsversammlungen, colloquia pietatis, woher vielleicht der Namen Pietisten seinen

Anhängern geblieben ist. Er war ein frommer Mann, Ehre seinem Andenken. Ein Berliner Pietist, Herr Franz Horn, hat eine gute Biographie von ihm geliefert. Das Leben Speners ist ein beständiges Martyrtum für die christliche Idee. Er war in diesem Betracht seinen Zeitgenossen überlegen. Er drang auf gute Werke und Frömmigkeit, er war viel mehr ein Prediger des Geistes als des Wortes. Sein homiletisches Wesen war damals löblich. Denn die ganze Theologie, wie sie auf den erwähnten Universitäten gelehrt wurde, bestand nur in engbrüstiger Dogmatik und wortklaubender Polemik. Exegese und Kirchengeschichte wurden ganz beiseite gesetzt.

Ein Schüler jenes Speners, Hermann Francke, begann in Leipzig Vorlesungen zu halten nach dem Beispiele und im Sinne seines Lehrers. Er hielt sie auf deutsch, ein Verdienst, welches wir immer gern mit Anerkennung erwähnen. Der Beifall, den er dabei erwarb, erregte den Neid seiner Kollegen, die deshalb unserem armen Pietisten das Leben sehr sauer machten. Er mußte das Feld räumen, und er begab sich nach Halle, wo er mit Wort und Tat das Christentum lehrte. Sein Andenken ist dort unverwelklich, denn er ist der Stifter des Halleschen Waisenhauses. Die Universität Halle ward nun bevölkert von Pietisten, und man nannte sie »die Waisenhauspartei«. Nebenbei gesagt, diese hat sich dort bis auf heutigen Tag erhalten; Halle ist noch bis jetzt die Taupinière der Pietisten, und ihre Streitigkeiten mit den protestantischen Rationalisten haben noch vor einigen Jahren einen Skandal erregt, der durch ganz Deutschland seinen Mißduft verbreitete. Glückliche Franzosen, die ihr nichts davon gehört habt! Sogar die Existenz jener evangelischen Klatschblätter, worin die frommen Fischweiber der protestantischen Kirche sich weidlich ausgeschimpft, ist euch unbekannt geblieben. Glückliche Franzosen, die ihr keinen Begriff davon habt, wie hämisch, wie kleinlich, wie widerwärtig unsre evangelischen Priester einander begeifern können. Ihr wißt, ich bin kein Anhänger des Katholizismus. In meinen jetzigen religiösen Überzeugungen lebt zwar nicht mehr die Dogmatik, aber doch immer der Geist des Protestantismus. Ich bin also für die protestantische Kirche noch immer parteiisch. Und doch muß ich, der Wahrheit wegen, eingestehen, daß ich nie in den Annalen des Papismus solche Miserabilitäten gefunden habe, wie in der Berliner »Evangelischen Kirchenzeitung« bei dem erwähnten Skandal zum Vorschein kamen. Die feigsten Mönchstücken, die kleinlichsten Klosterränke sind noch immer noble Gutmütigkeiten in Vergleichung mit den christlichen Heldentaten, die unsere protestantischen Orthodoxen und Pietisten gegen die verhaßten Rationalisten ausübten. Von dem Haß, der bei solchen Gelegenheiten zum Vorschein kommt, habt ihr Franzosen keinen Begriff. Die Deutschen sind aber überhaupt vindikativer als die romanischen Völker.

Das kommt daher, sie sind Idealisten auch im Haß. Wir hassen uns nicht um Außendinge, wie ihr, etwa wegen beleidigter Eitelkeit, wegen eines Epigramms, wegen einer nicht erwiderten Visitenkarte, nein, wir hassen bei unsern Feinden das Tiefste, das Wesentlichste, das in ihnen ist, den Gedanken. Ihr Franzosen seid leichtfertig und oberflächlich, wie in der Liebe, so auch im Haß. Wir Deutschen hassen gründlich, dauernd; da wir zu ehrlich, auch zu unbeholfen sind, um uns mit schneller Perfidie zu rächen, so hassen wir bis zu unserem letzten Atemzug.

»Ich kenne, mein Herr, diese deutsche Ruhe«, sagte jüngst eine Dame, indem sie mich mit großgeöffneten Augen ungläubig und beängstigt ansah; »ich weiß, ihr Deutschen gebraucht dasselbe Wort für Verzeihen und Vergiften.« Und in der Tat, sie hat recht, das Wort *Vergeben* bedeutet beides.

Es waren nun, wenn ich nicht irre, die halleschen Orthodoxen, welche, in ihrem Kampfe mit den eingesiedelten Pietisten, die Wolffsche Philosophie zu Hülfe riefen. Denn die Religion, wenn sie uns nicht mehr verbrennen kann, kommt sie bei uns betteln. Aber alle unsere Gaben bringen ihr schlechten Gewinn. Das mathematische, demonstrative Gewand, womit Wolff die arme Religion recht liebevoll eingekleidet hatte, paßte ihr so schlecht, daß sie sich noch beengter fühlte und in dieser Beengnis sehr lächerlich machte. Überall platzten die schwachen Nähte. Besonders der verschämte Teil, die Erbsünde, trat hervor in seiner grellsten Blöße. Hier half kein logisches Feigenblatt. Christlich-lutherische Erbsünde und Leibniz-Wolffscher Optimismus sind unverträglich. Die französische Persiflage des Optimismus mißfiel daher am wenigsten unseren Theologen. Voltaires Witz kam der nackten Erbsünde zugute. Der deutsche Pangloß hat aber, durch die Vernichtung des Optimismus, sehr viel verloren und suchte lange nach einer ähnlichen Trostlehre, bis das Hegelsche Wort »Alles, was ist, ist vernünftig!« ihm einigen Ersatz bot.

Von dem Augenblick an, wo eine Religion bei der Philosophie Hülfe begehrt, ist ihr Untergang unabwendlich. Sie sucht sich zu verteidigen und schwatzt sich immer tiefer ins Verderben hinein. Die Religion, wie jeder Absolutismus, darf sich nicht justifizieren. Prometheus wird an den Felsen gefesselt von der schweigenden Gewalt. Ja, Äschylus läßt die personifizierte Gewalt kein einziges Wort reden. Sie muß stumm sein. Sobald die Religion einen räsonierenden Katechismus drucken läßt, sobald der politische Absolutismus eine offizielle Staatszeitung herausgibt, haben beide ein Ende. Aber das ist eben unser Triumph, wir haben unsere Gegner zum Sprechen gebracht, und sie müssen uns Rede stehn.

Es ist freilich nicht zu leugnen, daß der religiöse Absolutismus, ebenso wie der politische, sehr gewaltige Organe seines Wortes gefunden hat. Doch laßt uns darob nicht bange sein. Lebt das Wort, so wird es von Zwergen getragen; ist das Wort tot, so können es keine Riesen aufrechterhalten.

Seitdem nun, wie ich oben erzählt, die Religion Hülfe suchte bei der Philosophie, wurden von den deutschen Gelehrten, außer der neuen Einkleidung, noch unzählige Experimente mit ihr angestellt. Man wollte ihr eine neue Jugend bereiten, und man benahm sich dabei ungefähr wie Medea bei der Verjüngung des Königs Äson. Zuerst wurde ihr zur Ader gelassen, alles abergläubische Blut wurde ihr langsam abgezapft; um mich bildlos auszudrücken: es wurde der Versuch gemacht, allen historischen Inhalt aus dem Christentume herauszunehmen und nur den moralischen Teil zu bewahren. Hierdurch ward nun das Christentum zu einem reinen Deismus. Christus hörte auf, Mitregent Gottes zu sein, er wurde gleichsam mediatisiert, und nur noch als Privatperson fand er anerkennende Verehrung. Seinen moralischen Charakter lobte man über alle Maßen. Man konnte nicht genug rühmen, welch ein braver Mensch er gewesen sei. Was die Wunder betrifft, die er verrichtet, so erklärte man sie physikalisch, oder man suchte sowenig Aufhebens als möglich davon zu machen. Wunder, sagten einige, waren nötig in jenen Zeiten des Aberglaubens, und ein vernünftiger Mann, der irgendeine Wahrheit zu verkündigen hatte, bediente sich ihrer gleichsam als Annonce. Diese Theologen, die alles Historische aus dem Christentume schieden, heißen Rationalisten, und gegen diese wendete sich sowohl die Wut der Pietisten als auch der Orthodoxen, die sich seitdem minder heftig befehdeten und nicht selten verbündeten. Was die Liebe nicht vermochte, das vermochte der gemeinschaftliche Haß, der Haß gegen die Rationalisten.

Diese Richtung in der protestantischen Theologie beginnt mit dem ruhigen Semler, den ihr nicht kennt, erstieg schon eine besorgliche Höhe mit dem klaren Teller, den ihr auch nicht kennt, und erreichte ihren Gipfel mit dem seichten Bahrdt, an dessen Bekanntschaft ihr nichts verliert. Die stärksten Anregungen kamen von Berlin, wo Friedrich der Große und der Buchhändler Nicolai regierten.

Über ersteren, den gekrönten Materialismus, seid ihr hinlänglich unterrichtet. Ihr wißt, daß er französische Verse machte, sehr gut die Flöte blies, die Schlacht bei Roßbach gewann, viel Tabak schnupfte und nur an Kanonen glaubte. Einige von euch haben gewiß auch Sanssouci besucht, und der alte Invalide, der dort Schloßwart, hat euch in der Bibliothek die französischen Romane gezeigt, die Friedrich als Kronprinz in der Kirche las und die er in schwarzen Maroquin einbinden lassen, damit sein gestrenger Vater glaubte, er läse in einem lutherischen Gesangbuche. Ihr kennt ihn, den königlichen Weltweisen, den ihr den Salomo des Nordens genannt habt. Frankreich war das Ophir dieses nordischen Salomons, und von dorther erhielt er seine Poeten und Philosophen, für die er eine große Vorliebe hegte, gleich dem Salomo des Südens, welcher, wie ihr im Buche der Könige, Kapitel 10, lesen könnt, durch seinen Freund Hiram ganze Schiffsladungen von Gold, Elfenbein, Poeten und Philosophen aus Ophir kommen ließ. Wegen solcher Vorliebe für ausländische Talente konnte nun freilich Friedrich der Große keinen allzu großen Einfluß auf den deutschen Geist gewinnen. Er beleidigte vielmehr, er kränkte das deutsche Nationalgefühl. Die Verachtung, die Friedrich der Große unserer Literatur angedeihen ließ, muß sogar uns Enkel noch verdrießen. Außer dem alten Gellert hatte keiner derselben sich seiner allergnädigsten Huld zu erfreuen. Die Unterredung, die er mit demselben führte, ist merkwürdig.

Hat aber Friedrich der Große uns verhöhnt, ohne uns zu unterstützen, so unterstützte uns desto mehr der Buchhändler Nicolai, ohne daß wir deshalb Bedenken trugen, ihn zu verhöhnen. Dieser Mann war sein ganzes Leben lang unablässig tätig für das Wohl des Vaterlandes, er scheute weder Mühe noch Geld, wo er etwas Gutes zu befördern hoffte, und doch ist noch nie in Deutschland ein Mann so grausam, so unerbittlich, so zernichtend verspottet worden wie eben dieser Mann. Obgleich wir, die Spätergeborenen, recht wohl wissen, daß der alte Nicolai, der Freund der Aufklärung, sich in der Hauptsache durchaus nicht irrte; obgleich wir wissen, daß es meistens unsere eignen Feinde, die Obskuranten, gewesen, die ihn zugrunde persifliert: so können wir doch nicht mit ganz ernsthaftem Gesichte an ihn denken. Der alte Nicolai suchte in Deutschland dasselbe zu tun, was die französischen Philosophen in Frankreich getan: er suchte die Vergangenheit im Geiste des Volks zu vernichten; eine löbliche Vorarbeit, ohne welche keine radikale Revolution stattfinden kann. Aber vergebens, er war solcher Arbeit nicht gewachsen. Die alten Ruinen standen noch zu fest, und die Gespenster stiegen daraus hervor und verhöhnten ihn; dann aber wurde er sehr unwirsch und schlug blind drein, und die Zuschauer lachten, wenn ihm die Fledermäuse um die Ohren zischten und sich in seiner wohlgepuderten Perücke verfingen. Auch geschah es wohl zuweilen, daß er Windmühlen für Riesen ansah und dagegen focht. Noch schlimmer aber bekam es ihm, wenn er manchmal wirkliche Riesen für bloße Windmühlen ansah, z.B. einen Wolfgang Goethe. Er schrieb eine Satire gegen dessen »Werther«, worin er alle Intentionen des Autors aufs plumpste verkannte. Indessen in der Hauptsache hatte er immer recht; wenn er auch nicht begriffen, was Goethe mit seinem »Werther« eigentlich sagen wollte, so begriff er doch ganz gut dessen Wirkung, die weichliche Schwärmerei, die unfruchtbare Sentimentalität, die durch diesen Roman aufkam und mit jeder vernünftigen Gesinnung, die uns not tat, in feindlichem Widerspruch war. Hier stimmte Nicolai ganz überein mit Lessing, der an einen Freund folgendes Urteil über den »Werther« schrieb:

»Wenn ein so warmes Produkt nicht mehr Unheil als Gutes stiften soll, meinen Sie nicht, daß es noch eine kleine kalte Schlußrede haben müßte? Ein paar Winke hinterher, wie Werther zu einem so abenteuerlichen Charakter gekommen; wie ein anderer Jüngling, dem die Natur eine ähnliche Anlage gegeben, sich davor zu bewahren habe. Glauben Sie wohl, daß je ein römischer oder griechischer Jüngling sich so, und darum, das Leben genommen? Gewiß nicht. Die wußten sich vor der Schwärmerei der Liebe ganz anders zu sichern; und zu Sokrates' Zeiten würde man eine solche ex erotos katoxh, welche ti tolman para pysis antreibt, nur kaum einem Mädelchen verziehen haben. Solche kleingroße, verächtlich schätzbare Originale hervorzubringen war nur der christlichen Erziehung vorbehalten, die ein körperliches Bedürfnis so schön in eine geistige Vollkommenheit zu verwandeln weiß. Also, lieber Goethe, noch ein Kapitelchen zum Schlusse; und je zynischer, je besser!«

Freund Nicolai hat nun wirklich, nach solcher Angabe, einen veränderten »Werther« herausgegeben. Nach dieser Version hat sich der Held nicht totgeschossen, sondern nur mit Hühnerblut besudelt; denn statt mit Blei war die Pistole nur mit letzterem geladen. Werther wird lächerlich, bleibt leben, heiratet Charlotte, kurz, endet noch tragischer als im Goetheschen Original.

Die »Allgemeine deutsche Bibliothek« hieß die Zeitschrift, die Nicolai gegründet und worin er und seine Freunde gegen Aberglauben, Jesuiten, Hoflakaien u. dgl. kämpften. Es ist nicht zu leugnen, daß mancher Hieb, der dem Aberglauben galt, unglücklicherweise die Poesie selbst traf. So stritt Nicolai z.B. gegen die aufkommende Vorliebe für altdeutsche Volkslieder. Aber im Grunde hatte er wieder recht; bei aller möglichen Vorzüglichkeit enthielten doch jene Lieder mancherlei Erinnerungen, die eben nicht zeitgemäß waren, die alten Klänge der Kuhreigen des Mittelalters konnten die Gemüter des Volks wieder in den Glaubensstall der Vergangenheit zurücklocken. Er suchte, wie Odysseus, die Ohren seiner Gefährten zu verstopfen, damit sie den Gesang der Sirenen nicht hörten, unbekümmert, daß sie alsdann auch taub wurden für die unschuldigen Töne der Nachtigall. Damit das Feld der Gegenwart nur radikal von allem Unkraut gesäubert werde, trug der praktische Mann wenig Bedenken, auch die Blumen mit auszureuten. Dagegen erhob sich nun feindlichst die Partei der Blumen und Nachtigallen und alles, was zu dieser Partei gehört, Schönheit, Grazie, Witz und Scherz, und der arme Nicolai unterlag.

In dem heutigen Deutschland haben sich die Umstände geändert, und die Partei der Blumen und der Nachtigallen ist eng verbunden mit der Revolution. Uns gehört die Zukunft, und es dämmert schon herauf die Morgenröte des Sieges. Wenn einst sein schöner Tag sein Licht über unser ganzes Vaterland ergießt, dann gedenken wir auch der Toten; dann gedenken wir gewiß auch deiner, alter Nicolai, armer Märtyrer der Vernunft! Wir werden deine Asche nach dem deutschen Pantheon tragen, der Sarkophag umgeben vom jubelnden Triumphzug und begleitet vom Chor der Musikanten, unter deren Blasinstrumenten beileibe keine Querpfeife sein wird; wir werden auf deinem Sarg die anständigste Lorbeerkrone legen, und wir werden uns alle mögliche Mühe geben, nicht dabei zu lachen.

Da ich von den philosophischen und religiösen Zuständen jener Zeit einen Begriff geben möchte, muß ich hier auch derjenigen Denker erwähnen, die mehr oder minder in Gemeinschaft mit Nicolai zu Berlin tätig waren und gleichsam ein Justemilieu zwischen Philosophen und Belletristik bildeten. Sie hatten kein bestimmtes System, sondern nur eine bestimmte Tendenz. Sie gleichen den englischen Moralisten in ihrem Stil und in ihren letzten Gründen. Sie schreiben ohne wissenschaftlich strenge Form, und das sittliche Bewußtsein ist die einzige Quelle ihrer Erkenntnis. Ihre Tendenz ist ganz dieselbe, die wir bei den französischen Philanthropen finden. In der Religion sind sie Rationalisten. In der Politik sind sie Weltbürger. In der Moral sind sie Menschen, edle, tugendhafte Menschen, streng gegen sich selbst, milde gegen andere. Was Talent betrifft, so mögen wohl Mendelssohn, Sulzer, Abbt, Moritz, Garve, Engel und Biester als die ausgezeichnetsten genannt werden. Moritz ist mir der liebste. Er leistete viel in der Erfahrungsseelenkunde. Er war von einer köstlichen Naivität, wenig verstanden von seinen Freunden. Seine Lebensgeschichte ist eins der wichtigsten Denkmäler jener Zeit. Mendelssohn hat jedoch vor allen übrigen eine große soziale Bedeutung. Er war der Reformator der deutschen Israeliten, seiner Glaubensgenossen, er stürzte das Ansehen des Talmudismus, er begründete den reinen Mosaismus. Dieser Mann, den seine Zeitgenossen den deutschen Sokrates nannten und wegen seines Seelenadels und seiner Geisteskraft so ehrfurchtsvoll bewunderten, war der Sohn eines armen Küsters der Synagoge von Dessau. Außer diesem Geburtsübel hatte ihn die Vorsehung auch noch mit einem Buckel belastet, gleichsam um dem Pöbel in recht greller Weise die Lehre zu geben, daß man den Menschen nicht nach seiner äußern Erscheinung, sondern nach seinem innern Werte schätzen solle. Oder hat ihm die Vorsehung, eben aus gütiger Vorsicht, einen Buckel zugeteilt, damit er manche Unbill des Pöbels einem Übel zuschreibe, worüber ein Weiser sich leicht trösten kann?

Wie Luther das Papsttum, so stürzte Mendelssohn den Talmud, und zwar in derselben Weise, indem er nämlich die Tradition verwarf, die Bibel für die Quelle der Religion erklärte und den wichtigsten Teil derselben übersetzte. Er zerstörte hierdurch den jüdischen wie Luther den christlichen Katholizismus. In der Tat, der Talmud ist der Katholizismus der Juden. Er ist ein gotischer Dom, der zwar mit kindischen Schnörkeleien überladen, aber doch durch seine himmelkühne Riesenhaftigkeit uns in Erstaunen setzt. Er ist eine Hierarchie von Religionsgesetzen, die oft die putzigsten, lächerlichsten Subtilitäten betreffen, aber so sinnreich einander über- und untergeordnet sind, einander stützen und tragen und so furchtbar konsequent zusammenwirken, daß sie ein grauenhaft trotziges, kolossales Ganze bilden.

Nach dem Untergang des christlichen Katholizismus mußte auch der jüdische, der Talmud, untergehen. Denn der Talmud hatte alsdann seine Bedeutung verloren; er diente nämlich nur als Schutzwerk gegen Rom, und ihm verdanken es die Juden, daß sie dem christlichen Rom ebenso heldenmütig wie einst dem heidnischen Rom widerstehen konnten. Und sie haben nicht bloß widerstanden, sondern auch gesiegt. Der arme Rabbi von Nazareth, über dessen sterbendes Haupt der heidnische Römer die hämischen Worte schrieb: »König der Juden« ebendieser dornengekrönte, mit dem ironischen Purpur behängte Spottkönig der Juden wurde am Ende der Gott der Römer, und sie mußten vor ihm niederknien! Wie das heidnische Rom wurde auch das christliche Rom besiegt, und dieses wurde sogar tributär. Wenn du, teurer Leser, dich in den ersten Tagen des Trimesters nach der Straße Lafitte verfügen willst, und zwar nach dem Hotel Numero funfzehn, so siehst du dort vor einem hohen Portal eine schwerfällige Kutsche, aus welcher ein dicker Mann hervorsteigt. Dieser begibt sich die Treppe hinauf nach einem kleinen Zimmer, wo ein blonder junger Mensch sitzt, der dennoch älter ist, als er wohl aussieht, und in dessen vornehmer grandseigneurlicher Nonchalance dennoch etwas so Solides liegt, etwas so Positives, etwas so Absolutes, als habe er alles Geld dieser Welt in seiner Tasche. Und wirklich, er hat alles Geld dieser Welt in seiner Tasche, und er heißt Monsieur James de Rothschild, und der dicke Mann ist Monsignor Grimbaldi, Abgesandter Seiner Heiligkeit des Papstes, und er bringt in dessen Namen die Zinsen der römischen Anleihe, den Tribut von Rom.

Wozu jetzt noch der Talmud?

Moses Mendelssohn verdient daher großes Lob, daß er diesen jüdischen Katholizismus, wenigstens in Deutschland, gestürzt hat. Denn was überflüssig ist, ist schädlich. Die Tradition verwerfend, suchte er jedoch das mosaische Zeremonialgesetz als religiöse Verpflichtung aufrechtzuerhalten. War es Feigheit oder Klugheit? War es eine wehmütige Nachliebe, die ihn abhielt, die zerstörende Hand an Gegenstände zu legen, die seinen Vorvätern am heiligsten waren und wofür soviel Märtyrerblut und Märtyrertränen geflossen? Ich glaube nicht. Wie die Könige der Materie, so müssen auch die Könige des Geistes unerbittlich sein gegen Familiengefühle; auch auf dem Throne des Gedankens darf man keinen sanften Gemütlichkeiten nachgeben. Ich bin deshalb vielmehr der Meinung, daß Moses Mendelssohn in dem reinen Mosaismus eine Institution sah, die dem Deismus gleichsam als eine letzte Verschanzung dienen konnte. Denn der Deismus war sein innerster Glaube und seine tiefste Überzeugung. Als sein Freund Lessing starb und man denselben des Spinozismus anklagte, verteidigte er ihn mit dem ängstlichsten Eifer, und er ärgerte sich bei dieser Gelegenheit zu Tode.

Ich habe hier schon zum zweiten Male den Namen genannt, den kein Deutscher aussprechen kann, ohne daß in seiner Brust ein mehr oder minder starkes Echo laut wird. Aber seit Luther hat Deutschland keinen größeren und besseren Mann hervorgebracht als Gotthold Ephraim Lessing. Diese beiden sind unser Stolz und unsere Wonne. In der Trübnis der Gegenwart schauen wir hinauf nach ihren tröstenden Standbildern, und sie nicken eine glänzende Verheißung. Ja, kommen wird auch der dritte Mann, der da vollbringt, was Luther begonnen, was Lessing fortgesetzt und dessen das deutsche Vaterland so sehr bedarf der dritte Befreier! Ich sehe schon seine goldne Rüstung, die aus dem purpurnen Kaisermantel hervorstrahlt, »wie die Sonne aus dem Morgenrot!«

Gleich dem Luther wirkte Lessing nicht nur, indem er etwas Bestimmtes tat, sondern indem er das deutsche Volk bis in seine Tiefen aufregte und indem er eine heilsame Geisterbewegung hervorbrachte, durch seine Kritik, durch seine Polemik. Er war die lebendige Kritik seiner Zeit, und sein ganzes Leben war Polemik. Diese Kritik machte sich geltend im weitesten Bereiche des Gedankens und des Gefühls, in der Religion, in der Wissenschaft, in der Kunst. Diese Polemik überwand jeden Gegner und erstarkte nach jedem Siege. Lessing, wie er selbst eingestand, bedurfte eben des Kampfes zu der eignen Geistesentwickelung. Er glich ganz jenem fabelhaften Normann, der die Talente, Kenntnisse und Kräfte derjenigen Männer erbte, die er im Zweikampf erschlug, und in dieser Weise endlich mit allen möglichen

Vorzügen und Vortrefflichkeiten begabt war. Begreiflich ist es, daß solch ein streitlustiger Kämpe nicht geringen Lärm in Deutschland verursachte, in dem stillen Deutschland, das damals noch sabbatlich stiller war als heute. Verblüfft wurden die meisten ob seiner literarischen Kühnheit. Aber eben diese kam ihm hülfreich zustatten; denn Oser! ist das Geheimnis des Gelingens in der Literatur, ebenso wie in der Revolution und in der Liebe. Vor dem Lessingschen Schwerte zitterten alle. Kein Kopf war vor ihm sicher. Ja, manchen Schädel hat er sogar aus Übermut heruntergeschlagen, und dann war er dabei noch so boshaft, ihn vom Boden aufzuheben und dem Publikum zu zeigen, daß er inwendig hohl war. Wen sein Schwert nicht erreichen konnte, den tötete er mit den Pfeilen seines Witzes. Die Freunde bewunderten die bunten Schwungfedern dieser Pfeile; die Feinde fühlten die Spitze in ihren Herzen. Der Lessingsche Witz gleicht nicht jenem Enjouement, jener Gaité, jenen springenden Saillies, wie man hierzuland dergleichen kennt. Sein Witz war kein kleines französisches Windhündchen, das seinem eigenen Schatten nachläuft; sein Witz war vielmehr ein großer deutscher Kater, der mit der Maus spielt, ehe er sie würgt.

Ja, Polemik war die Lust unseres Lessings, und daher überlegte er nie lange, ob auch der Gegner seiner würdig war. So hat er, eben durch seine Polemik, manchen Namen der wohlverdientesten Vergessenheit entrissen. Mehre winzige Schriftstellerlein hat er mit dem geistreichsten Spott, mit dem köstlichsten Humor gleichsam umsponnen, und in den Lessingschen Werken erhalten sie sich nun für ewige Zeiten wie Insekten, die sich in einem Stück Bernstein verfangen. Indem er seine Gegner tötete, machte er sie zugleich unsterblich. Wer von uns hätte jemals etwas von jenem Klotz erfahren, an welchen Lessing soviel Hohn und Scharfsinn verschwendet! Die Felsenblöcke, die er auf diesen armen Antiquar geschleudert und womit er ihn zerschmettert, sind jetzt dessen unverwüstliches Denkmal.

Merkwürdig ist es, daß jener witzigste Mensch in Deutschland auch zugleich der ehrlichste war. Nichts gleicht seiner Wahrheitsliebe. Lessing machte der Lüge nicht die mindeste Konzession, selbst wenn er dadurch, in der gewöhnlichen Weise der Weltklugen, den Sieg der Wahrheit befördern konnte. Er konnte alles für die Wahrheit tun, nur nicht lügen. »Wer darauf denkt«, sagte er einst, »die Wahrheit unter allerlei Larven und Schminken an den Mann zu bringen, der möchte wohl gern ihr Kuppler sein, aber ihr Liebhaber ist er nie gewesen.«

Das schöne Wort Buffons »Der Stil ist der Mensch selber!« ist auf niemand anwendbarer als auf Lessing. Seine Schreibart ist ganz wie sein Charakter, wahr, fest, schmucklos, schön und imposant durch die inwohnende Stärke. Sein Stil ist ganz der Stil der römischen Bauwerke: höchste Solidität bei der höchsten Einfachheit; gleich Quadersteinen ruhen die Sätze aufeinander, und wie bei jenen das Gesetz der Schwere, so ist bei diesen die logische Schlußfolge das unsichtbare Bindemittel. Daher in der Lessingschen Prosa sowenig von jenen Füllwörtern und Wendungskünsten, die wir bei unserem Periodenbau gleichsam als Mörtel gebrauchen. Noch viel weniger finden wir da jene Gedankenkaryatiden, welche ihr la belle phrase nennt.

Daß ein Mann wie Lessing niemals glücklich sein konnte, werdet ihr leicht begreifen. Und wenn er auch nicht die Wahrheit geliebt hätte und wenn er sie auch nicht selbstwillig überall verfochten hätte, so mußte er doch unglücklich sein; denn er war ein Genie. »Alles wird man dir verzeihen«, sagte jüngst ein seufzender Dichter, »man verzeiht dir deinen Reichtum, man verzeiht dir die hohe Geburt, man verzeiht dir deine Wohlgestalt, man läßt dir sogar Talent hingehen, aber man ist unerbittlich gegen das Genie.« Ach! und begegnet ihm auch nicht der böse Wille von außen, so fände das Genie doch schon in sich selber den Feind, der ihm Elend bereitet. Deshalb ist die Geschichte der großen Männer immer eine Märtyrerlegende; wenn sie auch nicht litten für die große Menschheit, so litten sie doch für ihre eigene Größe, für die große Art ihres Seins, das Unphilisterliche, für ihr Mißbehagen an der prunkenden Gemeinheit, der lächelnden Schlechtigkeit ihrer Umgebung, ein Mißbehagen, welches sie natürlich zu Extravaganzen bringt, z.B. zum Schauspielhaus oder gar zum Spielhaus wie es dem armen Lessing begegnete.

Mehr als dieses hat ihm aber der böse Leumund nicht nachsagen können, und aus seiner Biographie erfahren wir nur, daß ihm schöne Komödiantinnen amüsanter dünkten als hamburgische Pastöre und daß stumme Karten ihm bessere Unterhaltung gewährten als schwatzende Wolffianer.

Es ist herzzerreißend, wenn wir in dieser Biographie lesen, wie das Schicksal auch jede Freude diesem Manne versagt hat und wie es ihm nicht einmal vergönnte, in der Umfriedung der Familie sich von seinen täglichen Kämpfen zu erholen. Einmal nur schien Fortuna ihn begünstigen zu wollen, sie gab ihm ein geliebtes Weib, ein Kind aber dieses Glück war wie der Sonnenstrahl, der den Fittich eines vorüberfliegenden Vogels vergoldet, es schwand ebensoschnell, das

Weib starb infolge des Wochenbetts, das Kind schon bald nach der Geburt, und über letzteres schrieb er einem Freunde die gräßlich witzigen Worte:

»Meine Freude war nur kurz. Und ich verlor ihn ungern, diesen Sohn! Denn er hatte soviel Verstand! soviel Verstand! Glauben Sie nicht, daß die wenigen Stunden meiner Vaterschaft mich schon zu so einem Affen von Vater gemacht haben! Ich weiß, was ich sage. War es nicht Verstand, daß man ihn mit eisernen Zangen auf die Welt ziehen mußte? daß er so bald Unrat merkte? War es nicht Verstand, daß er die erste Gelegenheit ergriff, sich wieder davonzumachen? Ich wollte es auch einmal so gut haben wie andere Menschen. Aber es ist mir schlecht bekommen.«

Ein Unglück gab es, worüber sich Lessing nie gegen seine Freunde ausgesprochen: dieses war seine schaurige Einsamkeit, sein geistiges Alleinstehn. Einige seiner Zeitgenossen liebten ihn, keiner verstand ihn. Mendelssohn, sein bester Freund, verteidigte ihn mit Eifer, als man ihn des Spinozismus beschuldigte. Verteidigung und Eifer waren ebenso lächerlich wie überflüssig. Beruhige dich im Grabe, alter Moses; dein Lessing war zwar auf dem Wege zu diesem entsetzlichen Irrtum, zu diesem jammervollen Unglück, nämlich zum Spinozismus aber der Allerhöchste, der Vater im Himmel, hat ihn noch zur rechten Zeit durch den Tod gerettet. Beruhige dich, dein Lessing war kein Spinozist, wie die Verleumdung behauptete; er starb als guter Deist wie du und Nicolai und Teller und die »Allgemeine deutsche Bibliothek«!

Lessing war nur der Prophet, der aus dem zweiten Testamente ins dritte hinüberdeutete. Ich habe ihn den Fortsetzer des Luther genannt, und eigentlich in dieser Eigenschaft habe ich ihn hier zu besprechen. Von seiner Bedeutung für die deutsche Kunst kann ich erst später reden. In dieser hat er nicht bloß durch seine Kritik, sondern auch durch sein Beispiel eine heilsame Reform bewirkt, und diese Seite seiner Tätigkeit wird gewöhnlich zumeist hervorgehoben und beleuchtet. Wir jedoch betrachten ihn von einem anderen Standpunkte aus, und seine philosophischen und theologischen Kämpfe sind uns wichtiger als seine Dramaturgie und seine Dramata. Letztere jedoch, wie alle seine Schriften, haben eine soziale Bedeutung, und »Nathan der Weise« ist im Grunde nicht bloß eine gute Komödie, sondern auch eine philosophisch-theologische Abhandlung zugunsten des reinen Deismus. Die Kunst war für Lessing ebenfalls eine Tribüne, und wenn man ihn von der Kanzel oder vom Katheder herabstieß, dann sprang er aufs Theater und sprach dort noch viel deutlicher und gewann ein noch zahlreicheres Publikum.

Ich sage, Lessing hat den Luther fortgesetzt. Nachdem Luther uns von der Tradition befreit und die Bibel zur alleinigen Quelle des Christentums erhoben hatte, da entstand, wie ich schon oben erzählt, ein starrer Wortdienst, und der Buchstabe der Bibel herrschte ebenso tyrannisch wie einst die Tradition. Zur Befreiung von diesem tyrannischen Buchstaben hat nun Lessing am meisten beigetragen. Wie Luther ebenfalls nicht der einzige war, der die Tradition bekämpft, so kämpfte Lessing zwar nicht allein, aber doch am gewaltigsten gegen den Buchstaben. Hier erschallt am lautesten seine Schlachtstimme. Hier schwingt er sein Schwert am freudigsten, und es leuchtet und tötet. Hier aber auch wird Lessing am stärksten bedrängt von der schwarzen Schar, und in solcher Bedrängnis rief er einst aus:

»O sancta simplicitas! Aber noch bin ich nicht da, wo der gute Mann, der dieses ausrief, nur noch dieses ausrufen konnte. (Hus rief dieses auf dem Scheiterhaufen.) Erst soll uns hören, erst soll über uns urteilen, wer hören und urteilen kann und will!

O daß *er* es könnte, *er*, den ich am liebsten zu meinem Richter haben möchte! Luther, du! Großer, verkannter Mann! Und von niemanden mehr verkannt als von den Starrköpfen, die, deine Pantoffeln in der Hand, den von dir gebahnten Weg schreiend, aber gleichgültig daherschlendern! Du hast uns von dem Joche der Tradition erlöst: wer erlöset uns von dem unerträglicheren Joche des Buchstabens! Wer bringt uns endlich ein Christentum, wie du es itzt lehren würdest, wie es Christus selbst lehren würde!«

Ja, der Buchstabe, sagte Lessing, sei die letzte Hülle des Christentums, und erst nach Vernichtung dieser Hülle trete hervor der Geist. Dieser Geist ist aber nichts anders als das, was die Wolffschen Philosophen zu demonstrieren gedacht, was die Philanthropen in ihrem Gemüte gefühlt, was Mendelssohn im Mosaismus gefunden, was die Freimaurer gesungen, was die Poeten gepfiffen, was sich damals in Deutschland unter allen Formen geltend machte: der reine Deismus.

Lessing starb zu Braunschweig, im Jahr 1781, verkannt, gehaßt und verschrien. In demselben Jahre erschien zu Königsberg die »Kritik der reinen Vernunft« von Immanuel Kant. Mit diesem Buche, welches durch sonderbare Verzögerung erst am Ende der achtziger Jahre allgemein bekannt wurde, beginnt eine geistige Revolution in Deutschland, die mit der materiellen Revolution in Frankreich die sonderbarsten Analogien bietet und dem tieferen Denker ebenso wichtig dünken muß wie jene. Sie entwickelt sich mit denselben Phasen, und zwischen beiden herrscht der merkwürdigste Parallelismus. Auf beiden Seiten des Rheines sehen wir denselben Bruch mit der Vergangenheit, der Tradition wird alle Ehrfurcht aufgekündigt; wie hier in Frankreich jedes Recht, so muß dort in Deutschland jeder Gedanke sich justifizieren, und wie hier das Königtum, der Schlußstein der alten sozialen Ordnung, so stürzt dort der Deismus, der Schlußstein des geistigen alten Regimes.

Von dieser Katastrophe, von dem 21. Januar des Deismus, sprechen wir im folgenden Stücke. Ein eigentümliches Grauen, eine geheimnisvolle Pietät erlaubt uns heute nicht, weiterzuschreiben. Unsere Brust ist voll von entsetzlichem Mitleid es ist der alte Jehova selber, der sich zum Tode bereitet. Wir haben ihn so gut gekannt, von seiner Wiege an, in Ägypten, als er unter göttlichen Kälbern, Krokodilen, heiligen Zwiebeln, Ibissen und Katzen erzogen wurde Wir haben ihn gesehen, wie er diesen Gespielen seiner Kindheit und den Obelisken und Sphinxen seines heimatlichen Niltals ade sagte und in Palästina, bei einem armen Hirtenvölkchen, ein kleiner Gottkönig wurde und in einem eigenen Tempelpalast wohnte Wir sahen ihn späterhin, wie er mit der assyrisch-babylonischen Zivilisation in Berührung kam und seine allzu menschlichen Leidenschaften ablegte, nicht mehr lauter Zorn und Rache spie, wenigstens nicht mehr wegen jeder Lumperei gleich donnerte Wir sahen ihn auswandern nach Rom, der Hauptstadt, wo er aller Nationalvorurteile entsagte und die himmlische Gleichheit aller Völker proklamierte und mit solchen schönen Phrasen gegen den alten Jupiter Opposition bildete und so lange intrigierte, bis er zur Herrschaft gelangte und vom Kapitole herab die Stadt und die Welt, urbem et orbem, regierte Wir sahen, wie er sich noch mehr vergeistigte, wie er sanftselig wimmerte, wie er ein liebevoller Vater wurde, ein allgemeiner Menschenfreund, ein Weltbeglücker, ein Philanthrop es konnte ihm alles nichts helfen

Hört ihr das Glöckchen klingeln? Kniet nieder Man bringt die Sakramente einem sterbenden Gotte.

Drittes Buch

Es geht die Sage, daß ein englischer Mechanikus, der schon die künstlichsten Maschinen erdacht, endlich auch auf den Einfall geraten, einen Menschen zu fabrizieren; dieses sei ihm auch endlich gelungen, das Werk seiner Hände konnte sich ganz wie ein Mensch gebärden und betragen, es trug in der ledernen Brust sogar eine Art menschlichen Gefühls, das von den gewöhnlichen Gefühlen der Engländer nicht gar zu sehr verschieden war, es konnte in artikulierten Tönen seine Empfindungen mitteilen, und eben das Geräusch der innern Räder, Raspeln und Schrauben, das man dann vernahm, gab diesen Tönen eine echt englische Aussprache; kurz, dieses Automat war ein vollendeter Gentleman, und zu einem echten Menschen fehlte ihm gar nichts als eine Seele. Diese aber hat ihm der englische Mechanikus nicht geben können, und das arme Geschöpf, das sich solchen Mangels bewußt worden, quälte nun Tag und Nacht seinen Schöpfer mit der Bitte, ihm eine Seele zu geben. Solche Bitte, die sich immer dringender wiederholte, wurde jenem Künstler endlich so unerträglich, daß er vor seinem eignen Kunstwerk die Flucht ergriff. Das Automat aber nahm gleich Extrapost, verfolgte ihn nach dem Kontinente, reist beständig hinter ihm her, erwischt ihn manchmal und schnarrt und grunzt ihm dann entgegen: »Give me a soul!« Diesen beiden Gestalten begegnen wir nun in allen Ländern, und nur wer ihr besonderes Verhältnis kennt, begreift ihre sonderbare Hast und ihren ängstlichen Mißmut. Wenn man aber dieses besondere Verhältnis kennt, so sieht man darin wieder etwas Allgemeines, man sieht, wie ein Teil des englischen Volks seines mechanischen Daseins überdrüssig ist und eine Seele verlangt, der andere Teil aber aus Angst vor solcherlei Begehrnis in die Kreuz und die Quer getrieben wird, beide aber es daheim nicht mehr aushalten können.

Dieses ist eine grauenhafte Geschichte. Es ist entsetzlich wenn die Körper, die wir geschaffen haben, von uns eine Seele verlangen. Weit grauenhafter, entsetzlicher, unheimlicher ist es jedoch, wenn wir eine Seele geschaffen und diese von uns ihren Leib verlangt und uns mit diesem Verlangen verfolgt. Der Gedanke, den wir gedacht, ist eine solche Seele, und er läßt uns keine Ruhe, bis wir ihm seinen Leib gegeben, bis wir ihn zur sinnlichen Erscheinung gefördert. Der Gedanke will Tat, das Wort will Fleisch werden. Und wunderbar! der Mensch, wie der Gott der Bibel, braucht nur seinen Gedanken auszusprechen, und es gestaltet sich die Welt, es wird Licht oder es wird Finsternis, die Wasser sondern sich von dem Festland, oder gar wilde Bestien kommen zum Vorschein. Die Welt ist die Signatur des Wortes.

Dieses merkt euch, ihr stolzen Männer der Tat. Ihr seid nichts als unbewußte Handlanger der Gedankenmänner, die oft in demütigster Stille euch all eu'r Tun aufs bestimmteste vorgezeichnet haben. Maximilian Robespierre war nichts als die Hand von Jean-Jacques Rousseau, die blutige Hand, die aus dem Schoße der Zeit den Leib hervorzog, dessen Seele Rousseau geschaffen. Die unstete Angst, die dem Jean-Jacques das Leben verkümmerte, rührte sie vielleicht daher, daß er schon im Geiste ahnte, welch eines Geburtshelfers seine Gedanken bedurften, um leiblich zur Welt zu kommen?

Der alte Fontenelle hatte vielleicht recht, als er sagte: »Wenn ich alle Gedanken dieser Welt in meiner Hand trüge, so würde ich mich hüten, sie zu öffnen.« Ich meinesteils, ich denke anders. Wenn ich alle Gedanken dieser Welt in meiner Hand hätte ich würde euch vielleicht bitten, mir die Hand gleich abzuhauen; auf keinen Fall hielte ich sie so lange verschlossen. Ich bin nicht dazu geeignet, ein Kerkermeister der Gedanken zu sein. Bei Gott! ich laß sie los. Mögen sie sich immerhin zu den bedenklichsten Erscheinungen verkörpern, mögen sie immerhin, wie ein toller Bacchantenzug, alle Lande durchstürmen, mögen sie mit ihren Thyrsusstäben unsere unschuldigsten Blumen zerschlagen, mögen sie immerhin in unsere Hospitäler hereinbrechen und die kranke alte Welt aus ihren Betten jagen es wird freilich mein Herz sehr bekümmern, und ich selber werde dabei zu Schaden kommen! Denn ach! ich gehöre ja selber zu dieser kranken alten Welt, und mit Recht sagt der Dichter: Wenn man auch seiner Krücken spottet, so kann man darum doch nicht besser gehen. Ich bin der Krankste von euch allen und um so bedauernswürdiger, da ich weiß, was Gesundheit ist. Ihr aber, ihr wißt es nicht, ihr Beneidenswerten! Ihr seid kapabel zu sterben, ohne es selbst zu merken. Ja, viele von euch sind längst tot und behaupten, jetzt erst beginne ihr wahres Leben. Wenn ich solchem Wahnsinn widerspreche, dann wird man mir gram und schmäht mich und entsetzlich! die Leichen springen an mich heran und schimpfen, und mehr noch als ihre Schmähworte belästigt mich ihr Moderduft... Fort, ihr Gespenster, ich spreche jetzt von einem Manne, dessen Name schon eine exorzierende Macht ausübt, ich spreche von Immanuel Kant!

Man sagt, die Nachtgeister erschrecken, wenn sie das Schwert eines Scharfrichters erblicken Wie müssen sie erst erschrecken, wenn man ihnen Kants »Kritik der reinen Vernunft« entgegenhält! Dieses Buch ist das Schwert, womit der Deismus hingerichtet worden in Deutschland.

Ehrlich gestanden, ihr Franzosen, in Vergleichung mit uns Deutschen seid ihr zahm und moderant. Ihr habt höchstens einen König töten können, und dieser hatte schon den Kopf verloren, ehe ihr köpftet. Und dabei mußtet ihr so viel trommeln und schreien und mit den Füßen trampeln, daß es den ganzen Erdkreis erschütterte. Man erzeigt wirklich dem Maximilian Robespierre zuviel Ehre, wenn man ihn mit dem Immanuel Kant vergleicht. Maximilian Robespierre, der große Spießbürger von der Rue Saint-Honoré, bekam freilich seine Anfälle von Zerstörungswut, wenn es das Königtum galt, und er zuckte dann furchtbar genug in seiner reziziden Epilepsie; aber sobald vom höchsten Wesen die Rede war, wusch er sich den weißen Schaum wieder vom Munde und das Blut von den Händen und zog seinen blauen Sonntagsrock an, mit den Spiegelknöpfen, und steckte noch obendrein einen Blumenstrauß vor seinen breiten Brustlatz.

Die Lebensgeschichte des Immanuel Kant ist schwer zu beschreiben. Denn er hatte weder Leben noch Geschichte. Er lebte ein mechanisch geordnetes, fast abstraktes Hagestolzenleben, in einem stillen, abgelegenen Gäßchen zu Königsberg, einer alten Stadt an der nordöstlichen Grenze Deutschlands. Ich glaube nicht, daß die große

Uhr der dortigen Kathedrale leidenschaftsloser und regelmäßiger ihr äußeres Tagewerk vollbrachte wie ihr Landsmann Immanuel Kant. Aufstehn, Kaffeetrinken, Schreiben, Kollegienlesen, Essen, Spazierengehn, alles hatte seine bestimmte Zeit, und die Nachbaren wußten ganz genau, daß die Glocke halb vier sei, wenn Immanuel Kant in seinem grauen Leibrock, das spanische Röhrchen in der Hand, aus seiner Haustüre trat und nach der kleinen Lindenallee wandelte, die man seinetwegen noch jetzt den Philosophengang nennt. Achtmal spazierte er dort auf und ab, in jeder Jahrzeit, und wenn das Wetter trübe war oder die grauen Wolken einen Regen verkündigten, sah man seinen Diener, den alten Lampe, ängstlich besorgt hinter ihm drein wandeln, mit einem langen Regenschirm unter dem Arm, wie ein Bild der Vorsehung.

Sonderbarer Kontrast zwischen dem äußeren Leben des Mannes und seinen zerstörenden, weltzermalmenden Gedanken! Wahrlich, hätten die Bürger von Königsberg die ganze Bedeutung dieses Gedankens geahnt, sie würden vor jenem Manne eine weit grauenhaftere Scheu empfunden haben als vor einem Scharfrichter, vor einem Scharfrichter, der nur Menschen hinrichtet aber die guten Leute sahen in ihm nichts anderes als einen Professor der Philosophie, und wenn er zur bestimmten Stunde vorbeiwandelte, grüßten sie freundlich und richteten etwa nach ihm ihre Taschenuhr.

Wenn aber Immanuel Kant, dieser große Zerstörer im Reiche der Gedanken, an Terrorismus den Maximilian Robespierre weit übertraf, so hat er doch mit diesem manche Ähnlichkeiten, die zu einer Vergleichung beider Männer auffordern. Zunächst finden wir in beiden dieselbe unerbittliche, schneidende, poesielose, nüchterne Ehrlichkeit. Dann finden wir in beiden dasselbe Talent des Mißtrauens, nur daß es der eine gegen Gedanken ausübt und Kritik nennt, während der andere es gegen Menschen anwendet und republikanische Tugend betitelt. Im höchsten Grade jedoch zeigt sich in beiden der Typus des Spießbürgertums die Natur hatte sie bestimmt, Kaffee und Zucker zu wiegen, aber das Schicksal wollte, daß sie andere Dinge abwögen, und legte dem einen einen König und dem anderen einen Gott auf die Waagschale...

Und sie gaben das richtige Gewicht!

Die »Kritik der reinen Vernunft« ist das Hauptwerk von Kant, und wir müssen uns vorzugsweise damit beschäftigen. Keine von allen Schriften Kants hat größere Wichtigkeit. Dieses Buch, wie schon erwähnt, erschien 1781 und wurde erst 1789 allgemein bekannt. Es wurde anfangs ganz übersehen, nur zwei unbedeutende Anzeigen sind damals darüber erschienen, und erst spät wurde durch Artikel von Schütz, Schultz und Reinhold die Aufmerksamkeit des Publikums auf dieses große Buch geleitet. Die Ursache dieser verzögerten Anerkenntnis liegt wohl in der ungewöhnlichen Form und schlechten Schreibart. In betreff der letztern verdient Kant größeren Tadel als irgendein anderer Philosoph; um so mehr, wenn wir seinen vorhergehenden besseren Stil erwägen. Die kürzlich erschienene Sammlung seiner kleinen Schriften enthält die ersten Versuche, und wir wundern uns da über die gute, manchmal sehr witzige Schreibart. Während Kant im Kopfe schon sein großes Werk ausarbeitete, hat er diese kleinen Aufsätze vor sich hin geträllert. Er lächelt da wie ein

Soldat, der sich ruhig waffnet, um in eine Schlacht zu gehen, wo er gewiß zu siegen denkt. Unter jenen kleinen Schriften sind besonders merkwürdig: »Allgemeine Naturgeschichte und Theorie des Himmels«, geschrieben schon 1755; »Beobachtungen über das Gefühl des Schönen und Erhabenen«, geschrieben zehn Jahre später, sowie auch »Träume eines Geistersehers«, voll guter Laune in der Art der französischen Essays. Der Witz eines Kant, wie er sich in diesen Schriftchen äußert, hat etwas höchst Eigentümliches. Der Witz rankt da an dem Gedanken, und trotz seiner Schwäche erreicht er dadurch eine erquickliche Höhe. Ohne solche Stütze freilich kann der reichste Witz nicht gedeihen; gleich der Weinrebe, die eines Stabes entbehrt, muß er alsdann kümmerlich am Boden hinkriechen und mit seinen kostbarsten Früchten vermodern.

Warum aber hat Kant seine »Kritik der reinen Vernunft« in einem so grauen, trocknen Packpapierstil geschrieben? Ich glaube, weil er die mathematische Form der Descartes-Leibniz-Wolffianer verwarf, fürchtete er, die Wissenschaft möchte etwas von ihrer Würde einbüßen, wenn sie sich in einem leichten, zuvorkommend heiteren Tone aussprüche. Er verlieh ihr daher eine steife, abstrakte Form, die alle Vertraulichkeit der niederen Geistesklassen kalt ablehnte. Er wollte sich von den damaligen Popularphilosophen, die nach bürgerlichster Deutlichkeit strebten, vornehm absondern, und er kleidete seine Gedanken in eine hofmännisch abgekältete Kanzleisprache. Hier zeigt sich ganz der Philister. Aber vielleicht bedurfte Kant zu seinem sorgfältig gemessenen Ideengang auch einer Sprache, die sorgfältig gemessener, und er war nicht imstande, eine bessere zu schaffen. Nur das Genie hat für den neuen Gedanken auch das neue Wort. Immanuel

Kant war aber kein Genie. Im Gefühl dieses Mangels, ebenso wie der gute Maximilian, war Kant um so mißtrauischer gegen das Genie, und in seiner »Kritik der Urteilskraft« behauptete er sogar, das Genie habe nichts in der Wissenschaft zu schaffen, seine Wirksamkeit gehöre ins Gebiet der Kunst.

Kant hat durch den schwerfälligen, steifleinenen Stil seines Hauptwerks sehr vielen Schaden gestiftet. Denn die geistlosen Nachahmer äfften ihn nach in dieser Äußerlichkeit, und es entstand bei uns der Aberglaube, daß man kein Philosoph sei, wenn man gut schriebe. Die mathematische Form jedoch konnte seit Kant in der Philosophie nicht mehr aufkommen. Dieser Form hat er in der »Kritik der reinen Vernunft« ganz unbarmherzig den Stab gebrochen. Die mathematische Form in der Philosophie, sagte er, bringe nichts als Kartengebäude hervor, so wie die philosophische Form in der Mathematik nur eitel Geschwätz hervorbringt. Denn in der Philosophie könne es keine Definitionen geben wie in der Mathematik, wo die Definitionen nicht diskursiv, sondern intuitiv sind, d.h. in der Anschauung nachgewiesen werden können; was man Definitionen in der Philosophie nenne, werde nur versuchsweise, hypothetisch, vorangestellt; die eigentlich richtige Definition erscheine nur am Ende als Resultat.

Wie kommt es, daß die Philosophen soviel Vorliebe für die mathematische Form zeigen? Diese Vorliebe beginnt schon mit Pythagoras, der die Prinzipien der Dinge durch Zahlen bezeichnete. Dieses war ein genialer Gedanke. In einer Zahl ist alles Sinnliche und Endliche abgestreift, und dennoch bezeichnet sie etwas Bestimmtes und dessen Verhältnis zu etwas Bestimmtem, welches letztere, wenn es ebenfalls durch eine Zahl bezeichnet wird, denselben Charakter des Entsinnlichten und Unendlichen angenommen. Hierin gleicht die Zahl den Ideen, die denselben Charakter und dasselbe Verhältnis zueinander haben. Man kann die Ideen, wie sie in unserem Geiste und in der Natur sich kundgeben, sehr treffend durch Zahlen bezeichnen; aber die Zahl bleibt doch immer das Zeichen der Idee, nicht die Idee selber. Der Meister bleibt dieses Unterschieds noch bewußt, der Schüler aber vergißt dessen und überliefert seinen Nachschülern nur eine Zahlenhieroglyphik, bloße Chiffern, deren lebendige Bedeutung niemand mehr kennt und die man mit Schulstolz nachplappert. Dasselbe gilt von den übrigen Elementen der mathematischen Form. Das Geistige in seiner ewigen Bewegung erlaubt kein Fixieren; ebensowenig wie durch die Zahl läßt es sich fixieren durch Linie, Dreieck, Viereck und Kreis. Der Gedanke kann weder gezählt werden noch gemessen.

Da es mir hauptsächlich darum zu tun ist, das Studium der deutschen Philosophie in Frankreich zu erleichtern, so bespreche ich immer zumeist diejenigen Äußerlichkeiten, die den Fremden leicht abschrecken, wenn man ihn nicht vorher darüber in Kenntnis gesetzt hat. Literatoren, die den Kant für das französische Publikum bearbeiten wollen, mache ich besonders darauf aufmerksam, daß sie denjenigen Teil seiner Philosophie ausscheiden können, der bloß dazu dient, die Absurditäten der Wolffschen Philosophie zu bekämpfen. Diese Polemik, die sich überall durchdrängt, kann bei den Franzosen nur Verwirrung und gar keinen Nutzen hervorbringen. Wie ich höre, beschäftigt sich der Herr Doktor Schön, ein deutscher Gelehrter in

Paris, mit einer französischen Herausgabe des Kant. Ich hege eine zu günstige Meinung von den philosophischen Einsichten des Obgenannten, als daß ich es für nötig erachtete, obigen Wink auch an ihn zu richten, und ich erwarte vielmehr von ihm ein ebenso nützliches wie wichtiges Buch.

Die »Kritik der reinen Vernunft« ist, wie ich bereits gesagt, das Hauptbuch von Kant, und seine übrigen Schriften sind einigermaßen als entbehrlich oder allenfalls als Kommentare zu betrachten. Welche soziale Bedeutung jenem Hauptbuche innewohnt, wird sich aus folgendem ergeben.

Die Philosophen vor Kant haben zwar über den Ursprung unserer Erkenntnisse nachgedacht und sind, wie wir bereits gezeigt, in zwei verschiedene Wege geraten, je nachdem sie Ideen a priori oder Ideen a posteriori annahmen; über das Erkenntnisvermögen selber, über den Umfang unseres Erkenntnisvermögens oder über die Grenzen unseres Erkenntnisvermögens ist weniger nachgedacht worden. Dieses ward nun die Aufgabe von Kant, er unterwarf unser Erkenntnisvermögen einer schonungslosen Untersuchung, er sondierte die ganze Tiefe dieses Vermögens und konstatierte alle seine Grenzen. Da fand er nun freilich, daß wir gar nichts wissen können von sehr vielen Dingen, mit denen wir früher in vertrautester Bekanntschaft zu stehen vermeinten. Das war sehr verdrießlich. Aber es war doch immer nützlich, zu wissen, von welchen Dingen wir nichts wissen können. Wer uns vor nutzlosen Wegen warnt, leistet uns einen ebenso guten Dienst wie derjenige, der uns den rechten Weg anzeigt. Kant bewies uns, daß wir von den Dingen, wie sie an und für sich selber sind, nichts wissen, sondern daß wir nur insofern etwas von ihnen wissen, als sie sich in unserem Geiste reflektieren. Da sind wir nun ganz wie die Gefangenen, wovon Plato, im siebenten Buche vom »Staate«, so Betrübsames erzählt: Diese Unglücklichen, gefesselt an Hals und Schenkeln, so daß sie sich mit dem Kopfe nicht herumdrehen können, sitzen in einem Kerker, der oben offen ist, und von oben her erhalten sie einiges Licht. Dieses Licht aber kömmt von einem Feuer, welches hinter ihnen oben brennt, und zwar noch getrennt von ihnen durch eine kleine Mauer. Längs dieser Mauer wandeln Menschen, welche allerlei Statuen, Holz- und Steinbilder, vorübertragen und miteinander sprechen. Die armen Gefangenen können nun von diesen Menschen, welche nicht so hoch wie die Mauer, gar nichts sehen, und von den vorbeigetragenen Statuen, die über die Mauer hervorragen, sehen sie nur die Schatten, welche sich an der ihnen gegenüberstehenden Wand dahinbewegen; und sie halten nun diese Schatten für die wirklichen Dinge, und getäuscht durch das Echo ihres Kerkers, glauben sie, es seien diese Schatten, welche miteinander sprechen.

Die bisherige Philosophie, die schnüffelnd an den Dingen herumlief und sich Merkmale derselben einsammelte und sie klassifizierte, hörte auf, als Kant erschien, und dieser lenkte die Forschung zurück in den menschlichen Geist und untersuchte, was sich da kundgab. Nicht mit Unrecht vergleicht er daher seine Philosophie mit dem Verfahren des Kopernikus. Früher, als man die Welt stillstehen und die Sonne um dieselbe herumwandeln ließ, wollten die Himmelsberechnungen nicht sonderlich übereinstimmen; da ließ Kopernikus die Sonne stillstehen und die Erde um sie herumwandeln, und siehe! alles ging nun vortrefflich. Früher lief die Vernunft, gleich der Sonne, um die

Erscheinungswelt herum und suchte sie zu beleuchten; Kant aber läßt die Vernunft, die Sonne, stillstehen, und die Erscheinungswelt dreht sich um sie herum und wird beleuchtet, je nachdem sie in den Bereich dieser Sonne kömmt.

Nach diesen wenigen Worten, womit ich die Aufgabe Kants angedeutet, ist jedem begreiflich, daß ich denjenigen Abschnitt seines Buches, worin er die sogenannten Phänomena und Noumena abhandelt, für den wichtigsten Teil, für den Mittelpunkt seiner Philosophie halte. Kant macht nämlich einen Unterschied zwischen den Erscheinungen der Dinge und den Dingen an sich. Da wir von den Dingen nur insoweit etwas wissen können, als sie sich uns durch Erscheinung kundgeben, und da also die Dinge nicht, wie sie an und für sich selbst sind, sich uns zeigen, so hat Kant die Dinge, insofern sie erscheinen, Phänomena und die Dinge an und für sich Noumena genannt. Nur von den Dingen als Phänomena können wir etwas wissen, nichts aber können wir von den Dingen wissen als Noumena. Letztere sind nur problematisch, wir können weder sagen: sie existieren, noch: sie existieren nicht. Ja, das Wort Noumen ist nur dem Wort Phänomen nebengesetzt, um von Dingen, insoweit sie uns erkennbar, sprechen zu können, ohne in unserem Urteil die Dinge, die uns nicht erkennbar, zu berühren.

Kant hat also nicht, wie manche Lehrer, die ich nicht nennen will, die Dinge unterschieden in Phänomena und Noumena, in Dinge, welche für uns existieren, und in Dinge, welche für uns nicht existieren. Dieses wäre ein irländischer Bull in der Philosophie. Er hat nur einen Grenzbegriff geben wollen.

Gott ist, nach Kant, ein Noumen. Infolge seiner Argumentation ist jenes transzendentale Idealwesen, welches wir bisher Gott genannt, nichts anders als eine Erdichtung. Es ist durch eine natürliche Illusion entstanden. Ja, Kant zeigt, wie wir von jenem Noumen, von Gott, gar nichts wissen können und wie sogar jede künftige Beweisführung seiner Existenz unmöglich sei. Die Danteschen Worte »Laßt die Hoffnung zurück!« schreiben wir über diese Abteilung der »Kritik der reinen Vernunft«.

Ich glaube, man erläßt mir gern die populäre Erörterung dieser Partie, wo »von den Beweisgründen der spekulativen Vernunft, auf das Dasein eines höchsten Wesens zu schließen«, gehandelt wird. Obwohl die eigentliche Widerlegung dieser Beweisgründe nicht viel Raum einnimmt und erst in der zweiten Hälfte des Buches zum Vorschein kommt, so ist sie doch schon von vornherein aufs absichtlichste eingeleitet, und sie gehört zu dessen Pointen. Es knüpft sich daran die »Kritik aller spekulativen Theologie«, und vernichtet werden die übrigen Luftgebilde der Deisten. Bemerken muß ich, daß Kant, indem er die drei Hauptbeweisarten für das Dasein Gottes, nämlich den ontologischen, den kosmologischen und den physiko-theologischen Beweis angreift, nach meiner Meinung die zwei letzteren, aber nicht den ersteren zugrunde richten kann. Ich weiß nicht, ob die obigen Ausdrücke hier bekannt sind, und ich gebe daher die Stelle aus der »Kritik der reinen Vernunft«, wo Kant ihre Unterscheidungen formuliert:

»Es sind nur drei Beweisarten vom Dasein Gottes aus spekulativer Vernunft möglich. Alle Wege, die man in dieser Absicht einschlagen mag, fangen entweder von der bestimmten Erfahrung und der dadurch erkannten besonderen Beschaffenheit unserer Sinnenwelt an und steigen von ihr nach Gesetzen der Kausalität bis zur höchsten Ursache außer der Welt hinauf; oder sie legen nur unbestimmte Erfahrung, das ist irgendein Dasein, zum Grunde, oder sie abstrahieren endlich von aller Erfahrung und schließen gänzlich a priori aus bloßen Begriffen auf das Dasein einer höchsten Ursache. Der erste Beweis ist der physiko-theologische, der zweite der kosmologische, der dritte ist der ontologische Beweis. Mehr gibt es ihrer nicht, und mehr kann es ihrer auch nicht geben.«

Nach mehrmaligem Durchstudieren des Kantschen Hauptbuchs glaubte ich zu erkennen, daß die Polemik gegen jene bestehenden Beweise für das Dasein Gottes überall hervorlauscht, und ich würde sie weitläufiger besprechen, wenn mich nicht ein religiöses Gefühl davon abhielte. Schon daß ich jemanden das Dasein Gottes diskutieren sehe, erregt in mir eine so sonderbare Angst, eine so unheimliche Beklemmung, wie ich sie einst in London zu New-Bedlam empfand, als ich, umgehen von lauter Wahnsinnigen, meinen Führer aus den Augen verlor. »Gott ist alles, was da ist«, und Zweifel an ihm ist Zweifel an das Leben selbst, es ist der Tod.

So verwerflich auch jede Diskussion über das Dasein Gottes ist, desto preislicher ist das Nachdenken über die Natur Gottes. Dieses Nachdenken ist ein wahrhafter Gottesdienst unser Gemüt wird dadurch abgezogen vom Vergänglichen und Endlichen und gelangt zum Bewußtsein der Urgüte und der ewigen Harmonie. Dieses Bewußtsein durchschauert den Gefühlsmenschen im Gebet oder bei der Betrachtung kirchlicher Symbole; der Denker findet diese heilige Stimmung in der Ausübung jener erhabenen Geisteskraft, welche wir Vernunft nennen und deren höchste Aufgabe es ist, die Natur Gottes zu erforschen. Ganz besonders religiöse Menschen beschäftigen sich mit dieser Aufgabe von Kind auf, geheimnisvoll sind sie davon schon bedrängt, durch die erste Regung der Vernunft. Der Verfasser dieser Blätter ist sich einer solchen frühen, ursprünglichen Religiosität aufs freudigste bewußt, und sie hat ihn nie verlassen. Gott war immer der Anfang und das Ende aller meiner Gedanken. Wenn ich jetzt frage: Was ist Gott, was ist seine Natur?, so frug ich schon als kleines Kind: Wie ist Gott? wie sieht er aus? Und damals konnte ich ganze Tage in den Himmel hinaufsehen und war des Abends sehr betrübt, daß ich niemals das allerheiligste Angesicht Gottes, sondern immer nur graue, blöde Wolkenfratzen erblickt hatte. Ganz konfus machten mich die Mitteilungen aus der Astronomie, womit man damals, in der Aufklärungsperiode, sogar die kleinsten Kinder nicht verschonte, und ich konnte mich nicht genug wundern, daß alle diese tausend Millionen Sterne ebenso große, schöne Erdkugeln seien wie die unsrige und über all dieses leuchtende Weltengewimmel ein einziger Gott waltete. Einst im Traume, erinnere ich mich, sah ich Gott, ganz oben in der weitesten Ferne. Er schaute vergnüglich zu einem kleinen Himmelsfenster hinaus, ein frommes Greisengesicht mit einem kleinen Judenbärtchen, und er streute eine Menge Saatkörner herab, die, während sie vom Himmel niederfielen, im unendlichen Raum gleichsam aufgingen, eine ungeheure Ausdehnung gewannen, bis sie lauter strahlende, blühende, bevölkerte Welten wurden, jede so groß wie unsere eigene Erdkugel. Ich habe dieses Gesicht nie vergessen können, noch oft im Traume sah ich den heiteren Alten aus seinem kleinen Himmelfenster die Weltensaat herabschütten; ich sah ihn einst sogar mit den Lippen schnalzen, wie unsere Magd, wenn sie den Hühnern ihr Gerstenfutter zuwarf. Ich konnte nur sehen, wie die fallenden Saatkörner sich immer zu großen, leuchtenden Weltkugeln ausdehnten; aber die etwanigen großen Hühner, die vielleicht irgendwo mit aufgesperrten Schnäbeln lauerten, um mit den hingestreuten Weltkugeln gefüttert zu werden, konnte ich nicht sehen.

Du lächelst, lieber Leser, über die großen Hühner. Diese kindische Ansicht ist aber nicht allzusehr entfernt von der Ansicht der reifsten Deisten. Um von dem außerweltlichen Gott einen Begriff zu geben, haben sich der Orient und der Okzident in kindischen Hyperbeln erschöpft. Mit der Unendlichkeit des Raumes und der Zeit hat sich aber die Phantasie der Deisten vergeblich abgequält. Hier zeigt sich ganz ihre Ohnmacht, die Haltlosigkeit ihrer Weltansicht, ihrer Idee von der Natur Gottes. Es betrübt uns daher wenig, wenn diese Idee zugrunde gerichtet wird. Dieses Leid aber hat ihnen Kant wirklich angetan, indem er ihre Beweisführungen von der Existenz Gottes zerstörte.

Die Rettung des ontologischen Beweises käme dem Deismus gar nicht besonders heilsam zustatten, denn dieser Beweis ist ebenfalls für den Pantheismus zu gebrauchen. Zu näherem Verständnis bemerke ich, daß der ontologische Beweis derjenige ist, den Descartes aufstellt und der schon lange vorher im Mittelalter, durch Anselm von Canterbury, in einer ruhenden Gebetform ausgesprochen worden. Ja, man kann sagen daß der heilige Augustin schon im zweiten Buche »De libero arbitrio« den ontologischen Beweis aufgestellt hat.

Ich enthalte mich, wie gesagt, aller popularisierenden Erörterung der Kantschen Polemik gegen jene Beweise. Ich begnüge mich, zu versichern, daß der Deismus seitdem im Reiche der spekulativen Vernunft erblichen ist. Diese betrübende Todesnachricht bedarf vielleicht einiger Jahrhunderte, ehe sie sich allgemein verbreitet hat wir aber haben längst Trauer angelegt. De profundis!

Ihr meint, wir könnten jetzt nach Hause gehn? Beileibe! es wird noch ein Stück aufgeführt. Nach der Tragödie kommt die Farce. Immanuel Kant hat bis hier den unerbittlichen Philosophen traciert, er hat den Himmel gestürmt, er hat die ganze Besatzung über die Klinge springen lassen, der Oberherr der Welt schwimmt unbewiesen in seinem Blute, es gibt jetzt keine Allbarmherzigkeit mehr, keine Vatergüte, keine jenseitige Belohnung für diesseitige Enthaltsamkeit, die Unsterblichkeit der Seele liegt in den letzten Zügen das röchelt, das stöhnt –, und der alte Lampe steht dabei mit seinem Regenschirm unterm Arm, als betrübter Zuschauer, und Angstschweiß und Tränen rinnen ihm vom Gesichte. Da erbarmt sich Immanuel Kant und zeigt, daß er nicht bloß ein großer Philosoph, sondern auch ein guter Mensch ist, und er überlegt, und halb gutmütig und halb ironisch spricht er: »Der alte Lampe muß einen Gott haben, sonst kann der arme Mensch nicht glücklich sein der Mensch soll aber auf der Welt glücklich sein das sagt die praktische Vernunft meinetwegen so mag auch die praktische Vernunft die Existenz Gottes verbürgen.« Infolge dieses Arguments unterscheidet Kant zwischen der theoretischen Vernunft und der praktischen Vernunft, und mit dieser, wie mit einem Zauberstäbchen, belebte er wieder den Leichnam des Deismus, den die theoretische Vernunft getötet.

Hat vielleicht Kant die Resurrektion nicht bloß des alten Lampe wegen, sondern auch der Polizei wegen unternommen? Oder hat er wirklich aus Überzeugung gehandelt? Hat er eben dadurch, daß er alle Beweise für das Dasein Gottes zerstörte, uns recht zeigen wollen, wie mißlich es ist, wenn wir nichts von der Existenz Gottes wissen können? Er handelte da fast ebenso weise wie mein westfälischer Freund, welcher alle Laternen auf der Grohnderstraße zu Göttingen zerschlagen hatte und uns nun dort, im Dunkeln stehend, eine lange Rede hielt über die praktische Notwendigkeit der Laternen, welche er nur deshalb theoretisch zerschlagen habe, um uns zu zeigen, wie wir ohne dieselben nichts sehen können.

Ich habe schon früher erwähnt, daß die »Kritik der reinen Vernunft« bei ihrem Erscheinen nicht die geringste Sensation gemacht. Erst mehre Jahre später, als einige scharfsinnige Philosophen Erläuterungen über dieses Buch geschrieben, erregte es die Aufmerksamkeit des Publikums, und im Jahre 1789 war in Deutschland von nichts mehr die Rede als von Kantscher Philosophie, und sie hatte schon in Hülle und Fülle ihre Kommentare, Chrestomathien, Erklärungen, Beurteilungen, Apologien usw. Man braucht nur einen Blick auf den ersten besten philosophischen Katalog zu werfen, und die Unzahl von Schriften, die damals über Kant erschienen, zeugt hinreichend von der geistigen Bewegung, die von diesem einzigen Manne ausging. Bei dem einen zeigte sich ein schäumender Enthusiasmus, bei dem andern eine bittere Verdrießlichkeit, bei vielen eine glotzende Erwartung über den Ausgang dieser geistigen Revolution. Wir hatten Emeuten in der geistigen Welt ebensogut wie ihr in der materiellen Welt, und bei dem

Niederreißen des alten Dogmatismus echauffierten wir uns ebensosehr wie ihr beim Sturm der Bastille. Es waren freilich ebenfalls nur ein paar alte Invaliden, welche den Dogmatismus, das ist die Wolffsche Philosophie, verteidigten. Es war eine Revolution, und es fehlte nicht an Greuel. Unter der Partei der Vergangenheit waren die eigentlichen guten Christen über jene Greuel am wenigsten ungehalten. Ja, sie wünschten noch schlimmere Greuel, damit sich das Maß fülle und die Konterrevolution desto schneller als notwendige Reaktion stattfinde. Es gab bei uns Pessimisten in der Philosophie wie bei euch in der Politik. Manche unserer Pessimisten gingen in der Selbstverblendung so weit, daß sie sich einbildeten, Kant sei mit ihnen in einem geheimen Einverständnis und habe die bisherigen Beweise für das Dasein Gottes nur deshalb zerstört, damit die Welt einsehe, daß man durch die Vernunft nimmermehr zur Erkenntnis Gottes gelange und daß man sich also hier an der geoffenbarten Religion halten müsse.

Diese große Geisterbewegung hat Kant nicht sowohl durch den Inhalt seiner Schriften hervorgebracht als vielmehr durch den kritischen Geist, der darin waltete und der sich jetzt in alle Wissenschaften eindrängte. Alle Disziplinen wurden davon ergriffen. Ja, sogar die Poesie blieb nicht verschont von ihrem Einfluß. Schiller z.B. war ein gewaltsamer Kantianer, und seine Kunstansichten sind geschwängert von dem Geist der Kantschen Philosophie. Der schönen Literatur und den schönen Künsten wurde diese Kantsche Philosophie, wegen ihrer abstrakten Trockenheit, sehr schädlich. Zum Glück mischte sie sich nicht in die Kochkunst.

Das deutsche Volk läßt sich nicht leicht bewegen; ist es aber einmal in irgendeine Bahn hineinbewegt, so wird es dieselbe mit beharrlichster Ausdauer bis ans Ende verfolgen. So zeigten wir uns in den Angelegenheiten der Religion. So zeigten wir uns nun auch in der Philosophie. Werden wir uns ebenso konsequent weiterbewegen in der Politik?

Deutschland war durch Kant in die philosophische Bahn hineingezogen, und die Philosophie ward eine Nationalsache. Eine schöne Schar großer Denker sproßte plötzlich aus dem deutschen Boden wie hervorgezaubert. Wenn einst, gleich der französischen Revolution, auch die deutsche Philosophie ihren Thiers und ihren Mignet findet, so wird die Geschichte derselben eine ebenso merkwürdige Lektüre bieten, und der Deutsche wird sie mit Stolz und der Franzose wird sie mit Bewunderung lesen.

Unter den Schülern Kants ragte schon früher hervor Johann Gottlieb Fichte.

Ich verzweifle fast, von der Bedeutung dieses Mannes einen richtigen Begriff geben zu können. Bei Kant hatten wir nur ein Buch zu betrachten. Hier aber kommt außer dem Buche auch ein Mann in Betrachtung; in diesem Manne sind Gedanke und Gesinnung eins, und in solcher großartigen Einheit wirken sie auf die Mitwelt. Wir haben daher nicht bloß eine Philosophie zu erörtern, sondern auch einen Charakter, durch den sie gleichsam bedingt wird, und um beider Einfluß zu begreifen, bedürfte es auch wohl einer Darstellung der damaligen Zeitverhältnisse. Welche weitreichende Aufgabe! Vollauf sind wir gewiß entschuldigt, wenn wir hier nur dürftige Mitteilungen bieten.

Schon über den Fichteschen Gedanken ist sehr schwer zu berichten. Auch hier stoßen wir auf eigentümliche Schwierigkeiten. Sie betreffen nicht bloß den Inhalt, sondern auch die Form und die Methode, beides Dinge, womit wir den Ausländer gern zunächst bekannt machen. Zuerst also über die Fichtesche Methode. Diese ist anfänglich ganz dem Kant entlehnt. Bald aber ändert sich diese Methode durch die Natur des Gegenstandes. Kant hatte nämlich nur eine Kritik, also etwas Negatives, Fichte aber hatte späterhin ein System, folglich etwas Positives aufzustellen. Wegen jenes Mangels an einem festen System hat man der Kantschen Philosophie manchmal den Titel »Philosophie« absprechen wollen. In Beziehung auf Immanuel Kant selber hatte man recht, keineswegs aber in Beziehung auf die Kantianer, die aus Kants Sätzen eine hinlängliche Anzahl von festen Systemen zusammengebaut. In seinen früheren Schriften bleibt Fichte, wie gesagt, der Kantschen Methode ganz treu, so daß man seine erste Abhandlung, als sie anonym erschien, für ein Werk von Kant halten konnte. Da Fichte aber später ein System aufstellt, so gerät er in ein eifriges, gar eigensinniges Konstruieren, und wenn er die ganze Welt konstruiert hat, so beginnt er ebenso eifrig und eigensinnig von oben bis unten herab seine Konstruktionen zu demonstrieren. In diesem Konstruieren und Demonstrieren bekundet Fichte eine sozusagen abstrakte Leidenschaft. Wie in seinem System selbst, so herrscht bald die Subjektivität auch in seinem Vortrag. Kant hingegen legt den Gedanken vor sich hin und seziert ihn und zerlegt ihn in seine feinsten Fasern, und seine »Kritik der reinen Vernunft« ist gleichsam das anatomische Theater des Geistes. Er selber bleibt dabei kalt, gefühllos, wie ein echter Wundarzt.

Wie die Methode, so auch die Form der Fichteschen Schriften. Sie ist lebendig, aber sie hat auch alle Fehler des Lebens: sie ist unruhig und verwirrsam. Um recht lebendig zu bleiben, verschmäht Fichte die gewöhnliche Terminologie der Philosophen, die ihm etwas Totes dünkt; aber wir geraten dadurch noch viel weniger zum Verständnis. Er hat überhaupt über Verständnis ganz eigene Grillen. Als Reinhold mit ihm gleicher Meinung war, erklärte Fichte, daß ihn niemand besser verstehe wie Reinhold. Als dieser aber später von ihm abwich, erklärte Fichte, er habe ihn nie verstanden. Als er mit Kant differenzierte, ließ er drucken, Kant verstehe sich selber nicht. Ich berühre hier überhaupt die komische Seite unserer Philosophen. Sie klagen beständig über Nichtverstandenwerden. Als Hegel auf dem Todbette lag, sagte er: »Nur einer hat mich verstanden«, aber gleich darauf fügte er verdrießlich hinzu: »Und der hat mich auch nicht verstanden.«

In betreff ihres Inhalts an und für sich hat die Fichtesche Philosophie keine große Bedeutung. Sie hat der Gesellschaft keine Resultate geliefert. Nur insofern sie eine der merkwürdigsten Phasen der deutschen Philosophie überhaupt ist, nur insofern sie die Unfruchtbarkeit des Idealismus in seiner letzten Konsequenz beurkundet und nur insofern sie den notwendigen Übergang zur heutigen Naturphilosophie bildet, ist der Inhalt der Fichteschen Lehre von einigem Interesse. Da dieser Inhalt also mehr historisch und wissenschaftlich als sozial wichtig ist, will ich ihn nur mit den kürzesten Worten andeuten.

Die Aufgabe, welche sich Fichte stellt, ist: Welche Gründe haben wir, anzunehmen, daß unseren Vorstellungen von Dingen auch Dinge außer uns entsprechen? Und dieser Frage gibt er die Lösung: Alle Dinge haben Realität nur in unserem Geiste.

Wie die »Kritik der reinen Vernunft« das Hauptbuch von Kant, so ist die »Wissenschaftslehre« das Hauptbuch von Fichte. Dieses Buch ist gleichsam eine Fortsetzung des ersteren. Die Wissenschaftslehre verweist den Geist ebenfalls in sich selbst. Aber wo Kant analysiert, da konstruiert Fichte. Die Wissenschaftslehre beginnt mit einer abstrakten Formel (Ich = Ich), sie erschafft die Welt hervor aus der Tiefe des Geistes, sie fügt die zersetzten Teile wieder zusammen, sie macht den Weg der Abstraktion zurück, bis sie zur Erscheinungswelt gelangt. Diese Erscheinungswelt kann alsdann der Geist für notwendige Handlungen der Intelligenz erklären.

Bei Fichte ist noch die besondere Schwierigkeit, daß er dem Geiste zumutet, sich selber zu beobachten, während er tätig ist. Das Ich soll über seine intellektuellen Handlungen Betrachtungen anstellen, während es sie ausführt. Der Gedanke soll sich selber belauschen, während er denkt, während er allmählich warm und wärmer und endlich gar wird. Diese Operation mahnt uns an den Affen, der am Feuerherde vor einem kupfernen Kessel sitzt und seinen eigenen Schwanz kocht. Denn er meinte: Die wahre Kochkunst besteht nicht darin, daß man bloß objektiv kocht, sondern auch subjektiv des Kochens bewußt wird.

Es ist ein eigener Umstand, daß die Fichtesche Philosophie immer viel von der Satire auszustehen hatte. Ich sah mal eine Karikatur, die eine Fichtesche Gans vorstellt. Sie hat eine so große Leber, daß sie nicht mehr weiß, ob sie die Gans oder ob sie die Leber ist. Auf ihrem Bauch steht: Ich Ich. Jean Paul hat die Fichtesche Philosophie aufs heilloseste persifliert in einem Buche, betitelt »Clavis Fichteana«. Daß der Idealismus in seiner konsequenten Durchführung am Ende gar die Realität der Materie leugnete, das erschien dem großen Publikum als ein Spaß, der zu weit getrieben. Wir mokierten uns nicht übel über das Fichtesche Ich, welches die ganze Erscheinungswelt durch sein bloßes Denken produzierte. Unseren Spöttern kam dabei ein Mißverständnis zustatten, das zu populär geworden, als daß ich es unerwähnt lassen dürfte. Der große Haufe meinte nämlich, das Fichtesche Ich, das sei das Ich von Johann Gottlieb Fichte, und dieses individuelle Ich leugne alle anderen Existenzen. »Welche Unverschämtheit!« riefen die guten Leute, »dieser Mensch glaubt nicht, daß wir existieren, wir, die wir weit korpulenter als er und als Bürgermeister und Amtsaktuare sogar seine Vorgesetzten sind!« Die Damen fragten: »Glaubt er nicht wenigstens an die Existenz seiner Frau? Nein? Und das läßt Madame Fichte so hingehn?«

Das Fichtesche Ich ist aber kein individuelles Ich, sondern das zum Bewußtsein gekommene allgemeine Welt-Ich. Das Fichtesche Denken ist nicht das Denken eines Individuums, eines bestimmten Menschen, der Johann Gottlieb Fichte heißt; es ist vielmehr ein allgemeines Denken, das sich in einem Individuum manifestiert. So wie man sagt: es regnet, es blitzt usw., so sollte auch Fichte nicht sagen: »ich denke«, sondern: »es denkt«, »das allgemeine Weltdenken denkt in mir«.

Bei einer Vergleichung der französischen Revolution mit der deutschen Philosophie habe ich einst, mehr aus Scherz als im Ernste, den Fichte mit Napoleon verglichen. Aber, in der Tat, es bieten sich hier bedeutsame Ähnlichkeiten. Nachdem die Kantianer ihr terroristisches Zerstörungswerk vollbracht, erscheint Fichte, wie Napoleon erschienen, nachdem die Konvention ebenfalls mit einer reinen Vernunftkritik die ganze Vergangenheit niedergerissen hatte. Napoleon und Fichte repräsentieren das große, unerbittliche Ich, bei welchem Gedanke und Tat eins sind, und die kolossalen Gebäude, welche beide zu konstruieren wissen, zeugen von einem kolossalen Willen. Aber durch die Schrankenlosigkeit dieses Willens gehen jene Gebäude gleich wieder zugrunde, und die Wissenschaftslehre wie das Kaiserreich zerfallen und verschwinden ebenso schnell, wie sie entstanden.

Das Kaiserreich gehört nur noch der Geschichte, aber die Bewegung, welche der Kaiser in der Welt hervorgebracht, ist noch immer nicht gestillt, und von dieser Bewegung lebt noch unsere Gegenwart. So ist es auch mit der Fichteschen Philosophie. Sie ist ganz untergegangen, aber die Geister sind noch aufgeregt von den Gedanken, die durch Fichte laut geworden, und unberechenbar ist die Nachwirkung seines Wortes. Wenn auch der ganze Transzendentalidealismus ein Irrtum war, so lebte doch in den Fichteschen Schriften eine stolze Unabhängigkeit, eine Freiheitsliebe, eine Manneswürde, die besonders auf die Jugend einen heilsamen Einfluß übte. Fichtes Ich war ganz übereinstimmend mit seinem unbeugsamen, hartnäckigen, eisernen Charakter. Die Lehre von einem solchen allmächtigen Ich konnte vielleicht nur einem solchen

Charakter entsprießen, und ein solcher Charakter mußte, zurückwurzelnd in eine solche Lehre, noch unbeugsamer werden, noch hartnäckiger, noch eiserner.

Wie mußte dieser Mann den gesinnungslosen Skeptikern, den frivolen Eklektikern und den Moderanten von allen Farben ein Greuel sein! Sein ganzes Leben war ein beständiger Kampf. Seine Jugendgeschichte ist eine Reihe von Kümmernissen, wie bei fast allen unseren ausgezeichneten Männern. Armut sitzt an ihrer Wiege und schaukelt sie groß, und diese magere Amme bleibt ihre treue Lebensgefährtin.

Nichts ist rührender, als den willenstolzen Fichte zu sehen, wie er sich durch Hofmeisterei in der Welt durchzuquälen sucht. Solches klägliche Dienstbrot kann er nicht einmal in der Heimat finden, und er muß nach Warschau wandern. Dort die alte Geschichte. Der Hofmeister mißfällt der gnädigen Frau oder vielleicht gar der ungnädigen Kammerjungfer. Seine Kratzfüße sind nicht fein genug, nicht französisch genug, und er wird nicht mehr würdig befunden, die Erziehung eines kleinen polnischen Junkers zu leiten. Johann Gottlieb Fichte wird abgeschafft wie ein Lakai, erhält von der mißvergnügten Herrschaft kaum einen dürftigen Zehrpfennig, verläßt Warschau und wandert nach Königsberg, in jugendlichem Enthusiasmus, um Kant kennenzulernen. Das Zusammentreffen dieser beiden Männer ist in jeder Hinsicht interessant, und ich glaube beider Weise und Zustände nicht besser veranschaulichen zu können, als indem ich ein Fragment aus Fichtes Tagebuch mitteile, das in einer Biographie desselben, die sein Sohn unlängst herausgegeben, enthalten ist:

»Am fünfundzwanzigsten Juni ging ich nach Königsberg ab mit einem Fuhrmann von dorther und traf ohne besondere Fährlichkeiten am ersten Juli daselbst ein. Den vierten Kant besucht, der mich indes nicht sonderlich aufnahm: ich hospitierte bei ihm und fand auch da meine Erwartungen nicht befriedigt. Sein Vortrag ist schläfrig. Unterdes schrieb ich dies Tagebuch.

Schon lange wollte ich Kant ernsthafter besuchen, fand aber kein Mittel. Endlich fiel ich darauf, eine ›Kritik aller Offenbarungen‹ zu schreiben und sie ihm statt einer Empfehlung zu überreichen. Ich fing ungefähr den dreizehnten damit an und arbeitete seitdem ununterbrochen fort. Am achtzehnten August überschickte ich endlich die nun fertig gewordene Arbeit an Kant und ging den fünfundzwanzigsten hin, um sein Urteil darüber zu hören. Er empfing mich mit ausgezeichneter Güte und schien sehr wohl mit der Abhandlung zufrieden. Zu einem näheren wissenschaftlichen Gespräche kam es nicht; wegen meiner philosophischen Zweifel verwies er mich an seine ›Kritik der reinen Vernunft‹ und an den Hofprediger Schultz, den ich sofort aufsuchen werde. Am sechsundzwanzigsten speiste ich bei Kant, in Gesellschaft des Professor Sommer, und fand einen sehr angenehmen, geistreichen Mann an Kant; erst jetzt erkannte ich Züge in ihm, die des großen, in seinen Schriften niedergelegten Geistes würdig sind.

Den siebenundzwanzigsten endigte ich dies Tagebuch, nachdem ich vorher schon die Exzerpte aus den Kantschen Vorlesungen über Anthropologie, welche mir Herr v. S. geliehen, beendigt hatte. Zugleich beschließe ich, jenes hinfüro ordentlich alle Abende vor Schlafengehn fortzusetzen und alles Interessante, was mir begegnet, besonders aber Charakterzüge und Bemerkungen, einzutragen.

Den achtundzwanzigsten, abends. Noch gestern fing ich an, meine ›Kritik‹ zu revidieren, und kam auf recht gute, tiefe Gedanken, die mich aber leider überzeugten, daß die erste Bearbeitung von Grund aus oberflächlich ist. Heute wollte ich die neuen Untersuchungen fortsetzen, fand mich aber von meiner Phantasie so fortgerissen, daß ich den ganzen Tag nichts habe tun können. In meiner jetzigen Lage ist dies nun leider kein Wunder! Ich habe berechnet, daß ich von heute an nur noch vierzehn Tage hier subsistieren kann. Freilich bin ich schon in solchen Verlegenheiten gewesen, aber es war in meinem Vaterlande, und dann wird es bei zunehmenden Jahren und dringenderem Ehrgefühl immer härter. Ich habe keinen Entschluß, kann keinen fassen. Dem Pastor Borowski, zu welchem Kant mich gehen ließ, werde ich mich nicht entdecken; soll ich mich ja entdecken, so geschieht es an niemand als Kant selbst.

Am neunundzwanzigsten ging ich zu Borowski und fand an ihm einen recht guten, ehrlichen Mann. Er schlug mir eine Kondition vor, die aber noch nicht völlig gewiß ist und die mich auch gar nicht sehr freut; zugleich nötigte er mir durch seine Offenheit das Geständnis ab, daß ich pressiert sei, eine Versorgung zu wünschen. Er riet mir, zu Professor W. zu gehn. Arbeiten habe ich nicht gekonnt. Am folgenden Tage ging ich in der Tat zu W. und nachher zum Hofprediger Schultz. Die Aussichten bei ersterem sind sehr mißlich; doch sprach er von Hauslehrerstellen im Kurländischen, die mich ebenfalls nur die höchste Not anzunehmen bewegen wird! Nachher zum Hofprediger, wo anfangs mich seine Gattin empfing. Auch er erschien, aber in mathematische Zirkel vertieft; nachher, als er meinen Namen genauer hörte, wurde er durch die Empfehlung Kants desto freundlicher. Es ist ein eckiges preußisches Gesicht, doch leuchtet die Ehrlichkeit und Gutherzigkeit selbst aus seinen Zügen hervor. Ferner lernte ich da noch kennen Herrn Bräunlich und dessen Pflegbefohlnen, den Grafen Dönhof, Herrn Büttner, Neveu des Hofpredigers, und einen jungen Gelehrten aus Nürnberg, Herrn Ehrhard, einen guten, trefflichen Kopf, doch ohne Lebensart und Weltkenntnis.

Am ersten September stand ein Entschluß in mir fest, den ich Kant entdecken wollte; eine Hauslehrerstelle, so ungern ich dieselbe auch angenommen hätte, findet sich nicht, und die Ungewißheit meiner Lage hindert mich hier, mit freiem Geiste zu arbeiten und des bildenden Umgangs meiner Freunde zu genießen: also fort, in mein Vaterland zurück! Das kleine Darlehen, welches ich dazu bedarf, wird mir vielleicht durch Kants Vermittelung verschafft werden. Aber indem ich zu ihm gehn und meinen Vorschlag ihm machen wollte, entfiel mir der Mut. Ich beschloß zu schreiben. Abends wurde ich zu Hofpredigers gebeten, wo ich einen sehr angenehmen Abend verlebte. Am zweiten vollendete ich den Brief an Kant und schickte ihn ab.«

Trotz seiner Merkwürdigkeit kann ich mich doch nicht entschließen, diesen Brief hier in französischer Sprache mitzuteilen. Ich glaube, es steigt mir eine Röte in die Wangen, und mir ist, als sollte ich die verschämtesten Kümmernisse der eignen Familie vor fremden Leuten erzählen. Trotz meinem Streben nach französischem Weltsinn, trotz meinem philosophischen Kosmopolitismus sitzt doch immer das alte

Deutschland mit allen seinen Spießbürgergefühlen in meiner Brust. Genug, ich kann jenen Brief nicht mitteilen, und ich berichte hier nur: Immanuel Kant war so arm, daß er trotz der herzzerreißend rührenden Sprache jenes Briefes dem Johann Gottlieb Fichte kein Geld borgen konnte. Letzterer ward aber darob nicht im mindesten unmutig, wie wir aus den Worten des Tagebuchs, die ich noch hierhersetzen will, schließen können:

»Am dritten September wurde ich zu Kant eingeladen. Er empfing mich mit seiner gewöhnlichen Offenheit, sagte aber, er habe sich über meinen Vorschlag noch nicht resolviert; jetzt bis in vierzehn Tagen sei er außerstande. Welche liebenswürdige Offenheit! Übrigens machte er Schwierigkeiten über meine Desseins, welche verrieten, daß er unsere Lage in Sachsen nicht genug kennt. Alle diese Tage habe ich nichts gemacht: ich will aber wieder arbeiten und das übrige schlechthin Gott überlassen. Am sechsten. Ich war zu Kant gebeten, der mir vorschlug, mein Manuskript über die ›Kritik aller Offenbarungen‹ durch Vermittlung des Herrn Pfarrer Borowski an Buchhändler Hartung zu verkaufen. Es sei gut geschrieben, meinte er, da ich von Umarbeitung sprach. Ist dies wahr? Und doch sagt es Kant! Übrigens schlug er mir meine erste Bitte ab. Am zehnten war ich zu Mittag bei Kant. Nichts von unserer Affäre; Magister Gensichen war zugegen, und nur allgemeine, zum Teil sehr interessante Gespräche: auch ist Kant ganz unverändert gegen mich derselbe. Am dreizehnten, heute, wollte ich arbeiten, und tue nichts. Mein Mißmut überfällt mich. Wie wird dies ablaufen? Wie wird es heut über acht Tage um mich stehen? Da ist mein Geld rein aufgezehrt!«

Nach vielem Umherirren, nach einem langen Aufenthalt in der Schweiz findet Fichte endlich eine feste Stelle in Jena, und von hier aus datiert sich seine Glanzperiode. Jena und Weimar, zwei sächsische Städtchen, die nur wenige Stunden voneinander entfernt liegen, waren damals der Mittelpunkt des deutschen Geisterlebens. In Weimar war der Hof und die Poesie, in Jena war die Universität und die Philosophie. Dort sahen wir die größten Dichter, hier die größten Gelehrten Deutschlands. Anno 1794 begann Fichte seine Vorlesungen in Jena. Die Jahrzahl ist bedeutsam und erklärt sowohl den Geist seiner damaligen Schriften als auch die Tribulationen, denen er seitdem ausgesetzt stand und denen er vier Jahre später endlich unterlag. Anno 1798 nämlich erheben sich gegen ihn die Anklagen wegen Atheismus, die ihm unleidliche Verfolgungen zuziehen und auch seinen Abgang von Jena bewirken. Diese Begebenheit, die merkwürdigste in Fichtes Leben, hat zugleich eine allgemeine Bedeutung, und wir dürfen nicht davon schweigen. Hier kommt auch Fichtes Ansicht von der Natur Gottes ganz eigentlich zur Sprache.

In der Zeitschrift »Philosophisches Journal«, welche Fichte damals herausgab, druckte er einen Aufsatz, betitelt »Entwickelung des Begriffs Religion«, der ihm von einem gewissen Forberg, welcher Schullehrer zu Saalfeld, eingesendet worden. Diesem Aufsatz fügte er noch eine kleine erläuternde Abhandlung hinzu, unter dem Titel: »Über den Grund unseres Glaubens an eine göttliche Weltregierung«.

Die beiden Stücke nun wurden von der kursächsischen Regierung konfisziert, unter dem Vorgehen, sie enthielten Atheismus, und zugleich ging von Dresden aus ein Requisitionsschreiben an den

Weimarschen Hof, worin derselbe aufgefordert wurde, den Professor Fichte ernstlich zu bestrafen. Der Weimarsche Hof hatte nun freilich von dergleichen Ansinnen sich keineswegs irreleiten lassen; aber da Fichte bei diesem Vorfalle die größten Fehlgriffe beging, da er nämlich eine Appellation ans Publikum schrieb, ohne seine offizielle Behörde zu berücksichtigen, so hat diese, die Weimarsche Regierung, verstimmt und von außen gedrängt, dennoch nicht vermeiden können, den in seinen Ausdrücken unvorsichtigen Professor mit einer gelinden Rüge zu erquicken. Fichte aber, der sich in seinem Rechte glaubte, wollte solche Rüge nicht geduldig hinnehmen und verließ Jena. Nach seinen damaligen Briefen zu schließen, wurmte ihn ganz besonders das Verhalten zweier Männer, die, durch ihre amtliche Stellung, in seiner Sache besonders wichtige Stimmen hatten, und dieses waren S. Ehrwürden der Oberkonsistorialrat v. Herder und S. Exzellenz der Geheime Rat v. Goethe. Aber beide sind hinreichend zu entschuldigen. Es ist rührend, wenn man in Herders hinterlassenen Briefen liest, wie der arme Herder seine liebe Not hatte mit den Kandidaten der Theologie, die, nachdem sie in Jena studiert, zu ihm nach Weimar kamen, um als protestantische Prediger examiniert zu werden. Über Christus, den Sohn, wagte er im Examen sie gar nicht mehr zu befragen; er war froh genug, wenn man ihm nur die Existenz des Vaters zugestand. Was Goethe betrifft, so hat er sich in seinen Memoiren über obiges Ereignis folgendermaßen geäußert:

»Nach Reinholds Abgang von Jena, der mit Recht als ein großer Verlust für die Akademie erschien, war mit Kühnheit, ja Verwegenheit an seine Stelle Fichte berufen worden, der in seinen Schriften sich mit Großheit, aber vielleicht nicht ganz gehörig, über die wichtigsten

Sitten- und Staatsgegenstände erklärt hatte. Es war eine der tüchtigsten Persönlichkeiten, die man je gesehen, und an seinen Gesinnungen im höheren Betracht nichts auszusetzen; aber wie hätte er mit der Welt, die er als seinen erschaffenen Besitz betrachtete, gleichen Schritt halten sollen?

Da man ihm die Stunden, die er zu öffentlichen Vorlesungen benutzen wollte, an Werktagen verkümmert hatte, so unternahm er sonntags Vorlesungen, deren Einleitung Hindernisse fand. Kleine und größere daraus entspringende Widerwärtigkeiten waren kaum, nicht ohne Unbequemlichkeit der oberen Behörden, getuscht und geschlichtet, als uns dessen Äußerungen über Gott und göttliche Dinge, über die man freilich besser ein tiefes Stillschweigen beobachtet, von außen beschwerende Anregungen zuzogen.

Fichte hatte in seinem ›Philosophischen Journal‹ über Gott und göttliche Dinge auf eine Weise sich zu äußern gewagt, welche den hergebrachten Ausdrücken über solche Geheimnisse zu widersprechen schien. Er ward in Anspruch genommen; seine Verteidigung besserte die Sache nicht, weil er leidenschaftlich zu Werke ging, ohne Ahnung, wie gut man diesseits für ihn gesinnt sei, wie wohl man seine Gedanken, seine Worte auszulegen wisse, welches man freilich ihm nicht gerade mit dürren Worten zu erkennen geben konnte, und ebensowenig, wie man ihm auf das gelindeste herauszuhelfen gedachte. Das Hin- und Widerreden, das Vermuten und Behaupten, das Bestärken und Entschließen wogte in vielfachen unsicheren Reden auf der Akademie ineinander; man sprach von einem ministeriellen Vorhalt, von nichts Geringerem als einer Art Verweis, dessen Fichte sich zu gewärtigen hätte. Hierüber ganz außer Fassung, hielt er sich für berechtigt, ein heftiges Schreiben beim Ministerium einzureichen, worin er, jene Maßregel als gewiß voraussetzend, mit Ungestüm und Trotz erklärte, er werde dergleichen niemals dulden, er werde lieber ohne weiteres von der Akademie abziehen, und in solchem Falle nicht allein, indem mehrere bedeutende Lehrer, mit ihm einstimmig, den Ort zu verlassen gedächten.

Hierdurch war nun auf einmal aller gegen ihn gehegte gute Wille gehemmt, ja paralysiert: hier blieb kein Ausweg, keine Vermittlung übrig, und das Gelindeste war, ihm ohne weiteres seine Entlassung zu erteilen. Nun erst, nachdem die Sache sich nicht mehr ändern ließ, vernahm er die Wendung, die man ihr zu geben im Sinne gehabt, und er mußte seinen übereilten Schritt bereuen, wie wir ihn bedauern.«

Ist das nicht, wie er leibt und lebt, der ministerielle, schlichtende, vertuschende Goethe? Er rügt im Grunde nur, daß Fichte das gesprochen, was er dachte, und daß er es nicht in den hergebrachten verhüllenden Ausdrücken gesprochen. Er tadelt nicht den Gedanken, sondern das Wort. Daß der Deismus in der deutschen Denkerwelt seit Kant vernichtet sei, war, wie ich schon einmal gesagt, ein Geheimnis, das jeder wußte, das man aber nicht laut auf dem Markte ausschreien sollte. Goethe war sowenig Deist wie Fichte; denn er war Pantheist. Aber eben von der Höhe des Pantheismus konnte Goethe, mit seinem scharfen Auge, die Haltlosigkeit der Fichteschen Philosophie am besten durchschauen, und seine milden Lippen mußten darob lächeln. Den Juden, was doch die Deisten am Ende alle sind, mußte Fichte ein Greuel sein; dem großen Heiden war er bloß eine Torheit. »Der große

Heide« ist nämlich der Name, den man in Deutschland dem Goethe beilegt. Doch ist dieser Name nicht ganz passend. Das Heidentum des Goethe ist wunderbar modernisiert. Seine starke Heidennatur bekundet sich in dem klaren, scharfen Auffassen aller äußeren Erscheinungen, aller Farben und Gestalten; aber das Christentum hat ihn zu gleicher Zeit mit einem tieferen Verständnis begabt, trotz seines sträubenden Widerwillens hat das Christentum ihn eingeweiht in die Geheimnisse der Geisterwelt, er hat vom Blute Christi genossen, und dadurch verstand er die verborgensten Stimmen der Natur, gleich Siegfried, dem Nibelungenheld, der plötzlich die Sprache der Vögel verstand, als ein Tropfen Blut des erschlagenen Drachen seine Lippen benetzte. Es ist merkwürdig, wie bei Goethe jene Heidennatur von unserer heutigsten Sentimentalität durchdrungen war, wie der antike Marmor so modern pulsierte und wie er die Leiden eines jungen Werthers ebenso stark mitempfand wie die Freuden eines alten Griechengottes. Der Pantheismus des Goethe ist also von dem heidnischen sehr unterschieden. Um mich kurz auszudrücken: Goethe war der Spinoza der Poesie. Alle Gedichte Goethes sind durchdrungen von demselben Geiste, der uns auch in den Schriften des Spinoza anweht. Daß Goethe gänzlich der Lehre des Spinoza huldigte, ist keinem Zweifel unterworfen. Wenigstens beschäftigte er sich damit während seiner ganzen Lebenszeit; in dem Anfang seiner Memoiren sowie auch in dem kürzlich erschienenen letzten Bande derselben hat er solches freimütig bekannt. Ich weiß nicht mehr, wo ich es gelesen, daß Herder über diese beständige Beschäftigung mit Spinoza einst übellaunig ausrief: »Wenn doch der Goethe einmal ein anderes lateinisches Buch als den Spinoza in die Hand nähme!« Aber dieses gilt nicht bloß von Goethe; noch eine Menge seiner Freunde, die später mehr oder minder als Dichter bekannt wurden, huldigten frühzeit dem Pantheismus, und dieser blühte praktisch in der deutschen Kunst, ehe er noch als philosophische Theorie bei uns zur Herrschaft gelangte. Eben zur Zeit Fichtes, als der Idealismus im Reiche der Philosophie seine erhabenste Blütezeit feierte, ward er im Reiche der Kunst gewaltsam zerstört, und es entstand hier jene berühmte Kunstrevolution, die noch heute nicht beendigt ist und die mit dem Kampfe der Romantiker gegen das altklassische Regime, mit den Schlegelschen Emeuten, anfängt.

In der Tat, unsere ersten Romantiker handelten aus einem pantheistischen Instinkt, den sie selbst nicht begriffen. Das Gefühl, das sie für Heimweh nach der katholischen Mutterkirche hielten, war tieferen Ursprungs, als sie selbst ahnten, und ihre Verehrung und Vorliebe für die Überlieferungen des Mittelalters, für dessen Volksglauben, Teufeltum, Zauberwesen, Hexerei... alles das war eine bei ihnen plötzlich erwachte, aber unbegriffene Zurückneigung nach dem Pantheismus der alten Germanen, und in der schnöde beschmutzten und boshaft verstümmelten Gestalt liebten sie eigentlich nur die vorchristliche Religion ihrer Väter. Hier muß ich erinnern an das erste Buch, wo ich gezeigt, wie das Christentum die Elemente der altgermanischen Religion in sich aufgenommen, wie diese nach schmählichster Umwandlung sich im Volksglauben des Mittelalters erhalten haben, so daß der alte Naturdienst als lauter böse Zauberei, die alten Götter als lauter häßliche Teufel und ihre keuschen Priesterinnen als lauter ruchlose Hexen betrachtet wurden. Die Verirrungen unserer ersten Romantiker lassen sich von diesem

Gesichtspunkte aus etwas milder beurteilen, als es sonst geschieht. Sie wollten das katholische Wesen des Mittelalters restaurieren, weil sie fühlten, daß von den Heiligtümern ihrer ältesten Väter, von den Herrlichkeiten ihrer frühesten Nationalität sich noch manches darin erhalten hat; es waren diese verstümmelten und geschändeten Reliquien, die ihr Gemüt so sympathetisch anzogen, und sie haßten den Protestantismus und den Liberalismus, die dergleichen mitsamt der ganzen katholischen Vergangenheit zu vertilgen streben.

Doch darüber werde ich später sprechen. Hier gilt es nur zu erwähnen, daß der Pantheismus schon zur Zeit Fichtes in die deutsche Kunst eindrang, daß sogar die katholischen Romantiker unbewußt dieser Richtung folgten und daß Goethe sie am bestimmtesten aussprach. Dieses geschieht schon im »Werther«, wo er nach einer liebeseligen Identifizierung mit der Natur schmachtet. Im »Faust« sucht er ein Verhältnis mit der Natur anzuknüpfen auf einem trotzig mystischen, unmittelbaren Wege: er beschwört die geheimen Erdkräfte, durch die Zauberformeln des Höllenzwangs. Aber am reinsten und lieblichsten beurkundet sich dieser Goethesche Pantheismus in seinen kleinen Liedern. Die Lehre des Spinoza hat sich aus der mathematischen Hülle entpuppt und umflattert uns als Goethesches Lied. Daher die Wut unserer Orthodoxen und Pietisten gegen das Goethesche Lied. Mit ihren frommen Bärentatzen tappen sie nach diesem Schmetterling, der ihnen beständig entflattert. Das ist so zart ätherisch, so duftig beflügelt. Ihr Franzosen könnt euch keinen Begriff davon machen, wenn ihr die Sprache nicht kennt. Diese Goetheschen Lieder haben einen neckischen Zauber, der unbeschreibbar. Die harmonischen Verse umschlingen dein Herz wie eine zärtliche Geliebte; das Wort umarmt dich, während der Gedanke dich küßt.

In Goethes Betragen gegen Fichte sehen wir also keineswegs die häßlichen Motive, die von manchen Zeitgenossen mit noch häßlicheren Worten bezeichnet worden. Sie hatten die verschiedene Natur beider Männer nicht begriffen. Die Mildesten mißdeuteten die Passivität Goethes, als später Fichte stark bedrängt und verfolgt wurde. Sie berücksichtigten nicht Goethes Lage. Dieser Riese war Minister in einem deutschen Zwergstaate. Er konnte sich nie natürlich bewegen. Man sagte von dem sitzenden Jupiter des Phidias zu Olympia, daß er das Dachgewölbe des Tempels zersprengen würde, wenn er einmal plötzlich aufstünde. Dies war ganz die Lage Goethes zu Weimar; wenn er aus seiner stillsitzenden Ruhe einmal plötzlich in die Höhe gefahren wäre, er hätte den Staatsgiebel durchbrochen oder, was noch wahrscheinlicher, er hätte sich daran den Kopf zerstoßen. Und dieses sollte er riskieren für eine Lehre, die nicht bloß irrig, sondern auch lächerlich? Der deutsche Jupiter blieb ruhig sitzen und ließ sich ruhig anbeten und beräuchern.

Es würde mich von meinem Thema zu sehr entfernen, wollte ich, vom Standpunkte damaliger Kunstinteressen aus, das Betragen Goethes bei Gelegenheit der Anklage Fichtes noch gründlicher rechtfertigen. Für Fichte spricht nur, daß die Anklage eigentlich ein Vorwand war und daß sich politische Verhetzungen dahinter verbargen. Denn wegen Atheismus kann wohl ein Theolog angeklagt werden, weil er sich verpflichtet hat, bestimmte Doktrinen zu lehren. Ein Philosoph hat aber keine solche Verpflichtung eingegangen, kann sie nicht eingehn, und sein Gedanke ist frei wie der Vogel in der Luft. Es ist vielleicht unrecht, daß ich, teils um meine eigenen, teils um anderer Gefühle zu schonen, nicht alles, was jene Anklage selbst begründete und rechtfertigte, hier mitteile. Nur eine von den mißlichen Stellen will ich aus dem inkulpierten Aufsatze hierhersetzen: »Die lebendige und wirkende moralische Ordnung ist selbst Gott; wir bedürfen keines anderen Gottes und können keinen anderen fassen. Es liegt kein Grund in der Vernunft, aus jener moralischen Weltordnung herauszugehen und vermittelst eines Schlusses vom Begründeten auf den Grund noch ein besonderes Wesen, als die Ursache desselben, anzunehmen; der ursprüngliche Verstand macht sonach diesen Schluß sicher nicht und kennt kein solches besonderes Wesen; nur eine sich selbst mißverstehende Philosophie macht ihn. –«

Wie es halsstarrigen Menschen eigentümlich, so hat sich Fichte in seiner »Appellation an das Publikum« und seiner gerichtlichen Verantwortung noch derber und greller ausgesprochen, und zwar mit Ausdrücken, die unser tiefstes Gemüt verletzen. Wir, die wir an einen wirklichen Gott glauben, der unseren Sinnen in der unendlichen Ausdehnung und unserem Geiste in dem unendlichen Gedanken sich offenbart, wir, die wir einen sichtbaren Gott verehren in der Natur und seine unsichtbare Stimme in unserer eigenen Seele vernehmen, wir werden widerwärtig berührt von den grellen Worten, womit Fichte unseren Gott für ein bloßes Hirngespinst erklärt und sogar ironisiert. Es ist zweifelhaft, in der Tat, ob es Ironie oder bloßer Wahnsinn ist, wenn Fichte den lieben Gott von allem sinnlichen Zusatze so rein befreit, daß er ihm sogar die Existenz abspricht, weil Existieren ein sinnlicher Begriff und nur als sinnlicher möglich ist! Die

Wissenschaftslehre, sagt er, kennt kein anderes Sein als das sinnliche, und da nur den Gegenständen der Erfahrung ein Sein zugeschrieben werden kann, so ist dieses Prädikat bei Gott nicht zu gebrauchen. Demnach hat der Fichtesche Gott keine Existenz, er ist nicht, er manifestiert sich nur als reines Handeln, als eine Ordnung von Begebenheiten, als ordo ordinans, als das Weltgesetz.

Solchermaßen hat der Idealismus die Gottheit durch alle möglichen Abstraktionen so lange durchfiltriert, bis am Ende gar nichts mehr von ihr übrigblieb. Jetzt, wie bei euch an der Stelle eines Königs, so bei uns an der Stelle eines Gottes, herrschte das Gesetz.

Was ist aber unsinniger, eine loi athée, ein Gesetz, welches keinen Gott hat, oder ein Dieu-loi, ein Gott, der nur ein Gesetz ist?

Der Fichtesche Idealismus gehört zu den kolossalsten Irrtümern, die jemals der menschliche Geist ausgeheckt. Er ist gottloser und verdammlicher als der plumpste Materialismus. Was man Atheismus der Materialisten hier in Frankreich nennt, wäre, wie ich leicht zeigen könnte, noch immer etwas Erbauliches, etwas Frommgläubiges, in Vergleichung mit den Resultaten des Fichteschen Transzendentalidealismus. Soviel weiß ich, beide sind mir zuwider. Beide Ansichten sind auch antipoetisch. Die französischen Materialisten haben ebenso schlechte Verse gemacht wie die deutschen Transzendentalidealisten. Aber staatsgefährlich ist die Lehre Fichtes keineswegs gewesen, und noch weniger verdiente sie als staatsgefährlich verfolgt zu werden. Um von dieser Irrlehre mißleitet werden zu können, dazu bedurfte man eines spekulativen Scharfsinns, wie er nur bei wenigen Menschen gefunden wird. Dem großen Haufen mit seinen tausend dicken Köpfen war diese Irrlehre ganz unzugänglich. Die Fichtesche Ansicht von Gott hätte also auf rationellem, aber nicht auf polizeilichem Wege widerlegt werden müssen. Wegen Atheismus in der Philosophie angeklagt zu werden war auch in Deutschland so etwas Befremdliches, daß Fichte wirklich im Anfang gar nicht wußte, was man begehre. Ganz richtig sagte er, die Frage, ob eine Philosophie atheistisch sei oder nicht, klinge einem Philosophen ebenso wunderlich wie etwa einem Mathematiker die Frage, ob ein Dreieck grün oder rot sei.

Jene Anklage hatte also ihre verborgenen Gründe, und diese hat Fichte bald begriffen. Da er der ehrlichste Mensch von der Welt war, so dürfen wir einem Briefe, worin er sich gegen Reinhold über jene verborgenen Gründe ausspricht, völligen Glauben schenken, und da dieser Brief, datiert vom zweiundzwanzigsten Mai 1799, die ganze Zeit schildert und die ganze Bedrängnis des Mannes veranschaulichen kann, so wollen wir einen Teil desselben hierhersetzen:

»Ermattung und Ekel bestimmen mich zu dem Dir schon mitgeteilten Entschlusse, für einige Jahre ganz zu verschwinden. Ich war, meiner damaligen Ansicht der Sache nach, sogar überzeugt, daß diesen Entschluß die Pflicht fordere, indem bei der gegenwärtigen Gärung ich ohnedies nicht gehört werden und die Gärung nur ärger machen würde, nach ein paar Jahren aber, wenn die erste Befremdung sich gelegt, ich mit desto größerem Nachdruck sprechen würde. Ich denke jetzt anders. Ich darf jetzt nicht verstummen; schweige ich jetzt, so dürfte ich wohl nie wieder ans Reden kommen. Es war mir seit der Verbindung Rußlands mit Östreich schon längst wahrscheinlich, was mir nunmehr durch die neuesten Begebenheiten, und besonders seit dem gräßlichen Gesandtenmord (über den man hier jubelt und über welchen S. und G. ausrufen: So ist's recht, diese Hunde muß man totschlagen), völlig gewiß ist, daß der Despotismus sich von nun an mit Verzweiflung verteidigen wird, daß er durch Paul und Pitt konsequent wird, daß die Basis seines Plans die ist, die Geistesfreiheit auszurotten, und daß die Deutschen ihm die Erreichung dieses Zwecks nicht erschweren werden.

Glaube z.B. nicht, daß der Weimarsche Hof geglaubt hat, der Frequenz der Universität werde durch meine Gegenwart geschadet werden; er weiß zu wohl das Gegenteil. Er hat zufolge des allgemeinen, besonders von Kursachsen kräftigst ergriffenen Plans mich entfernen *müssen.* Burscher in Leipzig, ein Eingeweihter dieser Geheimnisse, ist schon gegen Ende des vorigen Jahrs eine ansehnliche Wette eingegangen, daß ich zu Ende dieses Jahrs Exulant sein würde. Voigt ist durch Burgsdorf schon längst gegen mich gewonnen worden. Vom Departement der Wissenschaften zu Dresden ist bekanntgemacht worden, daß keiner, der sich auf die neuere Philosophie lege, befördert werden oder, wenn er es schon ist, weiterrücken solle. In der Freischule zu Leipzig ist sogar die Rosenmüllersche Aufklärung bedenklich gefunden; Luthers Katechismus ist neuerlich dort wieder eingeführt, und die Lehrer sind von neuem auf die symbolischen Bücher konfirmiert worden. Das wird weitergehn und sich verbreiten. In summa: es ist nichts gewisser als das gewisseste, daß, wenn nicht die Franzosen die ungeheuerste Übermacht erringen und in Deutschland, wenigstens einem beträchtlichen Teile desselben, eine Veränderung durchsetzen, in einigen Jahren in Deutschland kein Mensch mehr, der dafür bekannt ist, in seinem Leben einen freien Gedanken gedacht zu haben, eine Ruhestätte finden wird. Es ist mir also gewisser als das gewisseste, daß, finde ich auch jetzt irgendwo ein Winkelchen, ich doch in einem, höchstens in zwei Jahren wieder fortgejagt werden würde; und es ist gefährlich, sich an mehreren Orten fortjagen zu lassen; dies lehrt historisch Rousseaus Beispiel.

Gesetzt, ich schweige ganz, schreibe nicht das geringste mehr: wird man mich unter dieser Bedingung ruhig lassen? Ich glaube dies nicht, und gesetzt, ich könnte es von den Höfen hoffen, wird nicht die *Geistlichkeit*, wohin ich mich auch wende, den *Pöbel* gegen mich aufhetzen, mich von ihm steinigen lassen und nun die Regierungen bitten, mich als einen Menschen, der Unruhen erregt, zu entfernen? Aber, darf ich dann schweigen? Nein, das darf ich wahrlich nicht; denn ich habe Grund zu glauben, daß, wenn noch etwas gerettet werden kann des deutschen Geistes, es durch mein Reden gerettet werden kann und durch mein Stillschweigen die Philosophie ganz und zu frühe zugrunde gehen würde. Denen ich nicht zutraue, daß sie mich schweigend würden existieren lassen, traue ich noch weniger zu, daß sie mich werden reden lassen.

Aber ich werde sie von der Unschädlichkeit meiner Lehre überzeugen. Lieber Reinhold, wie Du mir so gut von diesen Menschen denken kannst! Je klarer ich werde, je unschuldiger ich erscheine, desto schwärzer werden sie und desto größer wird überhaupt mein wahres Vergehen. Ich habe nie geglaubt, daß sie meinen vorgeblichen *Atheismus* verfolgen; sie verfolgen in mir einen Freidenker, der anfängt, sich *verständlich* zu machen (Kants Glück war seine

Obskurität), und einen verschrienen *Demokraten*; es erschreckt sie, wie ein Gespenst, die *Selbständigkeit*, die, wie sie dunkel ahnen, meine Philosophie weckt.«

Ich bemerke nochmals, daß dieser Brief nicht von gestern ist, sondern das Datum des 22. Mai 1799 trägt. Die politischen Verhältnisse jener Zeit haben eine gar betrübende Ähnlichkeit mit den neuesten Zuständen in Deutschland, nur daß damals der Freiheitssinn mehr unter Gelehrten, Dichtern und sonstigen Literaten blühete, heutigentags aber unter diesen viel minder, sondern weit mehr in der großen aktiven Masse, unter Handwerkern und Gewerbsleuten, sich ausspricht. Während zur Zeit der ersten Revolution die bleiern deutscheste Schlafsucht auf dem Volke lastete und gleichsam eine brutale Ruhe in ganz Germanien herrschte, offenbarte sich in unserer Schriftwelt das wildeste Gären und Wallen. Der einsamste Autor, der in irgendeinem abgelegenen Winkelchen Deutschlands lebte, nahm teil an dieser Bewegung; fast sympathetisch, ohne von den politischen Vorgängen genau unterrichtet zu sein, fühlte er ihre soziale Bedeutung und sprach sie aus in seinen Schriften. Dieses Phänomen mahnt mich an die großen Seemuscheln, welche wir zuweilen als Zierat auf unsere Kamine stellen und die, wenn sie auch noch so weit vom Meere entfernt sind, dennoch plötzlich zu rauschen beginnen, sobald dort die Flutzeit eintritt und die Wellen gegen die Küste heranbrechen. Als hier in Paris, in dem großen Menschenozean, die Revolution losflutete, als es hier brandete und stürmte, da rauschten und brausten jenseits des Rheins die deutschen Herzen... Aber sie waren so isoliert, sie standen unter lauter fühllosem Porzellan, Teetassen und Kaffeekannen und chinesischen Pagoden, die mechanisch mit dem Kopfe nickten, als wüßten sie, wovon die Rede sei. Ach! unsere armen Vorgänger in Deutschland mußten für jene Revolutionssympathie sehr arg büßen. Junker und Pfäffchen übten an ihnen ihre plumpsten und gemeinsten Tücken. Einige von ihnen flüchteten nach Paris und sind hier in Armut und Elend verkommen und verschollen. Ich habe jüngst einen blinden Landsmann gesehen, der noch seit jener Zeit in Paris ist; ich sah ihn im Palais Royal, wo er sich ein bißchen an der Sonne gewärmt hatte. Es war schmerzlich anzusehen, wie er blaß und mager war und sich seinen Weg an den Häusern weiterfühlte. Man sagte mir, es sei der alte dänische Dichter Heiberg. Auch die Dachstube habe ich jüngst gesehen, wo der Bürger Georg Forster gestorben. Den Freiheitsfreunden, die in Deutschland blieben, wäre es aber noch weit schlimmer ergangen, wenn nicht bald Napoleon und seine Franzosen uns besiegt hätten. Napoleon hat gewiß nie geahnt, daß er selber der Retter der Ideologie gewesen. Ohne ihn wären unsere Philosophen mitsamt ihren Ideen durch Galgen und Rad ausgerottet worden. Die deutschen Freiheitsfreunde jedoch, zu republikanisch gesinnt, um dem Napoleon zu huldigen, auch zu großmütig, um sich der Fremdherrschaft anzuschließen, hüllten sich seitdem in ein tiefes Schweigen. Sie gingen traurig herum mit gebrochenen Herzen, mit geschlossenen Lippen. Als Napoleon fiel, da lächelten sie, aber wehmütig, und schwiegen; sie nahmen fast gar keinen Teil an dem patriotischen Enthusiasmus, der damals, mit allerhöchster Bewilligung, in Deutschland emporjubelte. Sie wußten, was sie wußten, und schwiegen. Da diese Republikaner eine sehr keusche, einfache Lebensart führen, so werden sie gewöhnlich sehr alt, und als die Juliusrevolution ausbrach, waren noch viele von ihnen am Leben, und nicht wenig wunderten wir uns, als die alten Käuze, die wir sonst immer so gebeugt und fast blödsinnig schweigend umherwandeln gesehen, jetzt plötzlich das Haupt erhoben und uns Jungen freundlich entgegenlachten und die Hände drückten und lustige Geschichten erzählten. Einen von ihnen hörte ich sogar singen; denn im Kaffeehause sang er uns die Marseiller Hymne vor, und wir lernten da die Melodie und die schönen Worte, und es dauerte nicht lange, so sangen wir sie besser als der Alte selbst; denn der hat manchmal in der besten Strophe wie ein Narr gelacht oder geweint wie ein Kind. Es ist immer gut, wenn so alte Leute leben bleiben, um den Jungen die Lieder zu lehren. Wir Jungen werden sie nicht vergessen, und einige von uns werden sie einst jenen Enkeln einstudieren, die jetzt noch nicht geboren sind. Viele von uns werden aber unterdessen verfault sein, daheim im Gefängnisse oder auf einer Dachstube in der Fremde.

Laßt uns wieder von Philosophie reden! Ich habe oben gezeigt, wie die Fichtesche Philosophie, aus den dünnsten Abstraktionen aufgebaut, dennoch eine eiserne Unbeugsamkeit in ihren Folgerungen, die bis zur verwegensten Spitze emporstiegen, kundgab. Aber eines frühen Morgens erblicken wir in ihr eine große Veränderung. Das fängt an zu blümeln und zu flennen und wird weich und bescheiden. Aus dem idealistischen Titanen, der auf der Gedankenleiter den Himmel erklettert und mit kecker Hand in dessen leere Gemächer herumgetastet, der wird jetzt etwas gebückt Christliches, das viel von Liebe seufzt. Solches ist nun die zweite Periode von Fichte, die uns hier wenig angeht. Sein ganzes System erleidet die befremdlichsten Modifikationen. In jener Zeit schrieb er ein Buch, welches ihr jüngst übersetzt »Die Bestimmung des Menschen«. Ein ähnliches Buch, »Anweisung zum seligen Leben«, gehört ebenfalls in jene Periode.

Fichte, der starrsinnige Mann, wie sich von selbst versteht, wollte dieser eignen großen Umwandlung niemals eingeständig sein. Er behauptete, seine Philosophie sei noch immer dieselbe, nur die Ausdrücke seien verändert, verbessert; man habe ihn nie verstanden. Er behauptete auch, die Naturphilosophie, die damals in Deutschland aufkam und den Idealismus verdrängte, sei im Grunde ganz und gar sein eignes System, und sein Schüler, Herr Joseph Schelling, welcher sich von ihm losgesagt und jene neue Philosophie eingeleitet, habe bloß die Ausdrücke umgeschaffen und seine alte Lehre nur durch unerquickliche Zutat erweitert.

Wir gelangen hier zu einer neuen Phase des deutschen Gedankens. Wir erwähnten die Namen Joseph Schelling und Naturphilosophie; da nun ersterer hier fast ganz unbekannt ist und da auch der Ausdruck Naturphilosophie nicht allgemein verstanden wird, so habe ich beider Bedeutung zu erklären. Erschöpfend können wir solches nun freilich nicht in diesen Blättern; ein späteres Buch werden wir einer solchen Aufgabe widmen. Nur einige eindringende Irrtümer wollen wir hier abweisen und nur der sozialen Wichtigkeit der erwähnten Philosophie einige Aufmerksamkeit leihen.

Zuerst ist zu erwähnen, daß Fichte nicht so ganz unrecht hat, wenn er eiferte, des Herrn Joseph Schellings Lehre sei eigentlich die seinige, nur anders formuliert und erweitert. Ebenso wie Herr Joseph Schelling lehrte auch Fichte: Es gibt nur ein Wesen, das Ich, das Absolute; er lehrte Identität des Idealen und des Realen. In der

»Wissenschaftslehre«, wie ich gezeigt, hat Fichte durch intellektuelle Konstruktion aus dem Idealen das Reale konstruieren wollen. Herr Joseph Schelling hat aber die Sache umgekehrt: er suchte aus dem Realen das Ideale herauszudeuten. Um mich noch klarer auszudrücken: Von dem Grundsatze ausgehend, daß der Gedanke und die Natur eins und dasselbe seien, gelangt Fichte durch Geistesoperation zur Erscheinungswelt, aus dem Gedanken schafft er die Natur, aus dem Idealen das Reale; dem Herrn Schelling hingegen, während er von demselben Grundsatz ausgeht, wird die Erscheinungswelt zu lauter Ideen, die Natur wird ihm zum Gedanken, das Reale zum Idealen. Beide Richtungen, die von Fichte und die von Herrn Schelling, ergänzen sich daher gewissermaßen. Denn nach jenem erwähnten obersten Grundsatze konnte die Philosophie in zwei Teile zerfallen, und in dem einen Teile würde man zeigen, wie aus der Idee die Natur zur Erscheinung kommt; in dem andern Teil würde man zeigen, wie die Natur sich in lauter Ideen auflöst. Die Philosophie konnte daher zerfallen in transzendentalen Idealismus und in Naturphilosophie. Diese beiden Richtungen hat nun auch Herr Schelling wirklich anerkannt, und die letztere verfolgte er in seinen »Ideen zu einer Philosophie der Natur« und erstere in seinem »System des transzendentalen Idealismus«.

Diese Werke, wovon das eine 1797 und das andere 1800 erschien, erwähne ich nur deshalb, weil jene ergänzende Richtungen schon in ihrem Titel ausgesprochen sind, nicht weil etwa ein vollständiges System in ihnen enthalten sei. Nein, dieses findet sich in keinem von Herrn Schellings Büchern. Bei ihm gibt es nicht, wie bei Kant und bei Fichte, ein Hauptbuch, welches als Mittelpunkt seiner Philosophie betrachtet werden kann. Es wäre eine Ungerechtigkeit, wenn man Herrn Schelling nach dem Umfange eines Buches und nach der Strenge des Buchstabens beurteilen wollte. Man muß vielmehr seine Bücher chronologisch lesen, die allmähliche Ausbildung seines Gedankens darin verfolgen und sich dann an seiner Grundidee festhalten. Ja, es scheint mir auch nötig, daß man bei ihm nicht selten unterscheide, wo der Gedanke aufhört und die Poesie anfängt. Denn Herr Schelling ist eines von jenen Geschöpfen, denen die Natur mehr Neigung zur Poesie als poetische Potenz verliehen hat und die, unfähig, den Töchtern des Parnassus zu genügen, sich in die Wälder der Philosophie geflüchtet und dort mit abstrakten Hamadryaden die unfruchtbarste Ehe führen. Ihr Gefühl ist poetisch, aber das Werkzeug, das Wort, ist schwach; sie ringen vergebens nach einer Kunstform, worin sie ihre Gedanken und Erkenntnisse mitteilen können. Die Poesie ist Herrn Schellings Force und Schwäche. Sie ist es, wodurch er sich von Fichte unterscheidet, sowohl zu seinem Vorteil als auch zu seinem Nachteil. Fichte ist nur Philosoph, und seine Macht besteht in Dialektik, und seine Stärke besteht im Demonstrieren. Dieses aber ist die schwache Seite des Herrn Schelling, er lebt mehr in Anschauungen, er fühlt sich nicht heimisch in den kalten Höhen der Logik, er schnappt gern über in die Blumentäler der Symbolik, und seine philosophische Stärke besteht im Konstruieren. Letzteres aber ist eine Geistesfähigkeit, die bei den mittelmäßigen Poeten ebenso oft gefunden wie bei den besten Philosophen.

Nach dieser letzteren Andeutung wird begreiflich, daß Herr Schelling in demjenigen Teile der Philosophie, der bloß transzendentaler Idealismus ist, nur ein Nachbeter von Fichte geblieben und bleiben mußte, daß er aber in der Philosophie der Natur, wo er unter Blumen und Sternen zu wirtschaften hatte, gar gewaltig blühen und strahlen mußte. Diese Richtung ist daher nicht bloß von ihm, sondern auch von den gleichgestimmten Freunden vorzugsweise verfolgt worden, und der Ungestüm, der dabei zum Vorschein kam, war gleichsam nur eine dichterlingsche Reaktion gegen die frühere abstrakte Geistesphilosophie. Wie freigelassene Schulknaben, die den ganzen Tag in engen Sälen unter der Last der Vokabeln und Chiffern geseufzt, so stürmten die Schüler des Herrn Schelling hinaus in die Natur, in das duftende, sonnige Reale, und jauchzten und schlugen Purzelbäume und machten einen großen Spektakel.

Der Ausdruck »die Schüler des Herrn Schelling« darf hier ebenfalls nicht in seinem gewöhnlichen Sinne genommen werden. Herr Schelling selber sagt, nur in der Art der alten Dichter habe er eine Schule bilden wollen, eine Dichterschule, wo keiner an eine bestimmte Doktrin und durch eine bestimmte Disziplin gebunden ist, sondern wo jeder dem Geiste gehorcht und jeder ihn in seiner Weise offenbart. Er hätte auch sagen können, er stifte eine Prophetenschule, wo die Begeisterten zu prophezeien anfangen, nach Lust und Laune und in beliebiger Sprechart. Dies taten auch wirklich die Jünger, die des Meisters Geist angeregt, die beschränktesten Köpfe fingen an zu prophezeien, jeder in einer andern Zunge, und es entstand ein großes Pfingstfest in der Philosophie.

Wie das Bedeutendste und Herrlichste zu lauter Mummenschanz und Narretei verwendet werden kann, wie eine Rotte von feigen Schälken und melancholischen Hanswürsten imstande ist, eine große

Idee zu kompromittieren, das sehen wir hier bei Gelegenheit der Naturphilosophie. Aber das Ridikül, das ihr die Prophetenschule oder die Dichterschule des Herrn Schelling bereitet, kommt wahrlich nicht auf ihre eigne Rechnung. Denn die Idee der Naturphilosophie ist ja im Grunde nichts anders als die Idee des Spinoza, der Pantheismus.

Die Lehre des Spinoza und die Naturphilosophie, wie sie Schelling in seiner besseren Periode aufstellte, sind wesentlich eins und dasselbe. Die Deutschen, nachdem sie den Lockeschen Materialismus verschmäht und den Leibnizschen Idealismus bis auf die Spitze getrieben und diesen ebenfalls unfruchtbar erfunden, gelangten endlich zu dem dritten Sohne des Descartes, zu Spinoza. Die Philosophie hat wieder einen großen Kreislauf vollendet, und man kann sagen, es sei derselbe, den sie schon vor zweitausend Jahren in Griechenland durchlaufen. Aber bei näherer Vergleichung dieser beiden Kreisläufe zeigt sich eine wesentliche Verschiedenheit. Die Griechen hatten ebenso kühne Skeptiker wie wir, die Eleaten haben die Realität der Außenwelt ebenso bestimmt geleugnet wie unsere neueren Transzendentalidealisten. Plato hat ebensogut wie Herr Schelling in der Erscheinungswelt die Geisteswelt wiedergefunden. Aber wir haben etwas voraus vor den Griechen sowie auch vor den cartesianischen Schulen, wir haben etwas vor ihnen voraus, nämlich:

Wir begannen unseren philosophischen Kreislauf mit einer Prüfung der menschlichen Erkenntnisquellen, mit der Kritik der reinen Vernunft unseres Immanuel Kant.

Bei Erwähnung Kants kann ich obigen Betrachtungen hinzufügen, daß der Beweis für das Dasein Gottes, den derselbe noch bestehen lassen, nämlich der sogenannte moralische Beweis, von Herrn Schelling mit großem Eklat umgestoßen worden. Ich habe aber oben schon bemerkt, daß dieser Beweis nicht von sonderlicher Stärke war und daß Kant ihn vielleicht nur aus Gutmütigkeit bestehen lassen. Der Gott des Herrn Schelling ist das Gottweltall des Spinoza. Wenigstens war er es im Jahr 1801, im zweiten Bande der »Zeitschrift für spekulative Physik«. Hier ist Gott die absolute Identität der Natur und des Denkens, der Materie und des Geistes, und die absolute Identität ist nicht Ursache des Weltalls, sondern sie ist das Weltall selbst, sie ist also das Gottweltall. In diesem gibt es auch keine Gegensätze und Teilungen. Die absolute Identität ist auch die absolute Totalität. Ein Jahr später hat Herr Schelling seinen Gott noch mehr entwickelt, nämlich in einer Schrift, betitelt »Bruno oder über das göttliche oder natürliche Prinzip der Dinge«. Dieser Titel erinnert an den edelsten Märtyrer unserer Doktrin, Giordano Bruno von Nola, glorreichen Andenkens. Die Italiener behaupten, Herr Schelling habe dem alten Bruno seine besten Gedanken entlehnt, und sie beschuldigen ihn des Plagiats. Sie haben unrecht, denn es gibt kein Plagiat in der Philosophie. Anno 1804 erschien der Gott des Herrn Schelling endlich ganz fertig in einer Schrift, betitelt »Philosophie und Religion«. Hier finden wir in ihrer Vollständigkeit die Lehre vom Absoluten. Hier wird das Absolute in drei Formeln ausgedrückt. Die erste ist die kategorische: Das Absolute ist weder das Ideale noch das Reale (weder Geist noch Materie), sondern es ist die Identität beider. Die zweite Formel ist die hypothetische: Wenn ein Subjekt und ein Objekt vorhanden ist, so ist das Absolute die wesentliche Gleichheit dieser beiden. Die dritte Formel ist die disjunktive: Es ist nur *ein* Sein, aber dies eine kann zu gleicher Zeit oder abwechselnd als ganz ideal oder als ganz real betrachtet werden. Die erste Formel ist ganz negativ, die zweite setzt eine Bedingung voraus, die noch schwerer zu begreifen ist als das Bedingte selbst, und die dritte Formel ist ganz die des Spinoza: Die absolute Substanz ist erkennbar entweder als Denken oder als Ausdehnung. Auf philosophischem Wege konnte also Herr Schelling nicht weiter kommen als Spinoza, da nur unter der Form dieser beiden Attribute, Denken und Ausdehnung, das Absolute zu begreifen ist. Aber Herr Schelling verläßt jetzt den philosophischen Weg und sucht durch eine Art mystischer Intuition zur Anschauung des Absoluten selbst zu gelangen, er sucht es anzuschauen in seinem Mittelpunkt, in seiner Wesenheit, wo es weder etwas Ideales ist noch etwas Reales, weder Gedanken noch Ausdehnung, weder Subjekt noch Objekt, weder Geist noch Materie, sondern... was weiß ich!

Hier hört die Philosophie auf bei Herrn Schelling, und die Poesie, ich will sagen die Narrheit, beginnt. Hier aber auch findet er den meisten Anklang bei einer Menge von Faselhänsen, denen es eben recht ist, das ruhige Denken aufzugeben und gleichsam jene Derwisch-Tourneurs nachzuahmen, die, wie unser Freund Jules David erzählt, sich so lange im Kreise herumdrehen, bis sowohl objektive wie subjektive Welt ihnen entschwindet, bis beides zusammenfließt in ein weißes Nichts, das weder real noch ideal ist, bis sie etwas sehen, was nicht sichtbar, hören, was nicht hörbar, bis sie Farben hören und Töne sehen, bis sich das Absolute ihnen veranschaulicht.

Ich glaube, mit dem Versuch, das Absolute intellektuell anzuschauen, ist die philosophische Laufbahn des Herrn Schelling beschlossen. Ein größerer Denker tritt jetzt auf, der die Naturphilosophie zu einem vollendeten System ausbildet, aus ihrer Synthese die ganze Welt der Erscheinungen erklärt, die großen Ideen seiner Vorgänger durch größere Ideen ergänzt, sie durch alle Disziplinen durchführt und also wissenschaftlich begründet. Er ist ein Schüler des Herrn Schelling, aber ein Schüler, der allmählich im Reiche der Philosophie aller Macht seines Meisters sich bemeisterte, diesem herrschsüchtig über den Kopf wuchs und ihn endlich in die Dunkelheit verstieß. Es ist der große Hegel, der größte Philosoph, den Deutschland seit Leibniz erzeugt hat. Es ist keine Frage, daß er Kant und Fichte weit überragt. Er ist scharf wie jener und kräftig wie dieser und hat dabei noch einen konstituierenden Seelenfrieden, eine Gedankenharmonie, die wir bei Kant und Fichte nicht finden, da in diesen mehr der revolutionäre Geist waltet. Diesen Mann mit Herrn Joseph Schelling zu vergleichen ist gar nicht möglich; denn Hegel war ein Mann von Charakter. Und wenn er auch, gleich Herrn Schelling, dem Bestehenden in Staat und Kirche einige allzu bedenkliche Rechtfertigungen verlieh, so geschah dieses doch für einen Staat, der dem Prinzip des Fortschrittes wenigstens in der Theorie huldigt, und für eine Kirche, die das Prinzip der freien Forschung als ihr Lebenselement betrachtet; und er machte daraus kein Hehl, er war aller seiner Absichten eingeständig. Herr Schelling hingegen windet sich wurmhaft in den Vorzimmern eines sowohl praktischen wie theoretischen Absolutismus, und er handlangert in der Jesuitenhöhle, wo Geistesfesseln geschmiedet werden; und dabei will er uns weismachen, er sei noch immer unverändert derselbe Lichtmensch, der er einst war, er verleugnet seine Verleugnung, und zu der Schmach des Abfalls fügt er noch die Feigheit der Lüge!

Wir dürfen es nicht verhehlen, weder aus Pietät noch aus Klugheit, wir wollen es nicht verschweigen: Der Mann, welcher einst am kühnsten in Deutschland die Religion des Pantheismus ausgesprochen, welcher die Heiligung der Natur und die Wiedereinsetzung des Menschen in seine Gottesrechte am lautesten verkündet, dieser Mann ist abtrünnig geworden von seiner eigenen Lehre, er hat den Altar verlassen, den er selber eingeweiht, er ist zurückgeschlichen in den Glaubensstall der Vergangenheit, er ist jetzt gut katholisch und predigt einen außerweltlichen, persönlichen Gott, »der die Torheit begangen habe, die Welt zu erschaffen«. Mögen immerhin die Altgläubigen ihre Glocken läuten und Kyrie eleison singen ob solcher Bekehrung es beweist aber nichts für ihre Meinung, es beweist nur, daß der Mensch sich dem Katholizismus zuneigt, wenn er müde und alt wird, wenn er seine physischen und geistigen Kräfte verloren, wenn er nicht mehr genießen und denken kann. Auf dem Totenbette sind so viele Freidenker bekehrt worden aber macht nur kein Rühmens davon! Diese Bekehrungsgeschichten gehören höchstens zur Pathologie und würden nur schlechtes Zeugnis geben für eure Sache. Sie bewiesen am Ende nur, daß es euch nicht möglich war, jene Freidenker zu bekehren, solange sie mit gesunden Sinnen unter Gottes freiem Himmel umherwandelten und ihrer Vernunft völlig mächtig waren.

Ich glaube, Ballanche sagt, es sei ein Naturgesetz, daß die Initiatoren gleich sterben müssen, sobald sie das Werk der Initiation vollbracht haben. Ach! guter Ballanche, das ist nur zum Teil wahr, und ich möchte eher behaupten: Wenn das Werk der Initiation vollbracht ist, stirbt der Initiator oder er wird abtrünnig. Und so können wir vielleicht das strenge Urteil, wleches das denkende Deutschland über Herrn Schelling fällt, einigermaßen mildern; wir können vielleicht die schwere, dicke Verachtung, die auf ihm lastet, in stilles Mitleid verwandeln, und seinen Abfall von der eigenen Lehre erklären wir nur als eine Folge jenes Naturgesetzes, daß derjenige, der an das Aussprechen oder an die Ausführung eines Gedankens alle seine Kräfte hingegeben, nachher, wenn er diesen Gedanken ausgesprochen oder ausgeführt hat, erschöpft dahinsinkt, dahinsinkt entweder in die Arme des Todes oder in die Arme seiner ehemaligen Gegner.

Nach solcher Erklärung begreifen wir vielleicht noch grellere Phänomene des Tages, die uns so tief betrüben. Wir begreifen dadurch vielleicht, warum Männer, die für ihre Meinung alles geopfert, die dafür gekämpft und gelitten, endlich, wenn sie gesiegt hat, die Meinung verlassen und ins feindliche Lager hinübertreten! Nach solcher Erklärung darf ich auch darauf aufmerksam machen, daß nicht bloß Herr Joseph Schelling, sondern gewissermaßen auch Fichte und Kant des Abfalls zu beschuldigen sind. Fichte ist noch zeitig genug gestorben, ehe sein Abfall von der eigenen Philosophie allzu eklatant werden konnte. Und Kant ist der »Kritik der reinen Vernunft« schon gleich untreu geworden, indem er die »Kritik der praktischen Vernunft« schrieb. Der Initiator stirbt oder wird abtrünnig.

Ich weiß nicht, wie es kommt, dieser letzte Satz wirkt so melancholisch zähmend auf mein Gemüt, daß ich in diesem Augenblick nicht imstande bin, die übrigen herben Wahrheiten, die den heutigen

Herrn Schelling betreffen, hier mitzuteilen. Laßt uns lieber jenen ehemaligen Schelling preisen, dessen Andenken unvergeßlich blüht in den Annalen des deutschen Gedankens; denn der ehemalige Schelling repräsentiert, ebenso wie Kant und Fichte, eine der großen Phasen unserer philosophischen Revolution, die ich in diesen Blättern mit den Phasen der politischen Revolution Frankreichs verglichen habe. In der Tat, wenn man in Kant die terroristische Konvention und in Fichte das Napoleonische Kaiserreich sieht, so sieht man in Herrn Schelling die restaurierende Reaktion, welche hierauf folgte. Aber es war zunächst ein Restaurieren im besseren Sinne. Herr Schelling setzte die Natur wieder ein in ihre legitimen Rechte, er strebte nach einer Versöhnung von Geist und Natur, er wollte beide wieder vereinigen in der ewigen Weltseele. Er restaurierte jene große Naturphilosophie, die wir bei den altgriechischen Philosophen finden, die erst durch Sokrates mehr ins menschliche Gemüt selbst hineingeleitet wird und die nachher ins Ideelle verfließt. Er restaurierte jene große Naturphilosophie, die, aus der alten, pantheistischen Religion der Deutschen heimlich emporkeimend, zur Zeit des Paracelsus die schönsten Blüten verkündete, aber durch den eingeführten Cartesianismus erdrückt wurde. Ach! und am Ende restaurierte er Dinge, wodurch er auch im schlechten Sinne mit der französischen Restauration verglichen werden kann. Doch da hat ihn die öffentliche Vernunft nicht länger geduldet, er wurde schmählich herabgestoßen vom Throne des Gedankens, Hegel, sein Majordomus, nahm ihm die Krone vom Haupt und schor ihn, und der entsetzte Schelling lebte seitdem wie ein armseliges Mönchlein zu München, einer Stadt, welche ihren pfäffischen Charakter schon im Namen trägt und auf Latein Monacho monachorum heißt. Dort sah ich ihn gespenstisch herumschwanken mit seinen großen, blassen Augen und seinem niedergedrückten, abgestumpften Gesichte, ein jammervolles Bild heruntergekommener Herrlichkeit. Hegel aber ließ sich krönen zu Berlin, leider auch ein bißchen salben, und beherrschte seitdem die deutsche Philosophie.

Unsere philosophische Revolution ist beendigt. Hegel hat ihren großen Kreis geschlossen. Wir sehen seitdem nur Entwicklung und Ausbildung der naturphilosophischen Lehre. Diese ist, wie ich schon gesagt, in alle Wissenschaften eingedrungen und hat da das Außerordentlichste und Großartigste hervorgebracht. Viel Unerfreuliches, wie ich ebenfalls angedeutet, mußte zugleich ans Licht treten. Diese Erscheinungen sind so vielfältig, daß schon zu ihrer Aufzählung ein ganzes Buch nötig wäre. Hier ist die eigentlich interessante und farbenreiche Partie unserer Philosophiegeschichte. Ich bin jedoch überzeugt, daß es den Franzosen nützlicher ist, von dieser Partie gar nichts zu erfahren. Denn dergleichen Mitteilungen könnten dazu beitragen, die Köpfe in Frankreich noch mehr zu verwirren; manche Sätze der Naturphilosophie, aus ihrem Zusammenhang gerissen, könnten bei euch großes Unheil anrichten. Soviel weiß ich, wäret ihr vor vier Jahren mit der deutschen Naturphilosophie bekannt gewesen, so hättet ihr nimmermehr die Juliusrevolution machen können. Zu dieser Tat gehörte ein Konzentrieren von Gedanken und Kräften, eine edle Einseitigkeit, ein süffisanter Leichtsinn, wie dessen nur eure alte Schule gestattet. Philosophische Verkehrtheiten, womit man die Legitimität und die katholische Inkarnationslehre allenfalls vertreten konnte, hätten eure Begeisterung gedämpft, euren Mut gelähmt. Ich halte es daher für welthistorisch wichtig, daß euer großer Eklektiker, der euch damals die deutsche Philosophie lehren wollte, auch nicht das mindeste davon verstanden hat. Seine providentielle Unwissenheit war heilsam für Frankreich und für die ganze Menschheit.

Ach, die Naturphilosophie, die in manchen Regionen des Wissens, namentlich in den eigentlichen Naturwissenschaften, die herrlichsten Früchte hervorgebracht, hat in anderen Regionen das verderblichste Unkraut erzeugt. Während Oken, der genialste Denker und einer der größten Bürger Deutschlands, seine neuen Ideenwelten entdeckte und die deutsche Jugend für die Urrechte der Menschheit, für Freiheit und Gleichheit, begeisterte, ach! zu derselben Zeit dozierte Adam Müller die Stallfütterung der Völker nach naturphilosophischen Prinzipien; zu derselben Zeit predigte Herr Görres den Obskurantismus des Mittelalters, nach der naturwissenschaftlichen Ansicht, daß der Staat nur ein Baum sei und in seiner organischen Gliederung auch einen Stamm, Zweige und Blätter haben müsse, welches alles so hübsch in der Korporationshierarchie des Mittelalters zu finden sei; zu derselben Zeit proklamierte Herr Steffens das philosophische Gesetz, wonach der Bauernstand sich von dem Adelstand dadurch unterscheidet, daß der Bauer von der Natur bestimmt sei zu arbeiten, ohne zu genießen, der Adelige aber berechtigt sei zu genießen, ohne zu arbeiten; ja, vor einigen Monaten, wie man mir sagt, hat ein Krautjunker in Westfalen, ein Hans Narr, ich glaube mit dem Zunamen Haxthausen, eine Schrift herausgegeben, worin er die königlich preußische Regierung angeht, den konsequenten Parallelismus, den die Philosophie im ganzen Weltorganismus nachweist, zu berücksichtigen und die politischen Stände strenger abzuscheiden, denn wie es in der Natur vier Elemente gebe, Feuer, Luft, Wasser und Erde, so gehe es auch vier analoge Elemente in der Gesellschaft, nämlich Adel, Geistlichkeit, Bürger und Bauern.

Wenn man solche betrübende Torheiten aus der Philosophie emporsprossen und zu schädlichster Blüte gedeihen sah; wenn man überhaupt bemerkte, daß die deutsche Jugend, versenkt in metaphysischen Abstraktionen, der nächsten Zeitinteressen vergaß und untauglich wurde für das praktische Leben: so mußten wohl die Patrioten und Freiheitsfreunde einen gerechten Unmut gegen die Philosophie empfinden, und einige gingen so weit, ihr, als einer müßigen, nutzlosen Luftfechterei, ganz den Stab zu brechen.

Wir werden nicht so töricht sein, diese Malkontenten ernsthaft zu widerlegen. Die deutsche Philosophie ist eine wichtige, das ganze Menschengeschlecht betreffende Angelegenheit, und erst die spätesten Enkel werden darüber entscheiden können ob wir dafür zu tadeln oder zu loben sind, daß wir erst unsere Philosophie und hernach unsere Revolution ausarbeiteten. Mich dünkt, ein methodisches Volk wie wir mußte mit der Reformation beginnen, konnte erst hierauf sich mit der Philosophie beschäftigen und durfte nur nach deren Vollendung zur politischen Revolution übergehen. Diese Ordnung finde ich ganz vernünftig. Die Köpfe, welche die Philosophie zum Nachdenken benutzt hat, kann die Revolution nachher zu beliebigen Zwecken abschlagen. Die Philosophie hätte aber nimmermehr die Köpfe gebrauchen können, die von der Revolution, wenn diese ihr vorherging, abgeschlagen worden wären. Laßt euch aber nicht bange sein, ihr deutschen Republikaner, die deutsche Revolution wird darum nicht milder und sanfter ausfallen, weil ihr die Kantsche Kritik, der Fichtesche Transzendentalidealismus und gar die Naturphilosophie vorausging. Durch diese Doktrinen haben sich revolutionäre Kräfte entwickelt, die nur des Tages harren, wo sie hervorbrechen und die Welt mit Entsetzen und Bewunderung erfüllen können. Es werden Kantianer zum Vorschein kommen, die auch in der Erscheinungswelt von keiner Pietät etwas wissen wollen und erbarmungslos, mit Schwert und Beil, den Boden unseres europäischen Lebens durchwühlen, um auch die letzten Wurzeln der Vergangenheit auszurotten. Es werden bewaffnete Fichteaner auf den Schauplatz treten, die in ihrem Willensfanatismus weder durch Furcht noch durch Eigennutz zu bändigen sind; denn sie leben im Geist, sie trotzen der Materie, gleich den ersten Christen, die man ebenfalls weder durch leibliche Qualen noch durch leibliche Genüsse bezwingen konnte; ja, solche Transzendentalidealisten wären bei einer gesellschaftlichen Umwälzung sogar noch unbeugsamer als die ersten Christen, da diese die irdische Marter ertrugen, um dadurch zur himmlischen Seligkeit zu gelangen, der Transzendentalidealist aber die Marter selbst für eitel Schein hält und unerreichbar ist in der Verschanzung des eigenen Gedankens. Doch noch schrecklicher als alles wären Naturphilosophen, die handelnd eingriffen in eine deutsche Revolution und sich mit dem Zerstörungswerk selbst identifizieren würden. Denn wenn die Hand des Kantianers stark und sicher zuschlägt, weil sein Herz von keiner traditionellen Ehrfurcht bewegt wird; wenn der Fichteaner mutvoll jeder Gefahr trotzt, weil sie für ihn in der Realität gar nicht existiert: so wird der Naturphilosoph dadurch furchtbar sein, daß er mit den ursprünglichen Gewalten der Natur in Verbindung tritt, daß er die dämonischen Kräfte des altgermanischen Pantheismus beschwören kann und daß in ihm jene Kampflust erwacht, die wir bei den alten Deutschen finden und die nicht kämpft, um zu zerstören noch um zu siegen, sondern bloß, um zu kämpfen. Das Christentum und das ist sein schönstes Verdienst hat jene brutale germanische Kampflust einigermaßen besänftigt, konnte sie jedoch nicht zerstören, und wenn einst der zähmende Talisman, das Kreuz, zerbricht, dann rasselt wieder empor die Wildheit der alten Kämpfer, die unsinnige Berserkerwut, wovon die nordischen Dichter soviel singen und sagen. Jener Talisman ist morsch, und kommen wird der Tag, wo er kläglich zusammenbricht. Die alten steinernen Götter erheben sich dann aus dem verschollenen Schutt und reiben sich den tausendjährigen Staub aus den Augen, und Thor mit dem Riesenhammer springt endlich empor und zerschlägt die gotischen Dome. Wenn ihr dann das Gepolter und Geklirre hört, hütet euch, ihr Nachbarskinder, ihr Franzosen, und mischt euch nicht in die Geschäfte, die wir zu Hause in Deutschland vollbringen. Es könnte euch schlecht bekommen. Hütet euch, das Feuer anzufachen, hütet euch, es zu löschen. Ihr könntet euch leicht an den Flammen die Finger verbrennen. Lächelt nicht über meinen Rat, den Rat eines Träumers, der euch vor Kantianern, Fichteanern und Naturphilosophen warnt. Lächelt nicht über den Phantasten, der im Reiche der Erscheinungen dieselbe Revolution erwartet, die im Gebiete des Geistes stattgefunden. Der Gedanke geht der Tat voraus, wie der Blitz dem Donner. Der deutsche Donner ist freilich auch ein Deutscher und ist nicht sehr gelenkig und kommt etwas langsam herangerollt; aber kommen wird er, und wenn ihr es einst krachen hört, wie es noch niemals in der Weltgeschichte gekracht hat, so wißt: der deutsche Donner hat endlich sein Ziel erreicht. Bei diesem Geräusche werden die Adler aus der Luft tot niederfallen, und die Löwen in der fernsten Wüste Afrikas werden die Schwänze einkneifen und sich in ihren königlichen Höhlen verkriechen. Es wird ein Stück aufgeführt werden in Deutschland, wogegen die französische Revolution nur wie eine harmlose Idylle erscheinen möchte. Jetzt ist es freilich ziemlich still: und gebärdet sich auch dort der eine oder der andere etwas lebhaft, so glaubt nur nicht, diese würden einst als wirkliche Akteure auftreten. Es sind nur die kleinen Hunde, die in der leeren Arena herumlaufen und einander anbellen und beißen, ehe die Stunde erscheint, wo dort die Schar der Gladiatoren anlangt, die auf Tod und Leben kämpfen sollen.

Und die Stunde wird kommen. Wie auf den Stufen eines Amphitheaters werden die Völker sich um Deutschland herumgruppieren, um die großen Kampfspiele zu betrachten. Ich rate euch, ihr Franzosen, verhaltet euch alsdann sehr stille, und beileibe! hütet euch zu applaudieren. Wir könnten euch leicht mißverstehen und euch, in unserer unhöflichen Art, etwas barsch zur Ruhe verweisen; denn wenn wir früherhin, in unserem servil verdrossenen Zustande, euch manchmal überwältigen konnten, so vermöchten wir es noch weit eher im Übermute des Freiheitsrausches. Ihr wißt ja selber, was man in einem solchen Zustande vermag und ihr seid nichtg mehr in einem solchen Zustande. Nehmt euch in ahct! Ich meine es gut mit euch, und deshalb sage ich euch die bittere Wahrheit. Ihr habt von dem befreiten Deutschland mehr zu befürchten als von der ganzen Heiligen Allianz mitsamt allen Kroaten und Kosaken. Denn erstens liebt man euch nicht in Deutschland welches fast unbegreiflich ist, da ihr doch so liebenswürdig seid und euch bei eurer Anwesenheit in Deutschland soviel Mühe gegeben habt, wenigstens der bessern und schönern Hälfte des deutschen Volks zu gefallen. Und wenn diese Hälfte euch auch liebte, so ist es doch eben diejenige Hälfte, die keine Waffen trägt und deren Freundschaft euch also wenig frommt. Was man eigentlich gegen euch vorbringt, habe ich nie begreifen können. Einst, im Bierkeller zu Göttingen, äußerte ein junger Altdeutscher, daß man Rache an den Franzosen nehmen müsse für Konradin von Staufen, den sie zu Neapel geköpft. Ihr habt das gewiß längst vergessen. Wir aber vergessen nichts. Ihr seht, wenn wir mal Lust bekommen, mit euch anzubinden, so wird es uns nicht an triftigen Gründen fehlen. Jedenfalls rate ich euch daher, auf eurer Hut zu sein. Es mag in Deutschland vorgehen, was da wolle, es mag der Kronprinz von Preußen oder der Doktor Wirth zur Herrschaft gelangen, haltet euch immer gerüstet, bleibt ruhig auf eurem Posten stehen, das Gewehr im Arm. Ich meine es gut mit euch, und es hat mich schier erschreckt, als ich jüngst vernahm, eure Minister beabsichtigten, Frankreich zu entwaffnen.

Da ihr, trotz eurer jetzigen Romantik, geborne Klassiker seid, so kennt ihr den Olymp. Unter den nackten Göttern und Göttinnen, die sich dort, bei Nektar und Ambrosia, erlustigen, seht ihr eine Göttin, die, obgleich umgeben von solcher Freude und Kurzweil, dennoch immer einen Panzer trägt und den Helm auf dem Kopf und den Speer in der Hand behält.

Es ist die Göttin der Weisheit.

Heinrich Heine

Elementargeister

Wie man behauptet, gibt es greise Menschen in Westfalen, die noch immer wissen, wo die alten Götterbilder verborgen liegen; auf ihrem Sterbebette sagen sie es dem jüngsten Enkel, und der trägt dann das teure Geheimnis in dem verschwiegenen Sachsenherzen. In Westfalen, dem ehemaligen Sachsen, ist nicht alles tot, was begraben ist. Wenn man dort durch die alten Eichenhaine wandelt, hört man noch die Stimmen der Vorzeit, da hört man noch den Nachhall jener tiefsinnigen Zaubersprüche, worin mehr Lebensfülle quillt als in der ganzen Literatur der Mark Brandenburg. Eine geheimnisvolle Ehrfurcht durchschauerte meine Seele, als ich einst, diese Waldungen durchwandernd, bei der uralten Siegburg vorbeikam. »Hier«, sagte mein Wegweiser, »hier wohnte einst König Wittekind«, und er seufzte tief. Es war ein schlichter Holzhauer, und er trug ein großes Beil.

Ich bin überzeugt, dieser Mann, wenn es drauf ankömmt, schlägt sich noch heute für König Wittekind; und wehe dem Schädel, worauf sein Beil fällt!

Das war ein schwarzer Tag für Sachsenland, als Wittekind, sein tapferer Herzog, von Kaiser Karl geschlagen wurde, bei Engter. »Als er flüchtend gen Ellerbruch zog und nun alles, mit Weib und Kind, an den Furt kam und sich drängte, mochte eine alte Frau nicht weitergehen. Weil sie aber dem Feinde nicht lebendig in die Hände fallen sollte, so wurde sie von den Sachsen lebendig in einen Sandhügel bei Bellmanns-Kamp begraben; dabei sprachen sie: ›Krup under, krup under, de Welt is di gram, du kannst dem Gerappel nich mer folgen.‹«

Man sagt, daß die alte Frau noch lebt. Nicht alles ist tot in Westfalen, was begraben ist.

Die Gebrüder Grimm erzählen diese Geschichte in ihren »Deutschen Sagen«; die gewissenhaften, fleißigen Nachforschungen dieser wackeren Gelehrten werde ich in den folgenden Blättern zuweilen benutzen. Unschätzbar ist das Verdienst dieser Männer um germanische Altertumskunde. Der einzige Jakob Grimm hat für Sprachwissenschaft mehr geleistet als eure ganze Französische Akademie seit Richelieu. Seine »Deutsche Grammatik« ist ein kolossales Werk, ein gotischer Dom, worin alle germanischen Völker ihre Stimmen erheben, wie Riesenchöre, jedes in seinem Dialekte. Jakob Grimm hat vielleicht dem Teufel seine Seele verschrieben, damit er ihm die Materialien lieferte und ihm als Handlanger diente bei diesem ungeheuren Sprachbauwerk. In der Tat, um diese Quadern von Gelehrsamkeit herbeizuschleppen, um aus diesen hunderttausend Zitaten einen Mörtel zu stampfen, dazu gehört mehr als ein Menschenleben und mehr als Menschengeduld.

Eine Hauptquelle für Erforschung des altgermanischen Volksglaubens ist Paracelsus. Ich habe seiner schon mehrmals erwähnt. Seine Werke sind ins Lateinische übersetzt, nicht schlecht, aber lückenhaft. In der deutschen Urschrift ist er schwer zu lesen; abstruser Stil, aber hie und da treten die großen Gedanken hervor mit großem Wort. Er ist ein Naturphilosoph in der heutigsten Bedeutung des Ausdrucks. Man muß seine Terminologie nicht immer in ihrem traditionellen Sinne verstehen. In seiner Lehre von den Elementargeistern gebraucht er die Namen Nymphen, Undinen, Silvanen, Salamander, aber nur deshalb, weil diese Namen dem Publikum schon geläufig sind, nicht weil sie ganz dasjenige bezeichnen, wovon er reden will. Anstatt neue Worte willkürlich zu schaffen, hat er es vorgezogen, für seine Ideen alte Ausdrücke zu suchen, die bisher etwas Ähnliches bezeichneten. Daher ist er vielfach mißverstanden worden, und manche haben ihn der Spötterei, manche sogar des Unglaubens bezüchtigt. Die einen meinten, er beabsichtige, alte Kindermärchen aus Scherz in ein System zu bringen, die anderen tadelten, daß er, abweichend von der christlichen Ansicht, jene Elementargeister nicht für lauter Teufel erklären wollte. »Wir haben keine Gründe, anzunehmen«, sagt er irgendwo, »daß diese Wesen dem Teufel gehören; und was der Teufel selbst ist, das wissen wir auch noch nicht.« Er behauptet, die Elementargeister wären, ebensogut wie wir, wirkliche Geschöpfe Gottes, die aber nicht wie unseresgleichen aus Adams Geschlechte seien und denen Gott zum Wohnsitz die vier Elemente angewiesen habe. Ihre Leibesorganisation sei diesen Elementen gemäß. Nach den vier Elementen ordnet nun Paracelsus die verschiedenen Geister, und hier gibt er uns ein bestimmtes System.

Den Volksglauben selbst in ein System bringen, wie manche beabsichtigen, ist aber ebenso untunlich, als wollte man die vorüberziehenden Wolken in Rahmen fassen. Höchstens kann man unter bestimmten Rubriken das Ähnliche zusammentragen. Dieses wollen wir auch in betreff der Elementargeister versuchen.

Von den Kobolden haben wir bereits gesprochen. Sie sind Gespenster, ein Gemisch von verstorbenen Menschen und Teufeln; man muß sie von den eigentlichen Erdgeistern genau unterscheiden. Diese wohnen meistens in den Bergen, und man nennt sie Wichtelmänner, Gnomen, Metallarii, kleines Volk, Zwerge. Die Sage von diesen Zwergen ist analog mit der Sage von den Riesen, und sie deutet auf die Anwesenheit zweier verschiedener Stämme, die einst mehr oder minder friedlich das Land bewohnt, aber seitdem verschollen sind. Die Riesen sind auf immer verschwunden aus Deutschland. Die Zwerge aber trifft man mitunter noch in den Bergschachten, wo sie, gekleidet wie kleine Bergleute, die kostbaren Metalle und Edelsteine ausgraben. Von jeher haben die Zwerge immer vollauf Gold, Silber und Diamanten besessen; denn sie konnten überall unsichtbar herumkriechen, und kein Loch war ihnen zu klein, um durchzuschlüpfen, führte es nur endlich zu den Stollen des Reichtums. Die Riesen aber blieben immer arm, und wenn man ihnen etwas geborgt hätte, würden sie Riesenschulden hinterlassen haben. Von der Kunstfertigkeit der Zwerge ist in den alten Liedern viel rühmlich die Rede. Sie schmiedeten die besten Schwerter, aber nur die Riesen wußten mit diesen Schwertern dreinzuschlagen. Waren diese Riesen wirklich von so hoher Statur? Die Furcht hat vielleicht ihrem Maße manche Elle hinzugefügt. Dergleichen hat sich oft schon ereignet. Nicetas, ein Byzantiner, der die Einnahme von Konstantinopel durch die Kreuzfahrer berichtet, gesteht ganz ernsthaft, daß einer dieser eisernen Ritter des Nordens, der alles vor sich her zu Paaren trieb, ihnen, in diesem schrecklichen Augenblick, fünfzig Fuß groß zu sein schien.

Die Wohnungen der Zwerge waren, wie schon erwähnt, die Berge. Die kleinen Öffnungen, die man in den Felsen findet, nennt das Volk noch heutzutag Zwerglöcher. Im Harz, namentlich im Bodentale, habe ich dergleichen viele gesehen. Manche Tropfsteinbildungen, die man in den Gebirgshöhlen trifft, sowie auch manche bizarre Felsenspitzen nennt das Volk die Zwergenhochzeit. Es sind Zwerge, die ein böser

Zauberer in Steine verwandelt, als sie eben von einer Trauung aus ihrem kleinen Kirchlein nach Hause trippelten oder auch beim Hochzeitmahl sich gütlich taten. Die Sagen von solchen Versteinerungen sind im Norden ebenso heimisch wie im Morgenlande, wo der borniert Moslem die Statuen und Karyatiden, die er in den Ruinen alter Griechentempel findet, für lauter versteinerte Menschen hält. Wie im Harze, so auch in der Bretagne sah ich allerlei wundersam gruppierte Steine, die von den Bauern Zwergenhochzeiten genannt wurden; die Steine bei Loc Maria Ker sind die Häuser der Torriganen, der Kurilen, wie man dort das kleine Volk benamset.

Die Zwerge tragen kleine Mützchen, wodurch sie sich unsichtbar machen können; man nennt sie Tarnkappen oder auch Nebelkäppchen. Ein Bauer hatte einst, beim Dreschen, mit dem Dreschflegel die Tarnkappe eines Zwerges herabgeschlagen; dieser wurde sichtbar und schlüpfte schnell in eine Erdspalte. Die Zwerge zeigten sich auch manchmal freiwillig den Menschen, hatten gern mit uns Umgang und waren zufrieden genug, wenn wir ihnen nur kein Leids zufügten. Wir aber, boshaft wie wir noch sind, wir spielten ihnen manchen Schabernack. In Wyß' Volkssagen liest man folgende Geschichte:

»Des Sommers kam die Schar der Zwerge häufig aus den Flühen herab ins Tal und gesellte sich entweder hülfreich oder doch zuschauend zu den arbeitenden Menschen, namentlich zu den Mähdern in der Heuernte. Da setzten sie sich denn wohl vergnügt auf den langen und dicken Ast eines Ahorns ins schattige Laub. Einmal aber kamen boshafte Leute und sägten bei Nacht den Ast durch, so daß er bloß noch schwach am Stamme hielt, und als die arglosen Geschöpfe sich am Morgen darauf niederließen, krachte der Ast vollends entzwei, die Zwerge stürzten auf den Grund, wurden ausgelacht, erzürnten sich heftig und jammerten:

›O wie ist der Himmel so hoch

Und die Untreu' so groß!

Heut hierher und nimmermehr!‹«

Sie sollen seit der Zeit das Land verlassen haben. Es gibt indessen noch zwei andere Traditionen, die ebenfalls den Abzug der Zwerge unserer Necksucht und Bosheit zuschreiben. Die eine wird in den erwähnten Volkssagen folgendermaßen erzählt:

»Die Zwerge, welche in Höhlen und Klüften rings um die Menschen herum wohnten, waren gegen diese immer freundlich und gut gesinnt, und des Nachts, wenn die Menschen schliefen, verrichteten sie deren schwere Arbeit. Wenn dann das Landvolk frühmorgens mit Wagen und Geräte herbeizog und erstaunte, daß alles getan war, steckten die Zwerge im Gesträuch und lachten hell auf. Oftmals zürnten die Bauern, wenn sie ihr noch nicht ganz zeitiges Getreide auf dem Acker niedergeschnitten fanden, aber als bald Hagel und Gewitter hereinbrach und sie wohl sahen, daß vielleicht kein Hälmchen dem Verderben entronnen sein würde, da dankten sie innig dem voraussichtigen Zwergvolk. Endlich aber verscherzten die Menschen durch ihren Frevel die Huld und Gunst der Zwerge, sie entflohen, und seitdem hat sie kein Auge wieder erblickt. Die Ursache war diese. Ein Hirt hatte oben am Berg einen trefflichen Kirschbaum stehen. Als die Früchte eines Sommers reiften, begab es sich, daß dreimal hintereinander nachts der Baum geleert wurde und alles Obst auf die Bänke und Hürden getragen war, wo der Hirt sonst die Kirschen aufzubewahren pflegte. Die Leute im Dorfe sprachen: ›Das tut niemand anders als die redlichen Zwerge, die kommen bei Nacht in langen Mänteln mit bedeckten Füßen herangetrippelt, leise wie Vögel, und schaffen den Menschen emsig ihr Tagwerk; schon einmal hat man sie heimlich belauscht, allein man stört sie nicht, sondern läßt sie kommen und gehn.‹ Durch diese Rede wurde der Hirt neugierig und hätte gern gewußt, warum die Zwerge so sorgfältig ihre Füße bärgen und ob diese anders gestaltet wären als Menschenfüße. Da nun das nächste Jahr wieder der Sommer und die Zeit kam, daß die Zwerge heimlich die Kirschen abbrachen und in den Speicher trugen, nahm der Hirt einen Sack voll Asche und streute sie rings um den Berg herum aus. Den anderen Morgen mit Tagesanbruch eilte er zur Stelle hin, der Baum war richtig leer gepflückt, und er sah unten in der Asche die Spuren von vielen Gänsefüßen eingedrückt. Da lachte der Hirt und spottete, daß der Zwerge Geheimnis verraten war. Bald aber zerbrachen und verwüsteten diese ihre Wohnungen und flohen tiefer in den Berg hinab, grollen dem Menschengeschlecht und versagen ihm ihre Hülfe. Jener Hirt, der sie verraten hatte, wurde siech und blödsinnig bis an sein Lebensende.«

Die andere Tradition, die in Otmars Volkssagen mitgeteilt wird, ist von viel betrübsam härterem Charakter:

»Zwischen Walkenried und Neuhof in der Grafschaft Hohenstein hatten einst die Zwerge zwei Königreiche. Ein Bewohner jener Gegend merkte einmal, daß seine Feldfrüchte alle Nächte beraubt wurden, ohne daß er den Täter entdecken konnte. Endlich ging er auf den Rat einer weisen Frau bei einbrechender Nacht an seinem Erbsenfelde auf und ab und schlug mit einem dünnen Stabe über dasselbe in die bloße Luft hinein. Es dauerte nicht lange, so standen einige Zwerge leibhaftig vor ihm. Er hatte ihnen die unsichtbar machenden Nebelkappen abgeschlagen. Zitternd fielen die Zwerge vor ihm nieder und bekannten, daß ihr Volk es sei, welches die Felder der Landesbewohner beraubte, wozu aber die äußerste Not sie zwänge. Die Nachricht von den eingefangenen Zwergen brachte die ganze Gegend in Bewegung. Das Zwergvolk sandte endlich Abgeordnete und bot Lösung für sich und die gefangenen Brüder und wollte dann auf immer das Land verlassen. Doch die Art des Abzugs erregte neuen Streit. Die Landeseinwohner wollten die Zwerge nicht mit ihren gesammelten und versteckten Schätzen abziehen lassen, und das Zwergvolk wollte bei seinem Abzuge nicht gesehen sein. Endlich kam man dahin überein, daß die Zwerge über eine schmale Brücke bei Neuhof ziehen und daß jeder von ihnen in ein dorthin gestelltes Gefäß einen bestimmten Teil seines Vermögens, als Abzugszoll, werfen sollte, ohne daß einer der Landesbewohner zugegen wäre. Dies geschah. Doch einige Neugierige hatten sich unter die Brücke versteckt, um den Zug der Zwerge wenigstens zu hören. Und so hörten sie denn viele Stunden lang das Gerappel der kleinen Menschen; es war ihnen, als ob eine sehr große Herde Schafe über die Brücke ging.«

Nach einer Variante sollte jeder abziehende Zwerg nur ein einziges Geldstück in das Faß werfen, welches man vor der Brücke hingestellt; und den anderen Morgen fand man das Faß ganz gefüllt mit alten Goldmünzen. Auch soll vorher der Zwergenkönig selber, in seinem roten Mäntelchen, zu den Landeseinwohnern gekommen sein, um sie zu bitten, ihn und sein Volk nicht fortzujagen. Flehentlich erhob er seine Ärmchen gen Himmel und weinte die rührendsten Tränen, wie einst Don Isaak Abarbanel vor Ferdinand von Aragonien.

Von den Zwergen, den Erdgeistern, sind genau zu unterscheiden die Elfen, die Luftgeister, die auch in Frankreich mehr bekannt sind und die besonders in englischen Gedichten so anmutig gefeiert werden. Wenn die Elfen nicht ihrer Natur nach unsterblich wären, so würden sie es schon allein durch Shakespeare geworden sein. Sie leben ewig im Sommernachtstraum der Poesie.

Der Glaube an Elfen ist nach meinem Bedünken viel mehr keltischen als skandinavischen Ursprungs. Daher mehr Elfensagen im westlichen Norden als im östlichen. In Deutschland weiß man wenig von Elfen, und alles ist da nur matter Nachklang von bretanischen Sagen, wie z.B. Wielands »Oberon«. Was das Volk in Deutschland Elfen oder Elben nennt, sind die unheimlichen Geburten der Hexen, die mit dem Bösen gebuhlt. Die eigentlichen Elfensagen sind heimisch in Irland und Nordfrankreich; indem sie von hier hinabklingen bis zur Provence, vermischen sie sich mit dem Feenglauben des Morgenlands. Aus solcher Vermischung erblühen nun die vortrefflichen Lais vom Grafen Lanval, dem die schöne Fee ihre Gunst schenkt unter dem Beding, daß er sein Glück verschweige. Als aber König Artus, bei einem

Festgelage zu Karduel, seine Königin Genevra für die schönste Frau der Welt erklärte, da konnte Graf Lanval nicht länger schweigen; er sprach, und sein Glück war, wenigstens auf Erden, zu Ende. Nicht viel besser ergeht es dem Ritter Grüelan; auch er kann sein Liebesglück nicht verschweigen, die geliebte Fee verschwindet, und auf seinem Roß Gedefer reitet er lange vergebens, um sie zu suchen. Aber in dem Feenland Avalun finden die unglücklichen Ritter ihre Geliebten wieder. Hier können Graf Lanval und Herr Grüelan soviel schwatzen, als nur ihr Herz gelüstet. Hier kann auch Ogier der Däne von seinen Heldenfahrten ausruhen in den Armen seiner Morgane. Ihr Franzosen kennt sie alle, diese Geschichten. Ihr kennt Avalun, aber der Perser kennt es auch, und er nennt es Ginnistan. Es ist das Land der Poesie.

Das Äußere der Elfen und ihr Weben und Treiben ist euch ebenfalls ziemlich bekannt. Spensers »Elfenkönigin« ist längst zu euch herübergeflogen aus England. Wer kennt nicht Titania? Wessen Hirn ist so dick, daß es nicht manchmal das heitre Geklinge ihres Luftzugs vernimmt? Ist es aber wahr, daß es ein Vorzeichen des Todes, wenn man diese Elfenkönigin mit leiblichen Augen erblickt und gar einen freundlichen Gruß von ihr empfängt? Ich möchte dieses gern genau wissen, denn:

In dem Wald, im Mondenscheine,

Sah ich jüngst die Elfen reuten;

Ihre Hörner hört ich klingen,

Ihre Glöckchen hört ich läuten.

Ihre weißen Rößlein trugen

Güldnes Hirschgeweih und flogen

Rasch dahin, wie Schwanenzüge

Kam es durch die Luft gezogen.

Lächelnd nickte mir die Kön'gin,

Lächelnd im Vorüberreuten.

Galt das meiner neuen Liebe,

Oder soll es Tod bedeuten?

In den dänischen Volksliedern gibt es zwei Elfensagen, die den Charakter dieser Luftgeister am treuesten zur Anschauung bringen. Das eine Lied erzählt von dem Traumgesichte eines jungen Fants, der sich auf Elvershöh niedergelegt hatte und allmählich eingeschlummert war. Er träumt, er stände auf seinem Schwerte gestützt, während die Elfen im Kreise um ihn her tanzen und durch Liebkosen und Versprechung ihn verlocken wollen, an ihrem Reigen teilzunehmen. Eine von den Elfen kömmt an ihn heran und streichelt ihm die Wange und flüstert: »Tanze mit uns, schöner Knabe, und das Süßeste, was nur immer dein Herz gelüstet, wollen wir dir singen.« Und da beginnt auch ein Gesang von so bezwingender Liebeslust, daß der reißende Strom, dessen Wasser sonst wildbrausend dahinfließt, plötzlich stillsteht und in der ruhigen Flut die Fischlein hervortauchen und vergnügt mit ihren Schwänzlein spielen. Eine andere Elfe flüstert: »Tanze mit uns, schöner Knabe, und wir wollen dir Runensprüche lehren, womit du den Bär und den wilden Eber besiegen kannst sowie auch den Drachen, der das Gold hütet; sein Gold soll dir anheimfallen.« Der junge Fant widersteht jedoch allen diesen Lockungen, und die erzürnten Jungfrauen drohen endlich, ihm den kalten Tod ins Herz zu bohren. Schon zücken sie ihre scharfen Messer, da, zum Glücke, kräht der Hahn, und der Träumer erwacht mit heiler Haut.

Das andere Gedicht ist minder luftig gehalten, die Erscheinung der Elfen findet nicht im Traume, sondern in der Wirklichkeit statt, und ihr schauerlich anmutiges Wesen tritt uns desto schärfer entgegen. Es ist das Lied von dem Herrn Oluf, der abends spät ausreutet, um seine Hochzeitgäste zu entbieten. Der Refrain ist immer: »Aber das Tanzen geht so schnell durch den Wald.« Man glaubt unheimlich lüsterne Melodien zu hören und zwischendrein ein Kichern und Wispern wie von mutwilligen Mädchen. Herr Oluf sieht endlich, wie vier, fünf, ja noch mehre Jungfrauen hervortanzen und Erlkönigs Tochter die Hand nach ihm ausstreckt. Sie bittet ihn zärtlichst, in den Kreis einzutreten und mit ihr zu tanzen. Der Ritter aber will nicht tanzen und sagt zu seiner Entschuldigung: »Morgen ist mein Hochzeitstag.« Da werden ihm nun gar verführerische Geschenke angeboten; jedoch weder die Widderhautsstiefel, die so gut am Beine sitzen würden, noch die güldenen Sporen, die man so hübsch daranschnallen kann, noch das weißseidne Hemd, das die Elfenkönigin selber mit Mondschein gebleicht hat, nicht mal die silberne Schärpe, die man ihm ebenfalls so kostbar anrühmt, nichts kann ihn bestimmen, in den Elfenreigen einzutreten und mitzutanzen. Seine beständige Entschuldigung ist: »Morgen ist mein Hochzeitstag.« Da freilich verlieren die Elfen endlich die Geduld, sie geben ihm einen Schlag aufs Herz, wie er ihn noch nie empfunden, und heben den zu Boden gesunkenen Ritter wieder auf sein Roß und sagen spöttisch: »So reite denn heim zu deiner Braut.« Ach! als er auf seine Burg zurückkehrte, da waren seine Wangen sehr blaß und sein Leib sehr krank, und als am Morgen früh die Braut ankam mit der Hochzeitschar, mit Sang und Klang, da war Herr Oluf ein stiller Mann; denn er lag tot unter dem roten Bahrtuch.

»Aber das Tanzen geht hin so schnell durch den Wald.«

Der Tanz ist charakteristisch bei den Luftgeistern; sie sind zu ätherischer Natur, als daß sie prosaisch gewöhnlichen Ganges, wie wir, über diese Erde wandeln sollten. Indessen, so zart sie auch sind, so lassen doch ihre Füßchen einige Spuren zurück auf den Rasenplätzen, wo sie ihre nächtlichen Reigen gehalten. Es sind eingedrückte Kreise, denen das Volk den Namen Elfenringe gegeben.

In einem Teile Östreichs gibt es eine Sage, die mit den vorhergehenden eine gewisse Ähnlichkeit bietet, obgleich sie ursprünglich slawisch ist. Es ist die Sage von den gespenstischen Tänzerinnen, die dort unter dem Namen »die Willis« bekannt sind. Die Willis sind Bräute, die vor der Hochzeit gestorben sind. Die armen jungen Geschöpfe können nicht im Grabe ruhig liegen, in ihren toten Herzen, in ihren toten Füßen blieb noch jene Tanzlust, die sie im Leben nicht befriedigen konnten, und um Mitternacht steigen sie hervor, versammeln sich truppenweis an den Heerstraßen, und wehe dem jungen Menschen, der ihnen da begegnet! Er muß mit ihnen tanzen, sie umschlingen ihn mit ungezügelter Tobsucht, und er tanzt mit ihnen, ohne Ruh und Rast, bis er tot niederfällt. Geschmückt mit ihren Hochzeitkleidern, Blumenkronen und flatternde Bänder auf den Häuptern, funkelnde Ringe an den Fingern, tanzen die Willis im Mondglanz, ebenso wie die Elfen. Ihr Antlitz, obgleich schneeweiß, ist jugendlich schön, sie lachen so schauerlich heiter, so frevelhaft liebenswürdig, sie nicken so geheimnisvoll lüstern, so verheißend; diese toten Bacchantinnen sind unwiderstehlich.

Das Volk, wenn es blühende Bräute sterben sah, konnte sich nie überreden, daß Jugend und Schönheit so jähling gänzlich der schwarzen Vernichtung anheimfallen, und leicht entstand der Glaube, daß die Braut noch nach dem Tode die entbehrten Freuden sucht.

Dieses erinnert uns an eins der schönsten Gedichte Goethes, die »Braut von Korinth«, womit das französische Publikum, durch Frau von Staël, schon längst Bekanntschaft gemacht hat. Das Thema dieses Gedichtes ist uralt und verliert sich hoch hinauf in die Schauernisse der thessalischen Märchen. Älian erzählt davon, und Ähnliches berichtet Philostratus im Leben des Apollonius von Tyane. Es ist die fatale Hochzeitgeschichte, wo die Braut eine Lamia ist.

Es ist den Volkssagen eigentümlich, daß ihre furchtbarsten Katastrophen gewöhnlich bei Hochzeitfesten ausbrechen. Das plötzlich eintretende Schrecknis kontrastiert dann desto grausig-schroffer mit der heiteren Umgebung, mit der Vorbereitung zur Freude, mit der lustigen Musik. Solange der Rand des Bechers noch nicht die Lippen berührt, kann der kostbare Trank noch immer verschüttet werden. Ein düsterer Hochzeitgast kann eintreten, den niemand gebeten hat und den doch keiner den Mut hat fortzuweisen. Er sagt der Braut ein Wort ins Ohr, und sie erbleicht. Er gibt dem Bräutigam einen leisen Wink, und dieser folgt ihm aus dem Saale, wandelt mit ihm weit hinaus in die wehende Nacht und kehrt nimmermehr heim. Gewöhnlich ist es ein früheres Liebesversprechen, weshalb plötzlich eine kalte Geisterhand die Braut und den Bräutigam trennt. Als Herr Peter von Staufenberg beim Hochzeitmahle saß und zufällig aufwärts schaute, erblickte er einen kleinen weißen Fuß, der durch die Saalesdecke hervortrat. Er erkannte den Fuß jener Nixe, womit er früher im zärtlichsten Liebesbündnisse gestanden, und an diesem Wahrzeichen merkte er wohl, daß er durch seine Treulosigkeit das Leben verwirkt. Er schickt zum Beichtiger, läßt sich das Abendmahl reichen und bereitet sich zum Tode. Von dieser Geschichte wird in deutschen Landen noch viel gesagt und gesungen. Es heißt auch, die beleidigte Nixe habe den ungetreuen Ritter unsichtbar umarmt und in dieser Umarmung gewürgt. Tief gerührt werden die Frauen bei dieser tragischen Erzählung. Aber unsere jungen Freigeister lächeln darüber spöttisch und wollen nimmermehr glauben, daß die Nixen so gefährlich sind. Sie werden späterhin ihre Ungläubigkeit bitter bereuen.

Die Nixen haben die größte Ähnlichkeit mit den Elfen. Sie sind beide verlockend, anreizend und lieben den Tanz. Die Elfen tanzen auf Moorgründen, grünen Wiesen, freien Waldplätzen und am liebsten unter alten Eichen. Die Nixen tanzen bei Teichen und Flüssen; man sah sie auch wohl auf dem Wasser tanzen, den Vorabend, wenn jemand dort ertrank. Auch kommen sie oft zu den Tanzplätzen der Menschen und tanzen mit ihnen ganz wie unsereins. Die weiblichen Nixen erkennt man an dem Saum ihrer weißen Kleider, der immer feucht ist. Auch wohl an dem feinen Gespinste ihrer Schleier und an der vornehmen Zierlichkeit ihres geheimnisvollen Wesens. Den männlichen Nix erkennt man daran, daß er grüne Zähne hat, die fast wie Fischgräten gebildet sind. Auch empfindet man einen inneren Schauer, wenn man seine außerordentlich weiche, eiskalte Hand berührt. Gewöhnlich trägt er einen grünen Hut. Wehe dem Mädchen, das, ohne ihn zu kennen, gar zu sorglos mit ihm tanzt. Er zieht sie hinab in sein feuchtes Reich. Marsk Stig, der Königsmörder, hatte zwei schöne Töchter, wovon die jüngste in des Wassermanns Gewalt geriet, sogar während sie in der Kirche war. Der Nix erschien als ein stattlicher Ritter; seine Mutter hatte ihm ein Roß von klarem Wasser und Sattel und Zaum von dem weißesten Sande gemacht, und die arglose Schöne reichte ihm freudig ihre Hand. Wird sie ihm da unten im Meere die versprochene Treue halten? Ich weiß nicht; aber ich kenne eine Sage von einem anderen Wassermann, der sich ebenfalls eine Frau vom festen Lande geholt hat und aufs listigste von ihr betrogen ward. Es ist die Sage von Rosmer, dem Wassermann, der, ohne es zu wissen, seine eigne Frau in einer Kiste auf den Rücken nahm und sie ihrer Mutter zurückbrachte. Er vergoß darüber nachher die bitterlichsten Tränen.

Die Nixen haben ebenfalls oft dafür zu büßen, daß sie an dem Umgang der Menschen Gefallen fanden. Auch hierüber weiß ich eine Geschichte, die von deutschen Dichtern vielfach besungen worden.

Aber am rührendsten klingt sie in folgenden schlichten Worten, wie sie die Gebrüder Grimm, in ihren Sagen, mitteilen:

»Zu Epfenbach bei Sinzheim traten seit der Leute Gedenken jeden Abend drei wunderschöne, weißgekleidete Jungfrauen in die Spinnstube des Dorfs. Sie brachten immer neue Lieder und Weisen mit, wußten hübsche Märchen und Spiele, auch ihre Rocken und Spindeln hatten etwas Eigenes, und keine Spinnerin konnte so fein und behend den Faden drehen. Aber mit dem Schlag elf standen sie auf, packten ihre Rocken zusammen und ließen sich durch keine Bitte einen Augenblick länger halten. Man wußte nicht, woher sie kamen, noch, wohin sie gingen: man nannte sie nur die Jungfern aus dem See oder die Schwestern aus dem See. Die Burschen sahen sie gern und verliebten sich in sie, zu allermeist des Schulmeisters Sohn. Der konnte nicht satt werden, sie zu hören und mit ihnen zu sprechen, und nichts tat ihm leider, als daß sie jeden Abend schon so früh aufbrachen. Da verfiel er einmal auf den Gedanken und stellte die Dorfuhr eine Stunde zurück, und abends im steten Gespräch und Scherz merkte kein Mensch den Verzug der Stunde. Und als die Glocke elf schlug, es aber schon eigentlich zwölf war, standen die drei Jungfrauen auf, legten ihre Rocken zusammen und gingen fort. Den folgenden Morgen kamen etliche Leute am See vorbei; da hörten sie wimmern und sahen drei blutige Stellen oben auf der Fläche. Seit der Zeit kamen die Schwestern nimmermehr zur Stube. Des Schulmeisters Sohn zehrte ab und starb kurz darnach.«

Es liegt etwas so Geheimnisvolles in dem Treiben der Nixen. Der Mensch kann sich unter dieser Wasserdecke soviel Süßes und zugleich soviel Entsetzliches denken. Die Fische, die allein etwas davon wissen können, sind stumm. Oder schweigen sie etwa aus Klugheit? Fürchten sie grausame Ahndung, wenn sie die Heimlichkeiten des stillen Wasserreichs verrieten? So ein Wasserreich mit seinen wollüstigen Heimlichkeiten und verborgenen Schrecknissen mahnt an Venedig. Oder war Venedig selbst ein solches Reich, das zufällig, aus der Tiefe des Adriatischen Meers, zur Oberwelt heraufgetaucht mit seinen Marmorpalästen, mit seinen delphinäugigen Kurtisanen, mit seinen Glasperlen- und Korallenfabriken, mit seinen Staatsinquisitoren, mit seinen geheimen Ersäufungsanstalten, mit seinem bunten Maskengelächter? Wenn einst Venedig wieder in die Lagunen hinabgesunken sein mag, dann wird seine Geschichte wie ein Nixenmärchen klingen, und die Amme wird den Kindern von dem großen Wasservolk erzählen, das, durch Beharrlichkeit und List, sogar über das feste Land geherrscht, aber endlich von einem zweiköpfigen Adler totgebissen worden.

Das Geheimnisvolle ist der Charakter der Nixen, wie das träumerisch Lustige der Charakter der Elfen. Beide sind vielleicht in der ursprünglichen Sage selbst nicht sehr unterschieden, und erst spätere Zeiten haben hier eine Sonderung vorgenommen. Die Namen selbst geben keine sichere Auskunft. In Skandinavien heißen alle Geister Elfen, Alf, und man unterscheidet sie in weiße und schwarze Alfen; letztere sind eigentliche Kobolde. Den Namen Nix gibt man in Dänemark ebenfalls den Hauskobolden, die man dort, wie ich schon früher gemeldet, Nissen nennt.

Dann gibt es auch Abnormitäten, Nixen, welche nur bis zur Hüfte menschliche Bildung tragen, unten aber in einem Fischschweif endigen oder mit der Oberhälfte ihres Leibes als eine wunderschöne Frau und mit der Unterhälfte als eine schuppige Schlange erscheinen, wie eure Melusine, die Geliebte des Grafen Raimund von Poitiers.

Glücklicher Raimund, dessen Geliebte nur zur Hälfte eine Schlange war!

Auch kommt es oft vor, daß die Nixen, wenn sie sich mit Menschen in ein Liebesbündnis einlassen, nicht bloß Verschwiegenheit verlangen, sondern auch bitten, man möge sie nie befragen nach ihrer Herkunft, nach Heimat und Sippschaft. Auch sagen sie nicht ihren rechten Namen, sondern sie geben sich unter den Menschen sozusagen einen nom de guerre. Der Gatte der klevschen Prinzessin nannte sich Helias. War er ein Nix oder ein Elfe? Wie oft, wenn ich den Rhein hinabfuhr und dem Schwanenturm von Kleve vorüberkam, dachte ich an den geheimnisvollen Ritter, der so wehmütig streng sein Inkognito bewahrte und den die bloße Frage nach seiner Herkunft aus den Armen der Liebe vertreiben konnte. Als die Prinzessin ihre Neugier nicht bemeistern konnte und einst in der Nacht zu ihrem Gemahle die Worte sprach: »Herr, solltet Ihr nicht unserer Kinder wegen sagen, wer Ihr seid?«, da stieg er seufzend aus dem Bette, setzte sich wieder auf sein Schwanenschiff, fuhr den Rhein hinab und kam nimmermehr zurück. Aber es ist auch wirklich verdrießlich, wenn die Weiber zuviel fragen. Braucht eure Lippen zum Küssen, nicht zum Fragen, ihr Schönen. Schweigen ist die wesentlichste Bedingung des Glückes. Wenn der Mann die Gunstbezeugungen seines Glückes ausplaudert oder wenn das Weib nach den Geheimnissen ihres Glückes neugierig forscht, dann gehen sie beide ihres Glückes verlustig.

Elfen und Nixen können zaubern, können sich in jede beliebige Gestalt verwandeln; indessen manchmal sind auch sie selber von mächtigeren Geistern und Nekromanten in allerlei häßliche Mißgebilde verwünscht worden. Sie werden aber erlöst durch Liebe, wie im Märchen Zemire und Azor; das krötige Ungeheuer muß dreimal geküßt werden, und es verwandelt sich in einen schönen Prinzen. Sobald du deinen Widerwillen gegen das Häßliche überwindest und das Häßliche sogar liebgewinnst, so verwandelt es sich in etwas Schönes. Keine Verwünschung widersteht der Liebe. Liebe ist ja selber der stärkste Zauber, jede andere Verzauberung muß ihr weichen. Nur gegen eine Gewalt ist sie ohnmächtig. Welche ist das? Es ist nicht das Feuer, nicht das Wasser, nicht die Luft, nicht die Erde mit allen ihren Metallen; es ist die Zeit.

Die seltsamsten Sagen in betreff der Elementargeister findet man bei dem alten guten Johannes Prätorius, dessen »Anthropodemus plutonicus oder neue Weltbeschreibung von allerlei wunderbaren Menschen« im Jahr 1666 zu Magdeburg erschienen ist. Schon die Jahrzahl ist merkwürdig; es ist das Jahr, dem der Jüngste Tag prophezeit worden. Der Inhalt des Buches ist ein Wust von Unsinn, aufgegabeltem Aberglauben, maulhängkolischen und affenteuerlichen Historien und gelehrten Zitaten, Kraut und Rüben. Die zu behandelnden Gegenstände sind geordnet nach den Anfangsbuchstaben ihres Namens, die ebenfalls höchst willkürlich gewählt sind. Auch die Einteilungen sind ergötzlich, z.B. wenn der

Verfasser von Gespenstern handeln will, so handelt er 1. von wirklichen Gespenstern, 2. von erdichteten Gespenstern, d.h. von Betrügern, die sich als Gespenster vermummen. Aber er ist voll Belehrung, und in diesem Buche, sowie auch in seinen anderen Werken, haben sich Traditionen erhalten, die teils sehr wichtig für das Studium der germanischen Religionsaltertümer, teils auch als bloße Kuriositäten sehr interessant sind. Ich bin überzeugt, ihr alle wißt nicht, daß es Meerbischöfe gibt. Ich zweifle sogar, ob die »Gazette de France« es weiß. Und doch wäre es wichtig für manche Leute zu wissen, daß das Christentum sogar im Ozean seine Anhänger hat, und gewiß in großer Anzahl. Vielleicht die Majorität der Meergeschöpfe sind Christen, wenigstens ebenso gute Christen wie die Majorität der Franzosen. Ich möchte dieses gern verschweigen, um der katholischen Partei in Frankreich durch diese Mitteilung keine Freude zu machen, aber da ich hier von Nixen, von Wassermenschen, zu sprechen habe, verlangt es die deutsch-gewissenhafte Gründlichkeit, daß ich der Seebischöfe erwähne. Prätorius erzählt nämlich folgendes:

»In den holländischen Chroniken liest man, Cornelius von Amsterdam habe an einen Medikus namens Gelbert nach Rom geschrieben, daß im Jahr 1531 in dem nordischen Meere, nahe bei Elpach, ein Meermann sei gefangen worden, der wie ein Bischof von der römischen Kirche ausgesehen habe. Den habe man dem König von Polen zugeschickt. Weil er aber ganz im geringsten nichts essen wollte von allem, was ihm dargereicht, sei er am dritten Tage gestorben, habe nichts geredet, sondern nur große Seufzer geholet.«

Eine Seite weiter hat Prätorius ein anderes Beispiel mitgeteilt:

»Im Jahr 1433 hat man in dem Baltischen Meere, gegen Polen, einen Meermann gefunden, welcher einem Bischof ganz ähnlich gewesen. Er hatte einen Bischofshut auf dem Haupte, seinen Bischofstab in der Hand und ein Meßgewand an. Er ließ sich berühren, sonderlich von den Bischöfen des Ortes, und erwies ihnen Ehre, jedoch ohne Rede. Der König wollte ihn in einem Turm verwahren lassen, darwider setzte er sich mit Gebärden, und baten die Bischöfe, daß man ihn wieder in sein Element lassen wolle, welches auch geschehen, und wurde er von zweien Bischöfen dahin begleitet und erwies sich freudig. Sobald er in das Wasser kam, machte er ein Kreuz und tauchte sich hinunter, wurde auch künftig nicht mehr gesehen. Dieses ist zu lesen in Flandr. Chronic., in Hist. Ecclesiast. Spondani, wie auch in den Memorabilibus Wolfii.«

Ich habe beide Geschichten wörtlich mitgeteilt und meine Quelle genau angegeben, damit man nicht etwa glaube, ich hätte die Meerbischöfe erfunden. Ich werde mich wohl hüten, noch mehr Bischöfe zu erfinden.

Einigen Engländern, mit denen ich mich gestern über die Reform der anglikanisch-episkopalen Kirche unterhielt, habe ich den Rat gegeben, aus ihren Landbischöfen lauter Meerbischöfe zu machen.

Zur Ergänzung der Sagen von Nixen und Elfen habe ich noch der Schwanenjungfrauen zu erwähnen. Die Sage ist hier sehr unbestimmt und mit einem allzu geheimnisvollen Dunkel umwoben. Sind sie Wassergeister? Sind sie Luftgeister? Sind sie Zauberinnen? Manchmal kommen sie aus den Lüften als Schwäne herabgeflogen, legen ihre weiße Federhülle von sich, wie ein Gewand, sind dann schöne

Jungfrauen und baden sich in stillen Gewässern. Überrascht sie dort irgendein neugieriger Bursche, dann springen sie rasch aus dem Wasser, hüllen sich geschwind in ihre Federhaut und schwingen sich dann als Schwäne wieder empor in die Lüfte. Der vortreffliche Musäus erzählt in seinen »Volksmärchen« die schöne Geschichte von einem jungen Ritter, dem es gelang, eins von jenen Federgewändern zu stehlen; als die Jungfrauen aus dem Bade stiegen, sich schnell in ihre Federkleider hüllten und davonflogen, blieb eine zurück, die vergebens ihr Federkleid suchte. Sie kann nicht fortfliegen, weint beträchtlich, ist wunderschön, und der schlaue Ritter heuratet sie. Sieben Jahre leben sie glücklich; aber einst, in der Abwesenheit des Gemahls, kramt die Frau in verborgenen Schränken und Truhen und findet dort ihr altes Federgewand; geschwind schlüpft sie hinein und fliegt davon.

In den altdänischen Liedern ist von einem solchen Federgewand sehr oft die Rede, aber dunkel und in höchst befremdlicher Art. Hier finden wir Spuren von dem ältesten Zauberwesen. Hier sind Töne von nordischem Heidentum, die, wie halbvergessene Träume, in unserem Gedächtnisse einen wunderbaren Anklang finden. Ich kann nicht umhin, ein altes Lied mitzuteilen, worin nicht bloß von der Federhaut gesprochen wird, sondern auch von den Nachtraben, die ein Seitenstück zu den Schwanenjungfrauen bilden. Dieses Lied ist so schauerlich, so grauenhaft, so düster wie eine skandinavische Nacht, und doch glüht darin eine Liebe, die an wilder Süße und brennender Innigkeit nicht ihresgleichen hat, eine Liebe, die, immer gewaltiger entlodernd, endlich wie ein Nordlicht emporschießt und mit ihren leidenschaftlichen Strahlen den ganzen Himmel überflammt. Indem ich hier dieses ungeheure Liebesgedicht mitteile, muß ich vorausbemerken, daß ich mir dabei nur metrische Veränderungen erlaube, daß ich nur am Äußerlichen, an dem Gewande, hie und da ein bißchen geschneidert. Der Refrain nach jeder Strophe ist immer: »So fliegt er über das Meer!«

Sie schifften wohl über das salzige Meer,

Der König und die Königin beide;

Daß die Königin nicht geblieben daheim,

Das ward zu großem Leide.

Das Schiff, das stand auf einmal still,

Sie konnten's nicht weiter lenken;

Ein wilder Nachtrabe geflogen kam,

Er wollt's in den Grund versenken.

»Ist jemand unter den Wellen versteckt

Und hält das Schiff befestigt?

Ich gebe ihm beides, Silber und Gold,

Er lasse uns unbelästigt.

So du es bist, Nachtrabe wild,

So senk uns nicht zu Grunde,

Ich gebe dir beides, Silber und Gold,

Wohl fünfzehn gewogene Pfunde.«

»Dein Gold und Silber verlang ich nicht,

Ich verlange bessere Gaben,

Was du trägst unter dem Leibgurt dein,

Das will ich von dir haben.«

»Was ich trage unter dem Leibgurt mein,

Das will ich dir gerne geben;

Das sind ja meine Schlüssel klein,

Nimm hin, und laß mir mein Leben.«

Sie zog heraus die Schlüssel klein,

Sie warf sie ihm über Borde.

Der wilde Rabe von dannen flog,

Er hielt sie freudig beim Worte.

Und als die Kön'gin nach Hause kam,

Sie ging am Strande spazieren,

Da merkt' sie, wie German, der fröhliche Held,

Sich unter dem Leibgurt tät rühren.

Und als fünf Monde verflossen dahin,

Die Königin eilt in die Kammer,

Eines schönen Sohnes sie genas,

Das ward zu großem Jammer.

Er ward geboren in der Nacht,

Und getauft sogleich den Morgen,

Sie nannten ihn German, den fröhlichen Held,

Sie glaubten ihn schon geborgen.

Der Knabe wuchs, er wußte sich gut

Im Reiten und Fechten zu üben;

Sooft seine liebe Mutter ihn sah,

Tät sich ihr Herz betrüben.

»O Mutter, liebe Mutter mein,

Wenn ich Euch vorübergehe,

Warum so traurig werdet Ihr,

Daß ich Euch weinen sehe?«

»So wisse, German, du fröhlicher Held,

Dein Leben ist bald geendet,

Denn als ich dich unter dem Leibgurt trug,

Hab ich dich dem Raben verpfändet.«

»O Mutter, liebe Mutter mein,

O laßt Eu'r Leid nur fahren,

Was mir mein Schicksal bescheren will,

Davor kann mich niemand bewahren.«

Das war eines Donnerstags, im Herbst,

Als kaum der Morgen graute,

Die Frauenstube offenstand,

Da kamen krächzende Laute.

Der häßliche Rabe kam herein,

Setzt sich zu der Königin dorten:

»Frau Königin, gebt mir Eu'r Kind,

Ihr habt's mir versprochen mit Worten.«

Sie aber hat beim höchsten Gott,

Bei allen Heil'gen geschworen,

Sie wüßte weder von Tochter noch Sohn,

Die sie auf Erden geboren.

Der häßliche Rabe flog zornig davon,

Und zornig schrie er im Fluge:

»Wo find ich German, den fröhlichen Held,

Er gehört mir mit gutem Fuge.«

Und German war alt schon fünfzehn Jahr,

Und ein Mädchen zu freien gedacht er;

Er schickte Boten nach Engeland,

Er warb um des Königs Tochter.

Des Königs Tochter ward ihm verlobt,

Und nach England zu reisen beschloß er:

»Wie komm ich schnell zu meiner Braut,

Rings um die Insel ist Wasser?«

Und das war German, der fröhliche Held,

In Scharlach sich kleiden tat er,

In seinem scharlachroten Kleid

Vor seine Mutter trat er.

»O Mutter, liebe Mutter mein,

Erfüllet mein Begehre

Erfüllet mein Begehre,

Und leiht mir Euer Federgewand,

Daß ich fliegen kann über dem Meere.«

»Mein Federgewand in dem Winkel dort hängt,

Die Federn, die fallen zur Erde;

Ich denke, daß ich zur Frühjahrzeit

Das Gefieder ausbesseren werde.

Auch sind die Fittiche viel zu breit,

Die Wolken drücken sie nieder

Und ziehst du fort in ein fremdes Land,

Ich schaue dich niemals wieder.«

Er setzte sich in das Federgewand,

Flog fort wohl über das Wasser;

Da traf er den wilden Nachtraben an,

Auf der Klippe im Meere saß er.

Wohl über das Wasser flog er fort,

Inmitten des Sundes kam er;

Da hört' er einen erschrecklichen Laut,

Eine häßliche Stimme vernahm er:

»Willkommen, German, du fröhlicher Held,

So lange erwarte ich deiner;

Als deine Mutter dich mir versprach,

Da warst du viel zarter und kleiner.«

»O laß mich fliegen zu meiner Braut,

Ich treffe (bei meinem Worte!),

Sobald ich sie gesprochen hab,

Dich hier auf demselben Orte.«

»So will ich dich zeichnen, daß immerdar

Ich dich wiedererkenne im Leben,

Und dieses Zeichen erinnere dich

An das Wort, das du mir gegeben.«

Er hackte ihm aus sein rechtes Aug',

Trank halb ihm das Blut aus dem Herzen.

Der Ritter kam zu seiner Braut

Mit großen Liebesschmerzen.

Er setzte sich in der Jungfraun Saal,

Er war so blutig, so bleiche;

Die kosenden Jungfraun in dem Saal,

Sie verstummten alle sogleiche.

Die Jungfraun ließen Freud und Scherz,

Sie saßen still so sehre;

Aber die stolze Jungfrau Adelutz

Warf von sich Nadel und Schere.

Die Jungfraun saßen still so sehr,

Sie ließen Scherz und Freude;

Aber die stolze Jungfrau Adelutz

Schlug zusammen die Hände beide.

»Willkommen, German, der fröhliche Held,

Wo habt Ihr gespielet so mutig?

Warum sind Eure Wangen so bleich

Und Eure Kleider so blutig?«

»Ade, stolze Jungfrau Adelutz,

Muß wieder zurück zu dem Raben,

Der mein Aug' ausriß und mein Herzblut trank,

Auch meinen Leib will er haben.«

Einen goldnen Kamm zieht sie heraus,

Selbst kämmt sie ihm seine Haare;

Bei jedem Haare, das sie kämmt,

Vergießt sie Tränen viel klare.

Bei jeder Locke, die sie ihm schlingt,

Vergießt sie Tränen viel klare;

Sie verwünscht seine Mutter, durch deren Schuld

Er soviel Unglück erfahre.

Die stolze Jungfrau Adelutz

Zog ihn in ihre Arme beide;

»Deine böse Mutter sei verwünscht,

Sie bracht uns zu solchem Leide.«

»Hört, stolze Jungfrau Adelutz,

Meine Mutter verwünschet nimmer,

Sie konnte nicht, wie sie gewollt,

Seinem Schicksal erliegt man immer.«

Er setzte sich in sein Federgewand,

Flog wieder fort so schnelle.

Sie setzt sich in ein andres Federgewand

Und folgt ihm auf der Stelle.

Er flog wohl auf, er flog wohl ab

In der weiten Wolkenhöhe;

Sie flog beständig hinter ihm drein,

Blieb immer in seiner Nähe.

»Kehrt um, stolze Jungfrau Adelutz,

Müßt wieder nach Hause fliegen;

Eure Saaltür ließet Ihr offenstehn,

Eure Schlüssel zur Erde liegen.«

»Laß meine Saaltür offenstehn,

Meine Schlüssel liegen zur Erde;

Wo Ihr empfangen habt Eu'r Leid,

Dahin ich Euch folgen werde.«

Er flog wohl ab, er flog wohl auf,

Die Wolken hingen so dichte,

Es brach herein die Dämmerung,

Sie verlor ihn aus dem Gesichte.

Alle die Vögel, die sie im Fluge traf,

Die schnitt sie da in Stücken;

Nur dem wilden, häßlichen Raben zu nahn,

Das wollt ihr nicht gelücken.

Die stolze Jungfrau Adelutz,

Herunter flog zum Strand sie;

Sie fand nicht German, den fröhlichen Held,

Seine rechte Hand nur fand sie.

Da schwang sie sich wieder erzürnt empor,

Zu treffen den wilden Raben,

Sie flog gen Westen, gen Osten sie flog,

Von ihr selbst den Tod sollt er haben.

Alle die Vögel, die kamen vor ihre Scher',

Hat sie in Stücken zerschnitten;

Und als sie den wilden Nachtraben traf,

Sie schnitt ihn entzwei in der Mitten.

Sie schnitt ihn und zerrt' ihn, so lang', bis sie selbst

Des müden Todes gestorben.

Sie hat um German, den fröhlichen Held,

Soviel Kummer und Not erworben.

Höchst bedeutungsvoll ist in diesem Liede nicht bloß die Erwähnung des Federgewandes, sondern das Fliegen selbst. Zur Zeit des Heidentums waren es Königinnen und edle Frauen, von welchen man sagte, daß sie in den Lüften zu fliegen verstünden, und diese Zauberkunst, die damals für etwas Ehrenwertes galt, wurde später, in christlicher Zeit, als eine Abscheulichkeit des Hexenwesens dargestellt. Der Volksglaube von den Luftfahrten der Hexen ist eine Travestie alter germanischer Traditionen und verdankt seine Entstehung keineswegs dem Christentum, wie man aus einer Bibelstelle, wo Satan unseren Heiland durch die Lüfte führt, irrtümlich vermutet hat. Jene Bibelstelle könnte allenfalls zur Justifikation des Volksglaubens dienen, indem dadurch bewiesen ward, daß der Teufel wirklich imstande sei, die Menschen durch die Luft zu tragen.

Die Schwanenjungfraun, von welchen ich geredet, halten manche für die Walküren der Skandinavier. Auch von diesen haben sich bedeutsame Spuren im Volksglauben erhalten. Die Hexen, die Shakespeare in seinem »Macbeth« auftreten läßt, werden in der alten Sage, die der Dichter fast umständlich benutzt hat, weit edler geschildert. Nach dieser Sage sind dem Helden im Walde, kurz vor der Schlacht, drei rätselhafte Jungfrauen begegnet, die ihm sein Schicksal voraussagten und spurlos verschwanden. Es waren Walküren oder gar die Nornen, die Parzen des Nordens. An diese mahnen auch die drei wunderlichen Spinnerinnen, die uns aus alten Ammenmärchen bekannt sind; die eine hat einen Plattfuß, die andre einen breiten Daumen und die dritte eine Hängelippe. Hieran erkennt man sie immer, sie mögen sich verjüngt oder verältert präsentieren.

Ich kann nicht umhin, hier eines Märchens zu erwähnen, als dessen Schauplatz mir die rheinische Heimat wieder recht blühend und lachend ins Gedächtnis tritt. Auch hier erscheinen drei Frauen, von welchen ich nicht bestimmen kann, ob sie Elementargeister sind oder Zauberinnen, nämlich Zauberinnen von der altheidnischen Observanz, die sich von der späteren Hexenschwesterschaft durch poetischen Anstand so sehr unterscheiden. Ganz genau habe ich die Geschichte nicht im Kopfe; wenn ich nicht irre, wird sie in Schreibers »Rheinischen Sagen« aufs umständlichste erzählt. Es ist die Sage vom Wispertale, welches unweit Lorch am Rheine gelegen ist. Dieses Tal führt seinen Namen von den wispernden Stimmen, die einem dort ans Ohr vorbeipfeifen und an ein gewisses heimliches »Pist! Pist!« erinnern, das man zur Abendzeit in gewissen Seitengäßchen einer Hauptstadt zu vernehmen pflegt. Durch dieses Wispertal wanderten eines Tages drei junge Gesellen, sehr frohgelaunt und höchst neugierig, was doch das beständige »Pist! Pist!« bedeuten möge. Der ältere und gescheuteste von ihnen, ein Schwertfeger seines Handwerks, rief endlich ganz laut: »Das sind Stimmen von Weibern, die gewiß so häßlich sind, daß sie sich nicht zeigen dürfen!« Er hatte kaum die herausfordernd schlauen Worte gesprochen, da standen plötzlich drei wunderschöne Jungfrauen vor ihm, die ihn und seine zwei Gefährten mit anmutiger Gebärde einluden, sich in ihrem Schlosse von den Mühseligkeiten der Reise zu erholen und sonstig zu erlustigen. Dieses Schloß, welches sich ganz in ihrer Nähe befand, hatten die jungen Gesellen vorher gar nicht bemerkt, vielleicht weil es nicht frei aufgebaut, sondern in einem Felsen ausgehauen war, so daß nur die kleinen Spitzbogenfenster und ein großer Torweg von außen sichtbar. Als sie hineintraten in das Schloß, wunderten sie sich nicht wenig über die Pracht, die ihnen von allen Seiten entgegenglänzte. Die drei Jungfrauen, welche es ganz allein zu bewohnen schienen, gaben ihnen dort ein köstliches Gastmahl, wobei sie ihnen selber den Weinbecher kredenzten. Die jungen Gesellen, denen das Herz in der Brust immer freudiger lachte, hatten nie so schöne, blühende und liebreizende Weibsbilder gesehen, und sie verlobten sich denselben mit vielen brennenden Küssen. Am dritten Tage sprachen die Jungfrauen: »Wenn ihr immer mit uns leben wollt, ihr holden Bräutigame, so müßt ihr vorher noch einmal in den Wald gehen und euch erkundigen, was die Vögel dort singen und sagen; sobald ihr dem Sperling, der Elster und der Eule ihre Sprüche abgelauscht und sie wohl verstanden habt, dann kommt wieder zurück in unsere Arme.«

Die drei Gesellen begaben sich hierauf in den Wald, und nachdem sie sich durch Gestripp und Krüppelholz den Weg gebahnt, an manchem Dorn sich geritzt, auch über manche Wurzel gestolpert, kamen sie zu dem Baume, worauf ein Sperling saß, welcher folgenden Spruch zwitscherte:

»Es sind mal drei dumme Hänse

Ins Schlaraffenland gezogen;

Da kamen die gebratenen Gänse

Ihnen just vors Maul geflogen.

Sie aber sprachen: ›Die armen Schlaraffen,

Sie wissen doch nichts Gescheutes zu schaffen,

Die Gänse müßten viel kleiner sein,

Sie gehn uns ja nicht ins Maul hinein.‹«

»Ja, ja«, rief der Schwertfeger, »das ist eine ganz richtige Bemerkung! Ja, ja, wenn der lieben Dummheit die gebratenen Gänse sogar vors Maul geflogen kommen, so fruchtet es ihr doch nichts! Ihr Maul ist zu klein, und die Gänse sind zu groß, und sie weiß sich nicht zu helfen!«

Nachdem die drei Gesellen weitergewandert, sich durch Gestripp und Krüppelholz den Weg gebahnt, an manchem Dorn sich geritzt, über manche Wurzel gestolpert, kamen sie zu einem Baume, auf dessen Zweigen eine Elster hin und her sprang und folgenden Spruch plapperte: »Meine Mutter war eine Elster, meine Großmutter war ebenfalls eine Elster, meine Urgroßmutter war wieder eine Elster, auch meine Ur-Urgroßmutter war eine Elster, und wenn meine Ur-Urgroßmutter nicht gestorben wär, so lebte sie noch.«

»Ja, ja«, rief der Schwertfeger, »das verstehe ich! das ist ja die allgemeine Weltgeschichte. Das ist am Ende der Inbegriff aller unserer Forschungen, und viel mehr werden die Menschen auf dieser Welt nimmermehr erfahren.«

Nachdem die drei Gesellen wieder weitergewandert, durch Gestripp und Krüppelholz sich den Weg gebahnt, an manchem Dorn sich geritzt, über manche Wurzel gestolpert, kamen sie zu einem Baume, in dessen Höhlung eine Eule saß, die folgenden Spruch vor sich hin murrte: »Wer mit einem Weibe spricht, der wird von einem Weibe betrogen, wer mit zwei Weibern spricht, der wird von zwei betrogen, und wer mit drei Weibern spricht, der wird von drei betrogen.«

»Holla!« rief zornig der Schwertfeger, »du häßlicher, armseliger Vogel mit deiner häßlichen, armseligen Weisheit, die man von jedem bucklichten Bettler für einen Pfennig kaufen könnte! Das ist alter, abgestandener Leumund. Du würdest die Weiber weit besser beurteilen, wenn du hübsch und lustig wärest wie wir oder wenn du gar unsere Bräute kenntest, die so schön sind wie die Sonne und so treu wie Gold!«

Hierauf machten sich die drei Gesellen auf den Rückweg, und nachdem sie, lustig pfeifend und trillernd, einige Zeit lang gewandert, befanden sie sich wieder angesichts des Felsenschlosses, und mit ausgelassener Fröhlichkeit sangen sie das Schelmenlied:

»Riegel auf, Riegel zu,

Feins Liebchen, was machst du?

Schläfst du oder wachst du?

Weinst du oder lachst du?«

Während nun die jungen Gesellen solchermaßen jubilierend vor dem Schloßtore standen, öffneten sich über demselben drei Fensterchen, und aus jedem guckte ein altes Mütterchen heraus; alle drei langnasig und triefäugig, wackelten sie vergnügt mit ihren greisen Köpfen, und sie öffneten ihre zahnlosen Mäuler, und sie kreischten: »Da unten sind ja unsere holden Bräutigame! Wartet nur, ihr holden Bräutigame, wir werden euch gleich das Tor öffnen und euch mit Küssen bewillkommen, und ihr sollt jetzt das Lebensglück genießen in den Armen der Liebe!«

Die jungen Gesellen, zu Tode bestürzt, warteten nicht so lange, bis die Pforten des Schlosses und die Arme ihrer Bräutchen und das Lebensglück, das sie darin genießen sollten, sich ihnen öffneten; sie nahmen auf der Stelle Reißaus, liefen über Hals und über Kopf und machten so lange Beine, daß sie noch desselben Tags in der Stadt Lorch anlangten. Als sie hier des Abends in der Schenke beim Weine saßen, mußten sie manchen Schoppen leeren, ehe sie sich von ihrem Schrecken ganz erholt. Der Schwertfeger aber fluchte hoch und teuer, daß die Eule der klügste Vogel der Welt sei und mit Recht für ein Sinnbild der Weisheit gelte.

Ich habe in diesen Blättern immer nur flüchtig ein Thema berührt, welches zu den interessantesten Betrachtungen einen bänderreichen Stoff bieten könnte: nämlich die Art und Weise, wie das Christentum die altgermanische Religion entweder zu vertilgen oder in sich aufzunehmen suchte und wie sich die Spuren derselben im Volksglauben erhalten haben. Wie jener Vertilgungskrieg geführt wurde, ist bekannt. Wenn das Volk, gewohnt an den ehemaligen Naturdienst, auch nach der Bekehrung für gewisse Orte eine verjährte Ehrfurcht bewahrte, so suchte man solche Sympathie entweder für den neuen Glauben zu benutzen oder als Antriebe des bösen Feindes zu verschreien. Bei jenen Quellen, die das Heidentum als göttlich verehrte, baute der christliche Priester sein kluges Kirchlein, und er selber segnete jetzt das Wasser und exploitierte dessen Wunderkraft.

Es sind noch immer die alten lieben Brünnlein der Vorzeit, wohin das Volk wallfahrtet und wo es gläubig seine Gesundheit schöpft, bis auf heutigen Tag. Die heiligen Eichen, die den frommen Äxten widerstanden, wurden verleumdet; unter diesen Bäumen, hieß es jetzt, trieben die Teufel ihren nächtlichen Spuk und die Hexen ihre höllische Unzucht. Aber die Eiche blieb dennoch der Lieblingsbaum des deutschen Volkes, die Eiche ist noch heutzutage das Symbol der deutschen Nationalität selber: es ist der größte und stärkste Baum des Waldes; seine Wurzel dringt bis in die Grundtiefe der Erde; sein Wipfel, wie ein grünes Banner, flattert stolz in den Lüften; die Elfen der Poesie wohnen in seinem Stamme; die Mistel der heiligsten Weisheit rankt an seinen Ästen; nur seine Früchte sind kleinlich und ungenießbar für Menschen.

In den altdeutschen Gesetzen gibt's jedoch noch viele Verbote: daß man bei den Flüssen, den Bäumen und Steinen nicht seine Andacht verrichten solle, in ketzerischem Irrwahn, daß eine Gottheit darin wohne. Karl der Große mußte, in seinen Kapitularien, ausdrücklich befehlen, man solle nicht opfern bei Steinen, Bäumen, Flüssen; auch solle man dort keine geweihte Kerzen anzünden.

Diese drei, Steine, Bäume und Flüsse, erscheinen als Hauptmomente des germanischen Kultus, und damit korrespondiert der Glaube an Wesen, die in den Steinen wohnen, nämlich Zwerge, an Wesen, die in den Bäumen wohnen, nämlich Elfen, und Wesen, die im Wasser wohnen, nämlich Nixen. Will man einmal systematisieren, so ist diese Art weit zweckmäßiger als das Systematisieren nach den verschiedenen Elementen, wo man noch für das Feuer eine vierte

Klasse Elementargeister, nämlich die Salamander, annimmt. Das Volk aber, welches immer systemlos, hat nie etwas von dergleichen gewußt. Es gibt unter dem Volke eigentlich nur die Sage von einem Tiere, welches im Feuer leben könne und Salamander heiße. Alle Knaben sind eifrige Naturforscher, und als kleiner Junge habe ich es mir mal sehr angelegen sein lassen, zu untersuchen, ob die Salamander wirklich im Feuer leben können. Als es einst meinen Schulkameraden gelungen, ein solches Tier zu fangen, hatte ich nichts Eiligeres zu tun, als dasselbe in den Ofen zu werfen, wo es erst einen weißen Schleim in die Flammen spritzte, immer leiser zischte und endlich den Geist aufgab. Dieses Tier sieht aus wie eine Eidechse, ist aber safrangelb, etwas schwarz gesprenkelt, und der weiße Saft, den es im Feuer von sich gibt und womit es vielleicht manchmal die Flamme löscht, mag den Glauben veranlaßt haben, daß es in den Flammen leben könne.

Die feurigen Männer, die des Nachts umherwandeln, sind keine Elementargeister, sondern Gespenster von verstorbenen Menschen, toten Wucherern, unbarmherzigen Amtmännern und Bösewichtern, die einen Grenzstein verrückt haben. Die Irrwische sind auch keine Geister. Man weiß nicht genau, was sie sind; sie verlocken den Wandrer in Moorgrund und Sümpfe. Wie gesagt, eine ganze Klasse Feuergeister, wie Paracelsus sie beschreibt, kennt das Volk nicht. Es spricht höchstens nur von einem einzigen Feuergeist, und das ist kein anderer als Luzifer, Satan, der Teufel. In alten Balladen erscheint er unter dem Namen der Feuerkönig, und im Theater, wenn er auftritt oder abgeht, fehlen nie die obligaten Flammen. Da er also der einzige Feuergeist ist und uns für eine ganze Klasse solcher Geister schadlos halten muß, wollen wir ihn näher besprechen.

In der Tat, wenn der Teufel kein Feuergeist wäre, wie könnte er es denn in der Hölle aushalten? Er ist ein Wesen von so kalter Natur, daß er sogar nirgends anders als im Feuer sich behaglich fühlen kann. Über diese kalte Natur des Teufels haben sich alle die armen Frauen beklagt, die mit ihm in nähere Berührung gekommen. Merkwürdig übereinstimmend sind in dieser Hinsicht die Aussagen der Hexen, wie wir sie in den Hexenprozessen aller Lande finden können. Diese Damen, die ihre fleischlichen Verbindungen mit dem Teufel eingestanden, sogar auf der Folter, erzählen immer von der Kälte seiner Umarmungen; eiskalt, klagten sie, waren die Ergüsse dieser teuflischen Zärtlichkeit.

Der Teufel ist kalt, selbst als Liebhaber. Aber häßlich ist er nicht; denn er kann ja jede Gestalt annehmen. Nicht selten hat er sich ja auch mit weiblichem Liebreiz bekleidet, um irgendeinen frommen Klosterbruder von seinen Bußübungen abzuhalten oder gar zur sinnlichen Freude zu verlocken. Bei anderen, die er nur schrecken wollte, erschien er in Tiergestalt, er und seine höllischen Gesellen. Besonders wenn er vergnügt ist und viel geschlemmt und gebechert hat, zeigt er sich gern als ein Vieh. Da war ein Edelmann in Sachsen, der hatte seine Freunde eingeladen zu einem Gastmahl. Als nun der Tisch gedeckt und die Stunde der Mahlzeit gekommen und alles zugerichtet war, fehlten ihm seine Gäste, die sich einer nach dem anderen entschuldigen ließen. Darob zornig, entfuhren ihm die Worte: »Wenn kein Mensch kommen will, so mag der Teufel bei mir essen mit der ganzen Hölle!«, und er verließ das Haus, um seinen Unmut zu verschmerzen. Mittlerweile kommen in den Hof hereingeritten große und schwarze Reuter und hießen des Edelmanns Knecht seinen Herrn suchen, um ihm anzuzeigen, daß die zuletzt geladenen Gäste angelangt seien. Der Knecht, nach langem Suchen, findet endlich seinen Herrn, kehrt mit diesem zurück, haben aber beide nicht den Mut, ins Haus hineinzugehen. Denn sie hören, wie drinnen das Schlemmen, Schreien und Singen immer toller wird, und endlich sehen sie, wie die besoffenen Teufel, in der Gestalt von Bären, Katzen, Böcken, Wölfen und Füchsen, ans offene Fenster traten, in den Pfoten die vollen Becher oder die dampfenden Teller und mit glänzenden Schnauzen und lachenden Zähnen heruntergrüßend.

Daß der Teufel in Gestalt eines schwarzen Bockes dem Konvente der Hexen präsidiert, ist allgemein bekannt. Welche Rolle er in dieser Gestalt zu spielen pflegte, werde ich später berichten, wenn ich von Hexen und Zauberei zu reden habe. In dem merkwürdigen Buche, worin der hochgelahrte Georgius Godelmanus über dieses letztere Thema einen wahrhaften und folgebegründeten Bericht abstattet, finde ich auch, daß der Teufel nicht selten in der Gestalt eines Mönchs erscheint. Er erzählt folgendes Beispiel:

»Als ich in der berühmten hohen Schule zu Wittenberg die Rechte studierte, gedenkt mir noch wohl, etlichemal von meinen Lehrmeistern daselbst gehört zu haben, daß vor Luthers Tür gekommen sei ein Münch, welcher heftig an der Türe geklopft, und wie ihm der Diener auftat und fragte, was er wollte, da fraget der Münch, ob der Luther daheim wäre. Als Lutherus die Sache erfuhr, ließ er ihn hereingehen, weil er nun eine gute Weile keinen Münch gesehen hatte. Da dieser hineinkam, sprach er, er habe etliche papistische Irrtümer, derwegen er sich gern mit ihm besprechen wollte, und er legte ihm einige

Syllogismos und Schulreden für, und da sie Luther ohne Mühe auflöste, brachte er andere, die nicht so leicht aufzulösen waren, daher Lutherus, etwas bewegt, diese Worte entfahren ließ: ›Du machst mir viel zu schaffen, da ich doch anderes zu tun hätte!‹ und stund sobald auf und zeigte ihm in der Bibel die Erklärung der Frage, so der Münch vorbrachte. Und als er in demselbigen Gespräche vermerkte, daß des Münchs Hände nicht ungleich wären Vogelsklauen, sprach er: ›Bist du nicht *der*? Halt, höre zu, dieses Urteil ist wider dich gefällt!‹ und zeigte ihm sobald den Spruch in Genesi, dem ersten Buche Mosis: ›Des Weibes Samen wird der Schlange den Kopf zertreten.‹ Da der Teufel mit diesem Spruch überwunden, ward er zornig und ging murrend davon, warf das Schreibzeug hinter den Ofen und verbreitete einen Duft, dessen die Stube noch etliche Tage übel roch.«

In der vorstehenden Erzählung bemerkt man eine Eigentümlichkeit des Teufels, die sich schon frühe kundgab und bis auf den heutigen Tag erhalten hat. Es ist nämlich seine Disputiersucht, seine Sophistik, seine »Syllogismen«. Der Teufel versteht sich auf Logik, und schon vor achthundert Jahren hat der Papst Sylvester, der berühmte Gerbert, solches zu seinem Schaden erfahren. Dieser hatte nämlich, als er zu Cordova studierte, mit Satan einen Bund geschlossen, und durch seine höllische Hülfe lernte er Geometrie, Algebra, Astronomie, Pflanzenkunde, allerlei nützliche Kunststücke, unter anderen die Kunst, Papst zu werden. In Jerusalem sollte vertragsmäßig sein Leben enden. Er hütete sich wohl, hinzugehen. Als er aber einst in einer Kapelle zu Rom Messe las, kam der Teufel, um ihn abzuholen, und indem der Papst sich dagegen sträubt, beweist ihm jener, daß die Kapelle, worin sie sich befänden, den Namen Jerusalem führe, daß die

Bedingungen des alten Bündnisses erfüllt seien und daß er ihm nun zur Hölle folgen müsse. Und der Teufel holte den Papst, indem er ihm lachend ins Ohr flüstert:

»Tu non pensavi ch'io loico fossi!«

»Du dachtest nicht daran, daß ich ein Logiker bin!«

Dante, Inferno, c 27

Der Teufel versteht Logik, er ist Meister in der Metaphysik, und mit seinen Spitzfindigkeiten und Ausdeuteleien überlistet er alle seine Verbündeten. Wenn sie nicht genau aufpaßten und den Kontrakt später nachlasen, fanden sie zu ihrem Erschrecken, daß der Teufel anstatt Jahre nur Monate oder Wochen oder gar Tage geschrieben, und er kommt ihnen plötzlich über den Hals und beweist ihnen, daß die Frist abgelaufen. In einem der älteren Puppenspiele, welche das Satansbündnis, Schandleben und erbärmliche Ende des Doktor Faustus vorstellen, findet sich ein ähnlicher Zug. Faust, welcher vom Teufel die Befriedigung aller irdischen Genüsse begehrte, hat ihm dafür seine Seele verschrieben und sich anheischig gemacht, zur Hölle zu fahren, sobald er die dritte Mordtat begangen habe. Er hat schon zwei Menschen getötet und glaubt, ehe er zum dritten Male jemanden umbringe, sei er dem Teufel noch nicht verfallen. Dieser aber beweist ihm, daß eben sein Teufelsbündnis, sein Seelentotschlag, als dritte Mordtat zähle, und mit dieser verdammten Logik führt er ihn zur

Hölle. Wieweit Goethe in seinem Mephisto jenen Charakterzug der Sophistik exploitiert hat, kann jeder selbst beurteilen. Nichts ist ergötzlicher als die Lektüre von Teufelskontrakten, die sich aus der Zeit der Hexenprozesse erhalten haben und worin der Kontrahent sich vorsichtig gegen alle Schikanen verklausuliert und alle Stipulationen aufs ängstlichste paraphrasiert.

Der Teufel ist ein Logiker. Er ist nicht bloß der Repräsentant der weltlichen Herrlichkeit, der Sinnenfreude, des Fleisches, er ist auch Repräsentant der menschlichen Vernunft, eben weil diese alle Rechte der Materie vindiziert; und er bildet somit den Gegensatz zu Christus, der nicht bloß den Geist, die asketische Entsinnlichung, das himmlische Heil, sondern auch den Glauben repräsentiert. Der Teufel glaubt nicht, er stützt sich nicht blindlings auf fremde Autoritäten, er will vielmehr dem eignen Denken vertrauen, er macht Gebrauch von der Vernunft! Dieses ist nun freilich etwas Entsetzliches, und mit Recht hat die römisch-katholisch-apostolische Kirche das Selbstdenken als Teufelei verdammt und den Teufel, den Repräsentanten der Vernunft, für den Vater der Lüge erklärt.

Über die Gestalt des Teufels läßt sich in der Tat nichts Genaues angeben. Die einen behaupten, wie ich schon erwähnt, er habe gar keine bestimmte Gestalt und könne sich in jeder beliebigen Form produzieren. Dieses ist wahrscheinlich. Finde ich doch in der »Dämonomagie« von Horst, daß der Teufel sich sogar zu Salat machen könne. Eine sonst ehrbare Nonne, die aber ihre Ordensregeln nicht genau befolgte und sich nicht oft genug mit dem heiligen Kreuze bezeichnete, aß einmal Salat. Kaum hatte sie ihn gegessen, als sie

Regungen empfand, die ihr sonst fremd waren und sich keineswegs mit ihrem Stande vertrugen. Es wurde ihr jetzt gar sonderbar zumute des Abends, im Mondschein, wenn die Blumen so stark dufteten und die Nachtigallen so schmelzend und schluchzend sangen. Bald darauf machte ein angenehmer Junggeselle mit ihr Bekanntschaft. Nachdem beide miteinander vertrauter geworden, fragte sie der schöne Jüngling einmal: »Weißt du denn auch, wer ich bin?« »Nein«, sagte die Nonne mit einiger Bestürzung. »Ich bin der Teufel«, erwiderte jener. »Erinnerst du dich nicht jenes Salates? Der Salat, das war ich!«

Manche behaupten, der Teufel sehe immer wie ein Tier aus und es sei nur eitel Täuschung, wenn wir ihn in einer anderen Gestalt erblicken. Etwas Zynisches hat der Teufel freilich, und diesen Charakterzug hat niemand besser beleuchtet wie unser Dichter Wolfgang Goethe. Ein anderer deutscher Schriftsteller, der in seinen Mängeln ebenso großartig ist wie in seinen Vorzügen, jedenfalls aber zu den Dichtern ersten Ranges gezählt werden muß, Herr Grabbe, hat den Teufel in jener Beziehung ebenfalls vortrefflich gezeichnet. Auch die Kälte in der Natur des Teufels hat er ganz richtig begriffen. In einem Drama dieses genialen Schriftstellers erscheint der Teufel auf Erden, weil seine Mutter in der Hölle schruppt; letzteres ist eine bei uns gebräuchliche Art, die Zimmer zu reinigen, wobei das Estricht mit heißem Wasser übergossen und mit einem groben Tuche gerieben wird, so daß ein quiekender Mißton und lauwarmer Dampf entsteht, der es einem vernünftigen Wesen unmöglich macht, unterdessen zu Hause zu bleiben. Der Teufel muß deshalb aus der wohlgeheizten Hölle sich in die kalte Oberwelt hinaufflüchten, und hier, obgleich es ein heißer Juliustag ist, empfindet der arme Teufel dennoch einen so großen Frost, daß er fast erfriert und nur mit ärztlicher Hülfe aus dieser Erstarrung gerettet wird.

Wir sahen eben, daß der Teufel eine Mutter hat; viele behaupten, er habe eigentlich nur eine Großmutter. Auch diese kommt zuweilen zur Oberwelt, und auf sie bezieht sich vielleicht das Sprüchwort: »Wo der Teufel selbst nichts ausrichten kann, da schickt er ein altes Weib.« Gewöhnlich aber ist sie in der Hölle mit der Küche beschäftigt oder sitzt in ihrem roten Lehnsessel, und wenn der Teufel des Abends, müde von den Tagesgeschäften, nach Hause kommt, frißt er in schlingender Hast, was ihm die Mutter gekocht hat, und dann legt er seinen Kopf in ihren Schoß und läßt sich von ihr lausen und schläft ein. Die Alte pflegt ihm auch wohl dabei ein Lied vorzuschnurren, welches mit folgenden Worten beginnt:

Im Thume, im Thume,

Da steht eine Rosenblume,

Rose rot wie Blut.

*

Es ist eine eigne Sache um die Schriftstellerei. Der eine hat Glück in der Ausübung derselben, der andre hat Unglück. Das schlimmste Mißgeschick trifft vielleicht meinen armen Freund Heinrich Kitzler,

Magister artium zu Göttingen. Keiner dort ist so gelehrt, keiner so ideenreich, keiner so fleißig wie dieser Freund, und dennoch ist bis auf dieser Stunde noch kein Buch von ihm auf der Leipziger Messe zum Vorschein gekommen. Der alte Stiefel auf der Bibliothek lächelte immer, wenn Heinrich Kitzler ihn um ein Buch bat, dessen er sehr bedürftig sei für ein Werk, welches er eben unter der Feder habe. »Es wird noch lange unter der Feder bleiben!« murmelte dann der alte Stiefel, während er die Bücherleiter hinaufstieg. Sogar die Köchinnen lächelten, wenn sie auf der Bibliothek die Bücher abholten: »für den Kitzler«. Der Mann galt allgemein für einen Esel, und im Grunde war er nur ein ehrlicher Mann. Keiner kannte die wahre Ursache, warum nie ein Buch von ihm herauskam, und nur durch Zufall entdeckte ich sie, als ich ihn einst um Mitternacht besuchte, um mein Licht bei ihm anzuzünden; denn er war mein Stubennachbar. Er hatte eben sein großes Werk über die Vortrefflichkeit des Christentums vollendet; aber er schien sich darob keineswegs zu freuen und betrachtete mit Wehmut sein Manuskript. »Nun wird dein Name doch endlich«, sprach ich zu ihm, »im Leipziger Meßkatalog unter den fertig gewordenen Büchern prangen!« »Ach nein«, seufzte er aus tiefster Brust, »auch dieses Werk werde ich ins Feuer werfen müssen, wie die vorigen...« Und nun vertraute er mir sein schreckliches Geheimnis. Den armen Magister traf wirklich das schlimmste Mißgeschick, jedesmal wenn er ein Buch schrieb. Nachdem er nämlich für das Thema, das er beweisen wollte, alle seine Gründe entwickelt, glaubte er sich verpflichtet, die Einwürfe, die etwa ein Gegner anführen könnte, ebenfalls mitzuteilen; er ergrübelte alsdann vom entgegengesetzten Standpunkte aus die scharfsinnigsten Argumente, und indem diese unbewußt in seinem

Gemüte Wurzel faßten, geschah es immer, daß, wenn das Buch fertig war, die Meinungen des armen Verfassers sich allmählich umgewandelt hatten und eine dem Buche ganz entgegengesetzte Überzeugung in seinem Geiste erwachte. Er war alsdann auch ehrlich genug (wie ein französischer Schriftsteller ebenfalls handeln würde), den Lorbeer des literarischen Ruhmes auf dem Altare der Wahrheit zu opfern, d.h. sein Manuskript ins Feuer zu werfen. Darum seufzte er aus so tiefster Brust, als er die Vortrefflichkeit des Christentums bewiesen hatte. »Da habe ich nun«, sprach er traurig, »zwanzig Körbe Kirchenväter exzerpiert; da habe ich nun ganze Nächte am Studiertische gehockt und Acta Sanctorum gelesen, während auf deiner Stube Punsch getrunken und der Landesvater gesungen wurde; da habe ich nun für theologische Novitäten, deren ich zu meinem Werke bedurfte, achtunddreißig sauer erworbene Taler an Vandenhoeck et Ruprecht bezahlt, statt mir für das Geld einen Pfeifenkopf zu kaufen; da habe ich nun gearbeitet wie ein Hund seit zwei Jahren, zwei kostbaren Lebensjahren... und alles, um mich lächerlich zu machen, um wie ein ertappter Prahler die Augen niederzuschlagen, wenn die Frau Kirchenrätin Planck mich fragt: ›Wann wird Ihre Vortrefflichkeit des Christentums herauskommen?‹ Ach! das Buch ist fertig«, fuhr der arme Mann fort, »und würde auch dem Publikum gefallen; denn ich habe den Sieg des Christentums über das Heidentum darin verherrlicht, und ich habe bewiesen, daß dadurch auch die Wahrheit und die Vernunft über Heuchelei und Wahnsinn gesiegt. Aber, ich Unglückseligster, in tiefster Brust fühle ich, daß –«

»Sprich nicht weiter!« rief ich mit gerechter Entrüstung, »wage nicht, Verblendeter, das Erhabene zu schwärzen und das Glänzende in den Staub zu ziehn! Wenn du auch die Wunder des Evangeliums leugnen möchtest, so kannst du doch nicht leugnen, daß der Sieg des Evangeliums selber ein Wunder war. Eine kleine Schar wehrloser Menschen drang in die große Römerwelt, trotzte ihren Schergen und Weisen und triumphierte durch das bloße Wort. Aber welch ein Wort! Das morsche Heidentum erbebte und krachte bei dem Worte dieser fremden Männer und Frauen, die ein neues Himmelreich ankündigten und nichts fürchteten auf der alten Erde, nicht die Tatzen der wilden Tiere, nicht den Grimm der noch wilderen Menschen, nicht das Schwert, nicht die Flamme... denn sie selber waren Schwert und Flamme, Flamme und Schwert Gottes! Dieses Schwert hat das welke Laub und dürre Reisig abgeschlagen von dem Baume des Lebens und dadurch geheilt von der einfressenden Fäulnis; diese Flamme hat den erstarrten Stamm wieder von innen erwärmt, daß frisches Laub und duftige Blüten hervorsproßten... es ist die schauerlich erhabenste Erscheinung der Weltgeschichte, dieses erste Auftreten des Christentums, sein Kampf und sein vollkommener Sieg.«

Ich sprach diese Worte mit desto würdigerem Ausdruck, da ich an jenem Abend sehr viel Eimbecker Bier zu mir genommen hatte und meine Stimme desto volltönender erscholl.

Heinrich Kitzler ließ sich aber dadurch keineswegs verblüffen, und mit einem ironisch schmerzlichen Lächeln sprach er: »Bruderherz! gib dir keine überflüssige Mühe. Alles, was du jetzt sagst, habe ich selber, in diesem Manuskripte, weit besser und weit gründlicher auseinandergesetzt. Hier habe ich den verworfenen Weltzustand zur Zeit des Heidentums aufs grellste ausgemalt, und ich darf mir schmeicheln, daß meine kühnen Pinselstriche an die Werke der besten Kirchenväter erinnern. Ich habe gezeigt, wie lasterhaft die Griechen und Römer geworden, durch das böse Beispiel jener Götter, welche, nach den Schandtaten, die man ihnen nachsagte, kaum würdig gewesen wären, für Menschen zu gelten. Ich habe unumwunden ausgesprochen, daß sogar Jupiter, der oberste der Götter, nach dem königl. hannövrischen Kriminalrechte, hundertmal das Zuchthaus, wo nicht gar den Galgen, verdient hätte. Dagegen habe ich die Moralsprüche, die im Evangelium vorkommen, gehörig paraphrasiert und gezeigt, wie, nach dem Muster ihres göttlichen Vorbilds, die ersten Christen, trotz der Verachtung und Verfolgung, welche sie dafür erduldeten, nur die schönste Sittenreinheit gelehrt und ausgeübt haben. Das ist die schönste Partie meines Werks, wo ich begeisterungsvoll schildere, wie das junge Christentum, der kleine David, mit dem alten Heidentum in die Schranken tritt und diesen großen Goliath tötet. Aber ach! dieser Zweikampf erscheint mir seitdem in einem sonderbaren Lichte Ach! alle Lust und Liebe für meine Apologie versiegte mir in der Brust, als ich mir lebhaft ausdachte, wie etwa ein Gegner den Triumph des Evangeliums schildern könnte. Zu meinem Unglück fielen mir einige neuere Schriftsteller, z.B. Edward Gibbon, in die Hände, die sich eben nicht besonders günstig über jenen Sieg aussprachen und nicht sehr davon erbaut schienen, daß die Christen, wo das geistige Schwert und die geistige Flamme nicht hinreichten, zu dem weltlichen Schwert und der weltlichen Flamme ihre Zuflucht nahmen. Ja, ich muß gestehen, daß mich endlich für die Reste des Heidentums, jene schönen Tempel und Statuen, ein schauerliches Mitleid anwandelte; denn sie gehörten nicht mehr der Religion, die schon lange, lange vor Christi Geburt, tot war, sondern sie gehörten der Kunst, die da ewig lebt. Es trat mir einst feucht in die Augen, als ich zufällig auf der Bibliothek ›Die Schutzrede für die Tempel‹ las, worin der alte Grieche Libanius die frommen Barbaren aufs schmerzlichste beschwor, jene teuren Meisterwerke zu schonen, womit der bildende Geist der Hellenen die Welt verziert hatte. Aber vergebens! Jene Denkmäler einer Frühlingsperiode der Menschheit, die nie wiederkehren wird und die nur einmal hervorblühen konnte, gingen unwiederbringlich zugrunde, durch den schwarzen Zerstörungseifer der Christen –«

»Nein«, fuhr der Magister fort in seiner Rede, »ich will nicht nachträglich, durch Herausgabe dieses Buches, teilnehmen an solchem Frevel, nein, das will ich nimmermehr... Und euch, ihr zerschlagenen Statuen der Schönheit, euch, ihr Manen der toten Götter, euch, die ihr nur noch liebliche Traumbilder seid im Schattenreiche der Poesie, euch opfere ich dieses Buch!«

Bei diesen Worten warf Heinrich Kitzler sein Manuskript in die Flammen des Kamines, und von der Vortrefflichkeit des Christentums blieb nichts übrig als graue Asche.

Dieses geschah zu Göttingen im Winter 1820, einige Tage vor jener verhängnisvollen Neujahrsnacht, wo der Pedell Doris die fürchterlichsten Prügel bekommen und zwischen der Burschenschaft und den Landsmannschaften fünfundachtzig Duelle kontrahiert wurden. Es waren fürchterliche Prügel, die damals, wie ein hölzerner Platzregen, auf den breiten Rücken des armen Pedells herabfielen. Aber als guter Christ tröstete er sich mit der Überzeugung, daß wir dort oben im Himmel einst entschädigt werden für die Schmerzen, die wir unverdienterweise hienieden erduldet haben. Das ist nun lange her. Der alte Doris hat längst ausgeduldet und schlummert in seiner friedlichen Ruhestätte vor dem Weender Tore. Die zwei großen Parteien, die einst die Walplätze von Bovden, Ritschenkrug und Rasenmühle mit dem Schwertergeklirr ihrer Polemik erfüllten, haben längst, im Gefühl ihrer gemeinschaftlichen Nichtigkeit, aufs zärtlichste Brüderschaft getrunken, und auf den Schreiber dieser Blätter hat ebenfalls das Gesetz der Zeit seinen mächtigen Einfluß geübt. In meinem Hirne gaukeln minder heitere Farben als damals, und mein Herz ist schwerer geworden; wo ich einst lachte, weine ich jetzt, und ich verbrenne mit Unmut die Altarbilder meiner ehemaligen Andacht.

Es gab eine Zeit, wo ich jedem Kapuziner, dem ich auf der Straße begegnete, gläubig die Hand küßte. Ich war ein Kind, und mein Vater ließ mich ruhig gewähren, wohl wissend, daß meine Lippen sich nicht immer mit Kapuzinerfleisch begnügen würden. Und in der Tat, ich wurde größer und küßte schöne Frauen... Aber sie sahen mich manchmal an mit so bleichem Schmerze, und ich erschrak in den Armen der Freude... Hier war ein Unglück verborgen, das niemand sah und woran jeder litt; und ich dachte drüber nach. Ich habe auch drüber nachgedacht, ob Entbehrung und Entsagung wirklich allen Genüssen dieser Erde vorzuziehen sei und ob diejenigen, die hienieden sich mit Disteln begnügt haben, dort oben desto reichlicher mit Ananassen gespeist werden. Nein, wer Disteln gegessen, war ein Esel; und wer die Prügel bekommen hat, der behält sie. Armer Doris!

Doch es ist mir nicht erlaubt, mit bestimmten Worten hier von allen den Dingen zu reden, worüber ich nachgedacht, und noch weniger ist es mir erlaubt, die Resultate meines Nachdenkens mitzuteilen. Werde ich mit verschlossenen Lippen ins Grab hinabsteigen müssen, wie so manche andere?

Nur einige banale Tatsachen sind mir vielleicht vergönnt hier anzuführen, um den Fabeleien, die ich kompiliere, einige Vernünftigkeit oder wenigstens den Schein derselben einzuweben. Jene Tatsachen beziehen sich nämlich auf den Sieg des Christentums über das Heidentum. Ich bin gar nicht der Meinung meines Freundes Kitzler, daß die Bilderstürmerei der ersten Christen so bitter zu tadeln sei; sie konnten und durften die alten Tempel und Statuen nicht schonen, denn in diesen lebte noch jene alte griechische Heiterkeit, jene Lebenslust, die dem Christen als Teufeltum erschien. In diesen Statuen und Tempeln sah der Christ nicht bloß die Gegenstände eines fremden Kultus, eines nichtigen Irrglaubens, dem alle Realität fehle, sondern diese Tempel hielt er für die Burgen wirklicher Dämonen, und den Göttern, die diese Statuen darstellten, verlieh er eine unbestrittene Existenz; sie waren nämlich lauter Teufel. Wenn die ersten Christen sich weigerten, vor den Bildsäulen der Götter zu knien und zu opfern, und deshalb angeklagt und vor Gericht geschleppt wurden, antworteten sie immer: sie dürften keine Dämonen anbeten! Sie erduldeten lieber das Martyrtum, als daß sie vor dem Teufel Jupiter oder vor der Teufelin Diana oder gar vor der Erzteufelin Venus irgendeinen Akt der Verehrung vollzogen.

Arme griechische Philosophen! Sie konnten diesen Widerspruch niemals begreifen, wie sie auch späterhin niemals begriffen, daß sie in ihrer Polemik mit den Christen keineswegs die alte erstorbene Glaubenslehre, sondern weit lebendigere Dinge zu verteidigen hatten. Es galt nämlich nicht, die tiefere Bedeutung der Mythologie durch neoplatonische Spitzfindigkeiten zu beweisen, den erstorbenen Göttern ein neues symbolisches Lebensblut zu infusieren und sich mit den plumpen, materiellen Einwürfen der ersten Kirchenväter, die besonders über den moralischen Charakter der Götter fast voltairisch spotteten, tagtäglich abzuquälen: es galt vielmehr, den Hellenismus selbst, griechische Gefühls- und Denkweise, zu verteidigen und der Ausbreitung des Judäismus, der judäischen Gefühls- und Denkweise, entgegenzuwirken. Die Frage war, ob der trübsinnige, magere, sinnenfeindliche, übergeistige Judäismus der Nazarener oder ob hellenische Heiterkeit, Schönheitsliebe und blühende Lebenslust in der Welt herrschen solle. Jene schönen Götter waren nicht die Hauptsache; niemand glaubte mehr an die ambrosiaduftenden Bewohner des Olymps, aber man amüsierte sich göttlich in ihren Tempeln, bei ihren Festspielen, Mysterien; da schmückte man das Haupt mit Blumen, da gab es feierlich holde Tänze, da lagerte man sich zu freudigen Mahlen... wo nicht gar zu noch süßeren Genüssen.

All diese Lust, all dieses frohe Gelächter ist längst verschollen, und in den Ruinen der alten Tempel wohnen, nach der Meinung des Volkes, noch immer die altgriechischen Gottheiten, aber sie haben durch den Sieg Christi all ihre Macht verloren, sie sind arge Teufel, die sich am Tage, unter Eulen und Kröten, in den dunkeln Trümmern ihrer ehemaligen Herrlichkeit versteckt halten, des Nachts aber in liebreizender Gestalt emporsteigen, um irgendeinen arglosen Wandrer oder verwegenen Gesellen zu betören und zu verlocken.

Auf diesen Volksglauben beziehen sich nun die wunderbarsten Sagen, und neuere Poeten schöpften hier die Motive ihrer schönsten Dichtungen. Der Schauplatz ist gewöhnlich Italien und der Held derselben irgendein deutscher Ritter, der wegen seiner jungen Unerfahrenheit oder auch seiner schlanken Gestalt wegen von den schönen Unholden mit besonders lieblichen Listen umgarnt wird. Da geht er nun, an schönen Herbsttagen, mit seinen einsamen Träumen spazieren, denkt vielleicht an die heimischen Eichenwälder und an das blonde Mädchen, das er dort gelassen, der leichte Fant! Aber plötzlich steht er vor einer marmornen Bildsäule, bei deren Anblick er fast betroffen stehenbleibt. Es ist vielleicht die Göttin der Schönheit, und er steht ihr Angesicht zu Angesicht gegenüber, und das Herz des jungen Barbaren wird heimlich ergriffen von dem alten Zauber. Was ist das? So schlanke Glieder hat er noch nie gesehen, und in diesem Marmor ahndet er ein lebendigeres Leben, als er jemals in den roten Wangen und Lippen, in der ganzen Fleischlichkeit seiner Landsmänninnen gefunden hat. Diese weißen Augen sehen ihn so wollüstig an, und doch zugleich so schauerlich schmerzvoll, daß seine Brust erfüllt wird von Liebe und Mitleid, Mitleid und Liebe. Er geht nun öfter spazieren unter den alten Ruinen, und die Landsmannschaft ist verwundert, daß man ihn fast gar nicht mehr sieht bei Trinkgelagen und Waffenspielen. Es gehen kuriose Gerüchte über sein Treiben unter den Trümmern des Heidentums. Aber eines Morgens stürzt er, mit bleichem verzerrten Antlitz, in die Herberge, berichtet die Zehrung, schnürt seinen Ranzen und eilt zurück über die Alpen. Was ist ihm begegnet?

Es heißt, daß er eines Tages später als gewöhnlich, als schon die Sonne unterging, nach seinen geliebten Ruinen wanderte, aber, ob der einbrechenden Finsternis, jenen Ort nicht finden konnte, wo er die Bildsäule der schönen Göttin stundenlang zu betrachten pflegte. Nach langem Umherirren, als es schon Mitternacht sein mochte, befand er sich plötzlich vor einer Villa, die er in dortiger Gegend früherhin nie gesehen hatte, und er war nicht wenig verwundert, als Bediente mit Fackeln heraustraten und ihn im Namen ihrer Gebieterin einluden, dort zu übernachten. Wie groß aber war sein Erstaunen, als er, in einen weiten, erleuchteten Saal tretend, eine Dame erblickte, die dort ganz allein auf und nieder wandelte und an Gestalt und Gesichtszügen mit der schönen Statue seiner Liebe die auffallendste Ähnlichkeit hatte. Ja, sie glich jenem Marmorbild um so mehr, da sie ganz in blendend weißem Musselin gekleidet ging und ihr Antlitz außerordentlich bleich war. Als der Ritter, mit sittigem Verneigen, ihr entgegentrat, betrachtete sie ihn lange ernst und schweigend und fragte ihn endlich lächelnd, ob er hungrig sei. Obgleich nun dem Ritter das Herz in der Brust bebte, so hatte er doch einen deutschen Magen, infolge des stundenlangen Umherirrens sehnte er sich wirklich nach einer Atzung, und er ließ sich gern von der schönen Dame nach dem Speisesaal führen. Sie nahm ihn freundlich bei der Hand, und er folgte ihr durch hohe, hallende Gemächer, die, trotz aller Pracht, eine unheimliche Öde verrieten. Die Girandolen warfen ein so gespenstisch fahles Licht auf die Wände, deren bunte Fresken allerlei heidnische Liebesgeschichten, z.B. Paris und Helena, Diana und Endymion, Kalypso und Ulysses, darstellten. Die großen, abenteuerlichen Blumen, die in Marmorvasen längs den Fenstergeländern standen, waren von so beängstigend üppigen Bildungen und dufteten so leichenhaft, so betäubend. Dabei seufzte der Wind in den Kaminen wie ein leidender Mensch. Im Speisesaale setzte sich endlich die schöne Dame dem Ritter gegenüber, kredenzte ihm den Wein und reichte ihm lächelnd die besten Bissen. Mancherlei bei diesem Abendmahle mochte dem Ritter wohl befremdlich dünken. Als er um Salz bat, dessen auf dem Tische fehlte, zuckte ein fast häßlicher Unmut über das weiße Angesicht der schönen Frau, und erst nach wiederholtem Verlangen ließ sie endlich, mit sichtbarer Verdrießlichkeit, von den Dienern das Salzfaß herbeiholen. Diese stellten es mit zitternden Händen auf den Tisch und verschütteten schier die Hälfte des Inhalts. Doch der gute Wein, der wie Feuer in die Kehle des Ritters hinabglühte, beschwichtigte das geheime Grauen, das ihn manchmal anwandelte; ja, er wurde allmählich zutraulich und lüsternen Mutes, und als ihn die schöne Dame frug, ob er wisse, was Liebe sei, da antwortete er ihr mit flammenden Küssen. Trunken von Liebe, vielleicht auch von süßem Wein, entschlief er bald an der Brust seiner zärtlichen Wirtin. Doch wüste Träume schwirrten ihm durch den Sinn; grelle Nachtgesichte, wie sie uns im wahnwitzigen Halbschlafe eines Nervenfiebers zu beschleichen pflegen. Manchmal glaubte er seine alte Großmutter zu sehen, die daheim auf dem roten Lehnsessel saß und mit hastig bewegten Lippen betete. Manchmal hörte er ein höhnisches Kichern, und das kam von den großen Fledermäusen, die, mit Fackeln in den Krallen, um ihn her flatterten; als er sie genauer betrachtete, wollte es ihm jedoch dünken, es seien die Bedienten, die ihm bei Tische aufgewartet hatten. Zuletzt träumte ihm, seine schöne Wirtin habe sich plötzlich in ein häßliches Ungetüm verwandelt, und er selber, in rascher Todesangst, habe zu seinem Schwerte gegriffen und ihr damit das Haupt vom Rumpfe abgeschlagen. Erst spätmorgens, als die Sonne schon hoch am Himmel stand, erwachte der Ritter aus seinem Schlafe. Aber statt in der prächtigen Villa, worin er übernachtet zu haben vermeinte, befand er sich inmitten der wohlbekannten Ruinen, und mit Entsetzen sah er, daß die schöne Bildsäule, die er so sehr liebte, von ihrem Postamente heruntergefallen war und ihr abgebrochenes Haupt zu seinen Füßen lag.

Einen ähnlichen Charakter trägt die Sage von dem jungen Ritter, der, als er einst, in einer Villa bei Rom, mit einigen Freunden Ball schlug, seinen Ring, der ihm bei diesem Spiele hinderlich wurde, von seiner Hand abzog und, damit er nicht verlorengehe, an den Finger eines Marmorbildes steckte. Als aber der Ritter, nachdem das Spiel beendigt war, zu der Statue, die eine heidnische Göttin vorstellte, zurückkehrte, sah er mit Schrecken, daß das marmorne Weib den Finger, woran er seinen Ring gesteckt hatte, nicht mehr grade wie vorher, sondern ganz eingebogen hielt, so daß ihm unmöglich war, den Ring wieder von ihrem Finger abzuziehen, ohne ihr die Hand zu zerbrechen, welches ihm doch ein seltsames Mitgefühl nicht erlaubte. Er ging zu seinen Spielgenossen, um ihnen dieses Wunder zu berichten, und lud sie ein, sich mit eignen Augen davon zu überzeugen. Doch als er mit seinen Freunden zurückkehrte, hielt das Marmorbild den Finger wieder grade ausgestreckt wie gewöhnlich, und der Ring war verschwunden. Einige Zeit nach jenem Ereignis beschloß der Ritter, in den heiligen Ehestand zu treten, und er feierte seine Hochzeit. Doch in der Brautnacht, als er eben zu Bette gehen wollte, trat zu ihm ein Weibsbild, welches der oberwähnten Statue ganz ähnlich war an Gestalt und Antlitz, und sie behauptete: dadurch, daß er seinen Ring an ihren Finger gesteckt, habe er sich ihr angelobt, und er gehöre ihr als rechtmäßiger Gemahl. Vergebens sträubte sich der Ritter gegen diesen Einspruch; jedesmal, wenn er sich seiner Anvermählten nahen wollte, trat das heidnische Weibsbild zwischen ihm und ihr, so daß er in jener Nacht auf alle Bräutigamsfreuden verzichten mußte. Dasselbe geschah in der zweiten Nacht sowie auch in der dritten, und der Ritter ward sehr trübsinnig gesinnt. Keiner wußte ihm zu helfen, und selbst die frömmsten Leute zuckten die Achsel. Endlich aber hörte er von einem Priester namens Palumnus, der sich gegen heidnischen Satansspuk schon öfter sehr hülfsam erwiesen. Dieser ließ sich lange erbitten, ehe er dem Ritter seinen Beistand versprach; er müsse dadurch, behauptete er, sich selber den größten Gefahren aussetzen. Der Priester Palumnus schrieb alsdann einige sonderbare Charaktere auf ein kleines Stück Pergament und gab dem Ritter folgende Weisung: er solle sich um Mitternacht in der Gegend von Rom an einen gewissen Kreuzweg stellen; dort würden ihm allerlei wunderbare Erscheinungen vorüberziehen; doch möge er sich von allem, was er höre und sähe, nicht im mindesten verschüchtern lassen, er müsse ruhig verharren; nur wenn er das Weibsbild erblicke, an deren Finger er seinen Ring gesteckt, solle er hinzutreten und ihr das beschriebene Stück Pergament überreichen. Dieser Vorschrift unterzog sich der Ritter; aber nicht ohne Herzklopfen stand er um Mitternacht am bezeichneten Kreuzwege, wo er den seltsamen Zug vorüberziehen sah. Es waren blasse Männer und Frauen, prächtig gekleidet in Festgewanden aus der Heidenzeit; einige trugen goldene Kronen, andere trugen Lorbeerkränze auf den Häuptern, die sie aber kummervoll senkten;

auch allerlei silberne Gefäße, Trinkgeschirre und Gerätschaften, die zum alten Tempeldienste gehörten, wurden vorübergetragen, mit ängstlicher Eile; im Gewühle zeigten sich auch große Stiere mit vergoldeten Hörnern und behängt mit Blumengirlanden; endlich, auf einem erhabenen Triumphwagen, strahlend in Purpur und mit Rosen bekränzt, erschien ein hohes, wunderschönes Götterweib. Zu dieser trat nun der Ritter heran und überreichte ihr das Pergamentblatt des Priesters Palumnus; denn in ihr erkannte er das Marmorbild, das seinen Ring besaß. Als die Schöne die Zeichen erblickte, womit jenes Pergament beschrieben war, hub sie jammernd die Hände gen Himmel, Tränen stürzten aus ihren Augen, und mit verzweiflungsvoller Gebärde rief sie: »Grausamer Priester Palumnus! Du bist noch immer nicht zufrieden mit dem Leid, das du uns zugefügt hast! Doch deinen Verfolgungen wird bald ein Ziel gesetzt, grausamer Priester Palumnus!« Nach diesen Worten reichte sie dem Ritter seinen Ring, und dieser fand in der folgenden Nacht kein Hindernis mehr, seine Ehe zu vollziehen. Der Priester Palumnus aber starb den dritten Tag nach jenem Ereignis.

Diese Geschichte las ich zuerst in dem »Mons Veneris« von Kornmann. Unlängst fand ich sie auch angeführt in dem absurden Buche über Zauberei von Del Rio, welcher sie aus dem Werke eines Spaniers mitteilt; sie ist wahrscheinlich spanischen Ursprungs. Der Freiherr von Eichendorff, ein neuerer deutscher Schriftsteller, hat sie zu einer schönen Erzählung aufs anmutigste benutzt. Die vorletzte Geschichte hat ebenfalls ein deutscher Schriftsteller, Herr Willibald Alexis, zu einer Novelle bearbeitet, die zu seinen poetisch geistreichsten Produkten gehört.

Das obenerwähnte Werk von Kornmann, »Mons Veneris oder der Venusberg«, ist die wichtigste Quelle für das ganze Thema, welches ich hier behandle. Es ist schon lange her, daß es mir mal zu Augen gekommen, und nur aus früherer Erinnerung kann ich darüber berichten. Aber es schwebt mir noch immer im Gedächtnis, das kleine, etwa dritthalbhundert Seiten enthaltende Büchlein, mit seinen lieblichen alten Lettern; es mag wohl um die Mitte des siebzehnten Jahrhunderts gedruckt sein. Die Lehre von den Elementargeistern ist darin aufs bündigste abgehandelt, und daran schließt der Verfasser seine wunderbaren Mitteilungen über den Venusberg. Eben nach dem Beispiele Kornmanns habe auch ich bei Gelegenheit der Elementargeister von der Transformation der altheidnischen Götter sprechen müssen. Diese sind keine Gespenster, denn, wie ich mehrmals angeführt, sie sind nicht tot; sie sind unerschaffene, unsterbliche Wesen, die nach dem Siege Christi sich zurückziehen mußten in die unterirdische Verborgenheit, wo sie, mit den übrigen Elementargeistern zusammenhausend, ihre dämonische Wirtschaft treiben. Am eigentümlichsten, romantisch wunderbar, klingt im deutschen Volke die Sage von der Göttin Venus die, als ihre Tempel gebrochen wurden, sich in einen geheimen Berg flüchtete, wo sie mit dem heitersten Luftgesindel, mit schönen Wald- und Wassernymphen, auch manchen berühmten Helden, die plötzlich aus der Welt verschwunden, das abenteuerlichste Freudenleben führt. Schon von weitem, wenn du dem Berge nahest, hörst du das vergnügte Lachen und die süßen Zitherklänge, die sich wie eine unsichtbare Kette um dein Herz schlingen und dich hineinziehen in den Berg. Zum Glück, unfern des Eingangs, hält Wache ein alter Ritter, geheißen der getreue

Eckhart; er steht gestützt auf seinem großen Schlachtschwert, wie eine Bildsäule, aber sein ehrliches, eisgraues Haupt wackelt beständig, und er warnt dich betrübsam vor den zärtlichen Gefahren, die deiner im Berge harren. Mancher ließ sich noch beizeiten zurückschrecken, mancher hingegen überhörte die meckernde Stimme des alten Warners und stürzte blindlings in den Abgrund der verdammten Lust. Eine Weile lang geht's gut. Aber der Mensch ist nicht immer aufgelegt zum Lachen, er wird manchmal still und ernst und denkt zurück in die Vergangenheit; denn die Vergangenheit ist die eigentliche Heimat seiner Seele, und es erfaßt ihn ein Heimweh nach den Gefühlen, die er einst empfunden hat, und seien es auch Gefühle des Schmerzes. So erging es namentlich dem Tannhäuser, nach dem Berichte eines Liedes, das zu den merkwürdigsten Sprachdenkmalen gehört, die sich im Munde des deutschen Volkes erhalten. Ich las das Lied zuerst in dem erwähnten Werke von Kornmann. Diesem hat es Prätorius fast wörtlich entlehnt, aus dem »Blocksberg« von Prätorius haben es die Sammler des »Wunderhorns« abgedruckt, und erst nach einer vielleicht fehlerhaften Abschrift aus letzterem Buche muß ich das Lied hier mitteilen:

Nun will ich aber heben an,

Vom Tannhäuser wollen wir singen,

Und was er Wunders hat getan,

Mit Frau Venussinnen.

Der Tannhäuser war ein Ritter gut,

Er wollt groß' Wunder schauen;

Da zog er in Frau Venus' Berg,

Zu andern schönen Frauen.

»Herr Tannhäuser, Ihr seid mir lieb,

Daran sollt Ihr gedenken,

Ihr habt mir einen Eid geschworen,

Ihr wollt nicht von mir wanken.«

»Frau Venus, ich hab es nicht getan,

Ich will dem widersprechen,

Denn niemand spricht das mehr als Ihr,

Gott helf' mir zu den Rechten.«

»Herr Tannhäuser, wie saget Ihr mir!

Ihr sollet bei uns bleiben,

Ich geb Euch meiner Gespielen ein',

Zu einem ehelichen Weibe.«

»Nehme ich dann ein ander Weib,

Als ich hab in meinem Sinne,

So muß ich in der Höllenglut

Da ewiglich verbrennen.«

»Du sagst mir viel von der Höllenglut,

Du hast es doch nicht befunden;

Gedenk an meinen roten Mund,

Der lacht zu allen Stunden.«

»Was hilft mir Euer roter Mund,

Er ist mir gar unmehre,

Nun gib mir Urlaub, Frau Venus zart,

Durch aller Frauen Ehre.«

»Herr Tannhäuser, wollt Ihr Urlaub han,

Ich will Euch keinen geben;

Nun bleibet, edler Tannhäuser zart,

Und frischet Euer Leben.«

»Mein Leben ist schon worden krank,

Ich kann nicht länger bleiben,

Gebt mir Urlaub, Fraue zart,

Von Eurem stolzen Leibe.«

»Herr Tannhäuser, nicht sprecht also,

Ihr seid nicht wohl bei Sinnen,

Nun laßt uns in die Kammer gehn

Und spielen der heimlichen Minnen.«

»Eure Minne ist mir worden leid;

Ich hab in meinem Sinne,

O Venus, edle Jungfrau zart,

Ihr seid eine Teufelinne.«

»Tannhäuser, ach, wie sprecht Ihr so,

Bestehet Ihr mich zu schelten?

Sollt't Ihr noch länger bei uns sein,

Des Worts müßt Ihr entgelten.

Tannhäuser, wollt Ihr Urlaub han,

Nehmt Urlaub von den Greisen,

Und wo Ihr in dem Land umfahren,

Mein Lob, das sollt Ihr preisen.«

Der Tannhäuser zog wieder aus dem Berg,

In Jammer und in Reuen:

›Ich will gen Rom in die fromme Stadt,

All auf den Papst vertrauen.

Nun fahr ich fröhlich auf die Bahn,

Gott muß es immer walten,

Zu einem Papst, der heißt Urban,

Ob er mich wolle behalten.‹

»Herr Papst, Ihr geistlicher Vater mein,

Ich klag Euch meine Sünde,

Die ich mein Tag begangen hab,

Als ich Euch will verkünden;

Ich bin gewesen ein ganzes Jahr

Bei Venus, einer Frauen,

Nun will ich Beicht' und Buß' empfahn,

Ob ich möcht Gott anschauen.«

Der Papst hat einen Stecken weiß,

Der war von dürrem Zweige:

»Wann dieser Stecken Blätter trägt,

Sind dir deine Sünden verziehen.«

»Sollt ich leben nicht mehr denn ein Jahr,

Ein Jahr auf dieser Erden,

So wollt ich Reu' und Buß' empfahn

Und Gottes Gnad' erwerben.«

Da zog er wieder aus der Stadt,

In Jammer und in Leiden:

»Maria Mutter, reine Magd,

Muß ich mich von dir scheiden,

So zieh ich wieder in den Berg,

Ewiglich und ohne Ende,

Zu Venus, meiner Frauen zart,

Wohin mich Gott will senden.«

»Seid willkommen, Tannhäuser gut,

Ich hab Euch lang' entbehret,

Willkommen seid, mein liebster Herr,

Du Held, mir treu bekehret.«

Darnach wohl auf den dritten Tag,

Der Stecken hub an zu grünen,

Da sandt man Boten in alle Land',

Wohin der Tannhäuser kommen.

Da war er wieder in dem Berg,

Darinnen sollt er nun bleiben

So lang' bis an den Jüngsten Tag,

Wo ihn Gott will hinweisen.

Das soll nimmer kein Priester tun,

Dem Menschen Mißtrost geben,

Will er denn Buß' und Reu' empfahn,

Die Sünde sei ihm vergeben.

Ich erinnere mich, als ich zuerst dieses Lied las, in dem erwähnten Buche von Kornmann, überraschte mich zunächst der Kontrast seiner Sprache mit der pedantisch verlateinisierten, unerquicklichen Schreibart des siebzehnten Jahrhunderts, worin das Buch abgefaßt. Es war mir, als hätte ich in einem dumpfen Bergschacht plötzlich eine große Goldader entdeckt, und die stolzeinfachen, urkräftigen Worte strahlten mir so blank entgegen, daß mein Herz fast geblendet wurde von dem unerwarteten Glanz. Ich ahnte gleich, aus diesem Liede sprach zu mir eine wohlbekannte Freudenstimme; ich vernahm darin die Töne jener verketzerten Nachtigallen, die, während der Passionszeit des Mittelalters, mit gar schweigsamen Schnäblein sich versteckt halten mußten und nur zuweilen, wo man sie am wenigsten vermutete, etwa gar hinter einem Klostergitter, einige jauchzende Laute hervorflattern ließen. Kennst du die Briefe von Heloise an Abälard? Nächst dem Hohenliede des großen Königs (ich spreche von König Salomo) kenne ich keinen flammenderen Gesang der Zärtlichkeit als das Zweigespräch zwischen Frau Venus und dem Tannhäuser. Dieses Lied ist wie eine Schlacht der Liebe, und es fließt darin das roteste Herzblut.

Das eigentliche Alter des Tannhäuserlieds wäre schwer zu bestimmen. Es existiert schon in fliegenden Blättern vom ältesten Druck. Ein junger deutscher Dichter, Herr Bechstein, welcher sich freundlichst in Deutschland daran erinnerte, daß, als ich ihn in Paris bei meinem Freunde Wolff sah, jene alten fliegenden Blätter das Thema unserer Unterhaltung bildeten, hat mir dieser Tage eins derselben, betitelt »Das Lied von dem Danheüser«, zugeschickt. Nur die größere Altertümlichkeit der Sprache hielt mich davon ab, an der Stelle der obigen jüngeren Version diese ältere mitzuteilen. Die ältere enthält viele Abweichungen und trägt, nach meinem Bedünken, einen weit poetischeren Charakter.

Durch Zufall erhielt ich ebenfalls unlängst eine Bearbeitung desselben Liedes, wo kaum der äußere Rahmen der älteren Versionen beibehalten worden, die inneren Motive jedoch aufs sonderbarste verändert sind. In seiner älteren Gestalt ist das Gedicht unstreitig viel schöner, einfacher und großartiger. Nur eine gewisse Wahrheit des Gefühls hat die erwähnte jüngere Version mit demselben gemein, und da ich gewiß das einzige Exemplar besitze, das davon existiert, so will ich auch diese hier mitteilen:

Ihr guten Christen, laßt euch nicht

Von Satans List umgarnen!

Ich sing euch das Tannhäuserlied,

Um eure Seelen zu warnen.

Der edle Tannhäuser, ein Ritter gut,

Wollt Lieb' und Lust gewinnen,

Da zog er in den Venusberg,

Blieb sieben Jahre drinnen.

»Frau Venus, meine schöne Frau,

Leb wohl, mein holdes Leben!

Ich will nicht länger bleiben bei dir,

Du sollst mir Urlaub geben.«

»Tannhäuser, edler Ritter mein,

Hast heut mich nicht geküsset;

Küß mich geschwind, und sage mir:

Was du bei mir vermisset?

Hab ich nicht den allersüßesten Wein

Tagtäglich dir kredenzet?

Und hab ich nicht mit Rosen dir

Tagtäglich das Haupt bekränzet?«

»Frau Venus, meine schöne Frau,

Von süßem Wein und Küssen

Ist meine Seele worden krank;

Ich schmachte nach Bitternissen.

Wir haben zuviel gescherzt und gelacht,

Ich sehne mich nach Tränen,

Und statt mit Rosen möcht ich mein Haupt

Mit spitzigen Dornen krönen.«

»Tannhäuser, edler Ritter mein,

Du willst dich mit mir zanken;

Du hast geschworen vieltausendmal,

Niemals von mir zu wanken.

Komm, laß uns in die Kammer gehn,

Zu spielen der heimlichen Minne;

Mein schöner lilienweißer Leib

Erheitert deine Sinne.«

»Frau Venus, meine schöne Frau,

Dein Reiz wird ewig blühen;

Wie viele einst für dich geglüht,

So werden noch viele glühen.

Doch denk ich der Götter und Helden, die einst

Sich zärtlich daran geweidet,

Dein schöner lilienweißer Leib,

Er wird mir schier verleidet.

Dein schöner lilienweißer Leib

Erfüllt mich fast mit Entsetzen,

Gedenk ich, wie viele werden sich

Noch späterhin dran ergetzen!«

»Tannhäuser, edler Ritter mein,

Das sollst du mir nicht sagen,

Ich wollte lieber, du schlügest mich,

Wie du mich oft geschlagen.

Ich wollte lieber, du schlügest mich,

Als daß du Beleidigung sprächest,

Und mir, undankbar kalter Christ,

Den Stolz im Herzen brächest.

Weil ich dich geliebet gar zu sehr,

Nun hör ich solche Worte

Leb wohl, ich gebe Urlaub dir,

Ich öffne dir selber die Pforte.«

*

Zu Rom, zu Rom, in der heiligen Stadt,

Da singt es und klingelt und läutet:

Da zieht einher die Prozession,

Der Papst in der Mitte schreitet.

Das ist der fromme Papst Urban,

Er trägt die dreifache Krone,

Er trägt ein rotes Purpurgewand,

Die Schleppe tragen Barone.

»O heil'ger Vater, Papst Urban,

Ich laß dich nicht von der Stelle,

Du hörst zuvor mir Beichte an,

Du rettest mich von der Hölle!«

Das Volk, es weicht im Kreise zurück,

Es schweigen die geistlichen Lieder:

»Wer ist der Pilger bleich und wüst,

Vor dem Papste kniet er nieder?«

»O heil'ger Vater, Papst Urban,

Du kannst ja binden und lösen,

Errette mich von der Höllenqual

Und von der Macht des Bösen.

Ich bin der edle Tannhäuser genannt,

Wollt Lieb' und Lust gewinnen,

Da zog ich in den Venusberg,

Blieb sieben Jahre drinnen.

Frau Venus ist eine schöne Frau,

Liebreizend und anmutreiche;

Die Stimme ist wie Blumenduft,

Wie Blumenduft so weiche.

Wie der Schmetterling flattert um eine Blum',

Den zarten Duft zu nippen,

So flatterte meine Seele stets

Um ihre Rosenlippen.

Ihr edles Gesicht umringeln wild

Die blühend schwarzen Locken;

Schaun dich die großen Augen an,

Wird dir der Atem stocken.

Schaun dich die großen Augen an,

So bist du wie angekettet;

Ich habe nur mit großer Not

Mich aus dem Berg gerettet.

Ich hab mich gerettet aus dem Berg,

Doch stets verfolgen die Blicke

Der schönen Frau mich überall,

Sie winken: ›Komm zurücke!‹

Ein armes Gespenst bin ich am Tag,

Des Nachts mein Leben erwachet,

Dann träum ich von meiner schönen Frau,

Sie sitzt bei mir und lachet.

Sie lacht so gesund, so glücklich, so toll,

Und mit so weißen Zähnen!

Wenn ich an dieses Lachen denk,

So weine ich plötzliche Tränen.

Ich liebe sie mit Allgewalt,

Nichts kann die Liebe hemmen!

Das ist wie ein wilder Wasserfall,

Du kannst seine Fluten nicht dämmen!

Er springt von Klippe zu Klippe herab,

Mit lautem Tosen und Schäumen,

Und bräch er tausendmal den Hals,

Er wird im Laufe nicht säumen.

Wenn ich den ganzen Himmel besäß,

Frau Venus schenkt' ich ihn gerne;

Ich gäb ihr die Sonne, ich gäb ihr den Mond,

Ich gäbe ihr sämtliche Sterne.

Ich liebe sie mit Allgewalt,

Mit wildentzügelten Flammen

Ist das der Hölle Feuer schon,

Und wird mich Gott verdammen?

Oh, heil'ger Vater, Papst Urban,

Du kannst ja binden und lösen!

Errette mich von der Höllenqual

Und von der Macht des Bösen.«

Der Papst hub jammernd die Händ' empor,

Hub jammernd an zu sprechen:

»Tannhäuser, unglücksel'ger Mann,

Der Zauber ist nicht zu brechen.

Der Teufel, den man Venus nennt,

Er ist der schlimmste von allen,

Erretten kann ich dich nimmermehr

Aus seinen schönen Krallen.

Mit deiner Seele mußt du jetzt

Des Fleisches Lust bezahlen,

Du bist verworfen, du bist verdammt

Zu ewigen Höllenqualen.«

*

Der Ritter Tannhäuser, er wandelt so rasch,

Die Füße, die wurden ihm wunde.

Er kam zurück in den Venusberg

Wohl um die Mitternachtstunde.

Frau Venus erwachte aus dem Schlaf,

Ist schnell aus dem Bette gesprungen;

Sie hat mit ihrem weißen Arm

Den geliebten Mann umschlungen.

Aus ihrer Nase rann das Blut,

Den Augen die Tränen entflossen;

Sie hat mit Tränen und Blut das Gesicht

Des geliebten Mannes begossen.

Der Ritter legte sich ins Bett,

Er hat kein Wort gesprochen.

Frau Venus in die Küche ging,

Um ihm eine Suppe zu kochen.

Sie gab ihm Suppe, sie gab ihm Brot,

Sie wusch seine wunden Füße,

Sie kämmte ihm das struppige Haar,

Und lachte dabei so süße.

»Tannhäuser, edler Ritter mein,

Bist lange ausgeblieben,

Sag an, in welchen Landen du dich

So lange herumgetrieben?«

»Frau Venus, meine schöne Frau,

Ich hab in Welschland verweilet;

Ich hatte Geschäfte in Rom und bin

Schnell wieder hierher geeilet.

Auf sieben Hügeln ist Rom gebaut,

Die Tiber tut dorten fließen;

Auch hab ich in Rom den Papst gesehn,

Der Papst, er läßt dich grüßen.

Auf meinem Rückweg sah ich Florenz,

Bin auch durch Mailand gekommen,

Und bin alsdann mit raschem Mut

Die Alpen hinaufgeklommen.

Und als ich auf dem Sankt Gotthard stand,

Da hört ich Deutschland schnarchen;

Es schlief da unten in sanfter Hut

Von sechsunddreißig Monarchen.

In Schwaben besah ich die Dichterschul',

Doch tut's der Mühe nicht lohnen;

Hast du den größten von ihnen besucht,

Gern wirst du die kleinen verschonen.

Hast du den Größten von ihnen besucht,

Gern wirst du die Kleinen verschonen.

Zu Frankfurt kam ich am Schabbes an,

Und aß dort Schalet und Klöße;

Ihr habt die beste Religion,

Auch lieb ich das Gänsegekröse.

In Dresden sah ich einen Hund,

Der einst sehr scharf gebissen,

Doch fallen ihm jetzt die Zähne aus,

Er kann nur bellen und pissen.

Zu Weimar, dem Musenwitwensitz,

Da hört ich viel Klagen erheben,

Man weinte und jammerte: Goethe sei tot,

Und Eckermann sei noch am Leben!

Zu Potsdam vernahm ich ein lautes Geschrei

›Was gibt es?‹ rief ich verwundert.

›Das ist der Gans in Berlin, der liest

Dort über das letzte Jahrhundert.'

Zu Göttingen blüht die Wissenschaft,

Doch bringt sie keine Früchte.

Ich kam dort durch in stockfinstrer Nacht,

Sah nirgendswo ein Lichte.

Zu Celle im Zuchthaus sah ich nur

Hannoveraner O Deutsche!

Uns fehlt ein Nationalzuchthaus

Und eine gemeinsame Peitsche!

Zu Hamburg frug ich: warum so sehr

Die Straßen stinken täten?

Doch Juden und Christen versicherten mir,

Das käme von den Fleeten.

Zu Hamburg, in der guten Stadt,

Wohnt mancher schlechte Geselle;

Und als ich auf die Börse kam,

Ich glaubte, ich wär noch in Celle.

Zu Hamburg, in der guten Stadt,

Soll keiner mich wiederschauen!

Ich bleibe jetzt im Venusberg,

Bei meiner schönen Frauen.«